钦州发展研究院出版基金资助

中西部地区
特色小镇建设与乡村振兴

ZHONGXIBU DIQU TESEXIAOZHEN JIANSHE YU XIANGCUN ZHENXING

陈锦山◎主编　傅远佳　冯海英◎副主编

经济管理出版社
ECONOMY & MANAGEMENT PUBLISHING HOUSE

图书在版编目（CIP）数据

中西部地区特色小镇建设与乡村振兴/陈锦山主编. —北京：经济管理出版社，2019.4
ISBN 978-7-5096-6469-8

Ⅰ.①中… Ⅱ.①陈… Ⅲ.①小城镇—城市建设—中国—文集 Ⅳ.①F299.21-53

中国版本图书馆 CIP 数据核字（2019）第 054419 号

组稿编辑：丁慧敏
责任编辑：丁慧敏
责任印制：黄章平
责任校对：王淑卿

出版发行：经济管理出版社
（北京市海淀区北蜂窝 8 号中雅大厦 A 座 11 层 100038）
网 址：www. E-mp. com. cn
电 话：（010）51915602
印 刷：三河市延风印装有限公司
经 销：新华书店
开 本：720mm×1000mm/16
印 张：25.5
字 数：486 千字
版 次：2019 年 6 月第 1 版 2019 年 6 月第 1 次印刷
书 号：ISBN 978-7-5096-6469-8
定 价：98.00 元

目　录

第一篇　特色小镇培育与建设

第二篇　新时代乡村振兴战略

第三篇　区域协调发展与镇域经济建设

第一篇

特色小镇培育与建设

加快乡村振兴步伐　培育六堡特色小镇

中共苍梧县委党校高级讲师　麦艳
苍梧社科联主席　程国先

摘要：特色小镇是实施乡村振兴战略的重要平台和有效载体。建设特色小镇，对于加速乡村振兴、促进城乡融合发展、推进农业农村现代化都具有不可忽视的作用。那么在乡村振兴战略下应如何培育特色小镇？本文以苍梧县六堡镇为例，提出了一些建议。

关键词：乡村振兴战略；特色小镇；六堡镇

2017年7月，梧州市苍梧县六堡镇入选在住房和城乡建设部公示的“2017年全国特色小镇”名单中，全国共276个小镇榜上有名，六堡镇是其中之一。开展特色小镇培育是住建部、国家发展和改革委员会、财政部贯彻落实中央决策部署，加快推进特色小镇发展的重大举措。特色小镇是实施乡村振兴战略的重要平台和有效载体。建设特色小镇，对于加速乡村振兴、促进城乡融合发展、推进农业农村现代化都具有不可忽视的作用。

一、培育六堡特色小镇的有利条件

六堡镇位于梧州市北部，东邻梨埠镇，南接夏郢、旺甫镇，西连狮寨镇，北与贺州市平桂区水口镇交界，它位于北回归线北侧，年平均气温21.2摄氏度，年降雨1500毫米，无霜期331天，处在桂东大桂山脉的延伸地带，在境内从塘平到不倚，从四柳到高枧，山脉穿插、岗峦起伏、冷热干湿气流交汇碰撞，形成雨量充沛、云雾弥漫、空气湿润、日照时间较短、全年气温不高、昼夜温差大的气候特点，所以那里植被丰厚、林木茂盛、地面松散堆积物及腐殖质层深厚，给茶树的生长提供了极好的气候和营养环境。根据茶树喜湿润的特点，是茶叶种植及发展极具地方特色的有机生态茶园的极佳位置。六堡镇是六堡茶的原产地，其产制六堡茶已有1500多年。早在清嘉庆年间，六堡茶就以其独特的槟榔香味而被列入全国24个名茶之一并进贡朝廷；悠久的产茶制茶历史使六堡镇积淀了较为深厚的六堡茶文化，包括六堡茶园农事、制藏工艺、节庆活动、茶船古道、故事传说等一系列茶俗、茶艺、茶道、茶礼仪以及与茶相关的众多文化现象，构成六堡茶文化体验旅游开发的基础条件。为了进一步保护和宣传六堡茶文化品牌，2015 年六堡镇成功创建“广西特色生态（农业）名镇”，之后又获“广西现代农业核心示范区”“2016 年度广西四星级乡村旅游区（农家乐）”等荣誉称号。进一步完善了旅游基础设施和配套服务设施的建设，并对镇区风貌逐步进行立面改造，已形成了一定的茶乡特色，为“茶乡小镇”的打造起到锦上添花的作用。

为做好小镇建设，2018 年苍梧县在六堡镇计划实施项目 18 个，项目总投资 59896 万元，其中 2018 年投入资金 30190 万元。前期项目 2 个，计划总投资 1443 万元，分别是投资 343 万元的六堡派出所业务用房建设项目和投资 1100 万元的六堡茶旅游度假区 4A 级旅游景区创建项目。一产项目 2 个，计划总投资 1400 万元，分别是县茶业公司投资 100 万元的 2500 亩标准茶园、100 亩苗圃基地及茶园基础设施建设项目，苍梧六堡茶业有限公司投资 400 万元的苍松 600 亩标准茶园、70 亩苗圃基地及茶园基础设施建设项目。二产项目（包括六堡茶加工区二区基础设施建设、六堡镇 5 个特色村屯建设在内的 8 个），计划总投资 35210 万元，其中 2018 年计划投资 18090 万元。三产项目（包括苍梧六堡茶博物馆及文创中心、棚户区改造在内的 6 个），计划总投资 21843 万元，其中 2018 年计划投资 10700 万元。计划投入 3 亿元从强化茶园建设、完善产业标准、改善基础设施等多个方面入手，加快六堡茶产业和六堡小镇建设步伐。目前，已完成投资 5000 万元。种植方面，完成新种六堡茶面积约 2000 亩，力争新增六堡茶种植面积 6500 亩，总数达到 7. 7 万亩，加工茶叶达 3000 吨。园区建设方面，在产城融合区、六堡茶加工区一期的基础上，征地 500 亩启动园区基础设施建设，2018 年引进六堡茶加工企业 10 家以上。产业园区景观中心酒店、接待中心等公共服务设施正在建设当中。

在非物质文化遗产保护和传承方面，六堡镇建成了传统六堡茶工艺作坊（陈列馆），根据史料恢复或重建有历史记载的商号、茶坊，修复了合口码头，重现当年的“茶船古道”。已成功举办了六堡茶文化旅游文化节、苍梧县六堡茶技能大会等一系列文化活动，进一步提升了知名度。

为配套六堡茶产业发展，六堡镇还建设了四大服务区，即茶叶集散区（包括仓储、交通运输、物流配送于一体）、功能服务区（包括检测、溯源、信息化服务、技术培训、电商终端等）、加工配套区（包括茶叶的集中生产加工）、生活配套区。此外，采用“龙头企业+致富能手+村党支部+合作社+贫困户”模式，创新六堡茶产业发展，打造六堡茶文化特色小镇。

苍梧县政府与深圳飞尚集团就推进六堡茶产业发展和六堡特色小镇建设项目签订了协议。目前，酒店、接待中心等公共服务设施已在建设中，未来还将进一步融合小镇文化旅游、养生养老、茶船古道等资源和特色，规划建设相关项目。此外，长期以来影响六堡发展的交通瓶颈问题也在加快解决，连接六堡镇的苍梧梨埠至昭平马江公路项目正在建设，计划 2019 年建成通车，改善六堡镇的道路基础设施，提升茶产业和小镇发展硬件环境。目前，六堡特色小镇的规划修编工作已经接近尾声，预计用三年左右打造成为茶旅结合的小镇，将六堡茶产业作为苍梧县特色农业来发展，做强做大，以此带动群众脱贫，同时辐射周边乡镇，带动产业发展和乡村建设。预计未来几年，苍梧全县茶产业发展面积达 10 万亩，综合产值达 30 亿元。

二、培育六堡特色小镇的制约因素

（一）交通基础设施建设薄弱

六堡镇镇区现只有一条通往 207 国道的山心公路，路面状况一般，曲折多弯，通往镇区路段路辐偏窄，且干扰大。镇区内部道路建设及控制情况较差，缺乏系统性，道路等级分工不够明确，旧区内道路还需进一步改造。就六堡镇而言，旅游基础设施建设非常薄弱，与外界连接的道路以及景区间的道路基础设施落后，六堡山心公路沿线至六堡镇 20 公里辖下的公路沿线并无茶园，直接制约了旅游业的发展。

（二）产业规模偏小，用地矛盾突出

一方面，茶叶基地规模偏小。多数的茶叶基地连片种植没有初步形成规模，零星种植多，没有连片并形成规模。茶叶种植前期抚育管理成本高，茶农缺乏启动资金和种植管理技术，导致茶园产量低，收益低，群众种植茶叶的积极性并不高，影响茶产业基地规模的扩大。另一方面，加工企业规模小，加工设备和加工工艺落后，加工高档茶、精品茶能力不足。高档茶叶产量低，旺季过后基本无货销售。

（三）六堡茶文化旅游开发过于单一

一是茶文化场所没能很好地将传承文化的作用发挥出来。虽然六堡茶文化发展逐渐被各级政府重视，但大部分仍然以休闲喝茶为主，茶文化旅游只体现在“品茶”和“购茶”上，茶文化旅游比较单一，茶文化的真正内涵没能体现出来，缺乏强烈的感官体验。二是传统古法六堡茶工艺传承不够。现有的古法原种六堡茶生产普遍存在着规模小、分布散、生产不规范、品质不稳定等一系列问题，现代制茶技术和管理水平低，高端产品少。

（四）产品结构不够丰富，缺乏资源整合

近年来，通过政府的大力引导和支持，六堡茶产业发展较快，各种茶厂、茶

品种层出不穷，历史悠久的茶文化被挖掘，但这些茶文化的表现形式并没有形成一个较完整的体系，系统的茶文化旅游产品未能形成。虽然现有餐饮业推出的特色茶餐厅、茶食、茶艺表演推陈出新，但都不能很好地与旅游结合，茶文化旅游的具体表现形式和旅游业无法完全融合起来。目前，苍梧县推出茶主题旅游较少，多是景点类旅游，大多数以喝茶、采茶、购茶或观看茶艺表演为主，只是六堡茶文化的一个片段，还没能形成完整的茶文化旅游体系。六堡茶人文资源与自然资源、旅游没能很好地结合。

（五）宣传深度不够，推介范围不广

对六堡茶原产地、质地、鉴别方法、市场价格等信息，外地游客了解不多，对于六堡茶文化多是通过媒体、宣传介质了解，真实感受和深入了解丰富的六堡茶文化的更是少之又少。目前，六堡茶文化旅游宣传面临无专题展览馆、无知名文化形象和无成熟的旅游线路的现状，茶文化旅游也仅停留在观茶、品茶、购茶上，未能形成强大的文化吸引力。六堡茶文化旅游形象仍然没有树立起来，六堡茶人文资源与自然资源、旅游相结合不够。

（六）文化人才缺少，教育培训不足

六堡茶文化旅游产业对从业人员的知识和修养的要求比较高，目前，普遍缺乏战略性的六堡茶文化旅游产业发展策划经营人才。六堡茶文化旅游的从业人员数量不足、素质不均，缺乏创新意识和能力，有的甚至对六堡茶文化历史以及茶的采制品饮传说轶闻不了解，一定程度上阻碍了六堡茶文化旅游的发展。

三、对培育六堡茶旅特色小镇的思考

特色小镇的建设紧紧围绕生态经济的绿色发展理念，把一产、二产和三产融合发展。抓住“特”字做文章，把六堡镇建成一个茶产业与特色小镇深度融合发展，产城深度融合，茶旅相互促进，美丽生态乡村同步发展，集产业发展、乡村建设、文化体验、休闲旅游、健康养生、产业创新等多功能于一体的复合创新的发展综合体。简单而言，就是要把六堡镇打造成一个茶主题鲜明、生态环境优美、产业特色突出的全国特色小镇。开发建成六堡茶文化旅游小镇，其是苍梧县旅游业发展的重大项目，其是苍梧县的次中心旅游城区，提供旅游集散服务，融茶乡文化体验、休闲度假、健康养生等于一体，满足游客观光、休闲、度假多种需求，项目也对六堡镇的茶民俗文化的挖掘、传承和保护，以及生态环境保护起到积极的促进和宣传作用。具体要着重抓好以下几个方面：

（一）编制“一”个总规

统筹布局、分类培育。首先要统筹结合。要与“十三五”规划和土地、交

通、水电、教育、卫生等规划相结合，强化项目载体、空间布局、要素保障的紧密衔接，为发展预留空间；茶文化小镇总体布局初步是打造“一轴三区”的功能结构。以茶特色产业为发展轴，依托现有国道207线形成带形轴线，发展轴将各功能分区以及生态茶园串接成一个整体。通过对小镇内部自然人文景观资源和土地功能的梳理，结合未来的发展导向，促进资源的有序利用和联动发展，形成茶产业生产研发区（即建设形成产学研示范模板的茶产业生产研发区）、茶文化生态旅游区（即营造茶山花海，打造以茶文化为主的国家级4A级景区）、茶文化传承展示区（即建设国际知名的茶文化传承展示区）三个特色区域。要与“三改一拆”“城乡风貌”“美丽乡村”等重点工作紧密结合，实现统筹协调、优势互补。其次要严把准入。围绕主导产业、优势资源，有针对性地选取关联度高、创新能力强、具有较强竞争力、辐射带动作用的大企业和具有较强生机活力的科技创新型中小企业，使其为小镇发展注入新鲜血液。最后要协调发展。以科学合理的阶段性目标和终极目标为依据，分步实施、分类培育、循序推进，逐步建立起特色小镇项目库，成熟一批，推出一批，形成上下联动、梯度培育、滚动推进的创建格局。目前，六堡镇的酒店、接待中心等公共服务设施已在建设，还将进一步融合小镇文化旅游、养生养老、茶船古道等资源和特色，规划建设相关项目。

（二）加快完善旅游基础设施建设，增强服务功能，进一步提升六堡镇的承载能力

苍梧县加快推进旅游基础设施建设，推进周边城市以及国道、省道至贫困村连接道路建设，加强景区和乡村旅游点之间交通网连接，打造乡村旅游绿道。目前，以六堡茶旅游区为核心的贯穿全县各乡镇的G355二级公路已开工建设，长期以来影响六堡发展的交通瓶颈问题将会得到解决。六堡镇道路基础设施的改善，能够提升茶产业和小镇发展硬件环境。六堡镇、木双镇、梨埠镇等重点贫困村的旅游停车场、厕所、服务中心、标识牌、休憩设施等旅游公共服务基础设施得到有效完善和提升。要做好招商引资工作，哪些项目由政府建设，哪些项目要通过招商进行建设，指挥部要进行认真研究。要多渠道筹措资金，除努力争取上级项目资金外，六堡茶产业发展有限公司要加大融资力度，相关部门要加大对外宣传、招商引资工作力度，引进社会资本，加快特色镇建设。针对六堡茶产业发展和特色小镇建设，社会资本引入和创新产业运作模式是六堡茶产业升级转型的关键，是六堡茶产业实现跨越式发展的关键。2017年6月，苍梧县与深圳飞尚集团签订《战略合作框架协议》，在未来几年，飞尚集团计划对六堡茶相关产业投资30亿元，重点实施标准茶园、苗圃基地、茶叶加工、六堡新区、旧城区改造、茶船古道景观、六堡茶仓储中心、六堡茶展示培训中心、六堡茶批发零售市场等一二三产业建设。走产城融合、一二三产业同步发展的路子，这将对加快推进苍梧县经济社会发展和加快六堡特色小镇建设起到积极作用。

（三）支持旅游用地政策

加大对旅游项目用地的支持，用好用足国家和自治区的用地政策。对符合国家产业政策和供地政策、投资政策和用地量较大、市场前景好的重点旅游项目，支持申报自治区重大项目，优先争取自治区用地指标。旅游用地要纳入土地利用总体规划和年度用地计划，对重点旅游项目用地优先列入年度用地计划，统筹分类予以支持。重点落实核心旅游项目用地布局，核心旅游项目用地确需调整土地利用总体规划的，依法依规及时予以调整。鼓励利用国有荒山、荒地、荒滩、沼泽地等未利用地进行开发生态旅游建设。积极发展乡村旅游，支持农村集体经济组织或承包权人利用非耕农用地，在不改变土地用途的前提下以作价入股或租赁方式与开发商合作开发生态旅游项目。旅游景区以外的旅游咨询服务中心、游客集散中心、游客休憩站点、景观绿化等公益性基础设施建设用地，可按划拨方式提供。

（四）茶旅结合，打造生态特色六堡古镇

六堡茶在市场知名度、产业规模、品牌附加值等方面已经具有一定的影响力，六堡镇拥有浓郁的六堡茶文化，是六堡茶的发源地和核心产区，在岭南地区作为贡品名茶原产地具有一定的唯一性和垄断性。建设六堡茶文化旅游小镇可集中、多角度展示六堡茶文化，打造茶乡风情小镇，是苍梧县六堡茶文化体验的最重要的支撑项目，可使旅游者领略到原生态茶乡文化，满足其趣味性、求知性以及个性化的需求，因此具有较为广阔的市场空间。以丰富的六堡茶文化和原产地为特色依托，在现有六堡镇的基础上，通过土地流转对地块功能重组、空间布局优化，通过改造与新建，实现该区域的功能升级和形象升级。完善原有城镇设施，进一步提升镇区景观风貌，建设旅游综合服务和集散中心、茶文化体验特色风情街区、中高端度假酒店、特色民宿客栈、六堡茶主题餐厅，打造住宿、餐饮、文化体验、娱乐购物等一站式的茶文化体验旅游项目，使六堡镇成为六堡茶文化品牌最牢固的基础支撑、六堡茶文化旅游的形象景区、全国特色景观旅游名镇。建设内容包括：

（1）镇区景观风貌提升工程。结合创建特色名镇，对六堡镇区的街道、河道进行整治，对街铺、民居等建筑物按照标准化、特色化要求进行立面改造，完善的市政设施建设，促进六堡镇的形象升级。进一步完善六堡镇的休闲游憩设施建设，包括在合适的观景点设置休息亭台、濒临江边建设滨水步道、特色景区建设青石步道等，营造茶乡古镇之韵味。

（2）旅游综合服务中心。结合六堡镇已经建成的游客服务中心，拓宽其服务功能，融旅游接待服务与集散功能于一体。

1）完善旅游服务功能。提供导游咨询、物品补给、中转休息、知识普及等服务。引进现代先进科技的销售网络，联网销售汽车票、火车票、机票等，提供快捷的服务。设置电子导览触摸屏、营销网站，为游客提供便利的服务。此外，结合周围的茶山生态环境，建设建筑小品、生态停车场等设施，与环境相协调，统一建筑风格。

2）完善旅游集散功能，体现六堡镇作为旅游城镇次中心的地位。针对散客、团队、自驾车等群体游客提供专业化服务。开通苍梧县城、梧州市区及周边主要景区景点的旅游直通车业务，为散客游客根据自身出游目的地提供出游交通服务；为集体出游团体提供旅游包车、导游讲解、门票套餐、餐饮住宿服务等服务业务；为自驾车游客提供汽车出租、线路推荐等服务。

（3）特色风情街。建设以茶文化为特色的主题文化风情街，设旅游购物商店、餐馆、酒吧、茶馆、休闲吧、表演广场等文化娱乐设施，融入六堡茶文化元素，集休闲、娱乐、特色小吃、土特产、特色纪念品、茶保健、购物于一体的茶乡特色体验休闲风情街，建设成为六堡镇茶文化风情长廊和商业步行街。

（4）民宿客栈群。依山就势建设一批民宿客栈群，包括民俗客栈、乡村度假酒店、养生度假公寓等，风格要与小镇环境和周边山地森林生态环境相协调，营造“青山绿水、山麓湖畔、润肺养神、清静自然”的生活环境，装饰风格融入现代健康养生理念和六堡茶文化元素，倡导“修生养栖、延年养生、享乐养老、愉悦身心”的生活方式，配置茶餐厅、茶浴养生馆、健身房、多功能会议中心等设施，为游客提供细腻清新而不乏意趣的养生度假服务。

（5）六堡商业中心。建设六堡茶商贸集中区，包括茶叶街市、民俗客栈、茶吧、休闲吧、茶餐厅等，通过对旅游产业链“食、住、行、游、购、娱”六大要素融入六堡茶文化体验的建设，进一步提升和完善六堡镇的旅游产业体系，创造集商业、休闲项目为一体的多元化商圈；为游客、茶商、茶客提供深度体验六堡茶文化平台。重点建设六堡茶市交易区，现场展示六堡茶传统制作工艺和现代加工技艺片区，增加旅游吸引力，街市所出售的六堡茶品牌需统一六堡镇原产地认证商标，提高市场辨识度。

（6）举办茶艺交流会。在六堡镇举行茶艺交流活动，为境内外茶艺爱好者提供茶艺交流的平台。交流会的内容有茶艺表演、名茗品尝、茶道节目表演、茶席布置、学习茶艺礼仪、提高茶艺等。在开展交流会时可以请高级评茶员为大家介绍六堡茶文化历史，接着可以请专业人员进行茶艺表演，请茶艺师为大家示范泡茶技巧，最后游客可以一试身手。

（7）六堡茶博览馆。充分挖掘六堡茶的文化内涵，展示内容包括“中国茶史、茶乡茶俗、六堡茶话”等与茶相关的茶文化现象，以时间轴的形式陈列六堡茶的古代史、近现代史、未来发展等，可设置各种场景雕塑复原当时贡茶的制作过程，也可通过现代科技以影像、图片、文字等多种形式，集中展示和反映六堡茶文化。另外，博览馆还兼具藏品展示、艺术博览等多元化功能。

（五）打造“生态茶园，健康旅游”为主题的茶文化旅游

六堡镇境内山高谷深，宜林宜茶，六堡茶园漫山遍野，风景秀丽。六堡茶园主要分布在六堡镇西北部，山水相连，沃土成片，云雾缭绕，温暖湿润，其独特的地理气候环境非常适应种植六堡茶。六堡茶的主产区有恭州村茶、黑石村茶、罗笛村茶、蚕村茶等，其中面积较大的六堡茶园主要有黑石顶茶园、八集山庄茶园、双贵茶园、芋河茶园、恭州茶园等，尤其以塘坪村黑石顶古茶和不倚村恭州古茶品质最佳。自 2012 年起，苍梧县实施连续五年每年新增六堡茶种植面积 5000 亩，茶园规模仍在不断扩大，一批新兴茶园正在逐步建成。依托六堡镇良好的自然生态环境和众多的新、古茶园，以观光游览、户外运动、文化体验、健康养生等为主要功能，选择景色优美、生态良好、别具特色的茶园，打造六堡“世外茶园”。整合六堡茶园景观和六堡河，完善旅游基础设施和服务设施，开发建设生态观光茶园、茶趣园、茶叶博物馆、茶园汽车营地等茶旅游项目，打造成为以茶园观光游览、茶民俗体验、茶园摄影采风、茶园户外运动、生态茶园汽车营地等多功能于一体、综合性参与体验的生态茶园旅游基地。建设内容包括：

（1）茶园环境整治。对六堡镇的茶山进行整体整治，实施六堡茶标准示范茶园的建设工作，六堡茶苗圃基地的建设工作，以及老茶园低产改造工作。对于茶山茶园附近乡村民居进行风貌改造，使其在外观造型、体量、色彩、高度等方面与生态茶园建设的风格保持一致。

（2）旅游服务接待设施。完善茶园之间的道路交通、旅游标识系统、路灯等，设置旅游服务中心、公共厕所、停车场、茶山游览步道、观景台/亭、摄影点等设施，完善乡村住宿、餐饮等接待服务设施。

（3）八集茶园新茶山观光。依托八集山庄的旖旎的茶园风光和森林景观，开展茶山观光、茶俗体验、运动休闲等旅游活动。建设茶趣园、游憩凉亭、休闲长廊、购物店以及自行车绿道、登山游览步道等基础设施。举办茶诗会，开展吟茶诗、书茶画、读茶书、听茶乐活动，充分融入苍梧诗词文化、采茶剧、茶歌、茶舞等茶习俗。通过观茶园、听茶识、采茶芽、品茗茶、赏茶艺、购茶品等一系列活动，让游客在观光游玩、登山健身之余体味茶事乐趣。

（4）黑石顶茶园古茶山探秘。依托古茶山良好的森林植被和复杂的地形，开展茶山历史溯源、访古寻奇、茶山探秘、六堡茶科考、野外拓展等活动。在茶

园附近建设茶宴楼、民宿旅馆、度假小木屋等配套设施。在塘坪古榕滨河一带建设六堡茶文化体验区，设茶主题广场、六堡茶制作技艺传习中心、茶艺馆、商业茶街等。其中，六堡茶制作技艺传习中心是保护和传承六堡茶传统农家茶的制作技艺的集中展示区，游客可以观赏和体验农家茶现场制作，通过操作示范、指导，互动交流，游客可以更加直观、深入地了解六堡茶，并可将亲手制作的茶叶带回家。将黑石顶茶园建设成为集餐饮度假、茶山探秘、茶事活动、茶品选购等为一体的旅游区。

（5）苍松茶园实景演出。选取位于六堡镇大中村苍松茶厂六堡茶园，打造一台茶文化实景演出剧。以六堡茶人、茶事、茶园、茶文化和苍梧县旅游文化为主题，以苍松茶厂六堡生态茶园为背景，用先进的声、光、电的科技手段打造一出文化精品实景剧《六堡茶韵》，让百姓自己来演绎其中的故事，具有很强的观赏性和广泛的参与性。这台反映六堡茶文化的实景剧，将更好地普及悠久的六堡茶文化，歌颂新时期的六堡人，使六堡茶文化成为对外展示六堡、苍梧新形象的一道亮丽的风景线。

（6）生态茶园汽车旅游营地。选择六堡河与生态茶园风光旖旎的地段，融合神秘的“茶船古道”文化，以观光游览、古迹溯源、乡村休闲为旅游功能建设六堡生态茶园汽车旅游营地。完善房车停靠区、帐篷露营区、淋浴房、标识系统等基础设施建设，提高汽车营地的接待能力和水平。此外，提升六堡河沿河道路等级、整治两岸河道景观、合理设置茶排码头，通过场景布置还原当年“海上丝绸之路”贸易缩影，使营地融入茶乡特色。

（7）其他茶园。六堡的其他茶园根据自身特色、文化底蕴，以市场为导向，合理设置茶山养生园、茶山创作小栈、茶山摄影基地、休闲茶吧、特色茶俗农家乐等旅游项目，以差异化、特色化为发展原则，与三大茶园积极联动，打造六堡生态茶园旅游项目。

（8）茶园农家乐。依托六堡镇盘龙村、山坪村、塘平村、蚕村等旅游资源基础较好的村落，开展茶园农家乐。开发丰富多彩、参与性强的茶文化互动项目、茶农事体验项目、茶膳养生餐等，“一村一品”挖掘各个村独特的茶俗风情，增强六堡乡村茶园的旅游吸引力。

参考文献

［1］浦姝．我国乡村旅游发展现状与对策研究［J］．生态经济，2010（4）．

［2］胡静，伍铁牛．基于哲学原理的乡村旅游发展思考［J］．安徽农业科学，2011（3）．

［3］梁萍．苍梧县依托自然环境特色资源发展乡村旅游［N］．梧州日报，2016-09-08（2）．

中西部地区建设特色小镇与东部的对比思考

广西千镇资产管理有限公司　何放

摘要：从专业人才、资金环境、服务型政府、产业集聚、精准扶贫、生态环境等方面对比中西部地区建设特色小镇与东部的不同，中西部地区建设特色小镇不能简单照搬东部“浙江经验”，更不能以复制的想法去操作中西部特色小镇。

关键词：专业人才；资金环境；服务型政府；产业集聚；精准扶贫；生态环境

2016 年，住房和城乡建设部、发展改革委、财政部联合下发《关于开展特色小镇培育工作的通知》，其后国家相关部委和政策性金融机构出台了一系列支持性文件，掀起了各地建设特色小镇的热潮。据不完全统计，国内多个省市区规划在 3~5 年建设 100~200 个省级特色小镇，广西示范特色小镇的目标是 330 个，另有市县级规划的特色小镇不计其数。全国各地到浙江学习取经“特色小镇”的队伍达到数千批次，各种论坛、研讨会、培训班等层出不穷。在当前特色小镇建设中，东部地区的“产业化”很明显，“房地产化”也明显，但中西部地区 80%以上既未形成“产业化”，更未形成“房地产化”。笔者在调研中发现，中西部地区不具备快速发展特色小镇的外部条件和内在基础，需尽快调整发展思路，立足农业一产、逐步融合二三产，因地制宜、循序渐进推进特色小镇建设。

当前建设特色小镇的主流模式是东部浙江模式，中西部地区建设特色小镇不能简单照搬东部“浙江经验”，更不能以复制的想法去操作中西部特色小镇，否则学习参观后：听了冲动，看了激动，回来不知道怎么动！

以下从专业人才、资金环境、服务型政府、产业集聚、精准扶贫、生态环境等方面进行分析：

（1）专业人才的差异。东部地区小镇特色策划与方案规划人才众多，从欧美、中国台湾、日本等地借鉴方案经验，使得东部包括浙江特色小镇建设在方案阶段就迅速得以审核通过，而中西部地区不但特色小镇研究人员少，传统规划设计院转型慢，甚至连评标过程的特色小镇专家评委都很少，对方案的评审大多凭老经验、凭感觉打分，造成中西部很多小镇方案迟迟不能定稿，甚至无法落地实施。东部地区不断通过营造小镇优良的生态环境和提供优质的公共服务，差异化地吸引一大批注重生活质量、喜欢亲近自然的研发人员，并且高频度举办国家甚至世界顶级的学术活动，帮助这些研发人员保持学术交流的强度和与学术前沿的黏性，为研发人员的创新和成长提供了不亚于“北上深”的综合条件，这也为特色小镇的创新驱动构筑了最核心的人才基础。中西部地区举办高水平学术活动的场次较少，学术环境不浓。

（2）资金环境的差异。东部从 2015 年开始加快特色小镇规划建设，例如以浙江省雄厚的财政实力，在财政进行大规模基础设施投入以后，民营资金也积极投入参与特色小镇建设，这在很大程度上受益于前几年中国特别是浙江比较宽松的融资环境。而从 2017 年开始的金融去杠杆、政府控债务，很多中西部地方政府债务率已接近 100% 的警戒线，省级财政支持力度不大，下到市县更为勉强，到尾端的镇级财政，自身更无支出财力，引导资金不足，基础设施的公共投入不足，民营资金更不愿投入了。

（3）政府服务能力的差异。其他省份施行“市管县”财政体制的时候，东部浙江省就保留并长期坚持“省管县”体制，在发展县域经济、夯实县级财政的同时，锻炼和提升了县级政府的行政能力和社会服务能力，往下延伸的镇级行政干部工作能力、决策能力也较强；同时，东部干部在中央部委办领导较多，长期以来，东部地方对国家部委政策的把握领悟较快、服务对接比较主动、对企业的服务也比较到位。中西部省份施行“省管县”体制的时间较晚，基层干部大多属于被动学习政策，能不动就不动项目，稍有风险就退缩，这使得企业有热情参与中西部特色小镇建设时，也捉摸不透领导的意图，中西部地区离成为服务型政府还很远。

（4）产业集聚的差异。东部地区充分享受国家在全球经济一体化的福利，外贸加工、重工业、轻工业等品类齐全，产业集聚度高，比较容易把产业集聚区所在镇就地转化，按国家建设特色小镇意见落实，有序引导龙头企业、上下游企业产业链式入驻，达到产业特色支撑目的。中西部地区小镇的经济支撑普遍以农林牧副渔为主，实力较弱，因此在培育产业过程中要通过一产的基础，引入二、三产业，实现三产融合，把产业做大、做强、做长，才能打造真正意义的产业特色小镇。

（5）精准扶贫的差异。国家近年全面实施精准扶贫，确保 7000 多万贫困人口到 2020 年如期全部脱贫。从区域来讲有 14 个集中连片特困地区 592 个国家扶贫开发重点县，其中河南、湖南、广西、四川、贵州、云南 6 个省份的贫困人口都超过 500 万。中西部地区扶贫工作任务艰巨，投入大量人力（尤其县镇一级干部）、物力（除了中央部分、地方也在财政支持上倾斜），对于特色小镇建设的人财物投入相对不足。东部地区属于非贫困地区，对于建设特色小镇的人财物投入充分。

（6）生态环境的差异。东部地区之前的过度城市化进程开发已经严重破坏自然环境，导致人居环境恶化，虽然现在及时开始特色小镇建设，大量增设人文景观、注意环境自然化，但土地、水、空气被工业污染严重的状况短期难以明显改善。反观中西部，单拿全国长寿区域来说，截至 2017 年 5 月，共有 77 个中国长寿之乡。中科院通过分析得出中国长寿区域的空间分布特征特别集中于西南部，其中广西有 25 个长寿之乡，广西无论从哪个指标来看都是全国长寿人口最为密集、比例最大的省区，占了 32%以上，所以中西部建设特色小镇的优势在于乡村风貌和自然生态，康养产业是最佳选择，建设“康养+”系列的特色小镇前景可行。

因此，东部地区如浙江建设特色小镇能够取得良好的发展势头有其外部条件和内在基础，中西部地区既不具备浙江那种内在经济基础，也不能采取“高负债、高增长”发展模式，学习“浙江经验”时不应该模仿其具体做法，而要以愚公移山之志，持之以恒，以功成不必在我之念，久久为功，一年接着一年干。如果照抄照搬“浙江经验”，恐怕会虚耗资源，不能获得发展实效。

建议中西部特色小镇建设采取如下相关对策：

（1）坚持人才先行、培育特色小镇逻辑清晰。有了专业人才，才能对特色小镇建设的整体谋篇布局有条不紊地开展有效工作。通过引入人才，结合本土实际情况，切合实际开展策划、规划工作。参考东部特色小镇运营实践，除了需要前期的策划和规划，专业的中期开发、后期运营对于小镇的持续运营至关重要。专业开发运营的好坏决定小镇未来生命力，这是中西部特色小镇建设进入第二阶段不可忽视的重要环节。

就中西部来说，广西在培育工作开展的要求逻辑清晰，住建厅桂建村〔2018〕28 号文就是五步工作法，各入围的特色小镇需按照自治区有关文件要求落实培育期工作任务：①形成特色小镇建设整体策划方案，完成产业发展和项目建设等可行性论证；②形成经县级人民政府审批通过并公布实施的特色小镇规划设计文本；③明确特色小镇建设模式，并根据模式不同分类完成协议签订或融资等前期工作；④落实相应项目用地和资金，推进特色小镇产业链招商；⑤启动小镇核心区内部分项目建设。培育期完成后，经考核达到预期成效的，转为建设小镇；未达到成效的，再培育 1 年，次年考核仍未达到成效的，退出培育名单。

（2）充分理解把握中央宽松扶持政策。把中央对特色小镇的财政支持、部委办对特色小镇的政策叠加利用，通过积极争取各类国家项建设基金和低息贷款支持，创新融资方式，探索政府和国企牵头，采取成立投资基金、产业基金、股权众筹、PPP 等融资方式拓宽参与小镇建设发展的渠道，加大引入社会资本的力度，以市场化机制推动特色小镇可持续发展，同时在土地政策配套，政策银行配套等方面下功夫。

海南在这方面做得不错：海南省政府印发《海南省特色产业小镇发展基金设立方案》（以下简称《方案》），按照政府引导、市场主导、融资融智、多元参与原则，采用国际上通行和市场上普遍采用的有限合伙制形式，设立特色产业小镇发展基金，总规模 200 亿元。通过基金支持，统筹规划、培育打造一批具有明确产业定位、体现海南省特色，集文化内涵、旅游和一定社区功能于一体的特色小镇。

《方案》明确，基金分期募集到位。其中：国开金融有限责任公司承诺对外募集资金 179 亿元，在基金中占比 89.5%；政府出资人作为劣后级有限合伙人出资 21 亿元，在基金中占比 10.5%。基金成立后，首期规模 67 亿元，政府出资 7 亿元，国开金融有限责任公司募集 60 亿元。后期资金根据基金投资与运作情况分期到位。后续可视需求设立子基金，并对子基金方案进行区别设计和管理；或在项目端进行结构化融资放大杠杆，撬动更多社会资本参与。鼓励市县政府在子基金设立和项目端融资中主动参与，发挥积极作用。关于资金用途，《方案》规定，基金作为特色产业小镇项目的资本金和项目资金，基金在项目资本金中的出资占比根据项目类别决定，重点支持两类项目：一是基础设施类、公益类等政策性项目；二是商业类市场化项目。

中西部地区财政收入总量小，政府投资力度有限，必须靠引导+政策+灵活的体制和机制。尤其 2018 年 8 月 30 日发改委〔2018〕1041 号文要求年底之前上报特色小镇融资需求，国家开发银行、农业发展银行、光大总行已开辟绿色通道，各级特色小镇要积极申请贷款。同时，各个省级金融机构应区别东部地区与中西部地区当地龙头企业的融资条件，适当倾斜有发展前景产业的当地龙头企业融资投入特色小镇建设，促进西部地区特色小镇起到带动群众致富的作用。

（3）提升政府管理和协调规格。中西部特色小镇需要所在地市级副市长级别领导进行管理协调，才能达到东部地区特色小镇的管理、组织、协调能力，在人力资源、组织管理上有较好的推进及落实力度。在这方面，以云南为例，特色小镇的管理已经上升到省委常委的高度，2018 年 9 月 27 日，经云南省委常委会审议通过，省内 6 个特色小镇被淘汰退出创建名单，并被收回每个 1000 万元的启动资金。会议审议通过了《云南省人民政府关于加快推进全省特色小镇创建工作的指导意见》《云南省示范特色小镇评选办法（试行）》两个送审稿和 2018 年省财政奖补支持的特色小镇建议名单，云南提出，2018~2020 年，每年评选 15 个创建成效明显的特色小镇，省财政给予每个小镇 1.5 亿元以奖代补资金支持；

这种工作力度，在中西部是可以借鉴的。

（4）充分认识中西部产业构成现实，实事求是发展产业链，推行专业招商做法。做好中西部农业为主、康养为主的文章，注重产供销农业和康养产业龙头企业的招商引资，当地的国企必须发挥引领作用，实现一二三产融合，把产业做大、做强、做长。在招商引资上，坚持走专业招商之路，全民招商的方式是不可取的，我们参考东部地区如苏州招商所依靠的主要力量是专业的招商小分队。全民招商最主要的弊端有三点：一是全民招商成功率低，成本过高；二是招商一哄而上，只注重招，影响内部环境系统优化进程；三是部门为了招商成功，竞相杀价，影响整个环境体系的优化。有些招商虽然成功了，但影响了竞争的公平性，形成了某种形式的垄断，以后同类企业发展的机会被剥夺了。这样招商，会找来一个企业，赶跑一批企业，影响产业链形成和市场的健康发展。同时，重奖招商引资人员也是有弊端的。苏州高新区曾经重奖招商引资人员，引起了其他部门同志的忌妒和不满，结果造成招商人员办事阻力大大加大，许多项目因此泡汤，重奖政策实行两年后被迫终止。在特色小镇招商上，2018 年 7 月河池市凤山县住房和城乡建设局大胆开展凤山县长寿特色小镇产业招商服务采购，公开招标，最终北京某企业以 133 万元中标开展产业招商工作，走出了委托专业招商的路子。

（5）协调好精准扶贫与特色小镇建设的关系。中西部各级政府必须分出部分精力来做特色小镇建设工作，把特色小镇建设、田园综合体建设统筹进乡村振兴三年行动计划。中共中央、国务院印发《乡村振兴战略规划（2018～2022年）》第七章第二节提出“完善城乡布局结构，以城市群为主体构建大中小城市和小城镇协调发展的城镇格局，增强城镇地区对乡村的带动能力。加快发展中小城市，完善县城综合服务功能，推动农业转移人口就地就近城镇化。因地制宜发展特色鲜明、产城融合、充满魅力的特色小镇和小城镇，加强以乡镇政府驻地为中心的农民生活圈建设，以镇带村、以村促镇，推动镇村联动发展”。农业农村部办公厅关于印发《乡村振兴科技支撑行动实施方案》的通知提出农业农村部将打造 1000 个乡村振兴科技引领示范（镇）。中西部要充分利用政策的风口，把特色小镇、田园综合体作为乡村振兴的重要抓手，勇于创新，讲求实效。尤其临近 2020 年，大部分精准扶贫工作已接近尾声，基层的人力物力也可以逐步向特色小镇建设倾斜了。

（6）紧抓生态环境优势。发挥东部地区没有以及无法复制的水土、空气、自然人文等生态优势，量身打造特色小镇。中西部地区多数风景优美的小镇负氧离子一般会超过每立方厘米 5000 个，根据联合国卫生组织的标准，空气中负离子含量达到每立方厘米 1500 个是空气清新的标准，达到每立方厘米 2 万个以上则具有医疗保健的功效，尤其长寿市县乡镇具备东部地区不可复制的优势。因此适量接待游客，避免景观和植被受损，不建大亭子、大牌坊、大公园、大广场等“形象工程”，维护文化底蕴、保留本土情怀，建设特色小镇的同时对中西部地区的旅游资源和生态环境实行保护性开发。结合小镇周边自然环境，做到“不砍树、不挖山、不填湖”，着力加强对空间立体性、平面协调性、风貌整体性、文脉延续性等方面的规划和管控，探索生态文明新模式。在建设进程中，中西部地区政府应总体把控，避免中西部地区特色小镇同质化建设，实现总体区分差异化发展。

此外，应鼓励中西部地区广泛开展关于特色小镇、田园综合体、乡村振兴主题的多种论坛、专业培训，以理清概念、树立信心，有针对性地解决问题，如2018年中国区域经济高峰论坛暨中西部地区特色小镇建设与乡村振兴战略理论研讨会就是成功的尝试，再如南宁2018年5月举办广西首次特色小镇高峰论坛，9月中国—东盟博览会举办中国—东盟特色小城镇建设高峰论坛，都不断创新对特色小镇的了解与加深实操交流。

新时代特色小镇发展模式探讨

——基于全面建成小康社会视角

广西民族大学商学院　雷飞　何茹

摘要：特色小镇作为新型城镇化的重要环节，将产业结构、资源禀赋和区位优势有机融合，对城乡一体化进程的加快发挥重要作用。本文在阐述特色小镇建设的理论基础上，分析特色小镇建设的现状，总结出特色小镇在产业结构、空间布局和基础设施等方面存在的问题。同时，从产业融合、绿色发展、基础设施完善和特色主题定位方面对培育特色小镇提出对策建议，进一步推动乡村振兴战略落实，实现2020年全面建成小康社会的目标。

关键词：特色小镇；乡村振兴；问题；路径

一、引言

到2020年，我国要完成全面建成小康社会的目标。乡村振兴是全面建成小康社会的夯实基础。党的十九大提出乡村振兴目标："产业兴旺""生态宜居""乡风文明""治理有效""生活富裕"，乡村振兴目标是新时代下中国特色社会主义"五位一体"总体布局，新时代下乡村振兴被赋予新的时代意义，更具有新的文化内涵，象征着中华儿女实现"中国梦"的殷切盼望①。特色小镇的构建为乡村振兴添砖加瓦，打造特色小镇更切合"五位一体"总布局。表1显示了历年我国中央一号文件都极为重视农村经济的发展，国家对农村的重视是实现我国乡村振兴和新型城镇化联动协调发展的一种新模式。我国在农村建设历程中经历了社会主义农村建设—社会主义新农村建设—植入美丽乡村建设平台—2015年习近平总书记把"特色小镇"作为重中之重的批示——党的十九大报告首次提出实施乡村振兴战略，特色小镇的构建助力乡村战略的号召。特色小镇的构建与发展发轫于浙江特色小镇，2016年特色小镇的构建已由国家在全国推开，并在此基础上提出到2020年要培育建设1000个具有自身特色的小镇，目的是作为联合城乡

① http：//opinion. people. com. cn/n1/2017/1211/c1003-29696966. html.

的桥梁，推进新型城镇化健康、绿色、协调、可持续发展。特色小镇的培育理念是"小镇产业集群、产业创新和产业升级以新载体、新理念、新机制、新路径重点推进"，引领全国特色小镇不断崛起，打造出高质量、内涵式，便于生产、生活的特色小镇。特色小镇的构建必须符合当下我国经济发展的实际水平，2016年《经济学人》（*The Economist*）数据显示，目前，中国正踏入中产阶级的人口达到2.25亿，这组数据意味着我国有近20%的人口步入中产阶级。到2020年，中产阶级规模会逐渐扩大，他们对我国整体经济的发展会提出更高的要求。培育特色小镇，集聚互联网信息、高端金融产业、时尚消费模式、旅游及健康、环保等为主的特色高质产业能顺应时代人民的要求。

表1　历年中央一号文件及主要关注点

年份	中央一号文件	主要关注点
1982	《全国农村工作会议纪要》	"三农"问题
1983	《当前农村经济政策的若干问题的通知》	农村发展、商品生产
1984	《关于一九八四年农村工作的通知》	调整农村产业结构
1985	《关于进一步活跃农村经济的十项政策》	实现农村产业结合合理化
1986	《关于1896年农村工作部署》	摆正农业在国民经济中的地位
2004	《关于促进农民增加收入若干政策的意见》	增加农民收入
2005	《关于加强农村工作　提高农业综合生产能力若干政策意见》	提高农业综合生产力
2006	《关于推进社会主义新农村建设》	建设社会主义新农村
2007	《关于积极发展现代农业　扎实推进社会主义新农村建设的若干意见》	建设社会主义新农村
2008	《关于切实加强农业基础建设　进一步促进农业发展　农民增收的若干意见》	加强农业基础设施，促农民增收
2009	《关于2009年促进农业稳定发展　农民持续增收的若干意见》	农业持续发展，农民持续增收
2010	《关于加大统筹城乡发展基础的若干意见》	统筹城乡基础发展
2011	《关于加快水利改革发展的决定》	水利改革发展
2012	《关于加快推进农业科技创新　持续增强农产品供给保障能力的若干意见》	以科技推动农业创新
2013	《关于加快发展现代农业进一步增强农村发展活力的若干意见》	加快发展现代农业
2014	《关于深化农村改革　加快推进农业现代化的若干意见》	农村改革推进农业现代化

续表

年份	中央一号文件	主要关注点
2015	《关于加大改革创新力度　加快农业现代化建设的若干意见》	改革创新加快农业现代化
2016	《关于落实发展新理念　加快农业现代化　实现全面小康目标的若干意见》	农业现代化，实现全面小康
2017	《关于深入推进农业供给侧结构性改革　加快培育农业农村发展新动能的若干意见》	农业供给侧结构性改革
2018	《关于实施乡村振兴战略的意见》	乡村振兴战略

资料来源：笔者整理所得。

二、文献回顾

特色小镇建设，将资源禀赋、区位优势和产业布局有机融合，实现了产业结构转型升级，带动当地经济的发展，自提出以来受到国内学者的广泛关注。

（1）关于特色小镇的阐述。闵学勤（2016）分别从精准治理、产业经济学和文化旅游视角阐述特色小镇内涵。吴一洲等（2016）认为特色小镇是一个大城市内部和周边的，在空间上相对独立发展的，具有特色产业导向、景观旅游和居住生活功能的项目集合体①。盛世豪和张伟明（2016）从产业空间组织角度描述了特色小镇的一些特征和其中小镇的具体内涵，他们认为通过创新、生产、销售和服务环节聚集特色小镇产业，无疑是一种产业空间组织形式。

（2）建设特色小镇的发展路径。曾江和慈锋（2016）认为，需要从文化、产业和区位等特色资源优势等方面来建设特色小镇。闵学勤（2016）从精准治理视角，提出从治理主体、运行机制、创新体系和绩效评估等方面，创建特色小镇。顾利民（2017）将“创新、协调、绿色、开放和共享”五大发展理念与特色小镇结合，创新提出发展新路径。郝华勇（2017）认为，欠发达地区建设特色小镇应根据自身情况，从优化县域城镇的空间组织和依托小镇特色等路径出发。

（3）研究特色小镇案例。徐梦周和王祖强（2016）基于创新生态系统的视角，以梦想小镇为例，提出应从价值导向和市场动力等方面培育特色小镇。张吉福（2017）梳理山西省大同市建设的基本情况，提出特色小镇的建设模式分别有边塞风情特色镇、工业园区特色镇、旅游观光特色镇、商贸物流特色镇、康养休

① 吴一洲，陈前虎，郑晓虹．特色小镇发展水平指标体系与评估方法［J］．规划师，2016，32（7）：123-127.

闲特色镇、现代农业特色镇、光伏能源特色镇和红色文化特色镇①。李鹏举和崔大树（2017）通过对浙江特色小镇建设的探讨，提出积极构建空间交易费用、产权配置与空间组织模式。高树军（2017）以青岛海青茶园小镇为例，分析建设环境优美、产业特色鲜明、生态环境和谐、人民生活幸福小城镇的“海青模式”。

三、特色小镇建设的理论基础

产业集群理论（见图 1）是指在特定的一个区域聚集了一组与生产、生活相互关联及专业化生产要素优化的集聚洼地。马克思认为，企业生产建立在分工协作的基础上相对于分工生产会产生更大的效率，其主要原因是分工协作节省了占用空间，并在紧急情况发生时也能完成较高的产量。“内部规模经济”和“外部规模经济”是经济学家马歇尔在《经济学原理》一书中提出的，同时，其发现外部规模经济与企业自身具有密切联系。由于内外部经济都具有组织效率，因此，在构建工业生产用地时要达到产业集群，充分发挥内部与外部带来的规模经济。德国经济学家韦伯认为，费用最小的区位便是最好的区位，若干个企业集群会带来更多的收益，减少更多的成本，最终更进一步吸引产业再次集群。佩鲁的增长极理论在分析空间非均衡增长时，当一种支配作用的经济单位增长或创新时，能诱导其他经济单位增长。美国经济学家熊彼特解释：在经济周期时，除外部因素外（战争、气候等），创新是经济增长波动的主要原因。

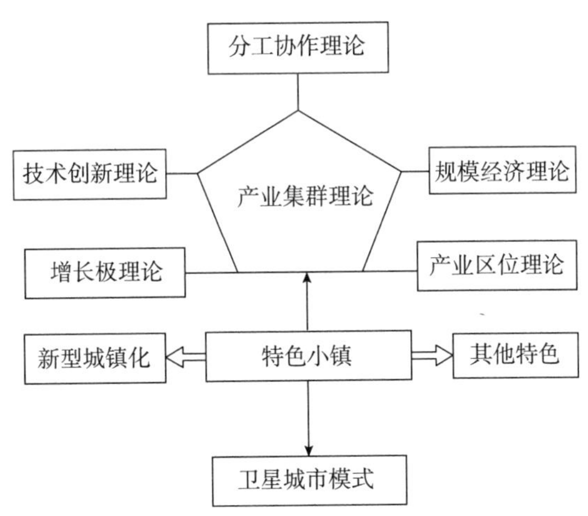

图 1　特色小镇空间组织模式框架

① 张吉福 . 特色小镇建设路径与模式——以山西省大同市为例［J］. 中国农业资源与区划，2017，38（1）：145-151.

特色小镇的建设就如工业生产集聚地，要充分发挥各种优势，达到一种规模经济的效果。通过产业集群而聚集分工协作、规模经济、产业区位、技术创新于一身的特色小镇。特色小镇在产业经济视角下密切聚齐上下游产业聚集，大量的生产要素沉淀直接推动特色小镇特色产业的发展，这也是为何西方国家的许多企业远离城市立足在偏远的特色小镇上的缘由。如著名的 IT 企业坐落于硅谷。

新型城镇化是以统筹城乡、产业互动、生态宜居、和谐发展为基本特征的城镇化，特色小镇的建设可以依附于新型城镇化建设中，共同打造出以拉动第二、第三产业为目的，实现城乡基础设施一体化和公共服务均等化。特色小镇的建设可以以卫星城市为导向，建立在大城市周围，小镇的建设以一个中心圈向四周发散，在不同的发散区内建设出不同功能的特色小镇，最终仅围绕中心城市开展特色服务。

四、特色小镇建设现状

（一）全国特色小镇建设情况

到 2020 年，我国计划培育 1000 个左右各具特色、富有活力的休闲旅游、商贸物流、现代制造、教育科技、传统文化、美丽宜居的特色小镇，引领带动全国小城镇建设①。我国第一批特色小镇设计了 32 个省，一共有 127 个特色小镇，第二批特色小镇一共有 276 个，第三批特色小镇目前还未发布②。在第一批、第二批特色小镇中，华东地区、中南地区和西南地区特色小镇获批数目较多。国家在建设特色小镇上的资金支持力度大，在对符合建成特色小镇的地区也设立专项资金，对建设较好的特色小镇还给予了一定的奖励。特色小镇在不同地区浮现出不同的特色面貌，全国每个省都在全力打造特色小镇。在我国经济快速发展的时代，特色小镇成为现代生活中的一种文化休闲区。目前，特色小镇在继续建成中，争取到 2020 年我国实现建设 1000 个特色小镇的目标。

（二）特色小镇建设问题剖析

特色小镇是基于新型城镇化与经济建设新常态下的重要载体，各省都紧跟特色小镇建设的步伐，小镇的每一步规划、实施路径都与城市建设有巨大的差距。特色小镇更注重“新颖”，但是特色小镇在现实的规划下也存在各种问题。

---

① http：//www. sohu. com/a/134416780_423069.

② https：//baike. so. com/doc/24206959-24793352. html.

1. 经济结构不合理，运行系统规划凌乱

经济基础是一切物资的根基。小镇以第一产业为主，第二、第三产业比重极其低，在小镇区域面积内要尽量协调各产业之间的占比，但在一些地方由于对小镇建设缺乏整体性规划，常忽视小镇经济在特色小镇建设中扮演最重要的角色。同时，特色小镇的整体规划中存在系统混乱的状态，小镇的布局并非融入整体之间的规划。小镇的各种特色功能各司其职，没有达到一种功能集聚的态势。小镇面临落后的经济基础与整体布局不合理的现状，从而特色小镇在建设中耗费较长的时间周期、大量的人力与物力。此外，部分小镇可能存在停滞建设的状态，最终会加剧小镇的"二次贫困"。即使在小镇后期建设中政府会大力开发小镇的资源，并合理采纳专家的意见，规划小镇板块功能，重新定义特色小镇，但最终小镇建设中也会涌现诸多问题。

2. 片面追求经济利益，忽视生态环境

为了加速建成特色小镇，追求短期的经济利益，一些地区的部分小镇会盲目跟随其他特色小镇，试图将其他特色小镇的特色"复制"到本地方小镇上，完全忽视地域之间存在的差异性。我国的东部地区、中部地区、西部地区之间存在地质条件、经济水平、传统文化与生态环境之间的差异。特色小镇的建设应该结合当地的特色，充分挖掘小镇已有但未开发的特色资源。在小镇开发建设的过程中，开发商为了能快速建成特色小镇而不惜破坏当地的特色。大量排放废水，导致纯天然的小镇成为乌烟瘴气之地，小镇的生态环境失去了自然性，当面临一些自然灾害时小镇存在"千变万化"的面孔。最后，特色小镇未展现自己的特色，可能成为被遗弃的小镇。最终却不能引领小镇人民继续建设自己的特色家园。

3. 基础设施落后，开发层次低

特色小镇的核心是特色产业，特色小镇建设应集金融、旅游、教育、生态等功能于一体，如新兴产业、互联网金融、智能密集型产业、健康服务等。在特色小镇开发建设过程中由于基础设施落后，在建设其他功能区的前提下必须先打造出畅通无阻的交通路线。小镇一般是以公路为交通干线，交通建设不仅成本高，同时也是耗时周期长的项目工程，特色小镇开发变成开发小镇交通为主。在小镇交通路线建设过程中，部分小镇会因为建设交通而耽误特色开发的最佳时期。有的小镇在基础设施落后的现状下会继续发展特色小镇，但存在开发层次低的现实问题。

部分地区在布局小镇各功能的基础上不能合理有效地衔接小镇之间最初的定位，在各开发区位上存在"瘫痪"状态。在当今快生活的节奏下，娱乐旅游消遣已经成为大部分居民生活的一部分，试问一个功能落后、基础设施落后的小镇如何成为"特色小镇"？作为一个旅游者，这样的小镇能否成为你的旅游栖息地？在我国经济快速发展的大背景下，国家不断注重出行质量，不仅要快速出行，同时也要确保安全出行。在小镇基础设施落后的情况下，二者都不能保证。基础设施隔断了特色小镇建设的一切理念，最终，小镇就面临开发层次低的格局。

4. 缺乏特色理念，产业结构雷同

为了促进小城镇与大中小城镇之间的协调发展，特色小镇的建设应运而生。小城镇展示自身的特色在“小”“特”“独”“精”的优势。小城镇能同大城市一样彰显出自身的特色功能，二者之间形成差异定位，形成错位竞争的格局，从而才能促进城乡之间的融合发展，达到乡村振兴的目标。但是在小城镇的规划路径中，许多小镇缺乏因地制宜的专业性规划，小镇建设仅是对其重新翻修，除小镇的建筑相对早些年较新以外，小镇依旧不能体现独有的特色，从而导致小镇建设出现“千城一面”。特别在我国一些地区，街道的建设与经营的商品都有巨大的相似性，甚至是同种产业相互竞争。

一些小镇在建设的过程中已失去原有的天然特性，尤其在西部地区，当地区的某个小镇获批建设特色小镇的要求时，当地人民抓住机会，不惜使用一切手段促成小镇的建设。由于小镇在经济能力上承受的限度是极为有限的，开发商不惜毁灭小镇原有的土著建筑而大量开发高楼大厦，使小镇偏离了本土色，甚至模仿大城市的规划路线，最终因入不敷出而使小镇“夭折”。特色小镇缺乏特色理念就失去小镇的价值，对我国存在的各种大大小小的小镇，如果只是简单的修建而缺少自身的特色内涵，那么，特色小镇建设最终是“竹篮打水——一场空”。

五、特色小镇实现路径

在构建特色小镇的过程中结合小镇的发展模式，在小镇原有的特色基础上进一步创新。小镇的资源因素、环境资源是特色小镇发展最重要的因素，在小镇要素分配中，应该聚集资源最丰裕的要素。通过丰裕要素引进一些稀缺资源，结合二者打造出特色小镇，彰显出特色小镇发展的初衷。在我国实行乡村振兴的大背景下，特色小镇应立足于中小城市与大城市之间协调发展的桥梁，构建特色小镇体系具体如下：

（一）特色产业驱动一二三产业融合

要实现小镇特色产业的多重效应，夯实小镇经济实力，必须义不容辞融合小镇一二三产业，在融合产业上应根据小镇的资源禀赋差异、文化理念、发展理念，建立健全产业融合的服务机制。通过融合一二三产业，借机搭建创新创业平台，吸引农民工返乡创业，从而增加小镇的生机与活力。为了快速推广特色产业“走出去”，需要搭建互联网信息平台，可以依托特色产业为小镇创业者提供所需的服务体系，如信贷、金融融资、招商服务等。当新一批生产力量涌入小镇，应抓住发展时机，通过人力资源把握宏观经济形势、捕捉市场信息、提高当地人民的职业技能。通过特色小镇特色产业，融入科学技术的创新力量带动小镇的产业发展。

（二）贯彻落实绿色发展理念

绿色发展理念主要是保护小镇的山水风光，小镇在规划过程中难免会破坏生态环境，因此，开发小镇时应率先制定小镇的自然框架，保护生态环境是小镇建设的重要前提。由于小镇对自然资源的依赖性大，当失去自然资源作为保障时，小镇环境恶化、失去生态的平衡性，最终失去自身发展优势。但是，小镇建设不仅依附于自然资源，自身也必须要有一些特殊产业，在开发产业时也会存在环境污染的问题，那么小镇环境污染就成为当前亟待解决的问题。因此，要不断提高当地人的环境保护意识，使绿色环保理念深入人心，倡导人们绿色生产、绿色生活。另外，发展产业不仅要突出特色，还要在减排的基础上突出产业特色，使其有效发挥优势，达到绿色产业与生态建设之间的平衡发展。

落实绿色发展理念可以依托文化产业，中国是一个拥有博大精深、源远流长的传统文化大国。通过发展各小镇的本土文化，使特色文化在文化中占据更大的社会资本。如：东北地区发挥出东北三省传统文化；中南地区发挥出中州传统文化；西南地区发挥巴蜀文化。此外，在民族地区、革命老区重温传统文化，不仅能继续继承发扬，也能孕育出本土地方特色文化。

（三）补齐基础短板

俗话说得好“要想富，先修路”，合理布局小镇公共基础设施建设，公共基础设施属于公共产品（准公共产品）范畴，从传统经济理论上说，理应由政府提供，政府应当加大农村公共基础设施的投资建设力度。同时考虑我国农村面积的巨大和具体情况的复杂性，可以考虑引入公司（私人）进入这一领域，从而有效覆盖小镇公共基础设施的各个方面，最终满足农民之所需以及小镇长远的发展。公共基础设施建设离不开政府的大力支持。政府应该对外吸引投资，改善农村基础设施的面貌，争取镇镇通路、镇镇通电、镇镇通网，公共基础设施的完善可以吸引小镇劳动力回流，改善小镇原来落后的面貌。

完善基础设施可以使小镇特色产业“走出去”，部分小镇由于基础设施落后而使特色产业失去自身的光泽。在现代社会中，交通工具在生活中扮演重要的角色。小镇的农产品都是无污染的绿色食品，一定程度上有利于人的健康，最重要的是绿色产业可以提高小镇人民的基本收入来源，提高其生活质量并缩小城乡收入差距。完善基础设施建设也可以推进小镇“生产发展”“生活富裕”“乡村文明”“村容整洁”。调整小镇产业布局以招商引资加大对小镇基础设施的建设，推进特色小镇建设进程。

（四）特色主题定位

小镇特色主题定位相对于功能定位，是基于小镇特色主题的深化与细化，是推动小镇长期发展的目标愿景，主题定位是实现小镇各功能区在集聚的基础上分工协作，达到最大的效益。发展特色小镇重点在一个“特”上，每个小镇应衡量自身的特色，给予小镇特色主题定位。小镇的规划要立足当地的实际资源禀赋，再结合自身的资源环境，生态和传统文化，为小镇量身打造出属于自己的亮丽“着装”。小镇可以从衣、食、住、管理、环境、文化、娱乐等方面细化定位目标，但小镇的特色定位一定要与县域经济发展相融合，不能独自搞开发，应与脱贫攻坚实现小康相结合，壮大形成带动农村发展的直接动力。只有找准定位，再充分挖掘和放大小镇的地貌特色、建筑风格，再结合绿色的发展理念，将小镇的特色发挥到极致，最终打造出属于小镇的独特品位（见图 2）。

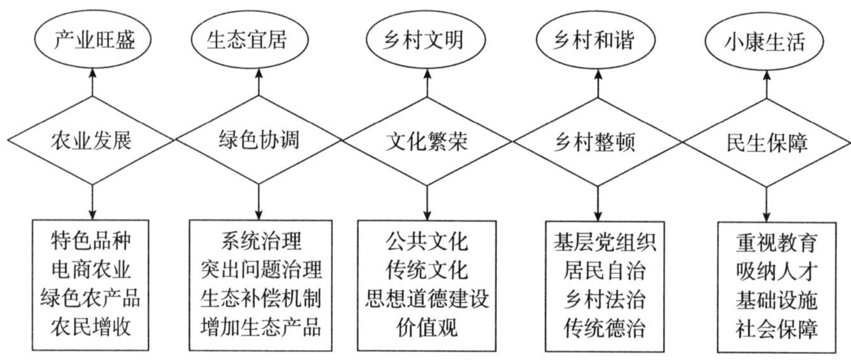

图 2　特色小镇实现路径

参考文献

［1］顾利民．以“五大发展理念”引领特色小镇的培育建设［J］．城市发展研究，2017，24（6）：18-22.

［2］高树军．特色小城镇建设发展研究——以青岛海青茶园小镇为例［J］．农业经济问题，2017，38（3）：40-44.

［3］郝华勇．欠发达地区打造特色小镇的基础差距与现实路径［J］．理论月刊，2017（12）：165-170.

［4］惠宁．产业集群理论的研究现状及其新发展［J］．管理世界，2005（11）：158-159.

［5］李鹏举，崔大树．空间交易费用、产权配置与特色小镇空间组织模式构建——基于

浙江特色小镇的案例分析［J］. 城市发展研究，2017，24（6）：10-17.

［6］闵学勤 . 精准治理视角下的特色小镇及其创建路径［J］. 同济大学学报（社会科学版），2016，27（5）：55-60.

［7］盛世豪，张伟明 . 关于“十三五”规划的几点思考［J］. 浙江经济，2015（16）：41-43.

［8］吴一洲，陈前虎，郑晓虹 . 特色小镇发展水平指标体系与评估方法［J］. 规划师，2016，32（7）：123-127.

［9］徐梦周，王祖强 . 创新生态系统视角下特色小镇的培育策略——基于梦想小镇的案例探索［J］. 中共浙江省委党校学报，2016，32（5）：33-38.

［10］曾江，慈锋 . 新型城镇化背景下特色小镇建设［J］. 宏观经济管理，2016（12）：51-56.

［11］张吉福 . 特色小镇建设路径与模式——以山西省大同市为例［J］. 中国农业资源与区划，2017，38（1）：145-151.

打造临港装备特色小镇的战略思考

宁波工程学院图书馆馆长　陈洪波
宁波工程学院马列学院副教授　邱琴芬

摘要：依靠临港工业园，打造临港装备特色小镇是浙江省宁波市象山县贤庠镇的重要选择。当前应当紧紧抓住“一带一路”倡议深入实施和浙江省大湾区、大花园、大通道、大都市区“四大建设”大力推进有利时机，坚持“港为镇用，镇以港兴”的发展理念，以海洋工程装备产业、轨道交通装备产业为先驱，大力发展临港装备产业集群，打造一个以临港装备产业为主导，集产业、文化、旅游“三位一体”和生产、生活、生态融合发展的小镇。

关键词：临港装备；特色小镇

特色小镇发源于浙江，2014 年在杭州云栖小镇首次被提及，这种在块状经济和县域经济基础上发展而来的创新经济模式，是供给侧改革的浙江实践。依靠临港工业园，打造临港装备特色小镇是浙江省宁波市象山县贤庠镇的重要选择，2017 年 11 月被列为宁波市特色小镇培育对象。当前应当紧紧抓住“一路一带”倡议深入实施和浙江省大湾区、大花园、大通道、大都市区“四大建设”大力推进有利时机，加快推进临港装备特色小镇建设。

一、现实基础

（一）具有良好的区位优势与资源优势

贤庠镇位于浙江省宁波市象山县的北部，是象山半岛对外联系的北大门，距宁波市区直线距离 40 公里，是象山融入宁波的桥头堡。2012 年 12 月象山港大桥通车，贤庠镇到宁波中心城区的时间缩短到半小时，交通区位条件十分优越。贤庠镇背靠象山中心城，距象山县城 12.5 公里，东邻涂茨镇，西接黄避岙乡，北濒象山港，南连大徐镇。贤庠镇港口资源丰富，适宜建造万吨级码头。全镇总面积约 66 平方公里。镇内河流密布，镇城区分布有东塘河、西塘河、西大河等河流，其中东塘河、西塘河是全域主要河流，流经城区，注入象山港。2017 年末，镇域户籍人口 3.3 万人，常住人口 3.7 万人。2017 年，全镇实现社会总产值 47

亿元，财政一般预算收入1.13亿元。

（二）平台开发得到加强，工业实力不断提高

2017年，贤庠镇工业经济发展取得历史性突破，全年各项指标均实现大幅提高，提前一年进入“A类乡镇”行列。2017年实现规模以上工业总产值31.5亿元，同比增长60%以上，增速位居全县第一；销售收入30.5亿元，同比增长60%以上；实现利润3383万元，同比增长100%以上；实缴税金1.3亿元，同比增长13%；完成工业投资9.1亿元，同比增长56%，均列全县第一。贤庠镇以打造临港装备小镇为核心，做足乡情招商、以商招商、产业链招商等文章，构建“全方位、宽领域、多元化”的招商引资新格局。据统计，2017年实际利用内资6.5亿元、“浙商回归”2.43亿元，超额完成县定指标任务。先后引进杭翔钢结构、亿合铸机械、国电投、200兆瓦滩涂光伏等9个重大项目。

（三）城区空间逐步拓展，发展品质不断提升

牢固树立港口型中心城镇产城融合发展理念，坚持“东联北拓、拉大框架、整体推进”镇城区发展建设思路，着力构建“四纵三横”框架道路，初步形成了以行政区、商贸区、教育园区、镇民集住小区和临港工业配套生活区为主的全新功能布局，使镇城区框架总面积达到5.9平方公里。其中核心区2.2平方公里，建成威圣路等主干道路近10公里，完成农改房小区、丰雅园小区，以及贤庠临时车站、交警中队、镇中心幼儿园等一批现代基础设施建设，铺开了省级中心镇建设态势。全面确立“北工业、中商住、南休闲”新一轮镇域发展格局，以环港公路和盛宁线为纵横主轴，切实加强珠溪等中心村和重点村改造，进一步落实岸线开发和区块管理，“一城两核”总体发展规划得到有效实施。

（四）农业得到长足的发展，社会民生切实改善

农业产业化取得长足发展，2017年全镇实现农业总产值4.6亿元。农村土地流转机制全面推广，目前已流转土地22572亩，流转率达85.8%，为农业规模化、集约化经营奠定了扎实的基础。特色农业走出新路子，“森盛”月季、“枫康”石斛、桂花园等“特”字基地，以及溪沿千亩“甬优”系列超级稻制种科技基地，已经成为贤庠农业的新亮点；精品农业继往开来，全镇创建农林精品园3个，推广农产品质量安全放心示范基地3个。实施亿元教育大投入，建成九年一贯制贤庠学校、标准化镇中心与珠溪幼儿园、市级高标准成校，教育环境得到全面提升，综合评估列全县前茅。实施“116区域卫生网络建设布局工程”，建立120急救贤庠分中心，建成珠溪服务站体检中心，基本形成15分钟医疗服务圈，成功创建宁波市卫生镇。社会保障体系日益健全，23周岁以上农居民社会保险覆盖面达89%以上。

当然，发展过程中也存在一些问题和困难，主要表现为：中心镇功能不强，对接服务临港装备工业园能力较弱，产城融合偏低；要素保障不强，产业转型升级受到较大阻力；体制机制有待进一步理顺，工作合力有待进一步形成。这些问题与困难需要进一步解决。

二、加快临港装备特色小镇建设基本思路与发展原则

"一带一路"倡议的深入实施，为加快临港装备特色小镇建设、更好地参与国际竞争提供了重要条件；而浙江省大湾区、大花园、大通道、大都市区"四大建设"的加速推进，为加快临港装备特色小镇建设、提升小镇品质提供了重要契机。

（一）发展思路

全面贯彻落实党的十九大及宁波市委第十三次党代会精神，以"一带一路"为契机，主动对接宁波湾经济圈，坚持"港为镇用，镇以港兴"的发展理念，围绕建设象山港新城总目标，以加快转型升级为主线，以海洋工程装备产业、轨道交通装备产业为先驱，打造临港装备产业集群，深化产城联动、产城融合，充分发挥象山北部门户和区域集聚效应，打造一个以临港装备产业为主导，集产业、文化、旅游"三位一体"和生产、生活、生态融合发展的小镇。

（二）发展原则

（1）特色引领原则。特色引领是科学发展的内在要求。必须把特色引领理念贯穿于贤庠发展总目标的规划、建设、管理和经营全过程；紧扣产业升级趋势，突出临港装备产业集群发展，强特色、育亮点，构筑产业创新高地。着力发展桂花、石斛、月季等特色精品农业，进一步优化柑橘、杨梅传统品牌农业功能区，为农旅经济发展培育新资源、创造新特色。

（2）要素集约原则。要素集约是持续发展的重要保证。积极放大"大桥效应"和临港工业园区效应，加快培育新能源、新装备、新材料、生物科技等新兴产业，逐步形成临港装备、机电模具、新型能源等亿元产业集群；改造提升汽配、模具等传统产业。优化发展环境，不断改善投资的硬件与软件条件，以招促投、以引强升，加快产业、技术、人才、资金等要素资源集聚，确保产城联动、产城融合。

（3）创新驱动原则。创新驱动是全面发展的动力源泉。必须进一步解放思想，充分调动"全民创业、万众创新"积极性，激发创新发展活力，健全创新创业创投联合驱动新机制，不断提升创新驱动合力；必须更加注重改革创新，加大"走出去、引进来"共赢发展力度；着力改进多规融合、镇村联动，强化发

展平台搭建和项目实施；加快投融资体制机制创新，大力拓展内外资经营渠道；坚持社会治理创新，提高精细化管理水平。

（4）绿色低碳原则。绿色低碳是健康发展的必由之路。必须坚定生态立镇理念，辩证把握资源开发利用与资源环境承载力的关系，保护与开发并举，促进人与自然和谐，实现经济社会可持续发展；积极倡导绿色低碳发展，加大清洁技术、节能节水技术推广应用力度，努力探索节能制造、清洁生产、文明生活新模式，建设资源节约型、生态环境友好型城镇。

三、加快临港工业特色小镇建设的若干思考

（一）实施主导产业发展，构筑临港装备小镇经济新格局

贯彻落实工业强县决策部署，依托临港产业资源和沿港岸线特有条件，坚持“集聚集约、产城融合、创新驱动”并举，充分挖掘贤庠象山港经济带重要节点城镇和港口资源潜力，加快工业现代化步伐，全力建设工业强镇。

优化工业“一带一廊”布局。依托独特区位优势、港口岸线资源，优化工业“一带一廊”布局，全力推动新一轮现代工业发展。全面打造贤庠象山临港装备工业园平台，全力开发老虎口、西泽塘、大中庄等沿港区块，引进建设一批临港装备大项目，努力实现海洋工业、特色物流等新兴产业突破性发展，基本形成以临港装备制造为主的产业体系，做大做强临港装备工业带。到 2020 年，全面建成老虎口区块；东联北拓产城融合，兼顾超大型项目落户资源预备，形成西泽塘区块主平台架构，确立贤庠现代工业新格局；全面启动中油重工滞置资源开发，实施大中庄区块三期围垦。加大盛宁线段东风工业城、岙里弄模具小区的园区化集约化改造建设力度，开展成熟企业股份制改革，“腾笼换鸟”，推动转型升级，完善提升工业走廊。

增强工业经济实力。遵循力争“三年升 A 类，五年冲百亿”贤庠工业发展目标思路，着力做大做强产业和企业文章，强化工业主体地位。以现代工业发展规划布局为依托，以新能源、新装备、新材料和生物科技等新兴产业为支柱，加快工业产业优化步伐，逐步形成临港装备、机电模具、新型能源等亿元优势产业集群。力争培育三大 10 亿产业群，牢固确立强势产业支撑，带动传统产业转型升级。全面实施“强企工程”，积极推进企业梯度结构改造，增强工业经济健康有序发展活力。大力培育行业龙头骨干企业、科技型“小巨人”企业，推行“产业基金+龙头企业+专业配套企业”发展模式，着力打造强企强链；继续加强规模以上企业培育，支持小微企业发展，加快推进科技孵化器和加速器等创业平台建设，增强产品研发和科技攻关合力，促进小微企业成长发展。确保培育、引进 30 家规模以上企业，力争规模企业超 50 家，实现 2 家企业上市，不断增强工

业发展后劲。主动融入“一带一路”倡议，积极参与自贸试验区国际化实践，加大“走出去”力度，着力振兴外向型经济。

大力开展招商引资。紧扣工业“一带一廊”定位，立足老虎口、西泽塘、大中庄、“盛宁”工业走廊等大平台，积极开展产业规划招商，引进央企、世界500强等行业龙头企业，促进项目引领，强化产业支撑。遵照产业导向和环保门槛，出台“一镇一策”新政策，加大城市现代化过程中产业转移对接力度，着力人文招商、以商招商、资源引商，完善招引项目全程目标管理责任制和成功项目激励制，提高项目落地率和转化率，努力营造与工业重镇相匹配的全民招商引资新态势。注重人才优势培育，倡导职业经理人制度，特别是外向型经济人才引进，完善现代企业法人治理。力争承接引进规模以上工业企业20家，实际利用外资累计达到0.8亿美元，实际利用内资25亿元。

顺应“学乐康安美”现代消费结构升级新要求，全面确立旅游经济在产业结构调整优化中支柱地位，加强旅游资源培植和“南休闲”发展规划，注重休闲养生旅游、绿色运动旅游、红色教育旅游开发，努力打造精品农业旅游带，建设休闲养生特色小镇。紧紧围绕农业增效、农民增收发展目标，立足贤庠特有自然资源和桥海优势，坚持农产品供给侧结构性改革，以农业园区化、休闲观光农业、基本农田保护为重点，全面推进一二三产融合发展，着力建成高质量、高水平省级现代农业强镇。

积极顺应时代发展潮流，主动掌握新兴产业发展特点，努力顺应经济发展新趋势，必须坚持“两化融合”创新发展智慧制造，找准发展定位大力培育美丽经济，为可持续发展拓展新空间、赢得新优势。

（二）完善空间结构，构筑临港装备小镇新框架

全面确立贤庠的象山港新城建设规划定位，遵照国家重点镇发展要求，以“两带一廊、两镇一城”为主载体，坚持产城联动、产城融合高效建设途径，强化港口型工业城镇个性化发展，进一步完善“北工业、中商住、南休闲”现代城镇架构，确保“十三五”期末贤庠真正跨入国家级重点镇和省级中心镇行列。

1. 加快镇城区建设

按照象山港新城概念蕴含的港口个性、工业重镇和现代区域中心要求，发挥“两带一廊、两镇一城”发展战略在镇城区建设发展中的引领作用。既要适度超前规划，又要注重现代城镇要素的快速健全，迎头赶上发达地区城镇化步伐。

坚持超前规划引领。加快多规融合改革步伐，强化规划的龙头地位，科学放大后发优势，着力“补短板”创新，确保象山港新城建设发展目标任务的有序落实。不折不扣搞好规划体系修编完善，充分发挥总规引领、控规保障、详规完善的固有功能，全面保障产城融合、城乡一体、布局合理、功能互补的宜居宜业

城镇现代化建设。着力加强城镇化政策研究，力求主动掌握政府的城镇化资源，切实消解各类制约瓶颈，努力实现城镇化发展目标、用地指标、建设坐标的“三标”无缝对接。坚持外延扩张与内涵提升并举，确保新区新城开发高起点、高标准，旧城旧村改造不俗套、不失档，强化城镇空间立体性、平面协调性、风貌整体性、文脉延续性的“四性”和谐统一，优化空间景观、水系地脉、花园绿地、配套设施结构，树立临港新城的窗口形象。

推进镇城区建设。以北拓东联、产城融合、区块突破为建设主节奏，努力推进镇城区跨越式发展。着力与宁波—舟山港的物流功能对接，切实开展西泽物流园区体制机制创新，进一步完善园区建设，增强贤庠物流业的区域服务能力。全力抓好临港装备工业园开发，在优化大项目布局、加快大工程建设的同时，有序规划建设园区生产生活配套功能区，强化产城联动，做足做大以工“立”镇城镇化文章，树立港口型工业重镇形象。积极创造条件，着力模式创新，加大农居集中居住区建设力度，加快边远农村以及有条件村民向镇城区集聚，填充镇城区空白区块，带动商贸街区建设和服务业发展。重点建设好贤庠、官司塘 2 个农民集中居住区，实施镇城区 6 个村庄的社区化改造，建好镇文化广场、公交车站、中心超市、集贸市场和镇中心卫生院、镇敬老院等一批城镇要素骨干工程项目，完善和提升宜居宜业品质。

加强城镇精细化管理。以“网格化管理、社区化服务”为抓手，不断推进文明城镇建设。巩固农村环境整治成果，切实加快镇城区农村环境管理向城市化治理转型步伐，积极实行环卫保洁、市政养护市场化运作，农村环境卫生长效保洁机制全覆盖。推行城镇综合服务与执法改革，加大流动摊贩、占道经营、户外广告等专项整治力度，维护镇容整洁美观；强化消防队伍建设，完善防灾抗灾体制机制，深化群防群治基层治安综合治理，进一步提高文明城镇水平。

2. 合力打造象山港新城

按照象山港新城“一城四地”组团式规划发展要求，作为主组团贤庠应自觉提升发展境界，主动整合可协同资源，积极搭建互动平台，营造“两镇一乡”空间共谋、产业互补、生态同保、基础设施互联互通的良好共建局面。尽快编制象山港新城区域发展总体规划，为“两镇一乡”相向发展提供规划指导，协同承接以宁波为主的长江三角洲产业转移，共同推进临港工业和海洋新兴产业发展，以及象山港及近海生态保护。大力改善贤庠发展环境，注重大项目引进和筹建期综合成本控制，特别是创新性产业与超特大项目“绿灯机制”保障，以速度、规模和品质强化贤庠连接宁波都市区桥头堡地位，引领象山港新城全区域发展。

3. 深化美丽乡村建设

以持续促进农民增收、增进农民幸福为出发点和落脚点，以各类示范创建为基础，全域综合整治为抓手，扎实推进洁美乡村示范村创建工作，全面改善农村生态环境、人居环境和发展环境，全力打造美丽乡村升级版。

开展洁美乡村创建活动。遵照“因地制宜、特色显明、集约节约、品位高尚”的要求，科学修编美丽乡村建设规划，实行分类创建，循序推进，打造全域景区化。着力美丽乡村示范村创建，加强典型引领，择优培育特色精品村，打造“一村一景”“一村一品”“一村一韵”，彰显农村独特魅力。加强对珠溪片美丽乡村的培育和创建侧重，力求整区联动、全片跟进，加快农村发展从“一村美”向“一批美”迈进。进一步打造盛宁线、环港公路沿线美丽乡村风景线，建设美丽村庄和产业融合发展示范区；积极深化“美丽庭院”创建活动，至 2020 年 2/3 的行政村实现“美丽庭院”示范村创建。

深化农村安居宜居美居改造。以“治乱、改旧、提质”为着力点，深入推进“三改一拆”“一户多宅”清理和村庄梳理改造，进一步改善农村住房条件和生活环境。规划建设新型农村社区，普及农村生活垃圾分类及太阳能减量化处理，完成农村生活污水联网治理，提高农村公共管理服务水平。选择 1～2 个中心村、特色精品村，实施浙派民居改造工程；统筹改造沿线沿路建筑立面，努力创建一批农房特色，改造建设示范村。推进历史文化村落保护，加强特色建筑修复、特色村庄保护、特色风貌延续工作，把历史村落培育成为与现代文明有机结合的魅力乡村，传承农村优秀传统文化。

（三）全面发展社会事业，强化临港装备特色小镇新动能

坚持政府主导与社会参与并举、公益性与效益性并举，办好农村教育、卫生、文化体育、人口和计划生育、社会保障等多个方面和领域的社会民生事业。不断提高公共服务水平，全面深化小康建设，更好地满足人民群众多样化需求，让人民群众有更多获得感、幸福感。

1. 实现教育优质发展

提升全面教育水平。坚持优先发展教育，加大软硬件投入，注重内涵发展，提高教育质量。坚持公益办园，抓好学前教育，强化与名校传帮带合作，全面落实全镇普惠性公办幼儿园建设要求，完成镇中心幼儿园的省二级标准创建验收、珠溪幼儿园修缮工程。不断提升办学理念，进一步调整优化教育布局和结构，创建特色校园文化品牌；发展现代远程教育，提高教育教学水平，满足学生个性发展需求。加强农民素质教育和劳动技能培训，以镇成人学校为平台，做好农村转移劳动人口、特殊人群技能培训以及社会化普法与科普教育；大力开展职业提升教育、劳动力再就业培训，实施充分就业规划和新生代农民工职业技能提升计划，有效落实外来务工人员的合法教育权益。

2. 提升居民健康素质

提高卫生医疗水平。坚持“政府主导、预防为主、防治结合”原则，以“浙江省卫生镇”创建为引领，以保障人民群众健康为目标，深化公共卫生服务。加大医疗事业投入，完成贤庠中心卫生院扩建工程以及深化与宁波第四医院的医联体建设，使中心卫生院提升为功能齐全、布局合理、环境优美、可持续发展的甲等乡镇卫生院。推进诊疗机制改革，建立健全分级诊疗机制和契约式家庭医生服务工作机制，不断适应基层群众多样化、多层次医疗服务需求，强化辖区慢性病综合防控和传染病防治工作。加强农村医疗卫生体系建设，增强医疗卫生人才引进和培养，加快村级卫生室规范化步伐，提升村级卫生室服务能力，强化15分钟医疗服务圈功能。

营造健康生活环境。不断完善计划生育服务体系，进一步提高计划生育工作水平；落实“全面二孩”政策，营造良好的人口发展环境，促进人口均衡发展。创建“浙江省卫生镇”，倡导和培养全社会健康生活方式。“十三五”期末，农村初级卫生保健合格率达到100%，卫生厕所普及率达95%以上，基本卫生知识知晓率达95%以上，不断巩固和发展良好的卫生环境；文化生活基础设施更加健全，群众业余生活积极向上，文体化、智力化日常活动丰富多彩，休闲旅游生活进一步发展。

3. 繁荣乡镇文化事业

加强文化设施建设。按标准设立镇文化事业发展专项基金，认真落实不低于财政经常性收入增长幅度的投入要求。建立和完善以镇城区为中心，中心村为主干，一般村为支撑的“电”系列公共文化服务网络。加快文化活动中心、全民健身场所建设，改造和提升镇图书馆、文化馆、工人文化宫、全民健身中心等文化体育设施，加强新农村居住点公共体育设施建设维护。

积极繁荣村镇文化。打造群众性文化活动品牌，通过有效组织、策划，努力形成一批文体活动强队，成功创造具有一定影响力的文体活动品牌，繁荣村镇文化，引领群众文化生活。村镇联动，采用“政府引导、村企承办、群众参与”模式，不断强化基层节庆文化活动常态化，重点培育和打造好“贤庠桂花节”“贤庠石斛节”“贤庠月季节”；企社联动，做活“文化搭台、经济唱戏”文章，加大对各级各类文体活动参与力度，努力实现文化与经济双赢。加强农村文化礼堂阵地化管理，弘扬社会主义核心价值观，寓教于乐推进公民道德建设，强化文明婚丧礼俗引领，正确诠释好蕴载美好愿景的“乡愁”。

4. 增强民生养老保障

着力做好精准扶贫。健全以最低生活保障制度为基础的社会救助体系，加快扶老、助残、救弱、济困等福利事业发展，全面提高镇域贫困人口的社会保障水平。坚持科技扶贫与政策扶贫为主、社会化组织救助为辅原则，努力提高弱势群体脱贫解困效率，确保精准扶贫攻关到村、到户、到人，不断增强低收入群体的自我发展能力，有计划地提高低收入群体的生活水平。

创新镇村居家养老服务。创新居家养老服务体制机制，凝聚政府和社会各方力量，鼓励民间资本利用闲置厂房、学校、农村集体房屋等存量土地和房屋建设养老设施，进一步拓展养老事业。力争新增床位350张，建成并投入使用镇养老院，完成集中式居家养老4家，养老中心1个，努力实现一村一养老院水平，“五保”集中供养率100%。加强养老服务指导和培训，注重老年人精神文化生活，丰富老年人文化娱乐活动，不断形成以老助老、银龄互助以及全社会敬老爱老养老良好氛围。

（四）完善基础设施建设，实现临港装备小镇新保障

以“两镇一城”建设为目标，以镇村融合发展为抓手，统筹镇城区、中心村、一般村一体化基础设施建设，提升城镇化水平。加快象山北部交通枢纽构筑，进一步完善水、电、路等基础设施结构网络，补足镇村要素配套建设滞后短板，努力夯实象山港新城发展基础。

1. 完善道路交通发展格局

完善道路交通路网。以镇城区为枢纽，以“四横六纵”主干道为骨架，基本形成镇规划城区路网格局，充分发挥“以路促城”效应，进一步拉大城镇框架。推进镇北路、经四路、经六路、临港大道建设，实施泰和路、岑晁街市政化改造。以盛宁线与环港公路为涉外交通与镇村对接主轴，以新农村公路为重点，完善镇域支线网络。改造提升章珠线、岑塘公路、老汤鲁线；建设盐厂、木瓜、东风、着衣亭、塘花园、海墩6条新农村公路。

实现公交全覆盖。建成经四路和环港公路交叉口公交综合场站，配套建设81个标准化公交停靠站、6个公交场站以及新增公交首末站、长途汽车站。积极争取县交通管理、公交公司等相关部门的支持力度，进一步提升和完善镇村公交一体化，尽快形成镇城区循环干线公交与镇城区辐射各村支线公交相配套的镇域两级公共交通网络；增加各公交场站进县城班次，延长运营时间，缩短行车间隔，便利群众生活。

2. 全面完成“五水共治”

加快水利工程建设。强化水环境建设是现代城镇可持续健康发展要素保障意识，全面实施本轮水利规划，完成约1.8亿元投资，建成13个洪涝治理项目，健全镇域防洪排涝系统，提升防洪抗涝能力。其中投资8900万元，完成西泽河道整治以及西泽、小东塘、乌屿山等碶门拓宽、溪沿节制闸改造；投资2800万

元，完成下庄、塘岙、珠山岙 3 座小型水库维修加固工程；投资 5060 万元，完成海墩水系、岑晁—西泽塘水系以及珠溪—溪沿流域、蒲门水系等五大流域水系治理，建成 16.6 公里生态河道。

实施供水节水工程。继续加大对镇水厂及全域供水管网改造，全面落实电子表升级换代，完善联网供水管理。加强供水水源保护，确保自有应急用水安全，满足常规用水及需水项目实施上马需要。投资 1500 万元，完成枫康石斛基地、月季花基地、红美人柑橘基地等 4500 亩经作类规模基地喷滴灌项目改造。

抓好污水治理工程。全面启运镇万吨级污水处理厂。实施雨、污分流工程，计划投资 5187 万元，建成总长 51 公里污水管网。投资 2500 万元，完成珠溪、溪沿、山厂、乌屿山等村的污水综治改造以及 8 个村自来水配套改造，构建全域污水纳管处理体系，实现农村生活污水处理全覆盖。

新时代特色小镇建设的模式、机制与政策*

吉林大学生物与农业工程学院教授　刘国斌
吉林大学博士研究生　杨富田

摘要：特色小镇是在经济结构调整、供给侧结构性改革、城乡转型的背景下提出的，其对于我国新型城镇化建设具有积极助推作用。随着我国进入新时代，城乡不平衡不充分发展问题越来越成为制约新型城镇化的关键和难点。作为新型城镇化建设和乡村振兴的突破口，特色小镇建设是推进城乡融合发展的动力源泉，实施乡村振兴战略的必经之路，有助于推进县域“亚核心”的形成和发展。基于对新时代特色小镇建设内涵、现实基础、主要模式、机制与政策的研究，进一步提出了推进新时代特色小镇建设的可行政策，旨在为推进“产城人文”融合发展特色小镇建设提供助力。

关键词：特色小镇；建设模式；机制；政策；新时代

自2016年我国特色小镇进入全面推广阶段以来，特色小镇如雨后春笋般在各省市茁壮成长，住建部公布的国家认定的三批次特色小镇已经达到了740家，距离到其所提出的到2020年建设超1000个特色小镇的目标已接近，特色小镇建设已经取得了阶段性成果。2017年国家相关部门出台了《关于规范推进特色小镇和特色小城镇建设的若干意见》文件，对于建设具有特色的小镇提出了更加明确而又清晰的规则和要求，对于深化我国特色小镇建设提供了政策支持。2018年国家发改委又进一步颁布《关于建立特色小镇和特色小城镇高质量发展机制的通知》，对于推进我国特色小镇高质量发展提出了目标和要求，有利于助力我国特色小镇更好更快建设。特色小镇建设是对新型城镇化的突破和创新，作为新型城镇化建设的重要模式之一，对于提升城镇发展质量，解决农民就业增收难题，振兴乡村经济，改善社会经济民生，促进城乡融合发展等起到了重要战略作用。国家对特色小镇建设的重视程度也因此不断加深。特别是进入新时代，特色小镇的建设发展有了新的变化，本文将以新时代特色小镇为研究对象，对其基本内

* 基金项目：国家社科基金项目“新型城镇化进程中县城的突出作用与发展机制研究”（14BJL122）。

涵、现实基础、建设模式、机制及政策进行综合分析，旨在推进特色小镇高质量建设。

一、新时代特色小镇建设的基本内涵

（一）新时代特色小镇的内涵

关于特色小镇内涵界定，曾江、慈锋（2016）认为特色小镇是新一轮城镇化的“综合试验示范区”，对于推进新型城镇化建设以及社会主义新农村建设等具有重要意义。盛世豪、张伟明（2016）研究认为，特色小镇建设是提升区域竞争力和可持续发展能力的重要支撑，是一种产业空间组织形式。卫龙宝、史新杰（2016）研究认为，特色小镇是区域经济发展的新动力和新平台。刘国斌等（2017）研究认为，特色小镇是介于城市与农村间的缓冲区，是推进城乡一体化建设和新型城镇化建设的重要方式和模式。王景新、支晓娟（2018）研究认为，特色小镇是乡村振兴农村城镇化以及农民市民化的重要载体和平台，对于推进美丽乡村建设具有重要作用。谭荣华、杜坤伦（2018）研究认为，特色小镇既不是传统意义上的建制镇，也有别于产业园区和旅游景观，特色小镇的核心在于产业，关键在于要素集聚，是在经济转型关键期、城乡关系变革期、供给侧改革期提出的新型城镇化的发展模式，是以新兴产业或当地经典产业为基础，培育具有地方产业特色和要素集聚优势的产业生态综合体，是作为城乡空间节点推进新型城镇化的创新产业平台。

基于此，本文对新时代特色小镇建设的内涵做出以下界定：特色小镇是有别于建制镇和产业园区的以当地新兴产业或传统经典产业为基础，聚焦特色产业培育和要素集聚效应的，集“产业、城市、人民、文化”为一体联结城乡的新型创业创新空间平台和载体。新时代下的特色小镇建设就是以新时代新发展理念为引导，围绕“产、城、人、文”四大内容进行小城镇社会经济等领域建设，从而推进城乡经济转型，助力乡村振兴，实现城乡融合发展以及新型城镇化进程的深入推进。

（二）新时代特色小镇建设的内容

（1）特色产业是核心。产业是一个地区经济发展的动力和保障，而特色小镇的建设离不开产业的支撑，特别是特色产业的带动。正如特色小镇内涵所表述的，特色小镇是聚焦产业和要素集聚的创新创业平台，产业就是特色小镇建设的核心，只有当小城镇的产业具有突出的鲜明特色以及更强的经济竞争力时，小城镇的产业特殊性才能进一步体现，其特色产业发展才更加具有要素集聚效应和经济助推作用，进而有助于推进特色小镇建设，为农村居民提供更好的就业空间和机遇，促进农民增收，实现产镇融合、城乡融合发展。因而，特色产业是新时代特色小镇间的核心。

（2）城镇基建和公共服务建设是基础。基础设施建设和公共服务建设是特色小镇建设的基础，是提升城镇空间容量、强化城镇公共服务水平的重中之重。只有当小城镇的基础设施和公共服务等功能齐备且不断聚合的情况下，才能留住人才，辐射农村地区社会经济等各个领域发展。而且城镇基础设施的建设有助于加快小城镇的整体规划布局不断完善，形成具有差异性、整体性、别具一格的特色小镇，使之具有“形态美”的功能。公共服务建设则要强调住房、教育、保障、娱乐等方面的建设及辅助性配套性的设施建设，有助于提升小城镇的公共产品供给和服务能力，吸引更多的人、钱、物的集聚，进一步助推特色小镇建设，实现城乡融合发展。

（3）人民生活质量提升是目标。新时代特色小镇建设的最终目的是提高农民生活质量，推进以人为本的新型城镇化建设。尤其是在新时代背景下，社会主要矛盾的转变为城乡社会经济转型发展提出了新的要求，城乡不平衡、不充分使得城乡居民的经济差距、生活质量差距不断拉大，为了解决城乡矛盾，推进城乡融合发展，特色小镇的提出成为关键而又重要的突破口。特色小镇的建设聚焦产业、功能、社区、旅游等要素，其发展为解决农民就业，推进农村发展，加快农业转型，解决农民社会福利待遇，加快推进农民市民化进程，实现城乡协调统筹融合发展，提高人民生活质量提供了有力支撑。特色小镇是城乡经济转型、供给侧改革、城乡融合发展的产物，其建设更加关注民生、人居环境等问题，因此，特色小镇建设的目标是人民生活质量的提升。

（4）文化内涵是灵魂。文化内涵是特色小镇建设的灵魂，是小城镇建设过程中最重要和关键的内容。一个小镇如果没有文化底蕴，那就失去了灵魂，成为千篇一律的小城镇，缺乏独特的味道。特色小镇建设是集产业、要素、文化、旅游、生态等功能为一体的平台和载体，文化作为衡量一个特色小镇的标志，其对小城镇的影响作用是巨大的。特色小镇在建设过程中更应注重对传统自然村落、乡村文化的保护，注重赋予特色小镇新的文化内涵，通过传统文化和现代文明的相互交织、相互碰撞，强化小城镇的文化底蕴，使之具有自己的文化特色。比如，民俗风情小镇，这种类型的特色小镇以独特的民俗风情和传统的历史人文景观为依托，民俗特色乡村风情等吸引着各地游客前来消费体验，带动了地方经济发展，为当地农民就业提供了更多机会。如果没有这些文化传承，民俗风情小镇难以形成。因而，特色小镇建设应该赋予城镇独有的文化内涵，使之更具竞争力。

二、新时代特色小镇建设的现实基础

（一）新时代特色小镇建设的必要性

（1）推进城乡融合发展的动力源泉。特色小镇建设有助于推进乡村经济振兴，是重塑城乡关系，推进城乡互补、城乡融合的动力源泉。

1）特色小镇建设带动和推进城乡产业结构优化调整。通过特色产业的培育以及在当地原有基础上催生新的产业组织形态的发展，进一步加快了特色小镇的产业培育和产业体系构建，为特色小镇建设和发展提供了强有力的支撑，特色产业的发展也促进了城乡区域产业结构的优化和城乡经济的转型，有助于特色小镇新的具有竞争优势、经济优势和特色优势的产业发展壮大，为当地经济发展增添新动能，也有助于特色小镇形成新的产业经济增长极，从而围绕特色产业集聚更多优势经济要素资源，促进了城乡要素资源的自由平等流动，推进了城乡融合发展。而且特色小镇产业的竞争力、凝聚力与当地传统产业部门相比更加强劲，有助于推进小城镇形成更加独具特色和优势的产业结构，进而拓宽农民就业增收渠道，促进城乡经济转型。

2）特色小镇建设有助于推进城乡经济发展，解决城乡不平衡不充分发展的矛盾。由于长期以来城乡经济发展的不协调不平衡以及城乡二元差异的制约，城市和农村在社会、经济、政治、文化等领域差距明显，城乡居民社会福祉等基本公共服务不均等，资源分配不平衡，严重影响城乡经济协调发展，而通过特色小镇建设能进一步完善城乡产业体系，优化城乡空间结构，对推进新型城镇化进程起到了重要作用。特别是新时代下，特色小镇建设将走节约、集约和绿色、开放、共享的发展道路，逐步形成“产城人文”综合发展的新型城镇化格局，这对于解决城乡发展不平衡不充分矛盾，满足人民日益增长的美好生活需要起到了积极作用，也为推进城乡融合发展提供了新的动力。

（2）实施乡村振兴战略的必经之路。乡村振兴的重点和关键在于优先发展农村农业，通过产业兴村来辐射、带动和助推乡村经济进步，通过农村整体规划建设以及农村治理来改变农村整体面貌，提高农村空间和环境承载力，进而全面推进农业农村现代化。而特色小镇建设和发展的目标基本上与乡村振兴战略的目标相符合，特色小镇建设的最终目标就是实现当地农村经济转型、功能转型、结构转型，构建城乡工农互补融合的新型关系，解决农民就业增收问题，加快农民市民化进程，振兴乡村经济。因此，从目标导向来看，乡村振兴战略的实施离不开特色小镇建设的推动。一方面，特色小镇建设是以特色产业培育和要素集聚城镇功能体系构建为核心的创新创业平台和载体，是推进新型城镇化发展的重要模式，通过产业体系的完善以及产业结构的优化，引导和辐射地方经济发展，促进城乡居民就业，为城乡居民提供更加优质的产品和服务，这也是加快城乡产业现代化进程，实现乡村经济振兴的重中之重。另一方面，特色小镇建设是在创新、协调、绿色、开放、共享发展理念引领下持续推进的重要工程，通过特色小镇建设，使小城镇的产业“特而强”，城镇形态“小而美”，功能体系“聚而全”，体制机制“新而活”，为农村农业发展提供了更加有力的产业支撑、功能支撑、空间支撑、体制支撑，进一步推进城乡协调统筹发展，促进要素资源的城乡间双向流动以及实现社会公平，这对于实现农业农村现代化、振兴乡村经济起到了重要作用。可见，特色小镇建设是实施乡村振兴战略的必经之路。

（3）推进县域“亚核心”的形成和发展。县域“亚核心”的形成和发展离不开市场政府和社会的多方努力，特别是要在市场导向下加快城乡要素资源的合理配置，在政府引导下，积极构建健康规范的市场营销环境以及生态空间环境，在社会力量的参与下，保护县域自然资源，规范市场体系，进而推进县域“亚核心”形成而发展。在这一过程中，特色小镇建设则成为了关键节点，特色小镇是在城市和乡村地区之间的缓冲地区建设形成的，既具有城市功能特征，又具有乡村功能特征，在空间上既从属于城市核心区，是城市核心区的边缘区，又支配着农村边缘区，是农村边缘区的核心区，因此，特色小镇也可以看作城乡区域经济的“亚核心”，起着联结城市和农村地区经济的作用。

通过特色小镇建设，一方面，既培育和强化了乡村、小城镇的特色产业，为县域经济发展提供了产业动能，推进了农村农业现代化进程，加快了城乡现代化发展。另一方面，加快了农村基础设施建设和功能建设，优化了农村及小城镇的发展空间环境，进而有利于吸引外部投资。特色产业发展以及功能建设使得农村或小城镇的产业集聚能力和功能集聚能力不断增强，进一步促进了要素集聚能力以及人口集聚能力提升，进而拓宽了农民就业增收渠道，促进了农民市民化进程，也为推进县域“亚核心”发展提供了助力。

（二）新时代特色小镇建设的现实基础

（1）国家颁布的特色小镇的分布情况。随着国家对特色小镇建设的不断重视，特色小镇建设规模也不断增加。根据住建部公布的第一批、第二批和第三批的特色小镇名单，第一批特色小镇有 127 个，其中东部地区 47 个、中部地区 26 个、西部地区 44 个、东北地区 10 个，分别占第一批总数的 37%、20.5%、34.6%、7.9%，第二批特色小镇公布名单中一共有 276 个，较第一批增加了 117%，总数是第一批特色小镇的 2.17 倍，其中，东部地区 94 个，中部地区 60 个，西部地区 99 个，东北地区 23 个，占第二批特色小镇的比重分别为 34.1%、21.7%、35.9%、8.3%；第三批特色小镇公布的名单总数达到 337 个，比第二批增加了 22%，总数是第二批特色小镇总数的 1.22 倍，其中，东部地区 103 个、中部地区 70 个、西部地区 136 个、东北地区 28 个，分别占第三批特色小镇的 30. 6%、20. 8%、40. 4%、8. 3%（见图 1）。由此可见，我国特色小镇建设的规模是在逐渐递增的，特色小镇在我国呈现快速利好的发展趋势，对于加快我国新型城镇化进程起到了重要作用。

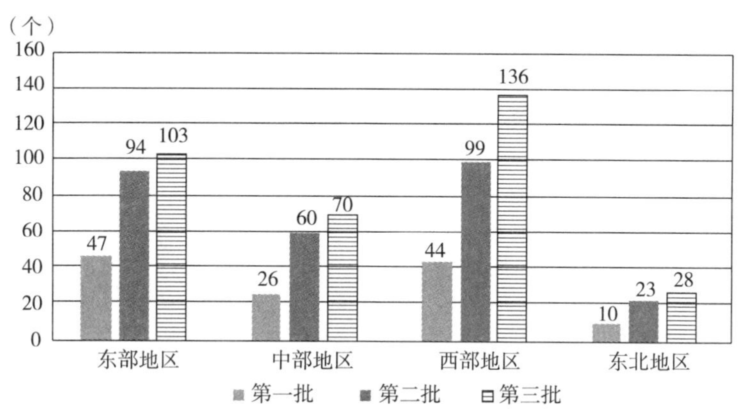

图 1　特色小镇数量规模变化情况

资料来源：住建部公布的第一、第二、第三批特色小镇名单。

（2）特色小镇政策支持情况。特色小镇建设是对新型城镇化建设的创新和突破，国家对特色小镇十分重视，出台了一系列政策支持文件，其中：2016 年 12 月 12 日，国家发改委出台《关于实施“千企千镇工程”推进美丽特色小（城）镇建设的通知》，为引导特色小镇建设提供了政策支持，16 日又颁布《关于加快美丽特色小（城）镇建设的指导意见》，提出了加快美丽特色小（城）镇建设的总体要求和主要内容；12 月 21 日住建部及中国农业发展银行联合颁布《关于推进政策性金融支持小城镇建设的通知》；2017 年 1 月 22 日住建部、国家发改委、财政部三部委联合出台《关于开展特色小镇培育工作的通知》，进一步深化了特色小镇培育建设的要求和目标；2017 年 7 月 10 日，住建部颁布《关于保持和彰显特色小镇特色若干问题的通知》，为规范特色小镇建设提供了支持。2017 年 12 月 5 日，国家发改委、国土资源部、环境保护部、住建部四部门联合出台《关于规范推进特色小镇和特色小城镇建设的若干意见》，在这些国家政策背景下，各省市也相继出台了特色小镇的扶持政策，为推进我国特色小镇高质量发展，推进新型城镇化进程起到了重要作用。部分省区市特色小镇建设政策支持情况如表 1 所示。

表 1　四大板块地区 31 省（自治区、直辖市）特色小镇建设的相关政策及内容

地区	省份	政策文件	政策内容
东部地区（10）	北京市	《北京市“十三五”时期城乡一体化发展规划》（2016）	规划建一批功能性特色小城镇
	天津市	《天津市特色小镇规划建设工作推动方案》（2016）	到 2020 年，创建 20 个市级特色小镇
	浙江省	《关于高质量推进特色小镇建设的通知》（2016）	进一步加大工作推进力度，着力推动建设一批产业高端、特色鲜明、机制创新、具有典型示范意义的高质量特色小镇
	上海市	《关于开展上海市特色小（城）镇培育与 2017 年申报工作的通知》（2017）	立足上海市情，以建制镇为单位进行特色小镇申报和培育，鼓励和引导在镇域空间地理单元内相对集中的地区进行特色小镇建设，发展特色产业、文化和特色环境
	河北省	《关于加强特色小镇文化建设的指导意见》（2017）	围绕小镇文化资源挖掘、文化遗产保护、公共文化服务、产业文化内涵、特色文化产业、文化品牌六方面推进特色小镇文化建设
	山东省	《山东省创建特色小镇实施方案》（2016）	到 2020 年，创建 100 个左右的特色小镇
	江苏省	《江苏省人民政府关于培育创建江苏特色小镇的指导意见》（2016）	坚持高质量、差异化、高起点、多元化、集约化发展，3~5 年内建成 100 个左右的特色小镇
	福建省	《福建省人民政府关于开展特色小镇规划建设的指导意见》（2016）	在新发展理念引领下，挖掘小镇产业特色，生态特色和文化特色，推进“产城人文”四位一体的创新创业功能平台建设，推进特色小镇建设
	广东省	《广东省人民政府关于加快特色小（城）镇规划建设的指导意见》（2017）	打造产业新平台，培育经济发展新动能，强化基础设施支撑，增加公共服务供给，建设美丽宜居新城镇
	海南省	《海南省特色产业小镇建设三年行动计划》（2017）	加强特色小镇基础设施建设，重点发展热点旅游，健康养生，民俗文化等类型的特色小镇，到 2020 年力争建设 100 个左右特色小镇并且在产业、文化、功能、特色、环境等方面更加完善和深化

续表

地区	省份	政策文件	政策内容
中部地区（6）	安徽省	《关于加快推进特色小镇建设的意见》（皖政〔2017〕97 号）	到 2021 年，培育和规划建设 80 个左右省级特色小镇，重点打造一批特色小镇样板，形成示范效应
	湖南省	《湖南省住房和城乡建设事业“十三五”规划》（2016）	“十三五”期间培育 100 个左右各具特色、富有活力的特色小镇
	湖北省	《关于印发湖北省特色小镇创建工作实施方案的通知》鄂政办发〔2017〕88 号	强化规划引领，促进特色小镇健康发展；明确创建标准，提高特色小镇建设质量
	山西省	《山西省“十三五”规划》（2016）	推进国家级重点镇建设，建成一批特色鲜明的小城镇
	江西省	《江西省人民政府关于印发江西省特色小镇建设工作方案的通知》（2017）	特色小镇建设的工作重点：编制规划方案；打造特色产业；营造宜居环境；彰显特色文化；完善设施服务；创新体制机制
	河南省	《关于规范推进特色小镇和特色小城镇建设的若干意见》（2018）	规范特色小镇建设，根据地域人文和产业基础建设特色小镇，防控特色小镇房地产化
西部地区（12）	内蒙古自治区	《内蒙古自治区人民政府办公厅关于特色小镇建设工作的指导意见》（2016）	制订特色小镇创建方案；培育特色产业；突出打造特色景观；加强生态保护，因地制宜地推进特色小镇建设
	广西壮族自治区	《关于进一步规范推进广西特色小镇培育工作的通知》（桂建村镇〔2018〕30 号）	提升特色小镇建设质量，控制特色小镇建设数量；依据不同的载体，将特色产业集聚区区别发展，加强企业的带动作用，强化产业功能，加强保护和修复工作
	重庆市	《重庆市关于培育发展特色小镇的指导意见》（2016）	力争在“十三五”期间建成 30 个左右全国级特色小镇示范点，推动形成一批“产城人文”融合的高质量发展的特色小镇
	四川省	《关于深化拓展“百镇建设行动”培育创建特色镇的意见》（川委发〔2017〕22 号）	到 2020 年 300 个试点镇的承载力和经济实力显著提升，城镇面貌和生态环境不断改善，成为功能设施及公共服务齐备、产业特色鲜明、生态宜居的县域经济发展的次级中心
	贵州省	《省民宗委关于加强民族特色小镇保护与发展工作的指导意见》（2016）	重点保护发展民族特色小镇

续表

地区	省份	政策文件	政策内容
西部地区（12）	云南省	《云南省人民政府关于加快特色小镇发展的意见》（2107）	到2019年，全省建成20个左右全国一流的特色小镇，建成80个左右全省一流的特色小镇，力争全省25个世居少数民族各建成1个以上特色小镇
	西藏自治区	《西藏自治区特色小城镇示范点建设工作实施方案》（2015）	力争通过3年时间的重点打造，建设各具特色的小城镇，并发挥其对新型城镇化的推进作用，统筹城乡发展
	陕西省	《陕西省发展和改革委员会关于加快发展特色小镇的实施意见》（2017）	全省首批重点培育和规划建设10个特色小镇，此后力争3~5年创建100个特色小镇
	甘肃省	《甘肃省人民政府办公厅关于推进特色小镇建设的指导意见》（2016）	力争通过3年的努力，在全省范围内初步建成一批功能完善、产业集聚、示范效应明显的特色小镇
	青海省	《青海省“十三五”规划纲要》（2016）	集中打造一批基础条件较好、区位优势突出、产城融合的美丽城镇
	宁夏回族自治区	《关于加快特色小镇建设的若干意见》的通知（宁党办〔2017〕45号）	择优确定对象，分批培育创建；立足产业优势，严格准入标准；突出镇域特色，科学合理规划；坚持质量优先，统筹搞好建设等
	新疆维吾尔自治区	《新疆维吾尔自治区“十三五”规划纲要》（2016）	重点提升县城和中心镇功能，培育和打造一批特色小城镇
东北地区（3）	黑龙江省	《黑龙江省人民政府办公厅关于加快特色小（城）镇培育工作的指导意见》（2017）	力争到2020年命名50个左右各具特色、富有活力、类型多样的特色小（城）镇
	吉林省	《吉林省新型城镇化规划（2014~2020年）》（2014）	积极发展100个左右城市卫星型、工业主导型、生态旅游型、历史文化型、商贸流通型、产业特色型、交通枢纽型、边境合作型小城镇
	辽宁省	《辽宁省人民政府关于推进特色乡镇建设的指导意见》（2017）	“十三五”期间，力争规划建设50个特色乡镇，推动新型城镇化建设，促进城乡统筹协调发展

资料来源：依据上述地区网站资料整理。

三、新时代特色小镇建设的主要模式

（一）生态旅游小镇建设模式

生态旅游小镇作为特色小镇建设的主要模式之一，其对城乡社会经济的发展起到了重要的助推作用。生态旅游小镇的建设模式就是把“生态”和“旅游业”结合起来，形成具有乡村原生态特色、小镇特色以及小城镇特色的产业生态圈，通过这种新型的生态旅游模式来吸引更多的外部企业投资项目融资以及人才等经济要素的再集聚和再创新，既有利于当地产业结构优化，创造新的就业机会，实现农民增收致富，脱贫减贫，又有助于加快当地经济发展，提升新型城镇化发展质量，对构建现代化城镇格局起到了重要作用。

以辉南县金川镇为例，该特色小镇就是生态旅游小镇建设模式的代表之一。金川镇位于辉南县东南部，是全国仅有的坐落于国家级森林公园之中的原始森林小镇。在其特色小镇建设过程中，积极推进“生态+旅游”的模式，通过该模式发展形成了具有辉南金川镇特色的产业生态圈，为吸引更多的资金、人才、技术等要素资源集聚打下了基础，并推进了小镇功能体系、产业体系的不断完善。特别是金川镇在绿色发展理念引领下培育和发展当地特色产业，通过退耕还林进一步保护了金川镇生态环境，而且充分利用当地生态资源，在产业结构调整中积极推进与生态的有机融入，打造和培育具有生态功能的特色产业，进而推进了该镇产业融合发展和社会经济进步，有利于加快当地农民就业增收，提升小镇发展质量，为其新型城镇化发展提供了新的动力。

（二）特色文化小镇建设模式

特色文化小镇的建设模式就是依托当地乡村或者小城镇原有的历史文化积淀、民族文化民俗风情等，挖掘历史文化名人及文化资源，发展相关文化产业，打造小镇文化品牌，保护和提升非物质文化遗产，进而赋予小镇独有的文化内涵，从而形成文化小镇的建设模式。简言之，就是以“文化+小镇”的建设模式来推进特色小镇建设的过程。通过“文化+特色小镇”融合发展，强化小镇的文化内涵和文化功能，实现特色小镇文化建设。文化是特色小镇建设的灵魂，明确小镇的文化定位后，才能更好地进行产业定位，从而形成更加具有地方文化特色的产业生态圈，再通过进一步发展，吸引更多的外部资本、外部技术、外部资源、外部配套产业等要素的再集聚，有助于实现特色文化带动小镇发展的目标，进而加快了“产城人文”融合发展的特色小镇平台建设，对深入推进新型城镇化建设、加快乡村经济振兴、推进城乡融合发展等产生积极作用。

以江西省鹰潭市上清镇为例，该镇是中国道教第一古镇，位于龙虎山风景名胜区核心景区内，是中国道教的发源地，具有深厚的文化底蕴和人文气息，天师府、留修家庙等通过各种方式宣传道教文化，使之具有了鲜明的、独特的道教文化资源，通过深挖这些文化资源，形成具有上清镇道教文化特色的文化产业体系，并且进一步加强了文化同旅游业及相关产业的融合发展，为当地文化小镇建设以及社会民生发展提供了新的保障和新的动力，有力地推进了新型城镇化建设，加快了城乡统筹协调融合发展步伐，对其他历史悠久、具有文化底蕴的乡村城镇发展提供了经验借鉴。

（三）特色产业小镇建设模式

特色产业小镇建设模式是特色小镇建设的重要模式之一。简言之，就是通过“特色产业+小镇”的形式推进小城镇或者小镇经济社会发展。既包括了特色农业产业小镇、工业产业小镇、服务业产业小镇，还包括一些创意产业类的小镇，这类小镇建设模式的类型比较多样，但总体而言，都是通过在当地原有的产业历史基础上创新升级或者培育新型的产业形态的方式，进一步激发小镇发展的动力，围绕这些特色产业，集聚周边要素资源，进而形成具有地方特色的产业生态圈，带动当地居民就业增收，实现“产镇融合、产城融合、城乡融合”发展，进而提升了特色小镇发展质量，加快了新型城镇化建设步伐。

以贵州茅台镇为例，该镇是黔北四大名镇之一，是“国酒茅台”的发源地，经过长期发展，该镇已然形成了“酒产业+酒文化+小镇”的发展模式，成为名副其实的茅台酒镇。在特色小镇建设过程中，茅台镇充分利用茅台酒这一国家民族品牌以及自酱酒产业产地和集聚区的潜力优势，不断做大做强，成为中国最具代表性的特色小镇，构筑了集“产业、旅游、功能、文化”为一体的酒文化产业小镇，依托茅台集团的资金和人才优势，通过政企合作等形式推进茅台酒镇建设，为当地社会经济发展做出了重要的贡献，为推进茅台镇新型城镇化建设贡献了重要力量。

四、新时代特色小镇建设的机制

（一）产业规划是前提

新时代特色小镇建设要以产业规划为前提，借助国家特色小镇建设的规划以及省政府地方特色小镇发展的相关政策文件，对小镇产业进行合理布局和规划，明确小镇发展的主导的特色产业，筛选符合小镇特色产业的配套产业部门，尤其是在生产、加工、销售等环节，进一步构筑特色小镇的特色产业生态圈，通过特色产业拉动地方经济发展，实现对农业农村农民的辐射带动。此外，要加强特色产业的 IP 打造、文化内涵赋予以及创新要素的应用，进一步提升特色产业的质量，提升特色产业价值链和供应链，为吸引要素集聚提供更有力的动力支撑。因此，产业规划在特色小镇建设过程中发挥着引导和传导机制的作用，只有科学的产业规划才能为后续特色小镇建设的顺利开展做好铺垫。

（二）空间布局为载体

产业发展需要一定的空间载体，需要土地资源作为支撑，合理科学的空间布局能够最大化地实现产业在空间结构上的布局，从而形成特色小镇产业“特而强”的特点，反之，杂乱无章的空间布局不利于产业发展，难以推进以特色产业为主导产业的小镇建设，缺乏竞争力和比较优势。因此，特色小镇建设必须要进行科学合理的空间布局和产业布局，什么地方适合发展什么产业以及如何进行布局都需要充分考虑。一方面，要积极搭建产镇融合、产城融合的空间平台，为特色产业发展提供空间；另一方面，要加强基础设施建设和相关配套设施建设，为特色产业发展提供保障。基于小镇的空间布局，进一步构筑产业美、形态美、生态美的特色小镇。

（三）招商引资是基础

通过产业定位以及空间布局，小镇的产业空间承载力不断提升，功能体系不断完备，基础设施建设及配套设施也不断完善，为满足特色小镇建设的需求提供了基础保障。在此基础上，要进一步加快招商引资步伐以及相关机构的引进，通过市场化运作，进一步加快政府和企业、政府和相关部门组织的有机联动，加快特色小镇建设步伐。一方面，要通过市场化运作，对特色小镇建设的项目实施招标工程，采用 PPT 模式进行项目投融资活动，为特色小镇建设提供企业技术资金支持。另一方面，加快引进教育、医疗、卫生、金融、创业平台运营商等机构落户小镇，完善小镇的各项功能，进而加快产业集聚和人口集聚，为推进特色小镇建设提供了支持。

（四）政策支撑是保障

无论是产业规划、空间布局，还是招商引资等都需要政府部门的政策支持和保障。通过政府政策的支持和保障，特色小镇建设的产业规划编制以及地方产业政策的制定和实施才有保障，空间布局中主体功能区规划、土地资源使用、产业结构调整等才能有所保障，招商引资中各项绿色通道以及优惠政策的实行，更是为推进特色小镇建设起到了重要的政策支撑作用。此外，要加强产业准入奖补退出政策，金融支持政策等方面的政策制定和实施，保障特色小镇在建设过程中顺利进行（见图 2）。

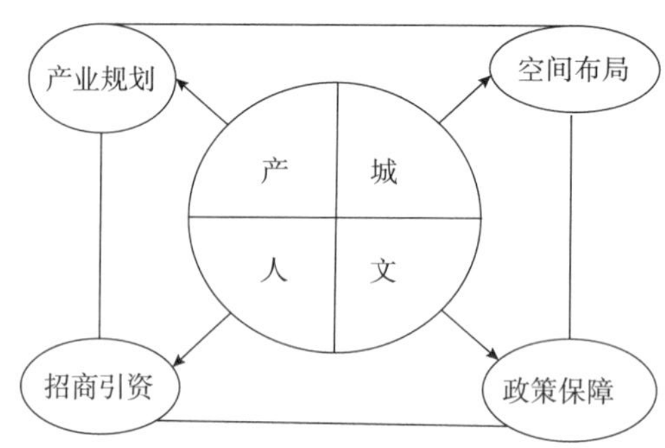

图 2　新时代特色小镇建设机制

五、新时代特色小镇建设的政策

（一）以新发展理念为引领推进特色产业培育

在新时代新发展理念下要深挖小镇特色资源，培育特色产业，进而推进特色小镇高质量建设，推进新型城镇化建设进程。首先，地方政府部门应该制定当地特色产业培育和发展的规划，找准特色产业定位，为小镇经济建设转型升级谋求新发展。其次，社会企业组织应该挖掘当地特色资源并形成特色资源优势、产品优势、产业优势和经济竞争优势，通过特色产业来集聚资金、人才、技术、管理等要素资源，从而为特色小镇建设提供了更有力的动能。最后，政府应该为农民发展特色产业给予财政补贴及相关技术和服务支持，当地农民也应该借助政府力量和自身优势大力发展具有当地特色的产业，形成集中连片规模化产业化发展，既有助于推进农村产业结构升级，推进农业农村现代化，又有助于改善农民生活水平，提高城镇发展质量。在这些特色产业培育政策的引导和支持下，特色小镇建设才会更好更快发展。

（二）合理布局，推进小镇主体功能区规划

推进特色小镇建设必须要加强政府科学合理布局，加快推进小镇主体功能区规划。要按照不同的功能区对小镇进行空间布局，什么地区是优化开发区，什么地区是重点开发区，什么地区是限制开发和禁止开发区，以及以提供不同产品和服务的功能区规划都要进行具体划分，明确其划分标准，使小镇建设在空间结构布局上更为科学合理。首先，要对小镇优化开发区进行合理布局，可以考虑把适合重点开发的产业进行空间布局。其次，对小镇重点开发区进行布局，推进特色产业的关联辅助产业等项目落户。再次，对小镇限制开发区应该加强生态旅游产业的布局。最后，对小镇禁止开发区，要加强生态环境保护，禁止产业发展。基于此，构建“产城人文”的特色小镇，实现城镇让人民生活更美好的目标，解

决农民就业增收难题，推进城乡经济转型及城乡融合发展，加快新型城镇化进程。

（三）创新特色小镇建设的体制机制

新时代特色小镇建设应该加强体制机制创新。一是要加强人才培养机制创新。要充分发挥企业、政府、高校之间的合作对接，积极培养和壮大特色小镇建设所需求的高素质专业人才队伍，通过人才的集聚带动技术创新以及成果落地，进而推进产业创新和进步，激发农村及小镇经济发展活力，解决农民就业问题，这有助于为特色小镇建设提供人才支撑。二是要加强制度层面的体制机制创新。要在政府宏观政策引导下，积极探索适合乡村及小镇社会经济发展的道路，坚持顶层设计和基层政府功能的有机结合，探索地方政府同上级城府部门间的联动机制，进而为特色小镇建设提供强有力的政策支持。三是要加强文化层面的体制机制创新。要立足当地文化特色，积极推进乡村文化同城市文化的有机融合，重塑城乡文化品质，在保持乡村文化特色的基础上，融入城市文化特征，使得乡村居民能够享受城市生活方式，进而推进村镇社会发展的生活美和文化美，为特色小镇建设提供助力。四是要加强政府监管机制，防范特色小镇建设的同质化和房地产化，积极保护开发商和投资主体的利益，打造以政府为主导、各类主体共同参与的特色小镇建设运管体系，为推进特色小镇高质量建设提供政策帮助。

参考文献

［1］曾江，慈锋．新型城镇化背景下特色小镇建设［J］．宏观经济管理，2016（12）：51-56.

［2］盛世豪，张伟明．特色小镇：一种产业空间组织形式［J］．浙江社会科学，2016（3）：36-38.

［3］卫龙宝，史新杰．浙江特色小镇建设的若干思考与建议［J］．浙江社会科学，2016（3）：28-32.

［4］刘国斌，高英杰，王福林．中国特色小镇发展现状及未来发展路径研究［J］．哈尔滨商业大学学报（社会科学版），2017（6）：98-107.

［5］王景新，支晓娟．中国乡村振兴及其地域空间重构——特色小镇与美丽乡村同建振兴乡村的案例、经验及未来［J］．南京农业大学学报（社会科学版），2018，18（2）：17-26，157-158.

［6］张思蒙，李宪宝．我国特色小镇空间分布特征及其区域影响因素［J］．资源开发与市场，2018，34（8）：1074-1079.

京族海洋特色小镇的建设研究

——以防城港市江平镇京族海洋特色小镇为例

钦州学院北部湾海洋文化研究中心　吴小玲

摘要：防城港市东兴市江平镇不但有着浓郁的海洋特色、民族特色，而且承载着厚重的历史文化。近年来，东兴市立足海洋、边关、民族特色资源优势，积极培育特色鲜明、产业发展、绿色生态、美丽宜居特色小镇——江平京族海洋特色小镇，取得了较好的效果，积累了一定的经验，也面临着一些严峻的问题。为此，提出江平京族海洋特色小镇建设的对策建议：要充分利用优势资源，推进生态、文化、旅游“三位一体”，重点打造独具边海魅力的文旅特色小镇；要明确产业定位，突出产业的独特性，形成并延长产业链；要采取灵活的制度，统筹规划，多边融合，促进小镇发展。

关键词：京族海洋特色小镇；建设；对策

2014年，浙江省最早提出“特色小镇”的概念，并迅速将其打造成为产业转型升级的新载体，引起全国的广泛关注。2016年7月，住建部、国家发改委、财政部联合发布通知，决定在全国范围开展特色小镇培育工作，提出到2020年培育1000个左右各具特色、富有活力的休闲旅游、商贸物流、现代制造、教育科技、传统文化、美丽宜居等特色小镇。目的在于探索小镇建设健康发展之路，促进经济转型升级，推动新型城镇化和新农村建设①。同年10月24日，住建部公布了第一批127个中国特色小镇，广西有4个小镇入选。广西壮族自治区人民政府办公厅《关于培育广西特色小镇的实施意见》（桂政办发〔2017〕94号）提出，广西特色小镇的培育应突出产业发展能力，主要以建制镇（乡）、产业园区、现代农业核心示范区、特色旅游集聚区等为载体进行培育②。

作者简介：吴小玲，女，钦州学院北部湾海洋文化研究中心主任、教授。

① 住房和城乡建设部　国家发展改革委　财政部关于开展特色小镇培育工作的通知（建村〔2016〕147号）[DB/OL]. 住建部网站，http：//www. mohurd. gov. cn/，2016-07-20.

② 广西壮族自治区发展和改革委员会. 广西壮族自治区人民政府办公厅关于培育广西特色小镇的实施意见（桂政办发〔2017〕94号）[DB/OL]. 广西商务厅门户网站，www. gxswt. gov. cn，2017-07-24.

防城港市位于广西南部、北部湾北岸，与越南接壤，处于中国与东南亚交往的前沿地带，自然风光奇特秀丽，历史源远流长，拥有边海疆特色及少数民族文化特色，文化遗产、名胜古迹众多，旅游资源丰富。东兴市江平镇是中国京族的唯一聚居地。京族先民在这块土地上留下了众多充满神奇色彩的文物古迹，京族村落具有特色鲜明的风俗习惯与风土人情，还拥有京岛旅游风景区、红树林自然保护区等，具有建设海洋民族风情特色小镇的良好条件。近年来，东兴市立足海洋、边关、民族特色资源优势，积极培育特色鲜明、产业发展、绿色生态、美丽宜居特色小镇——江平京族海洋特色小镇①。2018 年 8 月，《广西壮族自治区人民政府办公厅关于公布第一批广西特色小镇培育名单的通知》公布，江平京族特色海洋小镇被列入名单。如何进一步做好京族海洋特色小镇建设，发挥其在京族文化传承和社会发展中的引领作用，以实现京族经济社会文化发展的双赢，这是当前京族地区面临的紧迫问题。

一、特色小镇建设的内涵

特色小镇是指相对独立于城市中心区，具有明确产业定位、文化内涵、旅游特征和一定社区功能的发展空间平台②。它可以以某一特色产业为基础，集聚相关组织、机构与人员，形成的具有特色与文化氛围的现代化群落③，也可以依赖某一特色产业和特色环境因素（如地域特色、生态特色、文化特色等），打造的具有明确产业定位、文化内涵、旅游特征和一定社区功能的综合开发项目④。如浙江的上城玉皇山南基金小镇、余杭梦想小镇、西湖云栖小镇等。从这个意义来讲，特色小镇既不是传统意义上的“镇”，也不是一个行政区划单元；更不是地域开发过程中的工业园区、旅游园区，而是一个具有明确产业定位和旅游功能项目组合的、打破传统行政区划概念的某种特色产业集聚区⑤。它具有以下特点：

（1）“特”指小镇要彰显特色，以吸引众人注目。即小镇要有在产业、历史、环境等诸多因素融合而成的独特之处，使小镇本身具有某种文化特质，呈现出某种价值追求，从而成为某种产业集中、相应就业者云集的“特色”工作生活区域⑥。

---

① 向阳．广西防城港江平创建京族海洋特色小镇获批［N］．防城港日报，2018-02-23.

② 广西壮族自治区发展和改革委员会．广西壮族自治区人民政府办公厅关于培育广西特色小镇的实施意见（桂政办发〔2017〕94 号）［DB/OL］．广西商务厅门户网站，www.gxswt.gov.cn，2017-07-24.

③ 卫龙宝．浙江特色小镇建设的若干思考与建议［J］．浙江社会科学，2016（3）：28-32.

④ 北京绿维创景规划设计院．特色小镇的综合开发运营模式解读［EB/OL］．旅游运营网，www.lwcj.com，2016-11-26.

⑤ 李茂．准确把握特色小镇的内涵与外延［N］．河北日报，2016-09-12（007）.

⑥ 杨东．特色小镇规划建设过程中存在的问题与建设思路［J］．建筑学研究前沿，2017（35）.

（2）“色”指的是小镇要有宜人的风貌与宜居的环境。特色小镇的最终目标是要形成一个围绕特色产业，同时发展旅游，彰显地方文化，拥有一定居民的小镇生活区域。因此作为一个生活区，小镇要为当地的居民提供舒适的生活环境。作为一个风景区，小镇也要提供能吸引游客前来观光、休闲的环境。

（3）“小”。从规模上看，特色小镇重在小规模，与大城市的大规模建设相区别，其规划面积一般控制在3万平方公里以内，聚集人口1万~3万，且不受原有行政区划局限的“小”地方。在形态上看，它可以是建制镇，也可以是风景区、综合体等。

特色小镇不但是区域的发展平台，还是区域经济发展的新动力和创新载体①。目前，我国先后公布了三批特色小镇，共740个，广西的第一批特色小镇有45个。它以各种形式呈现，如资源禀赋型、新兴产业型、特色产业型、时尚创意型、生态旅游型、历史文化型、交通区位型、高端制造型、城郊休闲型等。特色小镇建设的目标是以信息经济、环保、健康、旅游、时尚、金融、高端装备制造等产业为基础，来打造具有特色的产业生态系统，以此带动当地的经济社会发展，并对周边地区产生一定的辐射作用，成为区域经济发展的新动力和创新载体②。

二、江平京族海洋特色小镇的建设现状

（一）江平镇的基本情况

江平镇位于广西防城港市东兴市东面，南临北部湾海面，西与越南万柱隔海相望，其历史可上溯到明朝洪武元年，是一个依山、傍海、沿边而建的重镇，是广西的两个沿海、沿边又沿线的边境镇之一。全镇总面积257平方公里，海岸线长38公里，城区规划建设面积15平方公里，辖2个社区和15个行政村，居住着汉、壮、京、瑶等民族，共有人口5万，江平镇的万尾、巫头、山心三个村（岛）是我国京族的唯一聚居地，京族人口约有1.8万。江平镇自然资源丰富，有耕地3.7万亩，山地19.6万亩，可开发利用海滩涂4.5万亩，盛产玉桂八角和鱿鱼、虾、蟹、文蛤、沙虫、海蜇等山海珍品，有自治区级风景名胜区京岛旅游度假区（内有著名旅游胜地万尾金滩）（AAAA）、新石器时代交东贝丘遗址、国家级非物质文化遗产京族哈节、红树林、万鹤山等自然人文景观。水陆交通便利，滨海一级公路贯境而过，距东兴口岸17公里，距防城港22公里，距南宁吴圩国际机场、北海福成机场均约150公里。拥有京岛港和潭吉港两个主要港口，

①② 卫龙宝．浙江特色小镇建设的若干思考与建议［J］．浙江社会科学，2016（3）：28-32.

年吞吐能力 100 多万吨，可与我国华南各港口、越南各大港口通航。镇内农业以种植稻谷、玉米、红薯等为主，盛产虾、海蜇、沙虫、蟹、文蛤等海产品，工业以农副产品加工尤其是海产品的加工为主。江平镇是全国重点城镇，现已荣获广西特色文化名镇等殊荣，是第一批全国发展改革试点小镇和《广西北部湾经济区发展规划》重点建设镇。2018 年初，江平京族海洋特色小镇被列入广西首批特色小镇培育名录，成为防城港市唯一入选省级特色小镇建设培育名单的小镇。

（二）江平镇建设京族海洋特色小镇的历程

江平镇不仅有着浓郁的海洋特色、民族特色，而且承载着厚重的历史文化，是京族文化、边关文化、海洋文化、长寿文化、岭南文化和中西文化等多元文化交融交会的小镇。近年来，东兴市立足海洋、边关、民族特色资源优势，积极培育特色鲜明、产业发展、绿色生态、美丽宜居特色小镇——江平京族海洋特色小镇，取得了较好的效果。2018 年 8 月，江平京族特色海洋小镇被列入第一批广西特色小镇培育名单。

1. 江平京族海洋特色小镇的建设目标

按照创新、协调、绿色、开放、共享发展理念，聚焦特色产业，把小镇建设成为融合文化、旅游、社区功能于一体的创新创业发展平台①。其核心建设区面积规划控制在 2. 64 平方公里的范围内，重点建设的项目是陆岛码头及沿天鹅湾渔港腹地，拟使之与江平镇区连在一起辐射带动滨海公路东至七彩贝丘湾、西至北仑河口等扇形范围的相应地域。

2. 建设任务及工作进程

为扎实推进以上建设目标，江平镇按照要把京族海洋特色小镇建设成为中国唯一的海洋民族文化体验地、中越海上跨境旅游合作区、国家海洋高新技术产业示范区的战略定位，结合实际，拟规划以该镇所辖的巫头村、澫尾村为核心区打造建设特色小镇项目，打造一个集滨海观光、京族文化体验、休闲度假等功能于一体的滨海旅游度假区。建设项目主要包括：

（1）建设滨海森林民宿。在不占用新的耕地资源的前提下，利用当地村民住所的庭前院后，开发建设一批生态民宿。

（2）发掘和传承京族文化，带动当地旅游发展。

（3）新建巫头市场。通过建设，使该市场的海产品交易额扩大到每年可带动两三百万游客量。

（4）在万鹤山设置观看台，给游客提供观万鹤归巢景观的观赏处。

（5）通过改扩建，把陆岛码头建成纯观光的快艇旅游码头，打造跨国航线，

① 向阳．广西防城港江平创建京族海洋特色小镇获批［N］．防城港日报，2018-02-23.

提升游客的海上互动体验，形成京族海洋特色小镇“上山、下海、出国”的独特旅游特色。

（6）建设天鹅湾国际渔港码头，作为海产品仓储、物流点，以承接越南、马来西亚等东盟海产品入境。

3. 建设成效

江平镇紧紧抓住两大特色开展特色小镇建设：这里拥有中国独一无二的海洋民族——京族聚居地，可以大力发展特色旅游产业，做好“特”字牌；这里拥有中越交界边海地区海洋渔业资源和养殖资源丰富的优势，可以大力发展海洋渔业产业以及海洋渔业产业加工业，打造特色产业链。一个滨海风情游宜居生态小镇——江平京族海洋特色小镇初步崭露头角。

（1）特色产业已经形成。2015 年 12 月，东兴京岛海洋渔业核心示范区荣获了“广西现代特色农业核心示范区”的称号，这是江平京族海洋小镇建设的重要产业支撑平台。京岛海洋渔业核心示范区位于江平镇南部京族三岛上，依托独特的沿边沿海优势和丰富的海洋渔业资源，当地政府全力创建海洋渔业生产示范区，已经建成 3900 亩的对虾养殖基地，形成了一套生态、绿色、高效、可持续的养殖模式。基地实行“公司+基地+农户”的开发养殖模式，养殖户负责养殖管理，养殖成品由公司按保本价统一收购，利润归养殖户所有，超出保本价，按市场波动价格，由养殖户自由销售，从而形成较为稳定的产销对接链条，不仅提高了虾塘的经济效益，更为当地农民增收致富起到示范带动作用。目前示范区已经有 15 家农业企业，打造了江平虾等一批具有地理标志的水产品品牌。澫尾金滩农民的收入，基本上每户都能达到每年四五十万元①。

江平工业园区是一个以加工业为主的产业园区，2006 年开园建设。近年来，工业园区凭借江平镇建设海洋渔业核心示范区的机遇，发挥渔业生产和进口海产品资源的地缘优势，逐渐形成了集孵化和养殖、捕捞和进口加工、冷链和仓储、转运和营销为一体的海产品产业链条，培育了一批龙头海产品加工企业。半成品虾全部来自越南，经过解冻、剥壳、去肠、开背、浸泡、速冻等工序后，工人们将它们打包，运往全国各地。最大的企业年产值做到了 1 亿元，带动就业 200 人。江平镇海洋渔业产业链条的逐渐完整、功能多样和业态丰富，不仅让当地的渔业产品竞争力明显提高，群众收入持续增加，也让当地经济活力显著增强。2018 年上半年，江平工业园区总产值 44.71497 亿元，共有 49 家企业入驻，其中

① 吕瑞琪．江平京族海洋小镇：走进海洋天堂　探访京族海洋渔业［EB/OL］．广西新闻频道，2018-08-16.

海产品加工企业4家[①]。

（2）旅游产业成为支撑京族地区经济发展的重要产业。近年来，东兴市大力整合旅游资源开发，结合当地自然资源，多渠道开发特色景点景区，重点推进旅游名镇名村建设，打造好边境跨国牌、京族牌和海陆地标牌三个旅游品牌，着力谋求特色旅游业的大发展。不断通过各种形式挖掘京族地区的京族文化、海洋文化、贝丘文化、老街文化、长寿文化等特色文化资源，特别是对京族文化元素进行提炼，找出其中可以传承开发利用的元素，通过发展旅游把这些元素串联起来，吸引游客来体验京族文化、体验民宿、体验中越交界边海地区特有的风情。京族文化特色成为当地旅游发展的核心竞争力。2017年，江平镇接待海内外游客人数达140.9万人次，旅游业创产值达3787.85万元[②]。

（3）形成了具有北部湾特色的旅游生态功能区。2017年，东兴天隆泰生态产业公司——天隆泰（桃花岛）生态产业园入选国家农业部办公厅公布的休闲渔业品牌创建主体认定名单，获"全国休闲渔业示范基地"称号。该公司位于AAAA级景区——京岛风景名胜区，成立于2011年8月，主打项目天隆泰生态产业园，总规划面积1000多亩。产业园紧密结合京族风情、海洋文化及边关风情，目前已建设垂钓海塘70多亩、环岛垂钓海沟2.8公里、种养桃花树1500棵、种植木棉树2300棵，完成投资2350万元，初步形成了垂钓基地、海景摄影基地、海鸟栖息基地、特色海产品养殖基地、露营基地、学旅基地，可供垂钓、下网等多种多样的渔家乐活动，可以同时接待游客3000人。该生态产业园目前将着力提升休闲、住宿等设施，打造具有北部湾特色的全国渔业示范基地[③]。

（三）江平镇创建京族海洋特色小镇的基本经验

1. 民族文化是京族海洋特色小镇发展的资源基础，特色小镇是京族文化传承的重要载体

作为我国京族的唯一聚居地，江平镇打造京族民族文化特色牌。江平镇的澫尾和巫头村在产业结构、民居式样以及风俗习惯等方面都有其独特性。京族人民以海为生，与海相伴，一直以渔业生产为主要生产活动。在长期的生产生活中，京族人民形成了独特而丰富的传统风俗，体现在节庆、建筑、服饰、饮食、民间艺术等方面。其中，独弦琴、哈歌、竹竿舞被誉为京族文化的三颗"珍珠"，集各种传统仪式于一身的哈节是京族最隆重、最热闹的民族传统节日[④]。这些特有

---

①② 吕瑞琪．江平京族海洋小镇：走进海洋天堂　探访京族海洋渔业［EB/OL］．广西新闻频道，2018-08-16.

③ 陈义才．东兴天隆泰生态产业园获全国休闲渔业示范基地称号［N］．防城港日报，2017-12-13.

④ 吴小玲．京族文化传承与京族地区旅游产业发展研究［N］．中国民族报，2017-03-03（008）.

的民族文化资源使京族特色小镇与其他小镇有效地区别开来，这是建设京族海洋特色小镇的基础；而特色小镇的建设反过来为传承和保护这些民族文化提供了重要载体。

2. 旅游产业和文化产业的融合发展推动海洋特色小镇发展和民族文化传承

江平镇通过旅游产业和文化产业的融合发展推动京族海洋特色小镇的发展和民族文化的传承和互动发展，拓展了特色小镇的内涵和外延，拓宽了民族文化传承的渠道和民族文化产业发展的空间。

（1）京族特有的文化标志在旅游发展中得到保护和发展。独弦琴、哈节、京族服饰、字喃、鱼露、风吹饼等是京族特有的文化标志。在江平古街保留着裁剪京族服装的店铺。经过京族服装师的改良，京族服装既保留了古老京族服装的特点，又惊艳脱俗，成为了京族文明的象征性文化之一，吸引了不少游客前来购买、收藏。在京族哈节、独弦琴弹奏等重大场合，穿京族服装成为京族人民隆重而高兴的事情。独弦琴、京族服饰与海滩、海风、哈妹们原生态的表演相呼应，显示京族文化的特有韵味。鱼露、风吹饼（饐丝、京族炒粉）也成为京族风味美食必备品。为了保护京族等少数民族特有的文化，促进少数民族文化的传承和发展，防城港市和东兴市先后开展了全市非物质文化遗产的普查登记和注册保护申报工作，建成了京族博物馆，举办了多项京族哈节以及京族独弦琴表演活动。字喃是京族一度使用的文字，它保存有京族的重要历史信息，京族干部苏维芳等组织人员整理喃字资料，义务给村民上字喃课，让年轻人学习字喃，以便念祖传经文，使京族师公后继有人。京族歌圩也得到延续，京族三岛及江平街成立了老年人山歌协会及歌堂，一到圩日，歌堂便聚满从周边各村甚至从越南赶来的老人，他们以歌交友、以歌传情，传递京族古老的文化，传承京族文化传统。2006年，京族哈节被列入第一批国家非物质文化遗产保护名录，2011 年，独弦琴艺术被列入第二批国家非物质文化遗产保护名录。京族鱼露入选自治区级非物质文化遗产名录，京族喃字和京族服饰入选防城港市非遗名录，京族风吹饼、京族天灯舞等 8 项已被列入县级非遗名录；京岛风景名胜区入选国家 AAAA 级景区，江平镇因此获得“2014 广西特色文化名镇”的称号。

（2）京族文化遗产不断地得到保护和传承。哈亭、“三圣宫”、大王水口庙、佛堂、基督教堂等京族民间文化活动场所都得到了很好的保护。哈亭（或吃亭）是京族人民供奉神灵和先祖的场所，是一个且歌且饮的祭祀亭。早期哈亭是用竹木为桩柱、茅草做盖顶的亭式建筑，后来京族人民吸收周边汉、壮民居建筑的特点，把它建成能够遮风挡雨的屋式建筑，近十年来，又把它改建成钢筋水泥做框架、琉璃瓦盖顶、瓷砖铺地饰墙的富丽堂皇殿式建筑。拥有 300 年历史的三圣宫位于竹山港码头旁，中越界河北仑河的入海口，“大清国一号界碑”旁边，始建于明末，清光绪二年重建，坐北朝南，整座庙宇飞檐高翘，红墙绿瓦，雕龙画凤，气势壮观，是一座具有中国传统宗教庙宇特色的古式建筑。“三圣”即三婆，又称妈祖，名林默，原起源于福建后被皇帝赐封为三圣，京族地区所建妈祖庙称三圣宫（与沿海各地的三婆庙、天妃庙、妈祖庙的称呼有区别），庙中所用镂刻之材以及屋檐瓦顶的陶瓷浮雕、图文制品都是由中国建筑师绘制好图案，越南工匠按设计雕刻、烧制而成，充分体现中华文明之深弘与越南工艺之精湛，是二者天衣无缝相结合的产物。门前的一副楹联，“竹荫英灵渡海绅商沾圣泽，山朝显赫临江仕庶仰慈云”对仗工整，意蕴丰富，上联保佑出海航行捕捞经商者，下联庇护坐地耕种留守人，四面关照，皆大欢喜。过去渔民们出海前，都要祭拜三圣宫以保平安。如今，这里成为京族群众集会、开展文艺活动和日常娱乐的场所。

3. 京族特色文化存在的社会历史环境不断得到保护和建设

自2011年起，江平镇共投入了3000多万元用于文化项目的保护与建设，按照保护地域特色和传统特色、保护传统民居和传统民俗文化、保护自然资源和生态环境的思路，凸显京族文化、海洋文化、长寿文化等特色。东兴市坚持以规划为龙头，加快城镇化规划管理，合理布局城镇功能，完成《东兴江平镇总体规划》（2012～2030）和《京岛风景名胜区控制性详细规划》的修编工作。投入396万元进行城镇基础设施建设，投入7546万元建设江平商贸城、江平客运站，江海红木加工石，投入1300万元建设京岛风景名胜区门楼，极力打造京岛风景名胜AAAA级旅游景区，完善京族博物馆、生态博物馆等文化设施的建设。投资1.02亿元，推进江平镇竹山村、京族三岛等旅游景区建设，打造特色文化名镇和旅游名村。如在澫尾村，以创建京岛风景名胜区AAAAA级景区为主，从京族文化雕像、京族表演馆、老街综合改造、滨海公路沿线风貌改造等基础设施方面展开①。在竹山村以发展“农家乐”“渔家乐”特色乡村休闲旅游为主，打造古碑、古庙、古街、古教堂、古榕的“五古”特色。

2018年初以来，东兴市还通过大力开展“边海·京韵”田园综合体建设，强化京族特色社会文化环境的建设。依托京族、海洋、边关、长寿、伏波、红木、华侨、佛教、天主教九大独特文化，利用十里金滩、百里边关、千年古榕、万亩红树林等稀缺资源，东兴市着力构建“一环、一岛、两镇、五区”的“边海·京韵”田园综合体。其中，涉及的项目包括：发展特色种养殖业，实施打造万亩海水养殖等“十个一万”重点项目；启动现代特色农业示范区增点扩面提

① 黄兴忠，杨孙山．投资亿元打造旅游名镇村［DB/OL］．广西县域经济网，http：//www. gxcounty. com，2015-03-07.

质升级工程，推动京岛海洋渔业核心示范区升级为国家级现代农业产业园，提档升级鑫宇金花茶、七彩贝丘湾、长湖生态园等为自治区级示范区等。此外，还通过打造七彩贝丘—京岛海洋示范区—万尾旅游示范村三条线路，积极推进农业+旅游、康养等多种模式融合，推动农业电商、农业互联网等新业态，促进农村一二三产业融合发展、抓好生态环境建设①。

（四）江平京族海洋特色小镇建设面临的问题

在大力推进京族海洋特色小镇建设的同时，江平海洋特色小镇建设也面临着一些严峻的问题：

（1）定位还不够明确。从定位来看，目前定位为海洋特色小镇，是以特色海洋产业为主，还是以海洋旅游为主？是历史文化型小镇，抑或是生态旅游型小镇，还是两者兼而有之，同时并进呢？

（2）京族特色文化建设的力度不够大。作为文化传承与创新的重要载体，京族特色海洋小镇塑造属于自己的独特文化，在提升居民的文化认同感和归属感方面似乎还有很大的差距。

（3）特色小镇培育的时间短，一些关系还需理顺。京族海洋特色小镇正在培育中，要将其建设成产业特色鲜明、人文气息浓厚、生态环境优美，具有旅游与社区双重功能的特色小镇，使其起到加快生产要素集聚、促进京族地区产业转型升级的作用，而且在传承历史文化、改善人居生态环境，推动边疆地区社会的创新发展方面发挥作用，还有很长的路要走。

（4）特色小镇建设规划文件的陆续出台对京族特色小镇建设提出了更高的要求。随着特色小镇建设的深入推进，2017 年 12 月，国家发展改革委、国土资源部、环境保护部、住房和城乡建设部《关于规范推进特色小镇和特色小城镇建设的若干意见》，要求各地特色小镇要立足产业“特而强”、功能“聚而合”、形态“小而美”、机制“新而活”，推动创新性供给与个性化需求有效对接，打造创新创业发展平台和新型城镇化有效载体，不能盲目发展，要实行创建达标制度等②。一些省区在特色小镇创建方案中提出要制定出台《特色小镇发展的考核办法》，建立考核指标体系和评价制度，并依据考核情况兑现奖惩，对已入选小镇进行动态调整等。

---

① 2018 年东兴市政府工作报告［DB/OL］. 东兴市人民政府网，http：//www. dxzf. gov. cnl，2018-02-08.

② 国家发展和改革委员会，国土资源部，环境保护部等 . 关于规范推进特色小镇和特色小城镇建设的若干意见［DB/OL］. 中华人民共和国自然资源部，http：//www. mlr. gov. cn/，2017-12-04.

三、江平京族海洋特色小镇建设的对策建议

（一）充分利用优势资源，推进生态、文化、旅游“三位一体”，重点打造独具边海魅力的文旅特色小镇

（1）明确小镇的发展定位。根据京族地区的历史文化特点，小镇宜定位为海洋历史文化旅游型小镇，以发展海洋旅游为主，以特色海洋产业为辅。

（2）要充分挖掘京族独有文化元素，打造文化符号，整合滨海资源，促进旅游文化产业发展。京族“哈节”“字喃”、独弦琴等是其特有的文化元素和文化符号，美丽金滩、白鹤栖息湿地公园、红树林和当地渔民捕鱼劳作景象等是其特有的滨海资源，为此要因地制宜，重点推进天鹅湾国际渔港码头、海上运动基地等23个项目，加快京族海洋生态休闲区、国际海洋渔业示范区、海上跨境旅游合作区建设，全面促进京族海洋特色小镇的建设。

（3）要注重生态保护。目前，环境问题是小镇的通病，整治环境概念在全国小镇都有提及，近年来国家四部委发文规范推进特色小镇建设中屡被提及。为此，要尊重“既要金山银山也要绿水青山”的理念，在小镇建设的同时做好生态平衡，绝不能牺牲环境而谋取经济效益、谋求所谓的发展。文化独特、环境优美、生态融合是京族小镇的特色，作为培育中的特色小镇，江平海洋特色小镇建设必须保住这一优势。

（4）要秉承创新、协调、绿色、开放、共享的发展理念，实施多重生态融合发展。江平镇京族海洋特色小镇要充分利用自身区位势、自然资源和历史人文等独特优势，将海洋特色小镇打造成中国唯一的海洋民族文化体验地、中越海上跨境旅游合作区、国家海洋高新技术产业示范区，同时要在小镇建设过程中，尊重本地建设风貌，保持原真性，保留原有居民，注重产业生态、自然生态、社会生态的融合发展，实现以“文化+产业+旅游+生活”四位一体协调发展，使小镇成为集“体验、旅游、生态、人文”于一体的创新平台。

（5）要持续发展。要利用优越的多重生态环境迅速集聚起创业者、风投资本、孵化器等高端要素，促进产业链、人才链和创新链的快速形成，使小镇持续发展。

（二）明确产业定位，突出产业的独特性，形成并延长产业链

特色小镇的建设着眼于“特”。产业作为特色小镇开发的核心，特色产业的选择、导入与培育，是特色小镇开发成功推进的关键和最大的难题。

（1）明确产业发展特色。在选择产业发展特色上，一定要对小镇原有的历史、现状及产业进行分析，要有做深做精的聚焦意识，不能简单地把“互联网+

文化旅游”“互联网+渔业产业”“文化旅游+海洋渔业产业”等同于聚焦产业，打造特色。必须注意它们之间的关联度，找到平衡点，以促进京族文化与特色经济发展的融合。

（2）通过合理布局，设置产业特色，找到小镇经济发展的引擎。为此，京族海洋特色小镇建设要聚焦京族地区的经济、环保、健康、旅游等，想方设法挖掘自身基础最好、最具优势和最富特色的产业，避免与周边地区的小镇同质竞争。

（3）要形成并延长产业链。发展海洋文化旅游、海洋渔业和海产品加工等无疑是京族最有优势的产业方向，但要尽快形成自己的产业链。如果长期单纯依靠进口越南的渔产品来进行加工生产，没有形成自己的产业链条，很容易在市场竞争中失去优势。京族文化旅游产业的发展必须突出京族特有的文化特色，实现由单一景区景点建设向综合旅游目的地的发展转变，着力打造成高品质旅游目的地，满足游客由观光型旅游为主向观光旅游、自驾旅游、养生养老、运动健康、主题游乐、文化体验等各种专项旅游产品并重的复合型旅游发展的需要。

（三）要采取灵活的制度，统筹规划，多边融合，促进小镇发展

（1）要科学统筹规划小镇的建设，完善各方面功能配置。政府要发挥主导作用，坚持规划先行、多边融合，充分发挥规划的引领作用，综合规划、国土、发改、环保、文保等多部门，联动编制产业、文化、旅游“三位一体”和项目、资金、用地“三方落实”的建设规划，以“多规合一”的思路系统化、高标准谋划小镇的功能定位和发展思路，为海洋特色小镇营造良好的空间载体。为此，要合理规划江平镇内各类产业的集聚区、功能区的分布，对京族历史文化风貌区进行改造，在建筑风格方面体现京族文化和边海疆历史人文特征，确保海洋特色小镇风格所具有的独特文化诉求等。

（2）处理好政府主导与企业发展的关系。在特色小镇建设中，政府主要是做好规划、保护生态、优化服务，其余的要交由企业去做。现实中，成效显著、发展良好的特色小镇，都是市场化运作的结果，发挥了企业的主体作用，彰显了企业的能动力和影响力。如路桥沃尔沃小镇由吉利集团主导建设，龙游红木小镇由浙江年年红家具集团一手创建等。京族海洋特色小镇建设也要遵循“政府搭台、企业唱戏”的原则，积极探索推行市场化的运行机制，充分发挥企业的能动作用。政府要适时扮演好引导者角色，统领全局，招商引资，合理引导具有一定规模的企业、组织等参与特色小镇建设，合理布局，科学规划。同时要赋予企业、组织足够的自由度，破除企业在发展过程中的各种制度性障碍，保障组织发展的科学性，保障特色小镇建设的健康发展。

（3）要依托产业基础，做好分类发展。可以依托现有的京族渔村民居、滨

海风光，结合生态园区建设，完善京族度假产业文化中心建设，发展“乡村休闲—文化体验—民俗之旅”，吸纳游客体验京族民俗文化旅游；可依托滨海风光和休闲度假园区，完善京族民族风情、渔家活动风情的文化功能，增设渔业文化风情体验区，发展“滨海旅游—风情体验—渔家旅游”等；可利用京族地区的长寿文化大做文章，吸引民间资本开发民居村落，发展健康养老产业，发展“生态资源—滨海旅游—度假养老”；可以夏季出海打鱼、冬天保暖过冬等休闲度假项目，结合京族风情的旅游项目，发展“沙滩经济—养生休闲—运动旅游”等。把文化因素融入京族特色文化产业的传承。

我国目前已进入了新时代中国特色社会主义建设时期，与全国同步建成小康社会是京族地区社会发展的重要任务。做好京族海洋特色小镇建设，保护、传承和发展京族特色传统文化，促进京族地区社会发展、经济繁荣是京族人民的共同愿望。同时，也希望通过对京族海洋特色小镇建设的研究，能为我国人数较少民族的社会文化发展提供借鉴。

特色小镇产业集聚演化模型与仿真研究

——企业决策的视角*

中南大学商学院副教授　傅沂
中南大学商学院研究生　宁柏

摘要：传统产业集聚机制研究已经成果颇丰，但特色小镇的产业集聚机制研究仍是一个空白。本文基于特色小镇建立在已有产业基础上的假设，从微观角度模仿特色小镇参与主体进、出产业网络决策的动态过程，通过控制相关变量分别进行演化，最后从宏观角度对演化形成的产业网络进行对比分析。在对小镇集聚、演化过程及结果进行了对比分析后，证明网络集聚效应对特色小镇产业集聚、演化及形成的网络结构的重要影响。

关键词：特色小镇；产业集聚；扩展 BA 网络模型；网络集聚效应

小城镇的发展历经多年，承接了城市产业转移和农村人口容纳，推动了区域经济发展和社会进步，成为中国城镇化进程的重要一环。与此同时，小城镇发展也面临诸多挑战，例如经济薄弱地区小城镇的产业空心化问题；围绕行政中心的集聚、缺乏产业支撑的小城镇发展往往不具备可持续性。产业园区建设也红极一时，成为我国工业化进程中的一个独特现象。数据统计，目前我国已经建成产业园区数万个，且这些产业园区多半分布在城镇周围，随着城区面积的扩大，逐渐变成城市的一部分，但是园区的公共服务功能却无法跟上快速扩张的城市，园区产业集聚水平低下、文化底蕴较薄等问题也较为突出。

随着中国城镇化、工业化进入新的阶段和大数据、金融、高端装备制造等新型产业和新业态的涌现，产业集聚对产业生态、城市功能、文化积淀提出了更高的要求，产业集聚的空间布局相应地也发生了变化。在此背景下，特色小镇的出

* 基金项目：2017 年教育部人文社会科学研究青年基金项目“基于演化博弈的我国养老地产产业链升级模式与路径研究：路径构造框架的视角”（17YJC790035）。

作者简介：傅沂（1978—），男，湖北襄阳人，中南大学商学院副教授，硕士生导师，研究方向：产业经济学、区域经济学、演化经济学；宁柏（1993—），男，安徽合肥人，中南大学商学院硕士研究生，研究方向：特色小镇。

现正是对中国城镇发展与产业空间组织形式的探索。

特色小镇诞生于民营经济与块状经济发达的浙江，这种新模式得到国家的大力支持后，迅速由浙江推广至全国。特色小镇不是行政区划意义上的建制镇，也不同于纯粹企业集聚的产业园区，而是融合了特色产业、城镇社区、历史文化和休闲观光等多种功能于一体的人文化产业型社区。它摈弃了纯粹产业园区粗放式集聚及产业空心化集聚的弊端，坚持产、城、人、文有机融合的长久目标，打造宜居、宜业、宜游的综合发展平台。其中，产业不仅决定了特色小镇这一发展平台的前途或未来，也赋予其独立于世的“特色”。没有产业的集聚无法实现人口的集中，没有人口产生不了城镇，产业是城镇可持续发展的原动力。同时，产业也是特色小镇差异化建设的核心，特色小镇的“特色”集中于产业定位的与众不同。

为了探索特色小镇的建设路径，明晰特色小镇产业定位，提高特色小镇的竞争力，实现产业升级、优化结构与可持续发展的长久目标，本文将对特色小镇的产业集聚机制进行探讨。

一、文献综述

传统的产业集聚机制研究已经取得了丰硕的成果。新古典经济学创始人 Marshall 最先提出产业集聚的相关理论，他将产业空间集聚的原因归结为集聚带来的金融外部性和技术外部性。进入 20 世纪，从 Weber 的工业区位论，到 Christaller 的中心地学说和 Losch 的市场区位理论，区位理论以成本为核心分析了工厂区位与原料产地、市场区位等因素之间的关系。20 世纪 50 年代之后，集聚机制的探索逐渐转向成本以外的领域。其中，Hoover 的产业集聚最佳规模论认为产业集聚存在一个最佳规模，集聚企业太少或者太多都达不到最佳集聚效果。Porter 则对产业聚集及产业群进行了分析，在其建立的钻石模型中强调了创新在企业竞争优势中的核心角色。近些年，以 Krugman 为代表的新地理经济学派为产业集聚研究提供了一种全新的视角，该学派以规模报酬递增、市场不完全竞争和运输成本为前提，认为产业集聚也是三者在市场的力量下产生，且集聚一旦发生，路径依赖会使集聚的过程持续下去并不断自我强化。

特色小镇的概念诞生较晚，对于特色小镇产业集聚机制的研究仍是空白。目前，多数研究仍是对特色小镇理论体系的补充和案例的总结，一部分研究从理论角度对特色小镇发展定位、建设模式、政策供给等进行探讨。如王振坡等理清了特色小镇发展定位、发展动力、主体权责等问题，剖析了我国特色小镇的发展逻辑，在对特色小镇未来发展的可持续性进行探讨后，提出了特色小镇建设的路径。周鲁耀、周功满将开发区模式与特色小镇进行对比后指出了特色小镇的优越性，同时提出了特色小镇发展面临的诸多问题。卫龙宝、史新杰解析了特色小镇的本质内涵，总结了特色小镇的理论基础和现实意义，并提出了相关政策建议。另一部分研究则从实证角度出发，结合特色小镇具体案例进行归纳总结。如沈克印、杨毅然从产业升级、产业跨界融合、新型城镇化等角度对体育特色小镇进行了剖析，提出了在供给侧改革大背景下体育特色小镇的发展意见。姜玉峰则以杭州艺创小镇为例对文创产业在特色小镇中的创新模式进行了研究，提出从谋划理念、规划格局、体制机制、平台建设和运营管理五个维度构造艺创小镇创新生态系统。赵华对国内旅游特色小镇建设进行了统计与梳理，并对旅游特色小镇未来进行了设想，突出创新在小镇发展中的地位。

盛世豪、张伟明在对特色小镇空间组织形式的研究中，首次提出了特色小镇产业集聚的观点。在对传统产业集聚与特色小镇产业集聚进行比较后，将特色小镇产业集聚归类为产业集聚 3.0，是传统产业集聚的创新和升级。传统产业集聚对于资源禀赋或成本有一定依赖性，有时产业集聚甚至是偶然因素产生的，而特色小镇产业集聚对于产业集聚基础要求较高，这在制造业特色小镇中尤其明显，在原有技术、知识积累上的新型制造特色小镇的产业集聚往往是基于原有产业的升级，集聚也就具有更强的竞争力和可持续性。付晓东、蒋雅伟将根植性的概念引入了特色小镇发展模式的研究中，他们认为根植性是特色产业的根脉，即在原有产业基础和区位禀赋的基础上确定小镇的产业方向才能实现小镇“特色”。华芳、陆建城在对杭州特色小镇群体性研究中发现，近一半小镇的产业类型隶属于开发区原有的产业类型，是对开发区产业的进一步特色强化与提升。许多特色小镇的主体产业都是在原有产业集聚的基础上资源重新聚合和极化，依托原有产业基础，凝聚创新动力，发展新型产业，加入人文、旅游等新元素，摆脱原有产业自然形成空间布局的无规划的弊病，勾画产业空间的新布局，形成产、城、人、文融合与和谐发展的新局面。

特色小镇产业集聚基础对于后期特色小镇集聚、演化无疑具有重要作用。良好的产业基础不仅是企业、机构数量达到一定规模，同时也是相关主体间联系的密疏程度、交流效率与产业链的完整性水平、多元化水平。各参与主体之间的联系方式多种多样，通过产业链、技术链和价值链等形成一张利益共存的网。网络内主体空间上的紧密联系，能够有效降低交流成本，加速知识外溢，促进本地化学习和企业集聚，延伸产业链长度，除此之外，空间邻近同样能带来社会和文化邻近，促进文化的碰撞。处于网络内的企业能够利用网络的影响力开拓市场，放大企业自身影响力，产生远大于独立情形下的经济效益。这种网络集聚效应的发挥使得产业集聚形成一种良性循环，不同主体相互交织，形成了开放的、多维的、动态演化的复杂网络。

二、网络集聚效应分析与仿真模型构建

（一）特色小镇参与主体所在网络

复杂网络在物流网络、生物工程、社会关系等诸多领域都有着广泛的用处。学者们对产业网络的实证研究已经证实产业网络同样是具有无标度特性和小世界特征的复杂网络。现阶段，国内基于复杂网络对产业的研究主要集中于对产业集群结构分析、产业集群演化及产业集群信任机制研究等领域。如赵炳新、尹翀、张江华提出了产业复杂网络概念，设计了六类具有代表性的产业网络，并以山东省为例进行了验证。李晓青对经典BA模型进行了拓展，增加了退出和补偿两种新的机制，着重分析了两种新的机制后对产业集群网络的演化过程的影响。

本文则试图通过建立复杂网络模型从微观角度仿真、从宏观角度分析演化形成的网络，从而探究网络集聚效应对特色小镇产业集聚的影响。

为了量化网络集聚效应的大小，本文引入网络集聚系数。网络集聚系数是所有节点集聚系数的平均值，是网络中的点倾向于集聚在一起的程度的度量，是衡量网络密度、中心性、稳健性、小世界性的综合性指标，也是网络集聚水平的最佳反映。集聚系数越大，节点间的联系就越紧密，体现了网络的凝聚力，网络也就更加稳定。节点集聚系数可表示为：$c_i = \frac{1}{k_i(k_i - 1)} \sum_{j,\ k} a_{ij}a_{ih}a_{jh}$

式中，k_i 为与节点i相邻的节点数量；a_{ij}为邻接矩阵元，即当节点i和j相邻时，整体网络集聚系数即网络中所有节点集聚系数的平均值为：$c = \frac{1}{n} \sum_{i-1}^{n} c_i$。

集聚系数 c 取值范围为［0，1］，符合网络集聚效应0至1的系数设定。若网络密度值为0，表示所有节点在网络中都是相互独立的，基础网络效应极弱；而当网络密度为1，则代表所有节点相互之间都有联系，节点联系紧密，网络集聚效应极强。

（二）扩展BA网络模型生成机制

本文令小镇参与主体所处的复杂网络为BA无标度网络。BA无标度网络由Barabási和Albert首次提出，其具有两个基本机制：一是增长机制：指网络规模不断增大，节点不断增加。二是择优连接机制：指新进的节点倾向于与已有网络中度数较高的节点相连接。传统的BA模型初始网络中存在 m_0 个节点，但是节点之间是孤立的，即初始网络是不存在的。本文研究网络集聚效应对于特色小镇产业集聚的影响，且实际情况是特色小镇产业网络在原产业网络基础上形成，故令网络在演化的开始节点之间即存在联系。除此之外，BA网络模型仅拟合了现

实生活中网络增长的过程，具有一定的真实性，但是为了更好地贴合实际生活，本文参考范如国、许烨的研究，在传统BA网络模型演化算法的基础上增加了自增强与退出机制，即小镇内部参与主体间合作关系的重新调整与中止。

扩展BA无标度网络模型的生成机制具体如下：①初始。给定一个已经拥有m_0个节点、若干条边的网络。②增长机制。网络在每个演化期间内增加一个具有m_1($_1<_0$)条边的新节点，在网络已存在的节点中选择m_1个节点与新产生的节点发生连接。③择优连接机制。新节点按照择优概率$\pi_i(k_i)=\frac{k_1}{\sum_{i=1^{k_i}}^{n}}$选择旧节点$i$与之连线，其中$k_i$是旧节点$i$的度数。④退出机制：在每个演化的时间内，随机选择一个节点j，以概率p_d断掉节点j和连接到k的边$l_{j,k}$，断开$l_{j,k}$。⑤自增强机制：在每个演化的时间内，随机选择一个节点n作为起始节点，以概率p_z增加m_2条边，连接的概率同样遵守择优连接原则：以概率$\pi(k_i)$在网络中选择m_2个终止节点与n连接。

（三）网络集聚效应对企业选择策略的影响

网络集聚效应对产业集聚的影响主要集中于扩展BA模型的三个重要环节：新企业进入、网络内已有企业自增强和企业间合作中止。本文参考王娜、李东、王其文的研究，设定每个小镇企业的区位决策是二元决策，即对于任意小镇A，新入企业i有两种策略：选择进入小镇A或者其他区位。不同的是，本文将小镇内各主体退出机制与自增强同样也设定为二元决策，即对于随机选中的企业j，企业j有两种选择，中断与企业k的合作关系或者继续保持合作。对于随机选中的企业h，企业有两种选择，新增与其他企业的联系或者不增加。

（1）网络集聚效应对企业进入的影响。当网络集聚系数为0时，表示所有节点在网络中都是相互独立的，自然也不会产生网络集聚效应，此时新企业加入网络的愿望相应最低。而当网络集聚系数为1时，则代表所有节点相互之间都有联系，节点联系紧密，网络集聚效应极强，新企业加入网络的愿望也是最高的。故在时间t第i个新企业区位决策函数如下：

$$p_g=f(c)+\delta_1$$

式中，c为网络集聚系数，f为函数；δ_1为随机影响因素，服从正态分布，本文设定$0\leqslant\delta_1\leqslant0.01$。

（2）网络集聚效应对合作中止的影响。本模型是按照$p_d(c)$概率随机选择中断网络内已有两节点之间的连接。考虑到实际小镇网络集聚效应较强时，内部企业中断连接的愿望较弱，而网络集聚效应较弱时，内部企业中断连接的概率较高。内部企业中断连接概率与网络集聚水平存在一定负相关关系。本文设时间t

小镇内企业 j 的区位决策函数如下：

$p_d=g(1-c)+\delta_2$

式中，c 为网络集聚系数，g 为函数；δ_2 为随机影响因素，服从正态分布，本文设定 $0\leqslant\delta_2\leqslant0.01$。

（3）网络集聚效应对自增强的影响。本模型是随机选择节点，被选中节点按照 $p_z(c)$ 概率选择加强与网络内其他节点联系。小镇内部企业自增强策略选择与网络外企业策略选择基本一致：当网络集聚效应较强时，内部企业自增强的积极性也较高，而网络集聚效应较弱时，内部企业自增强的积极性也较低。网络内外部企业策略选择影响因素、趋势均一致，为了简化研究，本文设时间 t 小镇内企业 j 的区位决策函数与外部企业进入网络选择策略相等，决策函数如下：

$p_z=p_e=f(c)+\delta_1$

（四）模拟算法

为了控制边数对产业网络演化的影响，本文参考李守伟、程发新的研究，将 m_1、m_2 统一设为 $m_1=m_2=2$。为了控制参与主体数量对主体选择策略的影响，又避免初始网络规模较小产生过强波动性，本文将初始网络参与主体数量统一为 20 个，并对所有 20 个节点统一编号。本文设计了集聚系数上有差异且实际存在的网络连接方式，如图 1 所示（括号内数字前者表示网络编号，后者表示演化次数，下同），以综合考察既有网络集聚效应对产业集聚的影响。为了减轻随机性对演化结果的影响，本文将演化次数提高到 200 次，并以 10 为间隔进行多次横向对比，特色小镇产业初始网络如图 1 所示。

根据上面的假设条件，我们使用 Matlab 软件模拟特色小镇内各主体的集聚过程，以考察网络集聚效应对特色小镇产业集聚的影响。网络生成的算法根据前文所述为生成扩展 BA 无标度网络的算法，根据该算法和假设条件分别对五个初始网络进行演化。具体的模拟算法如下：在每一个演化时间内：①确定新入小镇主体的选择策略，该主体以 p_g 的概率选择是否加入小镇内。②加入小镇的参与主体分别以 $\pi(k_i)$ 的概率与其他 2 个主体进行合作。③随机选择一条已有连接（不包括最新加入主体与小镇内已有参与主体的合作关系），确定两主体间退出策略。④被选中主体以 p_d 的概率中断已有合作关系。⑤随机选择一个小镇已有主体作为起始（不包括最新加入主体），确定被选中参与主体的重连接策略，以概率 p_z 选择与网络内其他主体加强联系。⑥以概率 $\pi(k_i)$ 在网络中选择其他 2 个主体建立连接。⑦更新网络状态。⑧重复。

经过 200 次演化模拟，可以得到小镇内各主体的合作关系网络。本文节选第 100 次演化的结果，通过 Netdraw 软件绘出小镇内各主体合作关系网络图，如图 2 所示（图中标识节点为演化开始前网络结构中的 20 个节点）。由于初始集聚系数为1号、2号与3号产业网络的网络集聚效应较弱，在100次之前，网络已经衰退解散，故仅有初始集聚系数较高的4号与5号的100次演化结果。

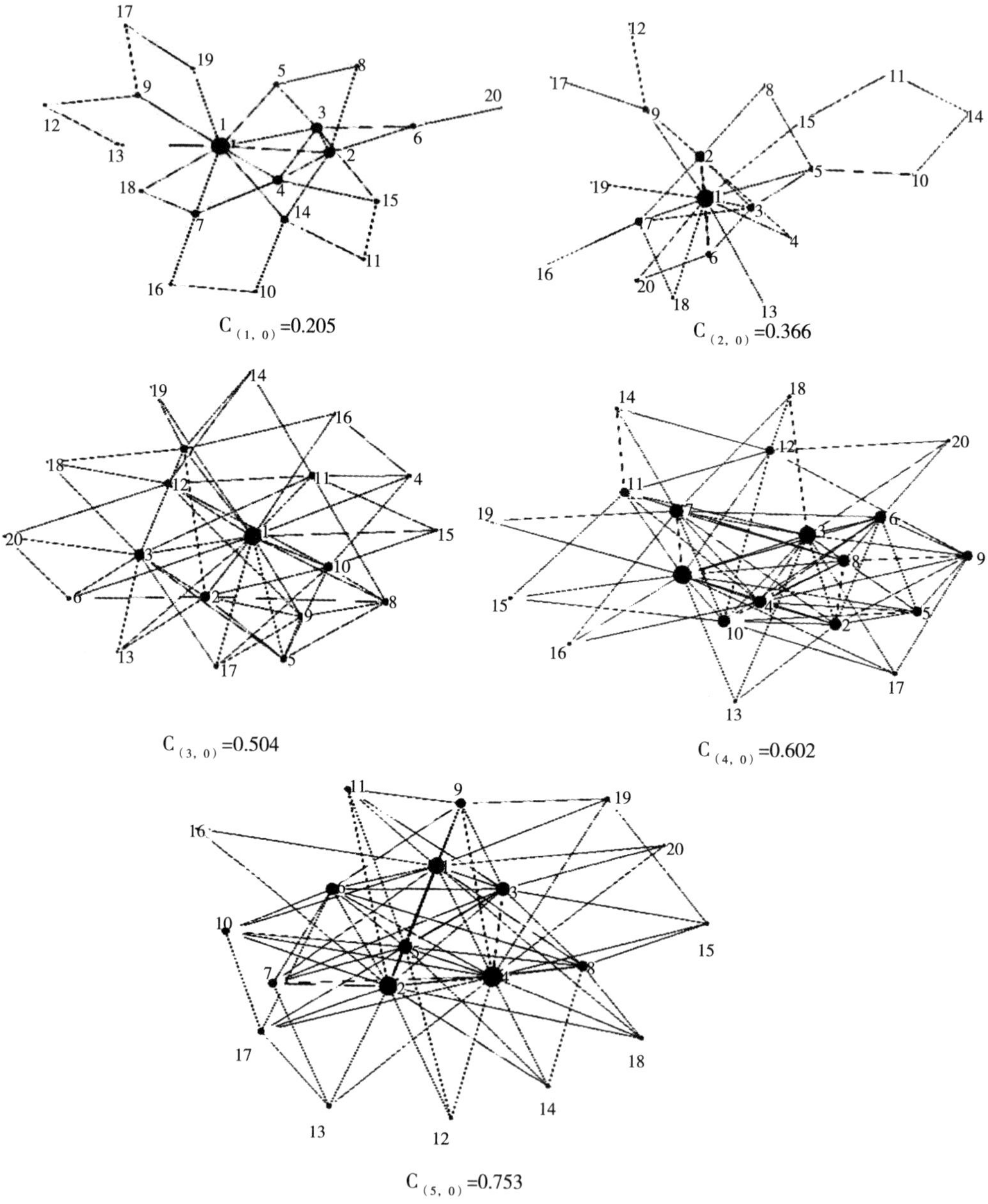

$C_{(1,0)}=0.205$

$C_{(2,0)}=0.366$

$C_{(3,0)}=0.504$

$C_{(4,0)}=0.602$

$C_{(5,0)}=0.753$

图1　特色小镇产业基础网络

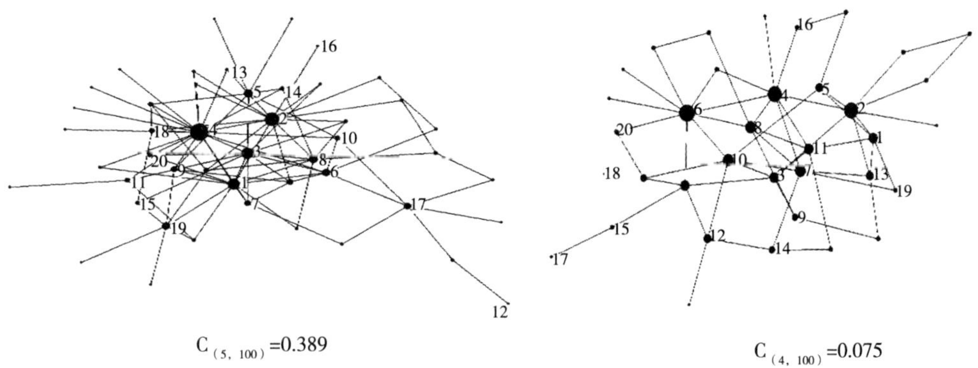

图 2　产业网络 100 次演化网络

三、仿真结果分析

本文对五个产业网络的演化过程进行了跟踪，结果如表 1 所示，并利用 Ucinet 软件对演化生成的网络结构进行分析，如图 3、图 4 所示。依据小镇参与主体数量与主体间联系的变化趋势图，我们可以看出，完整的特色小镇产业生命周期分为三个阶段：成长期、稳定期、衰退期。不难看出，网络效应较强的 5 号产业生命周期最长、产业规模最大，也是唯一一个拥有完整产业生命周期的产业网络。该产业在 0~60 演化时间内为产业集聚的增长期，60~120 演化时间内为稳定期，120~200 的演化时间内为衰退期。而网络集聚效应较弱的 4 号与 3 号则仅有 20 次演化的增长时间，2 号网络仅在前 10 次演化中保持增长，之后很快就陷入衰退中，且整体演化时间也相对较短，这表示产业的网络集聚效应较弱，仅能支撑有限的增长。在衰退过程的对比中，2 号产业与 3 号、4 号产业相比，衰退的速度更快。1 号产业则根本无法形成网络集聚效应，各参与主体之间相对独立，联系很弱，这使得已有企业选择退出既有区位，加入到其他产业网络中，该网络一开始就陷入衰退。本文对企业的增长衰退临界概率进行了计算，在进入节点增加的边数为 2，中断边数为 1，自增强边数为 2 的情形下，进入节点 p_e 为 1/3 时，产生网络集聚效应，即当进入企业的选择概率高于 1/3 时，网络是增长网络，否则网络会陷入衰退。

表 1　特色小镇产业网络节点数与边数表

演化次数	1 号产业网络（点数/边数）	2 号产业网络（点数/边数）	3 号产业网络（点数/边数）	4 号产业网络（点数/边数）	5 号产业网络（点数/边数）
0	20/33	20/31	20/57	20/72	20/75
10	20/29	27/41	23/59	24/83	28/86
20	18/19	26/33	28/64	29/94	33/96
30	12/10	16/24	31/59	31/91	31/96
40	0/0	19/16	32/54	33/88	34/104
50		8/6	32/50	35/85	41/103
60		0/0	33/46	37/77	46/106
70			32/37	33/68	40/105
80			28/27	35/58	45/96
90			22/17	33/48	46/96
100			11/7	31/38	47/92
110			0/0	29/28	46/84
120				22/18	47/88
130				13/8	46/72
140				0/0	43/62
150					43/54
160					38/44
170					34/34
180					28/24
190					21/14
200					7/4

在特色小镇产业集聚的增长阶段，较强的网络集聚效应对于产业集聚具有更强的推动作用。处于产业链、知识链、技术链和价值链等环节的新入主体沿着上下游方向自发聚集在既有产业网络周围，与既有主体产生联系。而网络内企业选择退出联系的愿望较低，相反，由于网络集聚效应，更多的内部企业选择加强与其他主体的联系。此时网络集聚效应对于产业集聚有着推动作用，网络在既有网络基础上快速扩张，其他产业也参与其中，整个产业网络体系日渐完整，多种不同主体相互交织，网络结构不断优化。

在特色小镇产业集聚的稳定阶段，较强的网络集聚效应对于产业持续性发展

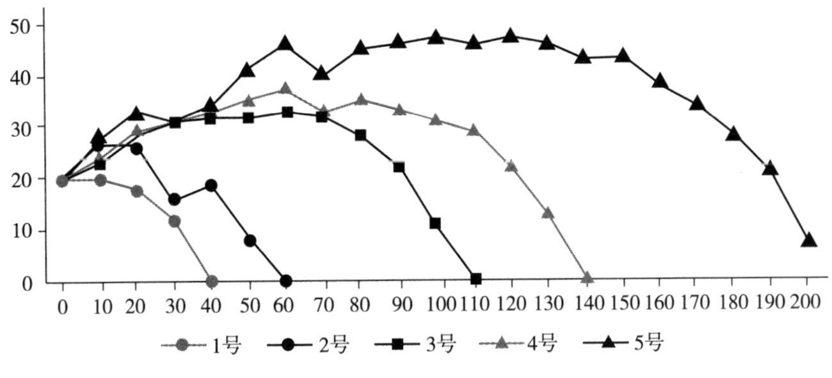

图 3　网络节点数量变化折线图

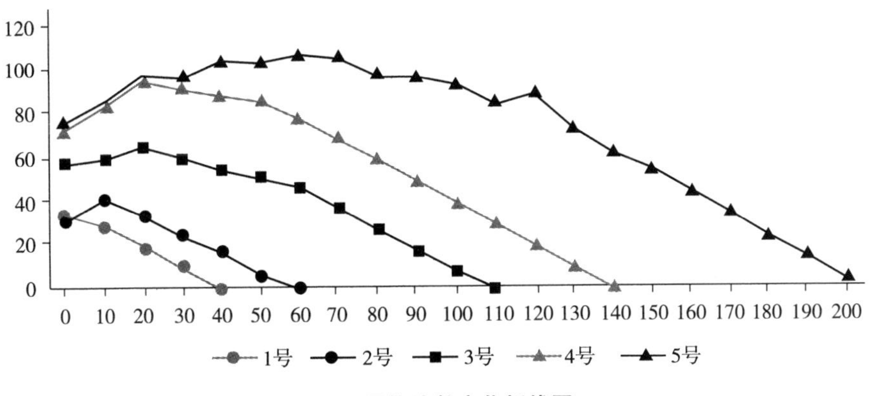

图 4　网络边数变化折线图

具有支撑作用。随着小镇网络规模的扩大，网络结构开始变得冗杂，不及增长时期网络效率高，网络集聚效应相对下降，对外部主体的吸引力相应下降。本文以 5 号产业网络为例，其演化期间集聚系数变化如表 2 所示。

表 2　五号产业网络集聚系数表

演化次数	0	20	40	60	80	100	120	140	160	180	200
集聚系数	0. 753	0. 391	0. 331	0. 348	0. 389	0. 292	0. 175	0. 091	0. 094	0	0

可见，随着演化次数的提高，网络的集聚动力增长乏力。网络效应减弱使得内部企业选择减少与其他主体的联系。此时，外部企业进入速度与内部企业退出速度达成动态平衡，产业发展进入了稳定阶段，内外部不同主体各有进出，网络

规模总体保持相对稳定，局部结构调整不断。

在特色小镇产业集聚的衰退阶段，较强的网络集聚效应对产业衰落具有抑制作用。产业集聚过度冗杂后，网络内部效率变得极其低下，锁定效应显现对外部企业的吸引力逐步降低，而网络集聚效应的减弱使得内部企业大多选择退出网络或加入连接效率更高的产业网络。此时，整体产业网络的衰退已经无可避免，但是网络结构更加完整、网络集聚效应更高的网络面对产业衰退具有更高的稳定性，面对外部冲击的承受能力也更强，而网络集聚效应低的产业网络更显脆弱，产业网络结构在短时间内就分崩离析。这个结论在下面对初始网络结构的分析中也得到了印证。

四、结论与建议

本文基于演化经济地理学、产业经济学、区域经济学与复杂网络理论，构建了特色小镇产业网络演化模型。通过对小镇内部和外部企业区位决策的微观过程进行仿真所形成的产业网络进行对比分析，证明网络集聚效应对特色小镇产业集聚、演化及网络结构的形成具有重要的影响。具体表现为：在特色小镇产业集聚的初期，网络集聚效应起推动作用，为产业集聚提供动力，网络进入稳定阶段后，对网络的稳定提供支撑作用，在产业集聚进入衰退阶段后，抑制网络的过快衰退。

特色小镇建立在已有产业网络基础上，是传统产业集聚的创新与升级。网络集聚效应的存在能够对已有产业网络进行补充与优化，不断扩大产业网络规模，吸引新的主体加入，促进各参与主体间的交流。但是既有核心主体在网络结构内扮演至关重要的角色，新入企业具有较低的话语权，长时间的演化容易产生锁定效应，在演化的后期，新企业进入增长乏力。

本文的结论对中国特色小镇建设具有一定的启示意义：

第一，无特色产业网络基础的特色小镇发展不具备可持续性。许多地方在建设特色小镇的过程中走向房地产化，或是不考虑产业基础就上马诸多项目，忽略了特色小镇的建设是传统产业集聚的升级。地方政府在特色小镇的建设上不能一拥而上，而应该因地制宜，发挥特长。依托现有产业基础进行升级，在优良产业网络的基础上，特色小镇的产业集聚无疑质量更高，速度更快，结构更合理，发展更加和谐。

第二，核心企业对于网络的发展具有重要作用，产业网络中的核心企业在后期网络演化中仍扮演重要角色。这要求特色小镇在建立的过程中，注意引入重点企业，发挥引领作用。重点企业在行业内的影响力可以加快产业集聚速度，大企业具有一定的示范效应，中小企业紧紧围绕在重点企业周围，形成产业集聚。

第三，政府在特色小镇规划时，注意产业集聚的多元化，加入人文、旅游等新兴业态，注入创新的活力，避免单一产业持久演化所形成的锁定效应，才能实现特色小镇长久发展。

参考文献

[1] 付晓东，蒋雅伟．基于根植性视角的我国特色小镇发展模式探讨［J］．中国软科学，2017（8）：102-111.

[2] 范如国，许烨．基于复杂网络的产业集群演化及其治理研究［J］．技术经济，2008，27（9）：76-81.

[3] 华芳，陆建城．杭州特色小镇群体特征研究［J］．城市规划学刊，2017（3）：78-84.

[4] 姜玉峰．文创产业在特色小镇建设中的创新模式研究——以艺创小镇为例［J］．新美术，2017（1）：123-128.

[5] 李晓青．复杂网络视角下的产业集群网络演化模型研究［J］．重庆大学学报（社会科学版），2015，21（5）：1-8.

[6] 李守伟，程发新．基于企业进入与退出的产业网络演化研究［J］．科学学与科学技术管理，2009（6）：135-139.

[7] 李小建，李二玲．产业集聚发生机制的比较研究［J］．中州学刊，2002（4）：5-8.

[8] 马斌．特色小镇：浙江经济转型升级的大战略［J］．浙江社会科学，2016（3）：39-42.

[9] 石奇．产业经济学［M］．北京：中国人民大学出版社，2015.

[10] 沈克印，杨毅然．体育特色小镇：供给侧改革背景下体育产业跨界融合的实践探索［J］．武汉体育学院学报，2017，51（6）：56-62.

[11] 盛世豪，张伟明．特色小镇：一种产业空间组织形式［J］．浙江社会科学，2016（3）：36-38.

[12] 王振坡，薛珂，张颖，宋顺锋．我国特色小镇发展进路探析［J］．学习与实践，2017（4）：23-30.

[13] 王娜，李东，王其文．基于复杂网络的创意产业空间集聚研究［J］．技术经济与管理研究，2012（5）：8-12.

[14] 卫龙宝，史新杰．浙江特色小镇建设的若干思考与建议［J］．浙江社会科学，2016（3）：28-32.

[15] 周晓虹．产业转型与文化再造：特色小镇的创建路径［J］．南京社会科学，2017（4）：12-19.

[16] 周鲁耀，周功满．从开发区到特色小镇：区域开发模式的新变化［J］．城市发展研究，2017，24（1）：51-55.

[17] 赵华．旅游特色小镇创新开发探析［J］．经济问题，2017（12）：104-107.

[18] 赵炳新，尹翀，张江华．产业复杂网络及其建模——基于山东省实例的研究［J］．经济管理，2011（7）：139-148.

[19] Alfred Marshall. Principles of Economics［M］. London：Macmillan，1920（1890）.

[20] Hoover E. M. Location Theory and the Shoe and Leather Industries [M]. Cambridge: Harvard University Press, 1937.

[21] Porter M. The Competitive Advantage of Nations [M]. London: MacMillan Press, 1990.

[22] Krugman P. Geography and Trade [M]. Leuven: Leuven University Press, 1991.

[23] J. Simmie. The Information Economy and Its Spatial Evolution in English Cities [J]. Chapters, 2010.

[24] Wasserman S. K. Faust. Social Network Analysis: Methods and Aplications [M]. London: Cambridge University Press, 1994: 249.

[25] Barabási, Albert-László and Réka Albert. Emergence of Scaling in Random Networks [J]. Science, 1999 (286): 509-512.

[26] R. Boschma, K. Frenken. The Spatial Evolution of Innovation Networks: A Proximity Perspective [J]. Papers in Evolutionary Economic Geography, 2010 (0905).

新时代特色小镇创新创业存在的问题及对策研究

重庆文理学院讲师　王竞一

摘要：我国特色小镇创新创业存在定位模糊、发展盲目，创业人才难招、创新人才难留，知名度不高，美誉度不够等问题，主要原因为奖惩机制不明让小镇的创新创业迷失方向，公共服务资源不足让创新创业人才对小镇望而却步，宣传力度不够让品牌在小镇的创新创业中难以形成助力，针对原因提出集中利用优势资源，合理进行特色定位；完善公共服务资源建设，解决“医（疗）”“教（育）”“（居）住”“（出）行”的问题；打造小镇特色品牌，提升小镇外界形象的对策建议。

关键词：特色小镇；创新创业；人才；品牌

1983年，中国著名社会学家费孝通先生发表的《小城镇，大问题》的研究报告将学术界的研究焦点从大都市转移到了小城镇，此后，他又陆续在《瞭望》杂志发表了《小城镇再探索》《小城镇苏北初探》和《小城镇新开拓》等文章。自此，学术界掀起了对小城镇研究的浪潮，各个专家学者分别根据自己的专长对小城镇的历史文化、建筑特点、产业结构等方面加以研究，并相继提出了“特色镇”“特色小城镇”“特色小镇”等概念，虽然学术界对特色小镇的研究成果丰富，但是“特色小镇”引起工商业及各级地方政府的关注则是近些年的事，中国的特色小镇建设热潮可以说是源自浙江省，2014年初，浙江省政府率先在政府层面提出“特色小镇”这一概念，随后，其他省市相继跟进，2015年12月，习近平总书记在中央财办《浙江特色小镇调研报告》中提出“抓特色小镇、小城镇建设大有可为，对经济转型升级、新型城镇化建设，具有重大意义”。2016年7月1日，住建部、国家发改委、财政部三个部门联合发出《关于开展特色小镇培育工作的通知》，该通知提出要在全国范围内开展特色小镇培育工作，并力争在2020年培育1000个左右各具特色、富有活力的特色小镇，随后，国家发改委下发了《美丽特色小（城）镇建设的指导意见》，此后，经过地方政府的推荐上报、层层筛选，住建部于2016年10月和2017年7月分别公布了第一批、第二批中国特色小镇入选名单，在这两次评选中，共计403个小城镇入选。此后，各省市也积极、响应积极推进，也陆续评选发布了本省市特色小镇入选名单。

目前入选的各级特色小镇中，具体可概括为两大门类十大类型。其中一大门类主要依赖得天独厚的自然条件，以特有的资源、文化、区位优势、历史以及气候风光等为主要卖点，如资源禀赋型的金山麻竹小镇、陇南橄榄小镇、花都珠宝小镇等；交通区域型的秦栏边界小镇、深沪海丝风情小镇、九龙山航空运动小镇等；历史文化型的湘西边城小镇、莲都古堰画乡小镇、天台山和合小镇等；生态旅游型的万宁水乡小镇、丽江玫瑰小镇、廊下田园小镇等；城郊休闲型的小汤山温泉小镇、琼海博鳌小镇、临安颐养小镇等；另一大门类则主要靠后天努力以发展汇聚某一类产业为主，产业内的员工通过生产操作来参与小镇的创新创业（脑力的和体力的），如特色产业型的王庆坨自行车小镇、桐乡毛衫小镇、亭林巧克力小镇等；新兴产业型的余杭梦想小镇、太和电商小镇、秀洲智慧物流小镇等；金融创新型的富阳硅谷小镇、万博基金小镇、乌镇互联网小镇等；高端制造型的萧山机器人小镇、中北汽车小镇、城阳动车小镇等；时尚创意型的张家楼油画小镇、安吉影视小镇、宋庄艺术小镇等。

虽然入选的特色小镇种类繁多，小镇采取的创新创业方式不一，但是与目前蓬勃发展的特色小镇建设相比，很多特色小镇的创新创业水平、小镇居民创新创业激情以及小镇吸引外来人口就业、创业、乐业的能力则相对滞后，很多特色小镇在各自创新创业中都面临着诸多问题，其将不同程度地阻碍和影响我国特色小镇的建设与发展，在这样的背景下，对特色小镇创新创业问题加以研究不仅能丰富相关领域的学术成果，而且通过对这些问题的概括总结，分析这些问题产生的主要原因，并给出相应的对策建议，对特色小镇的建设与发展有一定的实践意义。

一、新时代特色小镇创新创业存在的问题

（一）定位模糊、发展盲目

特色小镇的核心是“特”，即形态独特、特色产业、功能独特、机制独特（魏蓉蓉和邹晓勇，2017），而“特”的核心又是产业的发展（陈国庆、王辉艳和龙云安，2018），是文化生命力（薛江，2017），特色小镇要传承本土产业标识的文化自信（姜玉峰，2017）。但是，在一些特色小镇的建设过程中，个别地方政府采取换汤不换药、新瓶装旧酒的做法，将过去一些旅游景区、产业园区等宣传为特色小镇，并且不顾自身资源及经济实力等客观条件限制，提出大而全、广而空的特色小镇建设口号。有的则将特色小镇建设成了房地产小镇，开发商换套马甲去大兴土木，小镇陷入拿地—建房—卖房的房地产经营模式；还有些地区虽然

打着建设特色小镇的旗号，但是并没有形成自己的特色产业，甚至对本地区的文化资源、区位优势等都不甚了解，只知盲目跟风，今天觉得旅游是热点，就提出旅游休闲特色小镇，明天发现商贸物流发达，就改做商贸流通特色小镇，后天认为互联网金融有潜力，又决定去搞互联网金融特色小镇……由此导致很多地区的特色小镇并不具备“独特性”，甚至远离了“特”，走上了趋同划一、千镇一面的道路，如杨店卓尔小镇，卓尔集团自身没有农业生态文化旅游的经营背景，但却盲目进入该领域进行特色小镇建设，同样，常德的德国小镇、咸阳的东黄小镇建设等也因为缺乏自身特色、定位模糊而导致特色小镇的建设与发展不具有稳定性及可持续性。

（二）创业人才难招、创新人才难留

科技创新在小城镇的发展中具有重要意义（赵志峰和李志伟，2017），特色小镇的目的是推进产业转型升级，而转型升级的基础是技术创新，技术创新的关键是人才（徐剑锋，2016）。“我们最缺的还是人才，管委会和基金公司都缺。”这句话道出了很多特色小镇建设者的心声。特色小镇建设初期，人才短缺成为特色小镇创新体系建设的重要障碍，一些地方因在评价、激励、晋升等方面的人才政策落实不到位，导致特色小镇内的特色企业创新遇到人才瓶颈（陈国庆、王辉艳和龙云安，2018）。招人难、留人更难，尤其是一些山高谷深、交通闭塞、方言难懂、文化落后的地区，招人留人更是难上加难，不仅外面的人难以招揽进来，就连本土的人才也流失严重，因为很难招到人才，所以很多特色小镇便不具备选才的条件与资本，无法按照自身所需去选用契合小镇规划发展、结构合理的专业人才，即便招来了人才，也会因为找不到合适的对口的项目最终选择离开，这进一步加剧了人才流失的恶性循环。而人才，尤其是具有创新创业能力的精英人才是特色小镇建设必备的软件，也是确保特色小镇招商引资取得成功的基础及关键。

（三）知名度不高，美誉度不够

迄今为止，我国已经拥有国家级、省级、市级特色小镇上千个，但是大家耳熟能详的却极为有限。如常州的杨桥古镇，常州地处经济发达的长三角一带，和苏州、无锡并称为苏锡常，改革开放四十年，费孝通教授在20世纪80年代提出的“苏南模式”写就了我国经济发展的一段传奇，苏锡常也一直被看作富裕地区的代名词，但是即便如此，常州的杨桥古镇依旧鲜有问津，此外还有类似安徽亳州的华佗故里养生小镇、天津杨柳青文化旅游小镇、烟台蓬莱刘家沟葡萄小镇等，这些小镇虽然有着名人典故、知名的手工艺技术、独特的资源优势等，但是却知之者寥寥。

二、新时代特色小镇创新创业存在问题的原因分析

（一）奖惩机制不明让小镇的创新创业迷失方向

2017年8月，浙江省对76个省级特色小镇创建对象进行考核，考核结果中，6个小镇被警告，5个小镇被降格，还有一些特色小镇，如龙游县的“新加坡风情小镇”则被淘汰。究其原因，主要由于在特色小镇的建设过程中，一些地方政府为快速出成果、出政绩，追求短期利益，还有一些地方将特色小镇建设看作“形象工程”“任务工程”和“糊涂工程”，只管开头，不管结尾；只求好听好看，不管所需所求，而这一切的始作俑者，就是奖惩机制的不健全，让一些人面对不合理、不恰当，敢想也敢做，于是在特色小镇的建设中和政府政策打“擦边球”。由此导致特色小镇在建设发展过程中没有核心产业支撑，没有核心文化引领，出现定位模糊、发展盲目的乱想。对此现象，2017年12月，住建部、国家发改委与国土资源部、环境保护部联合发布了《关于规范推进特色小镇和特色小城镇建设的若干意见》，该意见中对特色小镇建设制定了如下几条基本原则：坚持创新探索、防止“新瓶装旧酒”；坚持因地制宜，防止盲目发展一哄而上，不搞政绩考核；坚持产业建镇，防止千镇一面和房地产化；坚持以人为本，防止政绩工程和形象工程等。这些原则对特色小镇建设工作加以规定与制约。而浙江省率先实行的特色小镇考核制度，则开启了特色小镇“能上能下”的先例，鼓励各级政府将特色小镇建设工作做好做实，避免一些人将特色小镇称号当成万能帽子，以为戴上就一劳永逸、万事大吉。只有特色小镇建设找准了方向、选对了节奏，才能够走上健康发展之路，才能够会聚创新创业人才。

（二）公共服务资源不足让创新创业人才望而却步

公共服务资源主要包括基础设施建设和教育卫生等，它决定了一个区域的民生发展水平，是衡量当地宜居程度的重要指标，优质的公共服务相当于特色小镇发展的催化剂，一个成熟的特色小镇的公共服务必须是高水平的（陈清和吴祖卿，2017）。和国外一些具有深厚文化底蕴、良好居住环境，甚至汇集了许多世界知名高校、知名企业的高度现代化、高度发达的小城镇相比，我国很多小城镇尚处于生存阶段，而且，因我国行政区划和管理体制的特点，一些小城镇的居民无法随意选择任意享受其他地区的公共服务资源，而很多地区的优质公共服务资源又集中在大城市，一些特色小镇之所以存在创业人才难请进、创新人才难留下的问题，主要就是因为其所处地区公共服务资源匮乏，不具有吸引外来人口、留住本土居民的能力，古语道安居乐业，现代人的生活中，也提倡安居才能乐业，所以很多人选择是否到一个地方去就业创业，除了受到当地创新创业大环境的直

接影响与激励外，也会受到当地医疗、教育、交通、文化氛围等的间接影响。他们会考虑家人能否享受良好的医疗服务、子女能否接受到优质的教育资源、日常出行是否方便、生活环境是否舒适，这也是一些大城市尤其是医疗先进、教育发达、交通便利、文化底蕴深厚的地区能够会聚人才、留住人才的原因，而一些偏远地区则人才不断流失日渐匮乏，不仅如此，公共服务资源的匮乏也会令一些投资方望而却步，如浙江奉化的养生小镇就因为交通问题而导致投资方决定撤资。目前一些小城镇尤其是西部地区、少数民族地区，虽然近些年来各方面已经有了很大的改善与提升，但其整体上的医疗、教育、交通等公共服务资源设施还无法与人们对美好生活的渴望相匹配，由此导致部分创新创业人才在有对比的、有选择能力的时候，更倾向于选择到能够享受到优质的公共服务资源的地区，选择能够立竿见影改善家人生活的地区去就业创业。而一些本土居民，也会在羽翼丰满、条件成熟的时候背井离乡去为家人谋福利。

（三）宣传力度不够让品牌在创新创业中难以助力

2017 年，亿翰智库联合产城观察网举办了《2017 年度中国特色小镇项目品牌影响力 TOP50》，其中排名第一的是中青旅的古北水镇，而古北水镇能够在阿里巴巴、华夏幸福等强手云集的评选中拔得头筹，举办方认为主要归因于其强大的媒体影响力，2017 年 6 月，古北水镇邀请黄磊参与其在武汉举办的推介会，2017 年 11 月，古北水镇邀请王珞丹作其景区的形象代言人，几次活动引发媒体的争相报道，成功吸引了观众的眼球，提升了景区的品牌知名度。但我国大部分特色小镇多是籍籍无名，究其原因，固然有其战略定位失误、产业吸引力有限等导致小镇建设影响力不够的一面，但更主要的则是没有进行商业推广与宣传，“默默无声”令外界忽略了小镇的存在，缺乏对小镇的了解，从而没有进一步探索的意愿，进而导致很多特色小镇缺少商贸、人流、资金流的支撑，在市场中丧失了竞争的能力与持续发展的潜力。

三、解决新时代特色小镇创新创业问题的对策建议

（一）集中利用优势资源，合理进行特色定位

特色产业是支撑特色小镇存续的根基，特色文化是保持特色小镇活力的魂魄，与我国部分地区在特色小镇的建设中追求大而全不同，国外很多特色小镇则追求小而专、小而美、小而精，如法国的阿维尼翁小镇利用著名的儿歌《在阿维尼翁桥上》，大力发展戏剧文化，带动了全世界各地的戏剧爱好者和表演者来阿维尼翁进行演出，由此让阿维尼翁成为了名副其实的戏剧小镇；同样，瑞士的拉绍德封小镇因资源短缺、土地贫乏而专注于发展占地小、用料少的钟表业，成为

世界钟表制造业中心；此外，还有诸如美国的萨勒姆女巫小镇、意大利的穆拉诺玻璃小镇、斯特拉特福德莎士比亚小镇等。它们通过各自独有的传说故事、手工制作工艺、名人影响力等打造自己的小镇特色，并成功吸引了全世界的目光。相较于很多发达国家，我国最大的优势就是拥有源远流长的民族文化、幅员辽阔的秀美河山，所以在特色小镇的建设与发展中我们完全可以“避其锐气，击其惰归”，如丽水市根据丽水得天独厚的风景优势，将丽水成功打造成了具有特色的摄影小镇，吸引五湖四海的游客来欣赏当地的山山水水，带动了当地旅游业及经济的发展，该模式就值得借鉴与参考。此外，我们也可以根据人民经济水平及生活喜好来发展相应的产业并营建特色小镇，如浙江台州打造具有特色的游艇小镇，海宁打造皮革时尚小镇、湖州打造丝绸小镇等，合理利用当地资源优势，满足百姓的需求，找出一条具有特色小镇的建设之路。所以，特色小镇的建设不应求全求大，而应了解自己优势、独特的资源禀赋，找准自己的核心卖点，进而合理定位，打造自己的特色。而一些相对封闭、缺少产业发展基础的地区，大多较好地保留了当地的民俗文化，民俗文化反映了一个地方的精神特质与历史记忆，是“特色”的直接体现，它能给特色小镇更精确的定位，让其做到“别人没有我独有”（吴克燕，2017），所以这些地区可以考虑利用这类民俗资源去营造小镇的特色。此外，要让我国的特色小镇建得好、立得直、活得久，不能一根筋一条路，在“特色产业”和“特色文化”中只顾一头只抓一处，而要采取“特色产业”“特色文化”双手抓的发展战略，还应将“特色产业”与“特色文化”相融合。

（二）完善公共服务资源，解决“医（疗）”“教（育）”“（居）住”“（出）行”问题

虽然有些小镇可能还是那个小镇，名字没变、地理位置没变，甚至语言文化都没变，但是特色小镇却不应该仅停留于过去，它不是农村的扩大，也不是城市的拓展，而是应该兼具城市和乡村的优点，但却摒弃了它们缺点的新事物，为了让小镇原有的创新创业人才能够心甘情愿继续留在小镇，让城里的创新创业人才能够义无反顾投身并扎根于小镇，也为了让五湖四海的游客能够向往小镇并会聚于小镇，应该考虑完善小镇的基础设施建设，只有公共服务资源配套了，人们在小镇的生活和城市一样便利舒适了，他们才能够感受到安居，才能够做到乐业，同时，碍于一些公共服务资源如医疗、教育等问题的改善不是一蹴而就的，还应考虑在政策上协助解决小镇创新创业人才及其家属的就医、入学等问题，使其无前瞻之虑、无后顾之忧，此外，梅奥在霍桑实验中总结道，人不仅是经济人，还是社会人，所以人需要交流、需要沟通、需要一种能够适应的并感到舒适的生活氛围，因此，要吸引和留住创新创业人才，还要打造和创新创业人才文化喜好相

契合的人文环境，只有这样，才能够请来人、留住人，让创新创业人才在小镇上乐不思“城”、心不恋“城”。

（三）打造小镇特色品牌，提升小镇外界形象

只有名气大，才能财气盛、人气旺，而品牌是特色小镇打响名气必不可少的装备，它是特色小镇的专属名片和身份表述，没有品牌标示的特色小镇是苍白空洞的，是不具有可持续发展潜力的，综观世界上很多知名特色小镇，如瑞士的达沃斯金融小镇、法国的普罗旺斯薰衣草小镇、德国的梅尔斯堡小镇等，都非常重视自身的品牌建设，2017 年，青岛即墨区委党校发展研究室副主任车华在接受大众日报记者采访时谈道“名牌特色小镇会形成资本、人才、管理经验，甚至政策的洼地，并在消费者心中树立起极高的威望，像磁石一样吸引消费者，消费者在这种吸引力下形成品牌忠诚，反复购买、反复使用，形成品牌的良性循环”。所以，不仅要着力建设“特而强”“精而美”的特色小镇，为特色小镇在人才竞争、招商引资、持续发展中构建坚实的基础，同时，在这个酒香也怕巷子深的时代，可以采取故事讲述、广告宣传、与文化界影视界联合创作和小镇相关的文学作品影视作品等方式，大力打造宣传小镇的特色产业、特色文化等，提升小镇的品牌知名度和美誉度，为小镇树立良好的外界形象，助力小镇在人流、商流、资金流上的集聚。

四、小结

国家发改委规划司司长陈亚军在 2018 年中国特色小（城）镇产业发展高峰论坛上指出，“特色小镇作为新生事物，是新型城镇化领域内供给侧结构性改革的一种尝试。如果发展得好，既能产生新经济、新动能，又能创造宜居宜业的新的发展空间。但如果发展失当，量大面广造成的资源浪费和环境破坏的问题，处理起来可能比大城市病更加难”。截至 2017 年底，国家陆续发布 192 个特色小镇的相关政策，如 2016 年 10 月发布的《关于加快美丽特色小（城）镇建设的指导意见》、2016 年 12 月发布的《关于实施“千企千镇工程”推进美丽特色小（城）镇的通知》、2017 年 1 月发布的《关于开发性金融支持特色小（城）镇建设促进脱贫攻坚的意见》等，与此同时，各省市也积极跟进，陆续出台了本地区特色小镇建设的相关政策，如重庆市于 2016 年 7 月发布了《关于培育发展特色小镇的指导意见》，天津市于 2016 年 12 月发布了《天津市推动特色小镇规划建设工作机制》，江西省于 2016 年 12 月发布了《江西省特色小镇建设工作方案》，四川省于 2017 年 2 月发布了《四川省“十三五”特色小镇发展规划》等，伴随着特色小镇利好政策的陆续发布实施，全国涌现出了一批具有外向经济特点、具有合作服务特点、具有旅游休闲等特点的特色小镇，2017 年 3 月两会期间，“特

色小城镇”这一概念被写入了政府工作报告。目前，我国特色小镇建设工作已从最初的“星星之火”“燎原”到整个神州大地，呈现出大量化、快速化、多样化的发展趋势。但任何事物的出现与发展都是一个不断发现问题、不断解决问题的过程，我国特色小镇的建设也不例外，目前，我国特色小镇建设也面临着许多诸如定位模糊、发展盲目，创业人才难招、创新人才难留，知名度不高，美誉度不够等困难和亟待解决的各种问题，要实现特色小镇建设的预期目标，需要政府、企业、个人等多方面的共同努力，只有上下齐心，才能够更好地打造出我们的美丽家园，建设出更多、更好并能够可持续性发展的、具有中国特色的“特色小镇”。

参考文献

[1] 陈国庆，王辉艳，龙云安．产业集聚视角下我国特色小镇创新体系研究［J］．农业经济，2018（3）：12-14.

[2] 陈清，吴祖卿．福建特色小镇发展建设的“资源+人才+创新”策略分析［J］．福建论坛（人文社会科学版），2017（3）：161-166.

[3] 姜玉峰．文创产业在特色小镇建设中的创新模式研究——以艺创小镇为例［J］．新美术，2017（1）：123-128.

[4] 吴克燕．特色小镇建设要打好“民俗文化牌”［J］．人民论坛，2017（12）：138-139.

[5] 魏蓉蓉，邹晓勇．特色小镇发展的 PPP 创新支持模式研究［J］．技术经济与管理研究，2017（10）：125-128.

[6] 薛江．特色小镇的文化生命力——以艺术小镇为例［J］．建筑与文化，2017（35）：32-37.

[7] 徐剑锋．特色小镇要聚集“创新”功能［J］．浙江社会科学，2016（3）：42-43.

[8] 赵志峰，李志伟．科技创新理念下小城镇发展策略研究［J］．科学管理研究，2017（1）：59-62.

我国半干旱地区海绵城市建设研究

——以包头市为例

内蒙古财经大学资源与环境经济学院副教授　张晓娜
内蒙古财经大学资源与环境经济学院教授　石全虎

摘要：海绵城市是随着现代化城市建设进程不断加快而出现的新型城市概念，是有利于解决城市排水问题、科学处理并合理利用雨水资源的一种城市建设方式，它主要依托城市各类基础功能设施，充分考虑城内基础设施运作安全，从而起到有效调节水资源循环、补充地下水的作用，因此“海绵城市”对当前我国城市发展具有重要意义。本文以我国半干旱地区典型城市——包头市为例，依托本地区自然地理条件特征，从排查现阶段内涝点布局、排水管网问题入手，结合新一轮包头市总体规划，综合分析当前包头市在海绵城市建设方面存在的问题，以期为我国半干旱地区其他海绵城市的建设提供对策和建议。

关键词：半干旱地区；海绵城市；建设；对策

一、引言

“海绵城市”是在城市建设过程中出现的新型的关于城市建设的概念。它突破了传统的“以排为主”的城市雨水管理理念，依托建筑、绿地、广场、道路、水系等多种基础设施，并以之为载体，充分考虑城市基础设施运行安全和城市水安全，在此基础上，分析水文条件和规划指标的差异性，以及项目的可操作性，综合利用渗透、滞留、蓄存、净化、回用、外排等多种生态化技术，从而起到补充地下水、调节水循环的作用。海绵城市是一种低影响开发雨水系统，它是有效解决城市内涝问题的突破口，同时也是城市自然式雨洪管理的核心手段，海绵城市建设对于促进城市经济快速发展和城市生态环境建设具有重要作用。本文以我国半干旱地区典型城市——包头市为例，依托本地区自然地理条件特征，从排查

作者简介：张晓娜（1983—），女，内蒙古赤峰市人，内蒙古财经大学资源与环境经济学院副教授，博士，主要从事人文地理与城乡规划方面的教学和科研工作，E-mail：zhangxiaonaxin@126.com，电话：13948613541。石全虎，内蒙古财经大学资源与环境经济学院教授。

现阶段内涝点布局、排水管网问题入手，结合新一轮包头市总体规划，综合分析当前包头市在“海绵城市”建设方面存在的问题，以期为我国半干旱地区其他海绵城市的建设提供对策和建议。

二、包头市区域概况

包头市作为国家实施“一带一路”倡议中的重要节点城市，位于华北地区北部、内蒙古自治区西部，南临黄河，北接蒙古国，地处于环渤海经济圈，是国家综合性交通枢纽城市，区位优势明显。包头市属于半干旱中温带大陆性季风气候典型城市，多年平均降水量集中在300毫米左右，但70%降雨量集中出现在夏季到秋季的过渡期。近年来，由于城市快速发展，尽管绿化力度逐年提高，但终究滞后于城市硬化的速度，导致城市吸水、蓄水、净水和释放水功能逐年减弱，作为半干旱地区典型城市，每逢夏季雨汛，城市内部排水不畅，积水严重，严重影响城市道路交通系统，为城市经济发展带来诸多不便，因此该地区海绵城市的建设就显得尤为重要。

三、包头市海绵城市建设过程中存在的问题

（一）气候条件与城市发展状况的限制

虽然包头市降雨总量不大，但受季节影响明显，降雨时间段比较集中，尤其是在夏季雨汛时期，虽然平均降雨天数不足28天，但瞬时雨量大，极易出现积水现象，当出现连续集中降雨时，包头市各区域都有不同程度的积水问题，也不利于雨水资源收集利用，因此给包头市海绵城市的建设增加了难度。另外，随着城镇化进程的加快，大量人口从乡村转移到城市，使得城市建设用地不断增加，城市硬化比例过高，城市水生态空间减少，暴雨径流加大等现象日益明显，尤其是部分老城区生态环境破坏严重，还需要投入大量的精力、资金、技术去治理，这也给包头市海绵城市建设增加了难度。

（二）基础设施不完善，海绵城市改造难度较大

包头市区现有排水管网覆盖率普遍比较低，45%现状道路尚无雨水管网，且合流制管网较多，多集中于老城区和旧城区，并且雨水管网标准低，普遍不满足标准，大量主干道路雨水管径不足1米，导致排水受阻。由于排水设施不够完善，在夏季雨汛时期极易发生内涝，阻碍城市人们生活的正常运转。通过对包头市城区内涝情况进行调查，具体情况如下：

通过调查发现，近几年包头市城区内涝点分布变化不大，说明城区不易排水的地方仍然没有得到很好的解决。例如2016年8月17日，包头市发生大面积降

雨，据相关部门监测，8 月 17~18 日，24 小时内降雨量 82.7 毫米，对应 20 年一遇长历时降雨（84.2 毫米）。据统计，降雨当天中心城区积水点多达 68 处（具体情况详见表 1、表 2）。主要集中于昆区、青山区等一些地势较低、不易排水地区，加上有些地方排水设施老化，加剧排水困难，还有小区出口与市政道路交会区域内涝现象也普遍存在。

表 1　全市主要积水路段情况

区域	昆区	青山区	东河区
易积水路段	昆北路二水厂门口 友谊大街鞍山道口 校园南路林荫南路路口	呼得木林大街与科学路口、友谊大街新福路路口	铁西立交桥、巴彦塔拉大街包八中门前、机场路拐弯处、西站北路桥东、皮革厂前菜园街口、东河火车站广场、二里半立交桥、毛凤章营铁路桥桥下
积水原因	由于地势较低形成多面汇水，所以积水比较快，雨水管线负荷大，不易排水，排水所需时间较长	地势低，周围雨水汇集，排水比较困难	地势原因，容易形成积水，且积水较快，雨水管网标准不高，导致泄水较慢

资料来源：包头市水务局调查资料。

表 2　中心城区内涝点情况统计

积水情况	昆区	青山区	东河区
严重积水点	3	2	8
中度积水	10	15	—
轻度积水	20	10	—
合计	33	27	8

资料来源：包头市水务局统计数据。

（三）海绵城市建设实施过程中涉及部门众多

海绵城市的建设需要有关政府部门如规划部门、市政部门、园林环保等多个部门协调配合，及时做好沟通工作，许多建设性的意见需要各单位规范统一，才能保证海绵城市建设的顺利进行。例如在海绵城市建设规划流程方面，需要有关部门首先对海绵建设城市进行资格审查，对符合要求的城市批准实施建设，这样具体城市可以根据实际情况拟定工作目标，总体规划、合理布局，相关单位配合综合施策。这样才能做到“科学引领、过程控制、系统治理”，协同解决城市建设中地上、地下、灰色与绿色等一系列问题。更需要有关部门因地制宜科学选择技术措施，根据实际情况制定相应的管理制度，统筹发挥自然循环功能和科学利用工程措施，经济合理安排建设任务和建设的具体项目。所以，海绵城市建设过程中需要科学领导、制度全面、政策规范、管理有序、资金充足等一系列保障，才能保证建设的顺利进行。然而，这些方面可能还存在着各种不同因素的限制，需要各部门最大限度地配合。

四、海绵城市建设措施及建议

（一）保护大海绵，构建海绵城市格局

通过构建海绵城市整体格局，进行合理规划。即构建面状海绵体，侧重对大青山、城市绿色隔离空间的保护，对湿地、公园、绿地等的建设，划定实际保护边界，构建包头市山水林田湖一体化格局；构建线装海绵体，沿哈德门沟、昆都仑河、四道沙河、二道沙河等水系建设滨河缓冲带，使嵌入中心城区的各部分水系与外围山地、林地、农田空间连接，增强城市内部空间的整体性，形成自然生态城市；构建点状海绵体，对已有的湿地、低洼地、大型水面进行保护。构建城市点状海绵体，使各部分水体有机结合，相互协调发展，避免城市发展过程中出现不平衡现象而导致部分水体丧失。在城市总体格局上，提出“依山为屏，傍水为脉，多廊成网，多核镶嵌”的规划思路，对包头市“海绵城市”建设起到指导性作用。

（二）建立区域雨水排放制度，建设小海绵

目前，包头市城区许多地区在降雨集中时期，极易形成城市内涝，所以，建立有效的雨水排放系统，区域雨水排放制度，全面加强各区域配套管网建设，从每一个小区域出发，建设区域小海绵，这对包头市整体海绵城市的建设起着极其重要的作用。例如可以对居住小区系统进行区域小海绵建设，合理排放有效利用小区雨水资源，将小区内建筑屋面雨水和路面径流雨水通过一定的方式有组织地汇集、传输，并且结合小区绿地分布、景观水体设施、生物滞留设施、湿塘、渗井和花园等，将收集的雨水利用到小区内绿化、灌溉等方面或其他需要的地方，部分有污染的雨水经过处理后再进行利用。引入绿地内的雨水有渗透、吸收、储存、调节等主要功能，这样充分实现水资源的循环利用，发挥雨水的利用价值，实现海绵城市低影响开发建设。

（三）加强规划管控，全面践行低影响开发建设

1. 城市水系统

目前，包头市城区内已经在逐步规划新型排水系统，各区域已经形成相互联系又相互独立的排水系统，2014 年中心城区已建成排水管道 2058. 3 千米，其中

污水管道 1075. 6 千米、八座污水处理厂、12 座污水泵站。所以，我们要在此基础上加大综合治理力度，整体做到“珍水”“活水”“净水”“乐水”。通过生态功能和污染物削减等方法对城区内河道进行清淤，采用生态阶梯滤池方式对驳岸生态进行修复，划定蓝线，提升河道对水资源的渗透调节能力。合理划分排水分区，对于新建区域，雨水管道按照相应高标准进行建设；对于旧区改造，对雨水管网进行提标改造，按照相应高标准进行提标；下凹桥区增加泵站，并建设调蓄池，同时也建议加大雨污分流改造力度，配套建设再生水回用管网，逐步提高污水处理水平和再生水利用水平。

2. 园林绿地系统

通过对城市绿地建设和改造，改建下沉式绿地和植草沟，充分利用原有景观水系，发挥区域水系汇水功能，实施吸水，透水性城市铺装设施，与此同时结合实际情况，增设与雨水调蓄设施，增强汛期汇聚雨水、蓄洪排涝、补充地下水的能力。同时，选择适合包头本地且具备涵养水源能力的植物，在街头绿地、游园、道路等小区域进行相应的改造，因地制宜地建设下沉式绿地、植草沟、渗透塘、蓄水池等。

3. 园林绿地系统

可以选取包头市中心城区 12 条易积水路段作为海绵城市建设示范路段。分别为民族东路、阿尔丁大街、富强路、文化路、建华北路、沙河街、哈屯高勒路、万水泉大街、创业大街、和平路以及巴彦塔拉大街。这些路段绿化隔离带形式不同，分为全部绿化、半绿化半硬化、全部硬化。现阶段雨水通过沿道路径流至雨水收集口的排涝方式已满足不了瞬时降雨量较大时对排涝的要求，因此建议通过改造绿化隔离带，增加绿化面积，使道路红线内产生的径流雨水优先汇入下沉式绿化隔离带和渗滤树池，进行滞蓄和渗滤处理，使大部分径流雨水渗入地下，然后对蓄积的雨水进行二次循环利用，用于道路浇洒及绿化养护、灌溉等。与此同时，对城市基本公共场所，采用透水性、生态性、吸水能力较强的砖进行铺装，增强雨水下渗能力。

五、结论

海绵城市的建设是一项全局性、系统性的关乎城市未来发展的重大工程，其建设涉及规划部门、市政部门、园林环保等多个部门，只有各个部门的人员加强配合才能实现海绵城市的建设和运营。现阶段，包头市海绵城市建设还处于初步阶段，自身经验不足，多借鉴国内外其他城市的成功经验以逐步完善。需要相关建设规划人员、政府乃至全社会站在长远的角度，充分结合包头市实际发展情况，做出统筹规划。进一步加强和做好包头市海绵城市的建设工作，有效发挥出

“海绵城市”在社会、生态、资源、环境等方面的效益，合理处理雨水资源，使对其的利用达到最大化，增强城市排洪防涝的能力，从而改善生态环境建设，促进人与自然的和谐可持续发展。

参考文献

[1] 俞孔坚，李迪华，袁弘．“海绵城市”理论与实践 [J]. 城市规划，2015（6）：26-36.

[2] 张亮，俞露，任心欣，孙翔．基于历史内涝调查的深圳市海绵城市建设策略 [J]. 中国给水排水，2015（23）：120-124.

[3] 宋芳晓，张海荣．我国海绵城市建设管理的问题和策略探析 [J]. 城市发展研究，2016（10）：99-104.

[4] 张亮．西北地区海绵城市建设路径探索——以西咸新区为例 [J]. 城市规划，2016（3）：108-112.

[5] 吴丹洁，詹圣泽，李友华．中国特色海绵城市的新兴趋势与实践研究 [J]. 中国软科学，2016（1）：79-97.

特色小镇

——现代经济体系新业态

泰安市委党校教授　何传新

摘要：习近平同志指出：要坚持以创新、协调、绿色、开放、共享的发展理念为引领，以人的城镇化为核心，更加注重提高户籍人口城镇化率，更加注重城乡基本公共服务均等化，更加注重环境宜居和历史文脉传承，更加注重提升人民群众获得感和幸福感。我们要认真把握特色小镇的科学内涵，高端规划，因地制宜，突出特色，综合协调发展，建设具有特色优势的休闲旅游、商贸物流、信息产业、先进制造、民俗文化传承、科技教育等魅力小镇。

关键词：特色小镇；旅游；规划

习近平同志指出：要坚持以创新、协调、绿色、开放、共享的发展理念为引领，以人的城镇化为核心，更加注重提高户籍人口城镇化率，更加注重城乡基本公共服务均等化，更加注重环境宜居和历史文脉传承，更加注重提升人民群众获得感和幸福感。2016 年 3 月 17 日发布的“十三五”规划纲要提出加快发展中小城市和特色镇，因地制宜发展特色鲜明、产城融合、充满魅力的小城镇。计划到 2020 年，培育 1000 个左右各具特色、富有活力的休闲旅游、商贸物流、现代制造、教育科技、传统文化、美丽宜居等特色小镇，引领带动全国小城镇建设。《山东省创建特色小镇实施方案》中指出，特色小镇是区别于行政区划单元和产业园区，具有明确产业定位、文化内涵、旅游特色和一定社区功能的发展空间平台。到 2020 年，山东省要创建 100 个左右产业上“特而强”、机制上“新而活”、功能上“聚而合”、形态上“精而美”的特色小镇，成为创新创业高地、产业投资洼地、休闲养生福地、观光旅游胜地，打造区域经济新的增长极，主导产业税收占特色小镇税收总量的 70%以上。特色小镇要达到省级特色景观旅游名镇标准，其中旅游类小镇达到国家级特色景观旅游名镇标准。我们要认真把握特色小镇的科学内涵，高端规划，因地制宜，突出特色，综合协调发展，建设具有特色优势的休闲旅游、商贸物流、信息产业、先进制造、民俗文化传承、科技教育等魅力小镇。

一、特色小镇发展趋势与意义

特色小（城）镇包括特色小镇、小城镇两种形态。其中，特色小镇主要指聚焦特色产业和新兴产业，集聚发展要素，不同于行政建制镇和产业园区的创新创业平台；特色小城镇是指以传统行政区划为单元，特色产业鲜明、具有一定人口和经济规模的建制镇。

（一）特色小镇发展面临的新形势

（1）新机遇。城镇是人们追求幸福生活的自觉选择。东南沿海部分小城镇已成为中小城市，面临城镇管理体制的束缚和产业转型升级的挑战。农村社区建设有了一定规模，乡村振兴需要产业振兴，以人为本的城镇化新理念逐步形成，这都为特色小镇的发展提供了机遇。

（2）新挑战。小城镇劳动力、土地、环境等低成本的发展优势正在消失。在成本上升、产能过剩、产业升级背景下，小城镇产业选择面临困难。中部绝大部分小城镇缺乏产业支撑，无法吸纳农村劳动力就地转移。西部和东北地区的部分小城镇人口和经济空间正在萎缩。以往发展起来的资源型强镇，资源价格高时收入暴涨，房地产畸形，“空城”“鬼城”频现，过度福利化（榆林的全民医保）正在苦苦挣扎。市场的变化使得中西部地区不可能复制东部沿海地区小城镇发展模式。

（3）新向往。由于城市雾霾、拥堵，逃离大城市，到乡村、小城镇去已经成为中产阶级周末和假日第二居所的选择。强化乡土风情文化，避免城市化景观的入侵，增强美丽乡村对城市居民的吸引力。交通条件的改善和互联网的普及使小城镇远离中心的空间距离已经不是生活的障碍。亲近自然的绿色、低碳、生态小城镇已经成为最稀缺的资源。

（4）新理念。改变单纯求大思维。小城镇一定要发展成为大城市是一个误区。要追求小而特、小而优、小而美、小而精。从追求规模到追求质量。小城市建设一定不能克隆大中城市形态，要突出自己的特色，亲近自然、乡土情调、青山绿水、保留传统文化、熟人社会、浓浓乡情。

（5）新资源。新坐标：小城镇的交通不再是劣势。新价值：随着工业化进入中后期，产能过剩，传统的矿产等硬资源价值下降，而互联网、大数据、云计算、青山绿水、传统建筑、古代村落、特色文化等非传统资源（软资源）的价值大大提升。新资源：开发新资源是小城镇发展的新优势、新领域、新动力。

（二）特色小镇具有的重要意义

（1）特色小镇是市场在资源配置中起决定性作用和更好发挥政府作用的重

要体现。特色小镇不是凭空产生的，也不是完全规划出来的，它是在顺应市场需求，尊重市场规律，政府顺势而为，市场积极参与的背景下出现的，离不开政府的有效引导，更离不开市场的主动参与。

特色小镇的“特”重点体现在产业特色上，而发展何种特色产业，服务哪些特色人群更多是由市场来选择，而不是政府来决定。政府的主要职能是提供良好的服务，健全法制保障环境，从土地、财政、基建投入等方面为市场发展扫除制度障碍。从浙江特色小镇建设经验来看，目前政府与市场合作已经形成了三种主要模式：市场主体、政府服务模式；政企合作、联动建设模式；政府建设、市场招商模式。

（2）特色小镇是供给侧结构性改革中有效供给与有效需求对接的重要载体。推进供给侧结构性改革，一方面，可以扩大有效供给和高端供给，减少无效供给和低端供给、重复供给，破解“过剩产能和积压的库存沉淀了大量的厂房、土地、设备和劳动力等生产要素，使得要素无法从过剩领域流到有市场需求的领域、从低效率领域流到高效率领域，降低了资源配置效率”的难题。另一方面，又可以打通要素流动和再配置的通道，使生产要素从无效需求流向有效需求领域、从低端领域流向中高端领域，进而提高要素配置效率。特色小镇通过对高端要素资源进行重组，从供给侧和需求侧双向发力，既提供了高端要素资源配置的空间产品，又满足了多元化消费时代人们多角度、多层次的差异性消费，是市场多元化和消费差异性在地域空间的集中反映，是有效供给和有效需求对接的重要载体。

（3）特色小镇是培育新经济的新载体，是城乡要素双向流动相互交融提升效益的必然产物。特色小镇选址一般在城乡接合部，这就为城乡要素双向流动创造了便利条件。特色小镇是城乡要素双向流动相互交融提升效益的必然产物。特色小镇建设要与特大城市非城市核心功能疏解结合起来，形成良性互动。我国城乡发展不平衡，一方面，特大城市“城市病”问题突出，宜居宜业程度严重下降，城市非核心功能面临疏解，城市人才、资本、技术等要素必然向外转移，当然这种疏解和转移是有一定要求和条件的，根据日本东京经验来看，距离中心城区 30~50 公里的区域，特色小镇可以作为载体来承接城市功能转移。另一方面，我国乡村发展落后，基础设施薄弱，公共服务不足，传统农家乐等消费方式已经不能满足城镇中高收入居民的需求，亟须依托乡村文化和环境本底，加强城乡要素互动，形成设施互通、产业互融、功能互补，满足城镇居民中高端消费需求的特色小镇。

（4）特色小镇是体现和落实五大发展理念的功能平台。特色小镇是按照创新、协调、绿色、开放、共享的发展理念，结合自身特质，找准产业定位，科学进行规划，挖掘产业特色、人文底蕴和生态禀赋，形成“产、城、人、文”四位一体有机结合，具有明确产业定位、文化内涵、旅游和一定社区功能的重要功能平台。特色小镇的创新发展重点在于理论创新、制度创新、产业创新、功能创新，特色小镇本身就是各种创新的产物；特色小镇的协调发展体现在城乡协调、人与自然协调、区域协调；特色小镇的绿色发展体现在生态环保、紧凑集约、绿色低碳；特色小镇的开放发展体现在营商环境、群体互动、对外开放；特色小镇的共享发展体现在社会公平正义、贫富差距缩小、公共服务均等、共同富裕实现。

（5）特色小镇是助推产业升级的新平台。供给侧高端发力，专注于产业升级。特色小镇定位于信息经济、环保、健康、旅游、时尚、金融、高端装备制造产业。通过产业结构的高端化推动制造供给能力的提升。历史经典产业延伸产业链条，实现一二三产业融合发展。特色小镇将围绕单个产业来打造完整的产业生态圈，要求是做专、精、尖，培育具有行业竞争力的单打冠军。通过发展载体的升级推动历史经典产业焕发青春，再创优势。

二、泰安特色小镇创新实践与启示

（一）泰安特色小镇创新实践

近年来，泰安市坚持把人的城镇化作为新型城镇化的核心，以国家、省特色小镇创建和新生小城市培育为引领，大力实施镇域特色亮点培育行动，积极推进城镇“四个一”工程，加速“产、城、人、文”融合，精心培育住房和城乡建设部公布的第一批全国特色小镇西张庄多彩毛呢小镇和第二批全国特色小镇满庄玻纤特色小镇。2016 年泰安市徂徕山汶河景区汶水小镇、岱岳区大汶口水上石头古镇、新泰市羊流智能起重小镇、东平县老湖水浒影视小镇 4 个小镇入选省级特色小镇创建名单。2017 年，东平县银山镇东平湖生态旅游小镇、新泰市石莱镇有机茶业小镇 2 个小镇入选第二批省级特色小镇候选镇。泰安有新泰市莲花小镇、泰山健康幸福小镇、春秋古城特色小镇 3 个小镇入选第二批省级服务业特色小镇培育单位。高新区打造泰山健康小镇、泰山物联网小镇、徂徕山文旅小镇、徂徕山农业小镇，新泰打造羊流起重机械小镇、翟镇光伏小镇等。

（1）新泰特色小镇的实践。新泰市西张庄镇，镇上的居民多以纺织服装、食品、机械制造等产业为生。在“特色小镇”概念的引领下，这个总面积只有 47 平方公里的小镇，以自身擅长的毛纺织业为依托，渐渐发展为名传江北的“多彩毛呢小镇”。西张庄镇紧紧围绕“建设全国特色小镇，打造生态智慧西张”的总体目标，聚焦毛呢、提升毛呢、突破毛呢。一是高起点编制特色小镇规划，统筹设置产业区、居住区、文化展示区和商贸服务区，形成上下衔接、层次分明、宜居宜游的发展格局；形成了“小而精致”的印象。二是规划建设 1500 亩毛呢产业聚集区。投资 2.1 亿元，新修两纵两横道路网，同步配套水、电、气、污水处理等基础设施。三是积极推进高端对接。与中国毛纺织行业协会合作建设“毛呢行业大数据中心”“毛呢产业研究基地”，与东华大学、中国国投南京有限公司合作举办“全国毛呢产业高层论坛”。四是着力招大引强。新上投资 5000 万元的七彩曼纺织项目，投资 3.2 亿元的美利奴羊绒制品项目，完成幸运纺织、恒宇纺织两家企业的技改升级。预计 2017 年底毛呢产量突破 1200 万米，产值达 36 亿元。

随着“多彩毛呢小镇”入选全国首批特色小镇，给了当地企业很大的动力和信心，从而使其更坚定地向特色小镇的规划要求靠拢。新泰市西张庄镇最大的毛纺织企业华美毛纺织有限公司，是集纺纱、染织、整平、销售为一体的综合性企业。像新泰市西张庄镇镇域内其他纺织企业一样，华美毛纺织有限公司迎来了发展的新机遇。2017 年，华美毛纺织有限公司将借助“中国特色泰山多彩毛呢小镇”这个平台，充分发挥企业自身特长，紧紧围绕毛呢这个产业做大做强。争取全年完成生产各类高档毛呢 300 万米，产值 2 亿元，创汇 400 万美元，安排扩大就业 600 人，实现经济收入和社会效益双丰收，为发展西张庄镇经济、振兴毛呢小镇贡献一分力量。

新泰市翟镇光伏小镇依靠“农光互补”打下了坚实的产业基础。近年来，“农光互补”开辟了新泰市采煤沉陷区综合治理模式的新路径，实现了资源城市的根本转型。新泰市翟镇的玥庄村，作为传统的采煤沉陷区，多年来，很多民房裂纹甚至塌陷，2015 年，村民集体搬入新建的社区，住上楼房。原来的村庄经过复垦，一种崭新的农业模式出现了——1200 亩丘陵地上，一排排光伏发电设备之间，点缀着数百个蔬菜大棚，一眼望去，蔚为壮观。

新泰市还精心培育了龙廷休闲旅游小镇、谷里玻璃小镇、石莱茶禅小镇等一批特色小镇，美丽乡村覆盖率达到 85%以上，建成国家生态文明建设示范区，基本形成功能互补、特色鲜明、优美宜居的现代城乡形态，实现了城乡融合的新突破。在加快以产兴城、以城带业、以业富民的同时，新泰市大力开展城乡违法建设治理行动①，坚持党政领导、属地负责、综合治理、拆建同步、司法保障工作机制，建立“干部带头、区域包干、分类施策、宣传发动、上下联动”推进机制，坚决依法拆除违法建设，坚决遏制新增违法建设行为。新泰市还围绕美丽乡村建设，扎实做好农村“七改”，集中实施供暖试点、农网升级、社区污水处理

① 新泰：建设全国特色小镇 打造生态智慧乡镇［EB/OL］. 齐鲁网，http：//taian. iqilu. com/taian-minsheng/2017/0224/3410170. shtml.

设施建设等城乡一体化工程，建成聚集型农村新型社区57个，新增美丽乡村200个，进一步完善镇村功能，建成一批田园美、村庄美、庭院美、生活美的“四美”乡村。

（2）特色小镇的创新特点。紧凑型小镇，集约用地的新样板。综合特征：坚持产业、文化、旅游三位一体，生产、生态、生活融合，立足生态、重视产业、普惠居民、做好投资。规划面积控制在3平方公里左右，建筑面积一般控制在1平方公里左右。所有特色小镇一般要建设成为AAA级以上景区，旅游产业类一般要建设成为AAAAA景区。规划面积产业定位清晰、投资主体明确，项目具体可行。旅游不是唯一的目的，却是最重要的目的。软资源的开发：绿色经济的新领域。从传统资源开发到绿色资源的开发：大数据、金融、文化创意、历史经典产业将成为新的低碳、绿色产业，特色小镇成为传统小镇的升级版。生态优先的开发原则：将有力地推动生态资源资产化、价值化。使拥有绿水青山的小城镇在与大城市进行价值交换时具有创造价值的新优势、新领域。产业上的特而强、功能上的聚而合、形态上的小而美、机制上的小而活。跨界融合共享：创新发展的新天地。产业融合：一二三产融合、产业内的融合，体现了高度的信息化、系列化、高端化。产业、城镇与自然生态的融合。产业、城镇空间布局、居住环境的高度融合。产业生态与自然环境、社区功能与旅游环境、产城人文的融合。创新新业态、新产业、新经济。多规融合：城镇规划的新探索。产业文化旅游三位一体，生产生态生活三生同步，工业化城镇化信息化三化驱动，项目资金人才三方落实的建设规划。

（二）泰安特色小镇发展经验

（1）特色小镇是乡村振兴的综合体。以一定的聚合空间为基础，将村落村居、产业发展、公共服务、社会建设等生产生活要素集约配置，形成聚集适度、产业优先、功能完善、城乡融合、环境优美、管理民主、社会和谐的农村新型社区，农村新型社区的升级版，统筹城乡改革发展和新型城镇化的重点，美丽乡村建设的重要载体。

（2）高度重视统一规划。多规融合，合理布局。宜聚则聚，宜散则散。节约集约用地，方便生产生活。山水林田路与居住集团和谐共生，田园风貌、新村风格、现代生活、方便生产。保持农村和城市的功能差异。

（3）实现基础设施公共服务一体化。新农村综合体建设，把城市的基础设施延伸到农村，公共服务覆盖到农村。水电气暖光纤宽带改善生活条件。1+N的公共服务和社会管理设施建设。10分钟生产生活圈，提高农民生活质量。

（4）保持传统乡村风貌。建筑风格应传承集生产、生活与景观于一体的民居建筑风貌。庄重典雅的传统建筑造型与现代建筑相适应，合理利用宜居宜游乡村美景。整合文化要素，展示传统农耕文化。

（5）产业配套，三产融合发展。实现产村融合发展，夯实产业基础和支撑。特色小镇与现代农业融合，与传统工艺产业化融合，与民宿经济、乡村旅游、农产品加工融合，与养老健康、养老休闲产业融合。构建农民村集体、龙头企业、城市资本的利益联结机制，探索多种形式的合作模式。

（6）群众主体，民主管理原则。充分尊重农民意愿，充分征求农民意见、充分听取农民的诉求建议。农民自主决定参与、规划选址、户型设计、建筑队伍选择、质量安全监管等事项。鼓励和引导农民运用农村集体产权制度改革的成果，组建集体资产管理公司，采取农户自筹、产权融资、社会资金参与相结合的方式①。

（三）启示

（1）尊重和顺应市场的选择。小城镇建设的成败不在于政府给帽子、给政策，关键在于市场是不是有热度，企业是不是有动力。坚持企业为主体、市场化运作。摒弃“先拿牌子、政府投资、招商引资”的传统做法。选址具有资源禀赋和消费群体聚集，依靠市场运作。

（2）适应特色小镇创建的新体制。宽进严定创建模式。不采用审批制。政府扶持改事前给予为事后结算。年度考核验收命名后给予土地财政方面的支持。土地：如期完成规划目标的，省政府给予50%或60%的配套奖励。3年没有完成规划目标的，省政府加倍倒扣省用地指标。财政：如期完成规划目标的，规划范围新增财政收入上交省财政部门，前3年全额返还，后2年返还一半。

（3）跨行政区域的多方式的联合群体。特色小镇不是政府再办一个有行政级别的开发区、产业小镇之类，要按照市场化原则建设非行政的经济发展平台。管理服务体制市场化公司化运转。突出企业主体，由投资建设主体推进。政府引导、企业主体、市场化运作，不搞行政级别，不同于强镇扩权、领导高配。

（4）特色小镇创建防止一哄而起、一哄而散。明确自身发展阶段，因地制宜，防止大跃进。注重发展特色产业、不搞千镇一面。坚持集约化原则，不另起炉灶，小空间里做大文章。

（5）产业立镇、产业先行。特色小镇的基础在产业。要从成长性好的产业聚集地发展产生。即使是经典产业也要推陈出新，化腐朽为神奇。不同地区应该根据不同发展阶段、不同地域文化、不同资源禀赋、不同市场要求，确定各自的发展特点。发达地区发展众创空间特色产业发展平台；传统地区具有浓郁地方特色、深厚文化底蕴的建立经典产业小镇，把经典产业中蕴含的历史文化转化为商

① 王梦非．浙江特色小镇建设经验与江苏启示［DB/OL］．新华社多媒体数据库，2016-07-22.

业价值。

(6) 企业主体地位，政府不能包打天下。企业是主角。专家规划、专业设计、市场选址、企业选业、投资者选项目。政府引导顺势而行，尊重市场，不能够大包大揽，不能够拍脑袋上项目，不能够借机扩充权力搞审批，防止以特色小镇之名建机构、扩人员。防止刻意包装项目，人为拔高升格，人为造城造景，防止搞成新的房地产。

三、加快特色小镇建设的建议

(一) 把握发展方向，时刻把政府在资源配置中的作用发挥出来

思想是行动的先导，泰安市各级各单位应进一步研究吃透中央和山东省关于加快特色小镇建设的一系列文件政策，聘请高层次专家，用好党校教育、理论中心组学习等载体，有针对性地开展特色小镇相关知识培训，培养一批熟悉政策、精通业务的专家型干部。在此基础上，应借鉴徂徕山汶河景区汶水小镇经验，充分发挥舆论引导作用，多渠道开展宣传，动员全社会力量参与特色小镇建设。一是坚持领导力量向特色小镇倾斜。重点特色小镇建设项目由领导干部负责包保，第一时间协调解决好制约项目快速推进的问题，同时应专门成立指挥部、项目部，建立健全办公会议制度、重点建设项目督查制度，定期通报特色小镇建设进展情况，确保工作顺利有序推进。在小镇启动和后续运营过程中，政府应当有效地引导产业发展，提供完善的服务和保障职能，为特色小镇健康发展奠定坚实基础。二是坚持要素保障向特色小镇倾斜。特色小镇所在地应积极协调争取项目列入省、市重点项目单子，解决好土地指标争取、手续办理、资金筹措等问题，特别是在资金筹措方面，应灵活用好经济新常态下各类融资渠道，实现政府、企业与民间资本的互惠共赢。三是坚持优势资源向特色小镇倾斜。一方面，把特色小镇建设的重点落在“特”上，把差异化作为特色小镇发展的命脉，立足各地禀赋，对特色小镇现有规划重新进行编制完善，结合小镇自身的环境、生态和文化条件，以及区域分工和社会分工所带来的发展机遇，为小镇量身打造出具有鲜明特色和原创力的发展脉络。另一方面，把特色小镇建设的关键落在“强”上，小镇的建设需要以产业发展作为引领，准确进行产业定位，选准一个产业，实现“一镇一业”，组成一条带动能力强、关联作用强、联动性强的产业链条，尽快将文化旅游小镇建成 AAA 级以上景区，将智能制造小镇打造成为产业链条集聚核心，力促区域经济做大做强。四是坚持因地制宜推进特色小镇发展。要尊重经济社会发展规律、城镇化发展规律和市场经济规律，适应城乡社会发展的需要，在结合各地发展实践的基础上，因地制宜，分类引导，通过政策引导发挥基层实践的积极性。对于发达地区、特大城市和中西部省会城市周边，以特色小镇为载

体；对于欠发达地区，偏远地区，以特色小镇建设为载体。发挥二者在功能定位、产业主导、居住群体、吸纳人口、投资规模、消费层次等方面各有侧重的特点，形成互为点缀、互为补充的城乡一体化新形态。及时总结各地特色小镇建设做法，形成可复制、可推广、可操作的经验①。

（二）制定整体发展战略，强化市场在资源配置中主导作用

特色小镇建设应当同省会都市圈乃至环渤海经济带内的总体规划建设相衔接，突破认识上的局限性，将特色小镇纳入区域经济和全社会发展的总体范畴内，在此基础上，确定人口布局、生产力布局和产业结构，避免产业结构雷同、重复建设等问题。特色小镇采用创建制，强调发挥市场机制作用，但要避免在市场机制下同一主题特色小镇无序竞争甚至一哄而上，乃至造成同级政府之间为了“抢资源、上项目”而相互比拼优惠政策。一是要发挥城市群的协商机制，从顶层设计上对这种有可能造成的资源重复配置或资源浪费的现象进行整体战略部署。在规划设计特色小镇过程中，以提供有效供给和满足有效需求为导向，围绕产业和功能的特色定位，明确不同层级的特色小镇满足不同群体需求，同一类型的特色小镇也可在不同需求区域有效配置。二是定位准确。以邱家店石敢当小镇为例，紧邻济南省会都市圈，又拥有一个济泰高速出口，特色小镇建设应当立足都市圈的整体发展，准确找到自身在整个城市体系中的定位，在与周边城市、街道镇的合作中依托集群优势，同时保持自身特色而不被同化和淹没，实现共享、双赢的局面。三是功能聚集。浙江、江苏的经验表明，特色小镇建设在功能上不能“散而弱”而要“聚而合”，应当将产业、文化、旅游、社区等功能聚集并融合起来，这种融合不是机械式叠加，而是将经济功能、文化功能、生态功能、社区功能有机融合在一起，形成一个完整的共同发展空间。以大汶口水上石头古镇为例，特色小镇的建设不应只是打造一个单纯的旅游风景区，应当与周边村镇统筹结合、连片开发，建立起一个综合性的文化生态旅游产业集聚区，将景点、服务业、小商品制造、居民日常生活、传统建筑、教育、公共卫生及生态保护等方面整合成为良性循环的产业生态链。

（三）突出特色标识，提升核心竞争力

找准定位才能确保特色小镇建设的生命力。应当以“五大发展理念”为指引，坚持高端化、绿色化发展，确保实现全方位提升。一方面，坚持引进高端企业和人才。保持小镇特色的“独特性”和“鲜活性”，是特色小镇成功的重要原则。在全国各地纷纷上马特色小镇的大背景下，要让本地特色小镇出类拔萃，必

---

① 潘毅刚．从理念创新到实践创新——浙江特色小镇的成效和方向选择［J］．浙江经济，2016（12）．

须立足高端、着眼高端，以高端项目带动产业提档升级，以高端人才助力中小企业做大。特色小镇在建设和运营中，应当充分发挥信息经济和互联网思维，用好用活移动互联网、物联网和各类应用客户端，实现管理集中化、资源跨界化和服务人性化，最大限度提升特色小镇的智慧化程度，为高端企业和人才进驻创造良好环境。另一方面，坚持做亮特色小镇文化标识。“文化”是特色小镇的精神内核，是小镇的魅力元素之一。文化不同于绿化、美化，既可以催生特色小镇也可以催生产业，文化与产业融合发展下的特色小镇，有着无限的人文魅力和发展实力。泰安市应当有针对性地选取具备条件的小镇，深挖并充分利用域内泰山国际登山节、东岳庙会、泰山音乐节等优质文化资源，绘好文化与产业相结合的“双面绣”，特别是要深入研究并做好文化旅游与高端制造业相结合的文章，在促进地方经济社会发展、促进居民文化素质提高的同时，打造宜居宜游、精致美丽的特色小镇。

（四）强化产业协调和谐发展，提高综合效益

一是在实施理念上以人为本。①泰安市特色小镇的建设要尽可能推动本地居民的就业或自主创业，探索就地、就近城镇化的路径。②可借助外部力量支持当地居民的生产和销售，发展合作生产、订单式生产、链条式销售的现代生产经营模式。③特色小镇建设需要优化教育、医疗、文化等公共设施和服务，最大限度地创造优行优学优医的宜居环境，构筑人与自然的和谐关系，为当地居民提供优质的社会服务，以完善优越的环境吸引高精尖企业和人才长期入驻，为特色小镇发展提供不竭动力。二是在建设主体上市场运作。特色小镇是新形势下地方发展的创新与探索，不同于市政工程等基本公共服务建设投入，是专业化、项目化、市场化建设行为，投入后讲究产出回报。因此，应坚持政府引导、企业主体、市场化运作的路子，而非通过政府包办，搞“运动式”“速成式”建设，在条件和机会成熟后，政府应当主动“退居二线”，把建设管理向市场开放，以此充分激发企业自身主观能动性，谋求企业经营效益和政府税收效益最大化，最大限度地保持市场活力。三是在开发方式上保护生态和文化。20 世纪 80 年代初，吴良镛就提出人居环境的理念，钱学森也在 1990 年提出“山水城市”的观点，这就要求泰安市应当兼顾生态资源，秉持绿色、低碳的发展理念，注重对区域内生态环境和历史文化遗产的保护。特别是在生态环境较为脆弱的地区，特色小镇建设应该遵循生态保护原则，避免过度开发造成环境恶化。如果不能做到开发和保护相结合，一旦对环境和物质遗产造成不可逆的损害，特色小镇建设就是“竹篮打水—— 一场空”。作为泰安市特色小镇，在建设过程中，应当做好历史文化名城、历史文化传统街区、文物古迹和历史建筑的保护工作，严格控制小镇内文化遗产及其周边的建设开发活动，真正在保护原有风貌的基础上实现协同发展，确

保特色小镇综合效益整体提升，全力助推富裕文明幸福新泰安建设迈上新台阶。

（五）创新社会治理，探索发展新体系

特色小镇不仅承载经济功能，而且承载社会功能和生态功能。创新特色小镇社会治理体系，一是充分发挥信息化在社会治理中的作用，充分借助“互联网+”元素，打造智慧小镇，为建立智慧化的社会治理体系提供新探索。二是发挥政府引导和公众参与社会治理的作用。特色小镇是各类高端人才、创业人才的集聚地，是各领域专家的集中地，搭建社会治理平台，提高公众参与意识，形成“政府+平台+小镇”的社会治理新体系。三是特色小镇建设过程中要坚持政府提供基本公共服务、社会组织提供增值服务和社区提供自我服务结合起来，形成合力，共建共享，打造多产业、多功能、多人才的特色小镇。

参考文献

[1] 王梦飞．区域文化与特色小镇建设的协同发展研究［J］．山西建筑，2017（1）．

[2] 叶慧．经济转型发展的战略选择——浙江规划建设特色小镇综述［J］．今日浙江，2015（13）．

[3] 张黎．人口老龄化背景下的小城镇建设研究［D］．重庆大学硕士学位论文，2014.

[4] 尹成杰．发展特色小镇最核心的是产业发展［J］．中国新闻周刊，2016（9）．

[5] 黄正术，姚晨曦．吴江推进特色小镇建设的优势、要求与对策［J］．唯实（现代管理），2017（2）．

[6] 周旭霞．特色小镇的建构路径［J］．浙江经济，2015（6）．

[7] 中国金融40人论坛课题组，蔡洪滨，李波，林赞等．土地制度改革与新兴城镇化［J］．金融研究，2013（5）．

新时代广西特色小镇建设与县域特色产业发展

钦州学院经济管理学院副教授　李燕
钦州学院经济管理学院教师　刘洪

摘要：特色小镇是我国在新型城镇化发展过程中呈现出来的一种全新的现象，县域特色产业是特色小镇发展的基础。目前，广西特色小镇建设与县域特色产业发展存在地方性龙头企业数量偏少，特色小镇建设规模效益不突出；技术进步缓慢，特色小镇开发水平低；县域产业品牌战略实施不力，特色小镇品牌知名度不高等问题。新时代广西特色小镇建设与县域特色产业发展对策如下：整合特色优势产业，夯实特色小镇发展基础；制定特色产品的合理价格，形成特色小镇内涵价值吸引力；拓展流通渠道，完善特色小镇信息服务；加大宣传推广力度，提高特色小镇知名度；加强公共关系，助力特色小镇建设；加大政策支持力度，促进特色小镇升级。

关键词：广西；特色小镇；县域特色产业

一、引言

特色小镇是我国在新型城镇化发展过程中呈现出来的一种全新的现象，有利于协调城乡全面发展，为城乡一体化发展提供重要保证。广西目前有国家级特色小镇 14 个，分别是河池市宜州市刘三姐镇、贵港市港南区桥圩镇、贵港市桂平市木乐镇、南宁市横县校椅镇、北海市银海区侨港镇、桂林市兴安县溶江镇、崇左市江州区新和镇、贺州市昭平县黄姚镇、梧州市苍梧县六堡镇、钦州市灵山县陆屋镇等。2017 年 7 月，广西壮族自治区人民政府办公厅出台了《关于培育广西特色小镇的实施意见》（以下简称《意见》）。根据《意见》，到 2020 年，广西将培育 30 个左右全国特色小镇，同时建设 100 个左右自治区级特色小镇以及 200 个左右市级特色小镇，以特色小镇为载体，培育特色产业，做强特色优势企业，建成百个经济（生态）强镇，激活 2000 亿元以上固定资产投资，同时培育形成产业链、投资链、创新链、人才链、服务链等融合发展的生态链，并通过扩权强镇、改革创新，逐步完善适应特色小（城）镇发展的机制体制，营造良好的创新、创业氛围，增强发展内生动力，推进全区小城镇发展水平整体提升。

2014 年 8 月，广西壮族自治区发改委印发实施加快县域特色产业发展的《广西县域特色优势产业及品牌培育发展规划（2014～2020 年）》（以下简称《规划》），旨在加快广西县域特色产业发展，提高县域经济核心竞争力。根据《规划》，到 2020 年，广西将建立一批生态示范县、生态农业基地、绿色食品基地；建立特色产业集聚区和特色品牌示范区；建立 20 个以上著名品牌和 10 个以上全国著名商标，培育超亿元以上的企业或集团。县域特色产业作为县域经济的主导，有助于加快社会主义新农村的建设步伐，有利于加快特色小镇的建设与发展，使特色小镇成为全区县域经济发展新的增长点，成为农民就地就近城镇化的重要载体。

二、相关概念及理论阐述

（一）相关概念

1. 特色小镇

2015 年，浙江时任省长李强首次提出特色小镇的概念，他指出，"特色小镇不是行政区划单元上的'镇'，也不同于产业园区、风景区的'区'，而是按照创新、协调、绿色、开放、共享的发展理念，结合自身特色、人文底蕴和生态禀赋，形成'产、城、人、文'一体有机结合的重要功能平台"。《国家发展改革委关于加快美丽特色小（城）镇建设的指导意见》提出，"特色小镇主要指聚焦特色产业和新兴产业，集聚发展要素，不同于行政建制镇和产业园区的创新创业平台"。这两处的特色小镇都是指非建制镇，是发展平台，前者指出特色小镇要有明确的产业定位，具有文化内涵、旅游功能及社区功能；而后者则强调特色小镇对产业和发展要素的集聚，两者稍有不同。

2. 特色产业

对"特色产业"，学术界有不同的定义。有学者认为，特色产业就是依托一定的特色资源来生产出特色的产品或者提供一些具有特色的服务，具有较高竞争力和前景性的产业。也有学者认为，特色产业是指在某区域范围内以特色产品、资源为基础，旨在建立特色产业集群，并且具有地域性、竞争性和可持续性的比较优势产业。本文认为特色产业是在一定空间区域内，借助优势的资源、以特色的工艺或技术进行产品加工以实现增值、具有稳定性、可持续性、收益性的产业体系。

3. 县域特色产业

关于"县域特色产业"，不同学者各有其说。有学者认为，县域特色产业就是利用县域特色的生产技术，对县域特色资源进行开发、深加工并推广销售从而形成的特色产业或行业。也有学者认为，所谓县域特色产业是指在县域经济发展过程中，充分利用县域资源，进行规模化生产、产业化经营，具有独特性、竞争性、效益性的优势行业。本文认为，县域特色产业是指在县域空间范围内，起主导作用或者规模较大的、进行特色产品加工和生产的、能够为县域增加收入的优势行业。特色小镇创建要有鲜明的特色产业，以产业为主线，推动产业结构转型升级，建设宜居宜业宜游的小镇。

（二）理论基础

1. 区域品牌效应

区域品牌有别于产品品牌、企业品牌，它是指当产业集群发展到一定规模，当某种产品已经占有了较大的市场份额、在市场上有了较高的产品美誉度和较强的产品影响力，就会出现逐渐以“产地+产品”来命名该产品的形式，如“景德镇陶瓷”“杭州丝绸”等都是区域品牌的典型代表。

本文认为新时代广西特色小镇建设与县域特色产业发展离不开品牌效应。据统计，截至 2018 年 8 月，广西共有 91 个国家地理标志农产品，有老牌的合浦南珠、恭城油茶、钦州大蚝、富川脐橙、横县茉莉花等，也有新近批准的田林灵芝、北流荔枝、钦州石斑鱼等。根据区域品牌效应，广西县域特色产业可以在地理标志的基础上，转变为区域品牌，以“产地+产品”的形式进行营销，继而以此为切入点，开展特色小镇的建设，打造特色小镇的品牌知名度。

2. 产业组织理论

马歇尔研究认为，组织可以被看作一种生产要素，它由企业组织、产业内企业间的组织、相关产业间的组织等元素构成。贝恩研究认为产业结构决定了企业的行为，资源配置效率和企业利润率的高低受到企业行为的影响，竞争和垄断的力量会对社会资源的配置效率造成影响，从而提出了著名的 SCP 理论。

本文所研究的特色小镇建设和县域特色产业发展对策，就涉及产业组织，即特色小镇的有机发展与县域特色产品的企业组织、县域特色产业内企业间的组织和相关产业的组织相关性高。根据理论，企业行为会反过来影响社会资源的配置效率，所以广西应努力培养龙头企业，规范市场秩序，防止恶性竞争、行业垄断等。此外，特色小镇和县域特色产业的发展离不开其他相关产业的支持，在发展壮大特色产业时要注意搞好与周边的关系。

3. 6P 营销理论

菲利普·科特勒认为在营销组合策略时，不仅要考虑企业内部可以控制的因素，还要考虑企业外部不可控因素。所以他通过研究 4P 理论（产品、价格、渠道、促销），认为在制定营销策略时还应该考虑公共关系（Public Relationship）、政治权力（Political Power）等因素，创立了“大市场营销”理论，即6P营销策略。

本文根据6P理论，提出发展策略既要涉及产品、价格、渠道、促销、公共关系、政治权利等方面的对策，考虑产业内部因素，也要注意到公关、政府对产业的影响，探索适宜的新时代广西特色小镇建设与县域特色产业发展策略。

三、新时代广西特色小镇建设与县域特色产业发展分析

（一）广西县域特色产业介绍

根据《规划》，广西强力打造的县域特色产业主要包括特色农产品加工业、养生长寿健康产业、特色加工制造业、特色旅游产业和特色矿产加工业五大特色产业。形成了五大特色产业聚集区（见表1），涉及87个项目。

表1　广西县域特色产业集聚区空间布局

特色农产品加工业集聚区	
大米加工产业	上林、临桂、灌阳、浦北、上思等县（区、市）
食用菌加工产业	横县、上林、柳城、兴安、浦北、田林、宜州等县（区、市）
马蹄加工产业	荔浦、平桂、平乐、钟山、临桂等县（区、市）
“辣味”加工产业	天等、全州等县（区、市）
水果加工产业	邕宁、柳城、融安、恭城、阳朔、灵山、西林、乐业、富川、钟山等县（区、市）
茶叶加工产业	横县、凌云、三江、苍梧、昭平、西林等县（区、市）
肉禽精深加工产业	陆川、北流、灵山、鹿寨、岑溪、武宣、马山、环江、东兰、富川等县（区、市）
水产养殖产业	钦南、鹿寨、临桂、良庆、大化等县（区、市）
养生长寿健康产业集聚区	
养生长寿健康产业	巴马、东兰、上林、东兴、玉州、桂平、防城、西林、天等、金秀、罗城、永福、岑溪、田东、三江、恭城等县（区、市）
特色加工制造业集聚区	
特色加工制造产业	福绵、桂平、荔浦、北流、钦南、宜州、蒙山、那坡等县（区、市）
特色旅游产业集聚区	
特色旅游产业	阳朔、靖西、三江、金秀、巴马、恭城、防城、田阳、富川等县（区、市）
特色矿产加工业集聚区	
铝精深加工产业	平果、德保、隆林等县（区、市）

资料来源：广西县域经济网、南国早报网。

（二）县域特色产业发展现状

近年广西县域特色产业在政府的支持、带动下，不断自我完善，产业规模不断扩大，取得了令人满意的成果，主要表现在以下几个方面。

1. 特色资源产业化步伐提速

近年来，由于特色资源加工业的快速发展，并形成产业化的经营模式，广西县域经济突飞猛进。灵山县是广西乃至全国最大的莪术生产基地，市场需求旺盛，已发展成为全国的莪术集散地，近年来灵山县莪术不断扩大种植面积，目前年种植面积6万多亩，年产鲜莪术15万吨。广西是茶叶种植大省，目前广西979个村、20.26万户种植茶叶，仅2018年广西茶园面积达107.3万亩，茶叶产量6.81万吨，毛茶产值达42亿元；广西浦北、灵山、富川、柳城等县域水果种植面积均超过10万亩，其中，浦北年产香蕉35万吨、灵山年产荔枝11万吨、富川年产脐橙23万吨、柳城年产蜜橘20万吨等。

2. 产业基础不断巩固

从2002年起，广西政府加大对县域特色产业的扶持力度，掀起了“特色产业大县潮”。例如兴宾区作为糖料蔗第一大县，采取循环经济产业链的方式，生产总产值超过33亿元；宜州作为桑蚕第一大县，蚕茧丝绸产业形成从种桑养蚕到织绸的前向一体化的产业链，实现年产值33亿元以上；凌云作为茶叶第一大县，目前拥有110多家茶叶加工企业，15家企业获QS认证；平果县作为铝加工第一大县，截至2018年6月，平果县涉铝企业35家，投资及建设规模较大的主要有中铝广西分公司、强强碳素、平铝集团、博导铝镁等企业，从业人员超过2万人，年加工铝产品能力达100万吨以上，铝产业年产值达205亿元；截至2018年6月，横县茉莉花面积达10.3万亩，花农33万人，130多家花茶企业，年产8万吨茉莉鲜花，6万吨茉莉花茶，横县茉莉花和茉莉花茶综合品牌价值达180亿元，成为广西最具价值的农产品品牌。

3. 龙头企业初具规模

近年，随着县域特色产业的蓬勃发展，广西龙头企业的实力不断增强。如中铝广西分公司投资的氧化铝三期工程，每年可以生产250万吨氧化铝，企业收益可观。又如，广西源安堂药业公司是一家年创汇10亿元的企业，其“肤阴洁”“源安堂”两大品牌总价值为57.6亿元。再如广西玉林制药集团有限责任公司拥有38种出口产品，产品在20多个国家和地区得到认可，年出口额近300万美元。

4. 先进技术得以推广

广西县域特色产业的发展主要得益于科技水平的不断提升。如中铝广西分公司首开先例，利用纯拜尔法工艺进行氧化铝生产，提高了企业竞争力。又如横县国家茉莉花及制品实验室和国家茉莉花质检中心均通过了国家认证认可监督管理委员会评审，采用先进技术定期对茉莉花老龄化低产园进行改造，把茉莉花及茶叶的良种良法推广给广大农户。

（三）新时代广西特色小镇建设与县域特色产业发展存在问题分析

近几年，在自治区政府的大力引导扶持下，广西特色小镇建设与县域特色产业取得了很大的成就，但是仍存在诸多问题制约其发展。

1. 地方性龙头企业数量偏少，特色小镇建设规模效益不突出

由于缺乏对龙头企业、大企业组织的大力扶持，广西地方性龙头企业数量严重不足，导致广西县域特色产业难以形成规模，开展产业规模化经营难度加大，特色小镇建设规划效益不突出。县域特色产业缺乏融资渠道，投资资本严重缺乏，只能进行小规模生产，不利于特色小镇的规模。此外，县域特色产品生产企业分布较散，整合组织难上加难。截至 2017 年末，广西共有 1600 多家从事农业产业化的加工企业，每年可以创造超 200 亿元的工业总值，平均每家 1. 25 亿元；而 2017 年全国共有 7 万家这样的企业，创造了 17 万亿元的营业收入，平均每家 2. 43 亿元。由此可知，广西农产品加工规模及加工率较低，与区外农业大省存在很大的差距，这也是广西特色小镇建设与区外特色小镇建设存在差距的一个原因。

2. 技术进步缓慢，特色小镇开发水平低

广西县域特色产业大都属于粗放型加工产业，对产品、资源的深加工能力低下。目前，广西县域特色产品加工企业缺乏先进的设备、精湛的技术以及专业人才，从而导致特色加工企业难成规模。例如，广西桑蚕产业仅进行原料的粗加工，桑蚕的深加工能力不足，丝绸、服装等高附加值产品开发能力有限，使得广西高端丝制品市场处于空白状态。再如，广西 2018 年发生的荔枝、龙眼滞销事件，反映出广西水果行业深加工水平低，无法进行水果深加工，只能出售生鲜水果，特色小镇开发与当地县域特色产业开发技术水平紧密相关，技术水平的落后导致特色小镇开发水平也比较低，没有意义深远的小镇内涵可以挖掘和发展。

3. 县域产业品牌战略实施不力，特色小镇品牌知名度不高

随着社会的不断发展，“品牌经济”日渐成为市场经济的主导。广西虽然拥有很多类型的特色产品，但是缺少自主品牌。如广西生产的淮山质量高，很多东南亚国家都愿意进口广西的淮山，但由于缺乏品牌意识，广西淮山被河南客商收购后被冠以河南品牌销售，丧失了高额的无形品牌价值和利润。同时，由于缺乏品牌意识、品牌实施力度不强，广西县域特色产业缺乏名牌、拳头产品。据统计，广西仅有 29 个中国名牌产品、22 个中国驰名商标，而广东共有 241 个中国名牌产品、48 个驰名商标。由此看出，广西缺乏有足够影响力的名牌、拳头产品，而品牌战略的缺位也导致广西特色小镇总体知名度不高。

以上几方面问题严重制约了广西县域特色产业和特色小镇的发展，使特色产业难以向更高层次迈进，影响特色产业对特色资源、优势条件的充分挖掘和利用，从而使县域特色拥有无限的发展潜力。

四、新时代广西特色小镇建设与县域特色产业发展对策研究

（一）整合特色优势产业，夯实特色小镇发展基础

质量优、口碑好、影响大的特色优势产业往往能吸引更多的消费者，也是广西特色小镇建设的基础。

1. 提高特色优势产品的质量，夯实特色小镇发展基础

提高特色产品质量是提高产业市场竞争力、夯实特色小镇发展基础的重要途径。

（1）加大高科技应用的力度，不断提高加工的技术水平。广西县域特色产业在生产制造过程中要运用大量现代科学技术。例如，在特色铝产品加工产业中，可以采用纯拜尔法工艺生产氧化铝，提高铝制品的参量和技术含量；在肉禽加工产业中，采用发酵床养猪技术来节约企业成本；在茶叶加工产业中，采用花茶窨制技术，开发有机花茶，改变产业单一加工茶叶的传统等。在此基础上，开发以高技术为主题元素的特色小值，如铝业特色小镇、花茶特色小镇等。

（2）树立全行业质量意识，确保从研发到销售环节的质量过关。以特色农产品加工业为例：特别是在生产和加工环节，应按照企业标准（QB）、地方标准（DB）等以上标准进行规范操作，确保产品质量安全可靠。特色农产品产业链各环节企业，应定期组织员工进行质量安全培训，鼓励员工通过书籍、视频网站等媒介丰富质量安全知识，树立全员质量意识。同时特色农产品加工企业还要积极开展 QS、ISO9000 等系列认证工作，以便特色产品能够顺利打入国内外市场，为以特色产业为基础的特色小镇建设做好前期铺垫。

2. 完善“桂”字号品牌建设

广西特色小镇建设和县域特色产业发展可以通过加大品牌宣传力度等方式来提高市场竞争力。具体做法如下：

（1）加强品牌标准建设，重视产品包装。以茶叶加工产业为例：在包装方面可以改变传统的大包装形式，像立顿一样采取袋泡茶小包装的轻巧模式，解决消费者冲泡程序复杂、茶渣不易处理等问题，以便捷性吸引更多消费者；关于包装的图案和色泽，可以邀请美学专家参与设计，设计图案精美又体现产品内涵的LOGO，凸显传统文化元素从而给消费者留下深刻印象；关于外包装的设计，可以借鉴像易拉罐（包装容器王）、香奈尔 5 号香水（瓶子是艺术品）等成功案例

并结合县域特色产业实际进行设计。

（2）加强品牌宣传力度。以水果加工产业为例，县域政府可以举办像灵山荔枝节、田东芒果节、浦北香蕉节等活动项目，吸引消费者。组织一批龙头企业到外地推介广西特色水果，与外地水果经销商建立产销合作关系，设立广西特色水果专营销窗口，扩大水果销售市场份额，打响“桂”字号品牌。广西县域特色产业可以采取“产地+产品”的营销模式，如容县沙田柚、融安金橘、恭城月柿等模式，扩大宣传力度，建设“沙田柚”特色小镇、“金橘”特色小镇等。

（二）制定合理特色产品价格，形成特色小镇内涵价值吸引力

县域特色产品由于生产成本高，价格也较高，竞争优势比普通产品弱。广西县域特色产品生产企业可以通过以下方法制定价格体系，满足市场需求，借此形成特色小镇内涵价值吸引力。

1. 采取产品差别定价，满足市场阶梯需求

生产成本、供求状况、市场竞争状况等是制定价格时要考虑的重要因素。广西县域特色产品独具特色，可以采用差别定价策略，满足不同市场的阶梯需求。

（1）地理位置差价法。例如，在水果加工企业，由于广西亚热带水果上市的时间比位置偏北的省份要早一些，水果在销往这些省份时，能够占据较大的市场份额，可以采取高价策略；而当销往地同种水果上市时，应调低价格，提高产品竞争力。

（2）产品差异差价法。特色产品的价格有时候还取决于外观和式样。例如，在养生长寿健康产业，生产企业可以采取礼品装、普通装及特惠装等不同包装，采取不一样的价格，满足不同消费群体的需求。

（3）时间差异差价法。以北部湾特色旅游业为例，景区在暑期、节假日等旅游旺季时，可以提高门票价格；在旅游淡季时，可以采取团购有优惠等降价形式来吸引消费者。

2. 利用组合定价，激发消费兴趣

广西县域特色产业把产品推向市场时，可以根据推出不同的产品组合，制定不同的价格。具体做法如下：

（1）捆绑定价法。特色产品生产企业采取捆绑销售的方法，可以降低产品均价、吸引大众消费。以特色旅游区阳朔为例：例如漓水古越和图腾古道的单票价 40 元和 50 元，可把两个景区捆绑推出 80 元套票；再如，大榕树、赏月道、印象刘三姐、蝴蝶泉、十里画廊这 5 个景点单票加起来共 200 元，若把景区捆绑推出 170 元的套票，比起单票累加更加优惠，更能吸引消费者。

（2）附属产品定价法。特色产品生产企业可以以较低价销售主产品，而以高价销售备选和附属产品。以特色旅游业为例，景区可以以较低的门票吸引消费

者，但是在体验特色旅游项目上，则会收取较高的体验费等。

（三）拓展流通渠道，完善特色小镇信息服务

产品的流通既离不开物流行业的服务，也离不开畅通、完善的信息系统，因为这些因素决定着特色小镇和县域特色产业信息发展的通畅性。

1. 依托物流基地，降低销售成本

（1）政府应引导各龙头企业在特色产品原料地建厂加工，为企业节约物流成本。以水果罐头企业为例：水果罐头企业到灵山、灌阳、融安、容县、富川等水果产地建立采购、加工中心，可以为企业节约物流成本；同时鲜果不易保存、运输过程容易坏损，企业在水果产地建厂进行加工罐头，可以避免不必要的原材料损失；此外，企业可以与水果产地建设长期产销联盟，发展订单水果罐头，扩大罐头销售。

（2）广西县域特色产业在销售过程中，要充分利用物流基地和企业的优势，保障特色产业流通渠道的畅通。在特色产品流通过程中，应依托像南宁港、钦州港、中国—东盟国际物流基地、广西玉柴物流集团公司、广西运德集团、广西东盟货运物流有限公司等物流基地和企业，节省物流成本和时间，加快特色产品流通速度，降低销售成本。

2. 加强信息网络建设，完善特色小镇信息服务

（1）完善信息平台，提高信息服务水平。特色小镇建设和县域特色产业发展应致力于完善专业的信息网络，如广西林产品交易网、广西新产品推介和交易平台、广西农产品交易网、广西农牧网等专业网站。通过这些专业网站，特色小镇和特色产业企业能够宣传推介产品，扩大产品知名度；同时还能及时了解特色产品市场供需行情，从而做出正确的经营决策。

（2）组建专业媒体系统。借助专业媒体进行广泛的信息发布，如发布特色小镇的专题报道、印发特色小镇及其相关的特色产业的宣传资料、搜索引擎、广播等。通过这些方式，可以实现信息的及时互动，为特色小镇开发方和特色产业企业提供有决策依据的信息，保障信息渠道的畅通。

（四）加大宣传推广力度，提高特色小镇知名度

1. 投入广告项目，加大宣传力度

广告具有传递信息、激发需求、增加销售、促进竞争、开拓市场等方面的作用。在广西县域特色产业营销过程中，可以利用广告手段进行宣传，促进特色产品销售。具体做法如下：

（1）出版特色小镇及相关特色产品宣传册。如在宣传荔枝特色小镇和荔枝产业时，应该系统介绍荔枝的外形、肉质、口味等方面信息，同时附上高清精美

的荔枝特色小镇的景观图片，吸引消费者眼球。

（2）开拓一些特色小镇现场演出活动或演出视频，加深大众对特色产品的印象。例如，特色旅游产业可以借鉴“印象刘三姐”“印象云南”等，推出“印象巴马”“印象防城”等印象系列活动和视频，推广“巴马养生小镇”“防城海洋小镇”。

（3）制作特色小镇网络宣传广告。在网络用户搜索到部分关键词时以小窗口的形式供用户浏览。例如，当用户搜索到“恭城”等字样时，就会出现“油茶小镇”“月柿小镇”“恭城油茶”“恭城月柿”广告等小窗口供用户浏览。

2. 善用网络营销，开展线上推广

利用 Internet 等电子手段进行网上促销，可以辅助和促进消费者对商品或服务的购买。网络营销具有传播范围广、不受时空限制、受众度高等特点，已成为大众青睐的消费方式。广西特色小镇和县域特色产业可以采用网上促销方式，促进大众消费。下面仅介绍两种网上促销方式：

（1）网上折价促销。如荔浦木衣架企业在线上销售木衣架时，可以加大折扣幅度，以低于商场超市的价格促使消费者网上购物。

（2）网上赠品促销。例如，茶叶生产企业，在新的茶产品推出试用、茶产品更新、节日庆典的情况下，可以附赠消费者茶包小样等。

此外，特色小镇和相关的特色产品生产企业还可以采用网上联合促销等方式以扩大线上销售。

（五）加强公共关系，助力特色小镇建设

公关策略可以起到树立形象、协调平衡的作用。广西特色小镇和县域特色产业应加深与周边生产经营环境的沟通与协调，争取到社会大众对自身的认可和支持。

1. 加大媒介宣传、开展公益活动

（1）报纸、杂志、广播、电视等大众传播媒介，具有宣传、舆论监督等功能以及速度快、范围广、影响大等特点。广西特色小镇和县域特色产品生产企业应充分利用大众媒介的优势来加强企业宣传。例如，可以利用报纸、杂志等制作专题，发布企业最新动向，让社会大众能更具体地了解特色小镇的建设和县域特色产品，从而认可、支持广西特色小镇和县域特色产业的发展和建设。

（2）社会性、文化性、公益性、赞助性活动能够协调与周边的关系。例如，有实力的特色小镇可以为广西贫困地区学校捐款；赞助本地文化、体育活动；组织一些大型活动，如评比十佳小镇、十佳小镇规划师等，同时邀请嘉宾渲染气氛等。

2. 做好服务工作、调查征询民意

(1) 优质的服务能够赢得社会公众的好感。以特色小镇建设为例，如灵山荔枝特色小镇，做好游客浏览、基础设施、配套服务、回访等环节的服务，并不断升级和更新服务项目，以实际行动获得大众好评度，提升特色小镇品牌知名度。

(2) 社会调查、民意检测，能够为特色小镇发展提供决策咨询。特色小镇建设和县域特色产业发展要定期开展社会调查，通过问卷形式，如《×××特色小镇满意度调查》《×××企业社会满意度调查》等检测、分析、总结民意；还可以通过走访、面对面的沟通形式，进一步了解大众内心的意愿。通过这些方式了解舆情民意、检测组织环境，从而做出有利于组织、社会和谐的决策。

(六) 加大政策支持力度，促进特色小镇升级

政府在特色小镇建设和县域特色产业的发展过程中起着举足轻重的作用。政府的政策、发展规划等会直接影响特色小镇和县域特色产业的发展规模、发展前景。

1. 加大对特色小镇和特色产业的政策支持

(1) 制定切实可行的特色小镇特色产业发展规划。政府应根据“十三五”规划、西部大开发战略、《关于培育广西特色小镇的实施意见》等，结合特色小镇和县域特色产业的具体情况，推出如《灵山荔枝小镇及荔枝产业五年发展规划》《阳朔酒吧小镇和阳朔旅游产业未来三年增产计划》等有利于县域特色产业发展的政策。

(2) 实施特色小镇和县域特色产业的扶持政策。例如举办特色产品主题活动节，给企业提供更多联盟合作者创造机会。为培养新兴特色产业而实行的税收优惠政策等。例如，在乡恭城、融安等贫困县，给予特色产业税收优惠。

2. 营造有利于特色小镇和特色产业发展的环境

(1) 改善硬件环境，加强基础设施建设。如矿产小镇和特色矿产加工产业对水、电、路、通信等基础设施具有较强的依赖性，政府在特色小镇建设期及产业聚集区可以建设专门供水设施、专门的电网等，为特色小镇的建设和发展县域特色产业创造有利条件。

(2) 改善软件环境，加大政务服务力度。例如，在特色中药材批发市场，政府要制定一套规范的市场规则，同时严惩扰乱市场秩序的不良商家。此外，政府机关要秉承为企服务的原则，为批发商提供法律咨询以及维护企业合法权益。

参考文献

［1］陈诗妍，龚香回，廖婉莹，唐滢，金湛．特色小镇文献总结与分析［J］．市场周刊，2018（6）：54-56，68.

［2］胡继亮，陈瑶．精准扶贫之特色产业培育探析　—以秦巴山区竹溪县为例［J］．中南民族大学学报（人文社会科学版），2018，38（4）：166-170.

［3］广西新闻网—南国早报，广西又有 9 个农产品获地理标志保护［EB/OL］．http：//news. gxnews. com. cn/staticpages/20180417/newgx5ad59b4d-17245107. shtml？pcview = 1，2018-04-17/2018-10-08.

加强特色小镇建设，推动县域经济发展*

钦州发展研究院常务副院长　傅远佳

摘要：特色小镇是我国新型城镇化建设的有机组成部分，是乡村振兴战略发展格局的重要组成部分，是新时代县域经济发展的全新载体。广西特色小镇的培育和建设有沿海、沿边、沿江等区位优势，有矿产、农业、食品、旅游、人力等资源优势，有海上通道、陆路通道、空中通道等交通优势，有深厚的民族文化底蕴和悠久的历史文化传统。近年来，广西以特色小镇为载体全方位发展县域经济，初步建立了一批国家级和市级特色小镇，培育和建设成效显著。但广西特色小镇量少而质不高；对特色小镇理解不够、创新不足；产业层次不高；特色产业发展严重滞后，产业主导力不强；培育和建设融资过少，资金不足；政府支持力度不够。在广西特色小镇培育和建设中，应当加强组织领导，强化统筹协调；加强产业主导，壮大特色产业；加强政策扶持，落实要素保障；加强政府引导，激发市场活力；加强观念创新，突出建设重点。

关键词：特色小镇；广西；培育和建设；对策

2016 年 7 月 20 日，住房和城乡建设部、国家发展改革委、财政部三部委发布了《关于开展特色小镇培育工作的通知》，计划到 2020 年，在全国范围内培育 1000 个左右各具特色、富有活力的休闲旅游、商贸物流、现代制造、教育科技、传统文化、美丽宜居等特色小镇。特色小镇建设对于新型城镇化和经济提质增效都具有重要的现实意义。2016 年 10 月 14 日，住房和城乡建设部公布了第一批中国特色小镇名单，进入这份名单的小镇共有 127 个。特色小镇引爆为网络“热词”，更有人说，特色小镇是破解城乡二元结构问题的“钥匙”，将引领新型城镇化的“特色担当”。

* 基金项目：2017 年民建广西区委议政课题“加强特色小镇建设，推动县域经济发展”终期成果，2018 年钦州发展研究院重大专项项目“钦州特色小镇培育和建设研究”阶段性成果。

一、加快特色小镇培育和建设的必要性

（一）发展特色小镇是新型城镇化战略的重要内容

特色小镇是我国新型城镇化建设的有机组成部分。党的十八大提出走中国特色新型城镇化道路，推动工业化和城镇化良性互动、城镇化和农业现代化相互协调，实现“四化”同步发展。提出了“科学规划城市群规模和布局，增强中小城市和小城镇产业发展、公共服务、吸纳就业、人口集聚功能”的具体要求。《国民经济和社会发展第十三个五年规划纲要》明确指出要“因地制宜发展特色鲜明、产城融合、充满魅力的小城镇”。《关于深入推进新型城镇化建设的若干意见》则进一步具体指出了“发展具有特色优势的休闲旅游、商贸物流、信息产业、先进制造、民俗文化传承、科技教育等魅力小镇，带动农业现代化和农民就近城镇化”。

（二）建设特色小镇是加快新型城镇化进程的重要举措

党的十八大提出新型城镇化建设的重要战略部署后，全国各省、自治区、直辖市高度重视，纷纷采取措施快速推进。例如，2014 年 4 月海南省出台《海南省特色风情小镇建设指导意见》，2015 年 5 月浙江省出台《关于加快特色小镇规划建设的指导意见》。浙江省提出用 5 年通过“自愿申报、分批审核、年度考核、验收命名”，实现创建 100 个特色小镇的目标。目前，浙江省首批 37 个特色小镇按照 3 年近期、5 年远期的规划正在稳步推进。

（三）特色小镇是地区经济转型升级的全新载体

特色小镇已成为我国推动城镇化进程方面重要的经济增长点。如在山东，200 个示范镇 2012～2015 年 GDP、农民人均纯收入年均增速分别高达 23.96%、15.59%，远超过同期全省增长幅度。在陕西，重点示范镇二、三产业增加值占 GDP 比重从 2011 年的 88.8%增加到 2015 年的 95.0%。2015 年，浙江省杭州市 GDP 达 10053 亿元，成为国内第 10 个万亿元级城市。而在众多支撑杭州发展的引擎中，梦想小镇、基金小镇、云栖小镇、跨贸小镇等特色小镇发挥了重要作用。仅 2015 年，浙江省首批 37 个特色小镇的新入驻企业达 3207 家。

二、广西特色小镇的培育和建设的优越条件

（一）区位优势

广西位于西南部，处于华南经济圈、西南经济圈与东盟经济圈的交汇处，具有培育和建设特色小镇的多种区位优势和条件。

（1）沿海优势。广西海岸线曲折，直线距离仅 185 公里，仅为海岸线总长的 11.6%。从东到西分布有铁山港、廉州港、三娘港、钦州港、防城港、珍珠港等

港湾。拥有大小港口21个，其中适合建设泊靠能力万吨以上的有防城、钦州、北海、珍珠、铁山5个港口。广西沿海港口具有港阔水深、淤积少、风浪小、无结冰期等自然特点，距港澳地区和东南亚的港口都较近，北海港距香港港425海里，钦州港距新加坡港1338海里，防城港距越南海防港151海里，距泰国曼谷港1439海里。北海市铁山港区南康镇正是依托其紧靠铁山港工业区的区位优势，以工业为主导产业，大力吸引外来投资，将小镇建设成为优质生态文明的旅游休闲小镇。

（2）沿边优势。广西有8个县（市）与越南接壤，现有边境口岸12个，其中东兴、凭祥、友谊关、水口、龙邦5个口岸为国家一类口岸，另外还有25个边民互市贸易点，各边境口岸和边贸点都有公路相通。从凭祥市友谊关至越南谅山市仅18公里，到越南首都河内市180公里。湘桂铁路与越南铁路连接，火车可直达河内市。崇左的凭祥等镇则可以利用其与越南交壤的区位优势，借助北部湾经济区的政策，以进出口贸易为主导产业，发展出具有自身特色的小镇。

（3）沿江优势。珠江水系的西江，纵横广西境内梧州、贵港等城市，西通云南、贵州，东经广州出海，西江的年径流量是黄河的5倍，德国莱茵河的4.5倍。西江在广西境内有年吞吐能力万吨以上的内河港口77个，经过国家重点投资整治的西江河道，其运输能力仅次于中国第一大河长江，西江下游的梧州市，是广西内陆口岸一个历史悠久的商埠，梧州下航至香港、澳门为400公里左右，梧州港为中国第六大内河港口。西江水道是连接云南、贵州内河通向广东及港澳地区的一条“黄金水道”。位于西江中游的梧州市苍梧县六堡镇则正是依靠这一黄金水道，出口六堡茶，打响了自身特色小镇的品牌。

（二）资源优势

（1）矿产资源。广西拥有丰富的矿产资源，铝、锰、锡、铟、稀土等矿产储量位居全国前列。如恭城瑶族自治县莲花镇矿产资源丰富，境内蕴藏大量的钛、铁、铅、锌、锡、大理石、花岗岩等矿石，其中以大理石、花岗岩最为著名，花岗岩总储量25亿立方米，主要有红、灰两种，红色名为“莲花红”，可与“岑溪红”相媲美。

（2）农业资源。茉莉花、木材、桑蚕、秋冬菜、成品糖、木薯、柑橘等农业产品的产量全国第一，尤其是南宁市横县校椅镇的茉莉花产量更是达到了世界的60%。崇左市江州区新和镇则是依托蔗糖种植为核心，制糖产业、旅游产业为主导，形成产业的循环发展；广西的中草药种类位居全国第二，有“南方药都”之称的玉林市，则可以依靠这一资源，发展集中草药种植、加工、展示、出口为一体的特色小镇。

（3）旅游资源。自然环境优美，气候宜人，空气清新，沿海区海水洁净，未遭受过多的破坏，而且鱼类资源丰富，开发利用潜力巨大。如北海市银海区的侨港镇，则是利用了沿海的优异旅游条件，乘着“一带一路”的东风，发展成为集海滨旅游和海洋产业于一身的特色小镇。

（4）人力资源。广西 2017 年高校毕业人数超过 20 万，大量高素质人才可投入到特色小镇建设之中。一些以工业为主导产业的小镇，如广西灵山县陆屋镇，则可以吸纳大批高素质的人才到轻重工业，提高产业的创新能力和效率。

（三）交通优势

广西是我国通往东盟最便捷的陆路和海上通道，是中东部地区“西进”、西南地区“东出”和“南下”的重要交通枢纽。现在广西正在着力建设“一中心一枢纽五通道五网络”，一中心即北部湾区域性国际航运中心，一枢纽即南宁国际区域性综合交通枢纽，五通道包括海上东盟通道、陆上东盟通道、南北陆路国际新通道、西南中南方向通道、粤港澳方向通道，五网络为铁路、公路、水运、航空、交通信息网，力求在 2020 年实现“高速县县通、高铁市市通、民航片片通、内河条条通”的战略目标。

（1）海上通道。经过多年建设，沿海港口吞吐能力超过 3 亿吨。全国第二大内河运输水道西江横贯广西境内，广西的 14 个地级市有 11 个城市均可通过珠江—西江水系直航粤港澳。

（2）陆路通道。2016 年广西高速公路新增 367 公里，总里程达到 4603 公里，广西公路总里程突破 12 万公里，新增大新、天等、三江、融水、融安 5 个县通高速公路，县县通高速公路率达 85%。高速铁路营运里程约 1751 公里，位居全国前列，以南宁为中心 3 小时可直达广州、昆明、长沙、贵阳等周边省会城市，10 小时可通达国内主要中心城市。贵港市港南区桥圩镇处于广昆、三北高速交汇点，依靠其处于两条高速的区位优势，大力出口农产品、羽绒服装和轻工业小商品。

（3）空中通道。近年来，广西加快建设以东盟为核心的“一带一路”国际空中大通道，积极构建北海、百色、梧州及河池机场等区内外支线机场经桂林机场中转的发展模式。2016 年广西航线 264 条，其中国内航线 222 条、地区航线 8 条、国际航线 34 条；通航城市 105 个，基本实现国内省会城市、港澳台地区、东盟国家主要城市全覆盖。

（四）历史文化优势

广西少数民族众多，独特的地形地貌酝酿了浓郁的民族文化底蕴和悠久的历史文化传统，特色的建筑风格、民族节日、手工艺品、戏剧、山歌等民族文化瑰宝，都可以加以开发为特色小镇资源。如河池市宜州区刘三姐镇的壮族文化、来宾金秀的瑶族文化、百色的红色革命文化、贺州市八步区贺街镇的宗祠文脉特色和临贺古城等，都是广西宝贵的历史文化遗产，可加以利用和开发。恭城瑶族自治县莲花镇有古色、古香的朗山民居，山清水秀的兰洞天池，还有以“赏果园风光，品瑶乡风情”为主题，集生态农业、旅游观光为一体的文化生态旅游红岩新村。

三、广西特色小镇培育和建设的现状

（一）以特色小镇为载体，全方位发展县域经济

党的十八大提出新型城镇化建设的重要战略部署后，自治区和各市党委与政府也采取了一系列措施推进小城镇和特色小镇建设。2016 年 10 月，广西住建厅、发改委、财政厅联合印发了《广西百镇建设示范工程实施方案》并明确提出，自治区将统筹推进 100 个经济强镇、特色名镇、特色小镇建设，力争到 2020 年，培育出一批布局合理、经济发达、设施配套、功能完善、环境优美、特色鲜明、进入全国先进行列的小城镇。

2017 年，广西先后发布了 9 个（“1+6+2”）系列政策文件，全方位支持县域经济发展。2017 年 7 月，中共广西壮族自治区委员会、广西壮族自治区人民政府发布了《关于加快县域经济发展的决定》，以及涉及农业、工业、旅游、特色小镇、金融、财政体制改革方面的 6 个配套文件，还有一个考核意见及《广西县域经济发展“十三五”规划》。发展特色农业、特色工业、特色旅游、县域城镇化、生态环保、开放合作是县域经济六大重点领域。特色城镇方面，提出实施中小城市培育工程，力争 2020 年广西所有县城（不含城区）建成区人口规模达到 5 万以上，其中 5 万~10 万的 34 个，10 万~15 万的 17 个，15 万~20 万的 10 个，20 万以上的 10 个。特色农业方面，广西提出实施现代特色农业产业品种品质品牌“10+3”提升和“一县一品”行动；围绕县域农业特色经济和一二三产业融合发展，大力发展农产品加工业；依托已建成的示范区，打造田园综合体。特色工业方面，提出了力争每个县打造 1~2 个特色产业集群，形成“一县一业”产业发展格局；每个园区明确 2~3 个主导产业；推广“飞地经济”模式共建产业园区。特色旅游方面，提出加快培育发展 30 个特色旅游小镇，实施“一镇一品”工程；扶持发展民宿经济；到 2020 年，各县域均要培育形成 1 个以上有特色、有市场的主题旅游主打产品。

2017 年 7 月，广西壮族自治区人民政府办公厅发布了《关于培育广西特色小镇的实施意见》（桂政办发〔2017〕94 号）（以下简称《意见》）。根据《意见》，到 2020 年，广西将培育 30 个左右全国特色小镇，同时建设 100 个左右自治区级特色小镇以及 200 个左右市级特色小镇。《意见》要求，以特色小镇为载

体，培育特色产业，做强特色优势企业，建成百个经济（生态）强镇，激活2000亿元以上固定资产投资，培育形成产业链、投资链、创新链、人才链、服务链等融合发展的生态链。同时，广西将构建国家、自治区、市三级特色小镇培育体系，分为培育小镇、建设小镇和命名小镇3个阶段。着力建设一批特色产业鲜明、功能完善、体制灵活、环境优美、文化底蕴彰显、宜居宜业宜旅的国家、自治区、市级特色小镇，使特色小镇成为广西县域经济发展新的增长点，成为农民就地就近城镇化的重要载体。《意见》明确，广西特色小镇建设要按照产业、生态、文化、旅游、基础设施等要素融合发展、协同推进的“五位一体”方式创建特色小镇，并开展“一业主导、多业联动”产业培育，推进特色产业创新驱动，完善特色小镇发展机制体制。根据《意见》，广西特色小镇创建程序分为自愿申报、审核公布、年度评估、验收命名4个阶段。创建成功后，特色小镇将在建设用地、补助资金、财税优惠、人才培育保障等方面获得支持。

此外，广西还出台了多项鼓励政策，如广西财政部门对每个特色小镇拨付2000万元培育资金；鼓励集群产业商标品牌建设、地理标志证明商标注册、使用及保护。自治区住房和城乡建设厅也出台《关于开展市级特色小镇培育工作的通知》《关于组织申报第一批广西特色小镇的通知》，指导广西特色小镇的培育和申报工作。

（二）初步建立了一批国家级和市级特色小镇

近年来，广西大力开展特色名镇、百镇建设示范工程和民族乡建设等工作，小城镇建设取得长足进步，一批基础设施完善、公共服务健全、经济发展活跃、城镇特色凸显的小城镇脱颖而出。

2016年7月，住房和城乡建设部等三部委发布《关于开展特色小镇培育工作的通知》，决定在全国范围开展特色小镇培育工作，计划到2020年，培育1000个左右各具特色、富有活力的休闲旅游、商贸物流、现代制造、教育科技、传统文化、美丽宜居等特色小镇，引领带动全国小城镇建设。8月，广西住房和城乡建设厅下发通知，组织广西各地开展特色小镇推荐工作，并组织一批专家对各地推荐的特色小镇开展综合评审进行严格把关，择优将广西一批具有鲜明特色的小镇上报住房和城乡建设部。

2016年10月，住房和城乡建设部公布了第一批127个中国特色小镇名单。其中，广西柳州市鹿寨县中渡镇、桂林市恭城瑶族自治县莲花镇、北海市铁山港区南康镇、贺州市八步区贺街镇4个成功入选。广西此次入选的4个小镇各具特色，充满活力。柳州市鹿寨县中渡镇是一座底蕴深厚的千年古镇，借助香桥喀斯特生态国家地质公园、中渡古城等优势，按照建设喀斯特山水古韵小镇的要求，大力建设文化旅游名镇，成功打造了中渡香桥十里旅游黄金长廊、千年庙会、和家宴等民俗文化旅游品牌；桂林市恭城瑶族自治县莲花镇依托“中国月柿之乡”的美誉，建设柿子小镇，完整保留“莲花九甲”传统民居特色，成功承办了第二次全国改善农村人居环境会议；北海市铁山港区南康镇依托铁山港工业区的区位优势，建设滨海宜居小镇，为中石化、新材料等千亿产业项目和工业园区建设提供服务，涌现了义洋矿业等一批亿元企业，带动一大批群众就业致富；贺州市八步区贺街镇依托“宗祠文脉”文化底蕴建设宗祠文脉小镇，以“千年古镇、百年菜乡”为载体，古镇带动新城建设，经济显著增长。2017 年 9 月住建部网站正式公布了第二批全国特色小镇名单，全国共计 276 个小镇入选，广西 10 个小镇榜上有名。入选的 10 个小镇分别为：河池市宜州市刘三姐镇、贵港市港南区桥圩镇、贵港市桂平市木乐镇、南宁市横县校椅镇、北海市银海区侨港镇、桂林市兴安县溶江镇、崇左市江州区新和镇、贺州市昭平县黄姚镇、梧州市苍梧县六堡镇、广西灵山县陆屋镇。

目前，第一批广西特色小镇申报评审工作正在进行中。

2017 年，广西各市已经或正在开展市级特色小镇的培育和申报工作，如贵港市人民政府办公室《关于印发贵港市市级特色小镇培育实施方案的通知》；2017 年 11 月，梧州市公布了第一批特色小镇培育的乡镇名单，分别是苍梧县六堡镇、蒙山县丝艺小镇、岑溪归义镇、南渡镇、筋竹镇、水汶镇、藤县塘步镇、长洲区长洲镇、倒水镇。崇左市也公布了市级特色小镇培育名录，分别是大新县硕龙镇、下雷镇，龙州县水口镇、上金乡，扶绥县东门镇、山圩镇、渠黎镇、岜盆乡，江州区驮卢镇、那隆镇，宁明县爱店镇、海渊镇，凭祥市友谊镇、夏石镇，天等县向都镇、东平镇共 16 个特色小镇。

（三）特色小镇的培育和建设成效显著

全国第一批 127 个特色小镇建设取得明显成效。新增企业就业人口 10 万人，平均每个小镇新增工作岗位近 800 个，农民人均纯收入比全国平均水平高 1/3，有效带动了产业和农村发展。基础设施方面，90%以上小镇的自来水普及率高于 90%，80%小镇的生活垃圾处理率高于 90%，基本达到县城平均水平；公共服务方面，平均每个小镇配有 6 个银行或信用社网点、5 个大型连锁超市或商业中心、9 个快递网点以及 15 个文化活动场所或中心；传统文化保护和传承方面，85%的小镇拥有省级以上非物质文化遗产，80%以上的小镇定期举办民俗活动，70%以上的小镇保留了独具特色的民间技艺。

近年来，广西各省市也围绕住建部、自治区特色小镇培育工作要求，结合各地区产业特色、文化底蕴、旅游资源实际，按照分类培育思路，积极开展特色小镇谋划建设工作，取得了一定的工作成效。

广西第一批 4 个国家级特色小镇中，鹿寨县中渡镇特色小镇的基础设施建设正在加速进行，古镇南大门、古镇西大门古城墙修复、管线下地改造、污水处理站设备安装工程及水车工程等项目已经完成；恭城县莲花镇的红岩 AAAA 级景区、柿子博览园、县全域旅游精品示范带项目等项目已经完成规划设计工作；北海市铁山港区南康镇已建成广西第一家乡镇 3D 影城，小街小巷改造项目已完成场地平整，并采取 PPP 模式，争取社会资金投入特色小镇建设；贺州市八步区贺街镇目前已完成特色小镇的策划和规划方案编制工作，贺街镇旧住宅综合整治项目和易地扶贫移民（一期）工程已完工。

广西第二批 10 个国家级特色小镇获评后，各小镇依托特色产业，加快了基础设施建设，吸引众多企业投资落户，为当地提供大量就业岗位，提升就业率；各市县围绕自治区政府对特色小镇在产业定位、空间布局、投资、功能集成等方面要求，优化产业结构，促进经济发展转型，加快了城镇发展速度，提高了经济水平。如广西贵港市港南区桥圩镇吸引规模以上企业达 31 家，2016 年工业总产值 58.5 亿元，对带动当地工业发展、帮助当地农民致富发挥了极其重要的作用。

四、广西特色小镇培育和建设存在的问题

广西已有国家级特色小镇 14 个，目前自治区、市级特色小镇的培育和建设正在稳步推进中，但也存在不少问题。

（一）特色小镇量少而质不高

虽然广西的特色小镇数量不断增加，但和浙江等省份相比，广西的特色小镇数量很少，国家级别的只有 14 个。广西特色小镇的基础设施建设水平较低，公共服务水平不足，地区特色不突出，品牌知名度不高。

（二）对特色小镇的理解不够深入

有些地区小镇只是为了享受国家政策的扶持而去建设特色小镇，并未深入思考“如何建设特色小镇”“特色小镇的内涵是什么”“建设特色小镇的真正意义到底是什么”等问题。

（三）产业层次不高，创新不足

广西特色小镇的产业以旅游、农业、轻重工业等产业为主，产业较整体层次不高，结构松散，产业与产业之间未能形成高效联动，创新能力较弱，并未打造成多种结构、多种功能的特色小镇。

（四）融资渠道过少，资金不足

特色小镇的融资渠道过少，且融资成本较高，而特色小镇的基础设施，如道路、服务设施等工程的建设需要大量资金支持，因此部分特色小镇对发展规划的落实速度较慢，建设进度参差不齐。

（五）政策不完善，政府支持力度不够

广西壮族自治区政府对于特色小镇的建设没有引起足够重视，政府支持力度不够，针对特色小镇出台的政策还不够全面和完善，许多细节内容并没有提出。与国内其他地区相比，广西特色小镇的培育和建设滞后，在城镇公共设施和交通基础设施建设等领域，财政投入不足。

（六）发展严重滞后，特色资源没有得到合理开发

与浙江的特色小镇相比，广西的特色小镇发展过于迟缓，浙江首批特色小镇已经基本建设完毕并取得较好的效果，而广西的特色小镇则还处于建设和规划之中，而且知名度远低于浙江的特色小镇。特色小镇发展定位不准，特色小镇发展与毗邻的城市地区没有充分联动起来；很多小镇有特色产业和产品，品质好，但量不大、附加值不高；对资源优势的利用不够，造成闲置甚至浪费；广西在成功申报特色小镇后，有的没有对其进行持续性监督和建设。

五、广西特色小镇培育和建设的建议

2015 年底，习近平总书记做出重要批示，“抓特色小镇、小城镇建设大有可为”。广西在地理、气候、区位、产业、交通、海洋、生态、文化等方面都有独特优势，广西有必要也有可能紧抓国家新一轮改革战略机遇，以特色产业为核心在广西创建一批特色小镇，让特色小镇在推动广西经济转型升级方面发挥重要作用，成为县域经济新的增长点。

习近平总书记在党的十九大报告中提出，实施区域协调发展战略。以城市群为主体构建大中小城市和小城镇协调发展的城镇格局，要加强生态文明建设、推进绿色发展战略，要实施乡村振兴战略，坚持农业农村优先发展。这为特色小镇培育和建设指明了新时代的方向。为此，提出如下建议：

（一）加强组织领导，强化统筹协调

一是完善特色小镇培育和建设工作领导小组和工作联席会议制度，进一步明确政府和各部门工作职责，建立协同推进机制，落实创建特色小镇的有关镇（街道）和产业平台的主体责任。二是统筹规划，高起点谋划特色小镇发展，确保与国民经济和社会发展规划、城乡发展总体规划、土地利用总体规划、环境功能区规划等统筹衔接。三是根据特色小镇的功能定位，自治区、市、县（区）三级政府和相关部门要加强对特色小镇的分类指导。明确要求各市尽早选出一批产业、文化、旅游和社区功能叠加的特色小镇，列入市级特色小镇培育和创建名单，要重点推荐产业特色鲜明、生态环境优美、人文气息浓厚、投资项目落实、示范效应显著的小镇列入国家级、自治区级特色小镇培育和创建名单。四是要加

强特色小镇理论研究和调查研究，准确把握特色小镇建设的规律和方法，要建立特色小镇专家库，发挥专家指导作用，加大对特色小镇培育和建设人才的培训力度。五是基础设施建设方面要根据各市实际和小镇类型提出不同条件和要求，要优先考虑产业发展和公共基础设施建设要求，要重点建设特色小镇的交通基础设施和公路网络，对非旅游小镇要淡化对旅游设施的要求。

（二）加强产业主导，壮大特色产业

特色小镇一定要有与之相匹配的特色产业，必须加强培育和发展主导产业。一是要结合产业实际，因地制宜谋划特色小镇。明确产业发展定位，加强产业与小镇发展的融合，实现推动工业化和城镇化良性互动，城镇化和农业现代化相互协调。二是要建立特色产业项目储备库。各个特色小镇培育对象要按照“一镇一库”要求，围绕特色产业定位，进一步细化排定重点项目，加紧形成特色产业项目储备库。要抓好特色产业项目前期及项目落地的协调工作，开设绿色通道，加快项目审批，为项目实施创造良好条件。三是要多面突破，形成多元的特色产业集群。一定要依托现有产业资源，形成规模，针对未开发的资源项目最大限度挖掘、研究、提炼，努力形成精品、拔尖的特色产业。一定要紧扣产业升级趋势，孵化产生新业态、新产业，如商业贸易、休闲旅游、文化创意等。一定要借助互联网，带动特色产业链的层次提升或旅游人气的上升，使特色小镇做特、做精、做强。四是要充分利用现有自然资源和生态资源，将生态环境优势转变为产业优势和经济优势，使其成为建设特色小镇的得力推手。

（三）加强政策扶持，落实要素保障

一是在财政资金方面，整合统筹各种相关政策资金，同时设立特色小镇发展财政基金，对刚起步建设的特色小镇，按不同等级给予启动资金。对列入自治区、市级、县（区）级创建名单的特色小镇，在每年年度考核合格后，按不同等级给予奖励资金。二是在建设用地方面，要按照节约集约用地的要求建设，积极盘活存量土地和利用低丘缓坡资源，按照多规融合的要求，结合城乡规划修编和土地利用总体规划调整完善工作，优先保障特色小镇建设用地。三是在投融资方面，落实金融机构关于金融支持特色小镇建设的相关政策，创新特色小镇金融产品，探索特色小镇投贷联动业务。鼓励灵活运用 PPP 模式推动特色小镇基础设施建设，在特色小镇内的市政设施、交通设施、公共服务、城镇化提升方面，优先考虑选择 PPP 模式。探索基金模式，设立创投基金、产业基金、发展基金以市场化机制引入带动社会资本参与特色小镇建设。四是在建设人才方面，对特色小镇急需的高端人才、特殊人才，采取“特事特办、一事一议、一人一议”，并将整合现有各类人才资金与特色小镇发展结合起来。

（四）加强政府引导，激发市场活力

一是要按照“政府主导，企业主体，市场运作”的要求，明确特色小镇建设运营管理主体权责利。特色小镇建设运营管理主体可以是政府或政府平台公司，可以是独立的市场化主体，也可以是政府和市场联合主体。可根据不同类型特色小镇，发挥各自的主体优势或互补优势，推动特色小镇发展。二是特色小镇培育和建设一定要与农民致富、农民脱贫结合起来，要通过产业的带动发展，让特色小镇吸纳周边村镇的剩余劳动力就业，吸纳返乡民工、大学生、失地农民、失海渔民和农村留守人员创业创新，以创业带就业，带动周边区域发展，实现美丽村镇建设和扶贫目标。三是把市场机制引入小城镇建设，鼓励和引导各类社会资本采取多种方式，投资小城镇特色产业和项目开发。

（五）加强观念创新，突出建设重点

一是要尽可能地吸引战略投资者对小镇进行统一规划和开发，有效防止小镇建设过程中的碎片化。同时也要积极吸引多元主体参与小镇建设，发挥多元主体参与小镇建设的积极性。二是要敢于让特色小镇先行先试。凡是国家的相关改革试点，特色小镇优先上报；凡是国家和自治区先行先试的相关改革试点，特色小镇优先实施；凡是符合法律要求的相关改革，允许特色小镇先行突破。三是要不断完善特色小镇基础设施，着力提升发展承载力。要营造良好的社会环境，聚集人气，吸引客商投资、吸引农民回乡发展、吸引游客旅游。四是要大力挖掘和培育特色，走“人无我有，人有我强”的路子，创新特色小镇重点项目，推进广西新型城镇化示范县、百镇示范工程、乡土特色示范村建设。挖掘地方特色的传统工艺文化，与现代科技相结合，形成独特的文化标识，与产业融合发展。五是要扶助建设一批科技类、职教类、国际类特色小镇，发挥科技创新、教育创新和开放创新在特色小镇建设中的作用。

钦州特色小镇培育和建设存在的问题及对策研究

钦州学院资源与环境学院讲师 杨永伟

摘要：以特色小镇理论和政策法规研究为基础，通过一定量的实地调研，发现钦州特色小镇培育和建设存在7个主要问题：对特色小镇的概念理解不深入；对国家和地方特色小镇建设政策理解不透彻；“特色”定位不准；政府、企业与市场的关系错位；缺乏投资效率意识；重视速度，轻视质量；重视形式，忽视内容。从多角度、多种因素综合考虑，针对钦州特色小镇培育和建设，提出4点对策：要与专业的科研院所或第三方咨询机构合作；要有合格的投资运营主体；应基于市场机制运作；要创造品牌效应。

关键词：特色小镇；调研；存在问题；对策

2016年7月1日，《住房和城乡建设部　国家发展改革委　财政部关于开展特色小镇培育工作的通知》出台，决定在全国范围开展特色小镇培育工作。接着，根据培育工作通知的要求，2016年8月3日国家又发布了《关于做好2016年特色小镇推荐工作的通知》，引起了学界和各级政府的高度关注和响应。作为中国西部的广西壮族自治区也开始大力发展特色小镇培育和建设工作，2017年7月15日区政府发布《关于培育广西特色小镇的实施意见》（桂政办发〔2017〕94号）。

在中央和地方政府推动下，广西特色小镇近两年也快速发展，各类机构和各级政府跻身其中，试图挖掘特色小镇建设带来的商机和政绩影响力。截至2017年，钦州市浦北县龙门镇、南宁市横县校椅镇等45个镇（含14个中国特色小镇）已被认定为第一批广西特色小镇；钦州市浦北县龙门镇、灵山县陆屋镇和钦北区大寺镇3个小镇被认定为中国特色小镇。而且，广西壮族自治区政府为每个申报认定的区级特色小镇的项目提供2000万元的培育奖励资金。但在钦州特色小镇快速发展的过程中，暴露了不少问题，值得认真思考与对待。

一、调研情况

（一）调研思路

鉴于以上现状，课题组理论联系实际，重视调研的重要性，运用科学的分析方法，研究和总结了广西及全国其他地区特色小镇建设的成功经验，包括特色小镇建设的模式、实现方式、保障措施等；通过调研钦州市一定数量的国家级特色小镇和区级特色小镇，包括正在培育和建设的，以及未成功申报区级特色小镇的项目；发现钦州特色小镇建设存在的主要问题，并有针对性地提出对策或建议，以期为钦州市及广西壮族自治区特色小镇建设提供参考，并且对提高特色小镇培育和建设效率有所帮助。

（二）调研对象及内容

2017 年 11 月至 2018 年 7 月，在钦州市政府、钦州学院、钦州发展研究院等的支持下，先后数次分别对钦州市内的 11 个小镇或项目进行了调研。调研对象包括钦州市两区、两县的主要小镇和有一定影响力的项目，在地理分布上有一定代表性；而且调研对象既有正在培育和建设的国家级和区级特色小镇，也有未成功申报区级特色小镇的项目，分别是：①钦州市内 3 个正在培育和建设的特色小镇，包括第二批中国特色小镇和第一批广西特色小镇；②广西区内 8 个未成功申报区级特色小镇的项目。因此，调研对象在地理分布、申报状态、数量上均具有一定代表性。调研对象如表 1 所示。

表 1　钦州特色小镇培育和建设调研对象

县区	正在培育和建设的特色小镇	未成功申报区级特色小镇的项目
浦北县	龙门镇（红椎菌小镇） （第一批广西特色小镇，2018 年）	泉水镇木业工业区； 北通镇现代特色农业示范区； 福旺镇田园综合体项目； 五皇山旅游基地（国家地质公园）项目
灵山县	陆屋镇（机电小镇）（第二批中国特色小镇，2017 年）	石塘镇休闲旅游项目； 佛子镇大芦村民俗旅游项目
钦北区	大寺镇（飞翔小镇） （第一批广西特色小镇，2018 年）	那蒙镇农业、休闲养生项目
钦南区	—	沙埠镇坭兴陶特色小镇项目

注：“—”表示不详。

调研内容如表 2 所示。

表 2　钦州特色小镇培育和建设调研内容

	正在培育和建设的特色小镇	未成功申报区级特色小镇的项目
调研内容	特色小镇的基本情况及规划设计； 成功申报经验； 建设过程中存在的问题或困难； 今后的运营计划或方案等	小镇的基本情况； 申报经验及教训； 未来申报及建设过程中可能存在的问题或困难； 是否有合作方或规划设计等

（三）调研结果

调研在得到上述各县区地方政府（包括镇政府）的支持下，采用了实地调研、座谈交流，以及文献资料研究结合等多种方法，达到了调研目的，为本研究的顺利完成打下了坚实基础。

通过调研发现，钦州正在培育和建设的特色小镇现状及存在的主要困难有：

（1）特色小镇申报和建设大多由县或区政府牵头主导，镇政府仅辅助或执行。

（2）特色小镇项目建设资金短缺，筹集资金或融资是大多数县或区政府首先要解决的难题。

（3）特色小镇项目 2~3 年建设完成后，实现一定规模和产值（例如几十亿元）的验收目标有较大困难。

（4）吸引有实力的企业（比如央企、大型国有企业等）来投资，并主导小镇建设及运营是当地政府的愿望，但有较大难度。

（5）项目验收后，形成由企业主导及市场化运营的模式，最终实现可持续发展，从而带动地方经济发展，有很大挑战。

另外，未成功申报区级特色小镇的项目大多是在 2016 年兴起的特色小镇申报热潮中为了完成任务而盲目申报，由于缺乏特色产业，或未形成一定的产业规模，或缺失“产城人文”四位一体的特质，以及缺乏科学、合理的规划与设计等原因而未能实现申报目标。

二、特色小镇培育和建设中存在的问题

近年来，特色小镇如雨后春笋般迅速发展。自 2016 年 7 月住建部、国家发改委、财政部发出《关于开展特色小镇培育工作的通知》，提出 2020 年前培育

1000个左右全国特色小城镇（五年内按年度逐年认定）以来，全国各省市区、各部委纷纷启动特色小镇建设。除了各省级特色小镇，农业部、国家体育总局等也纷纷提出了农业互联网小镇、运动休闲小镇等各类特色小镇建设。

但在特色小镇的培育与建设过程中也出现了一些值得注意和警惕的倾向性问题。例如，设市区地方政府，尤其是县级和乡镇政府盲目跟风，往往重视特色小镇申报而忽视培育和建设工作，为了申报而申报，造成进入培育和建设阶段的特色小镇项目容易产生停滞不前的现象；忽视市场经济规律和可持续发展原则，主次颠倒，形成政府主导、企业被动参与或边缘化的局面，造成特色小镇建设和后续经营难以为继的现象，这不仅给当地社会发展带来很多负面影响，也直接影响当地经济的健康发展。另外，还有政府大包大揽，盲目扩张，重数量、轻质量，重形态、轻灵魂，以及房地产化等倾向。概括来说，钦州特色小镇建设存在的问题主要有以下几个：

（1）对特色小镇的概念理解不深入，造成后续一系列问题。。国家发改委、国土部、环保部、住建部四部委2017年12月出台的《关于规范推进特色小镇和特色小城镇建设的若干意见》中强调，特色小镇是在几平方公里土地上集聚特色产业、生产生活生态空间相融合、不同于行政建制镇和产业园区的创新创业平台。特色小镇是按创新、协调、绿色、开放、共享发展理念，结合自身特质，找准产业定位，科学进行规划，挖掘产业特色、人文底蕴和生态禀赋，形成“产城人文”四位一体有机结合的重要功能平台。如特色小镇规划面积控制在3平方公里左右，而建设面积控制在1平方公里左右。特色小镇原则上3年内要完成固定资产投资几十亿元左右（视不同项目而定），所有特色小镇要建设成为AAA级以上景区。各地区可结合产业空间布局优化和产城融合，循序渐进发展“市郊镇”“市中镇”“园中镇”“镇中镇”等类型特色小镇。

同时，特色小镇培育坚持突出特色，更注重“质”的发展，更多追求内涵式的、质量上的增长，更多要和当地文化、自然山水结合起来；坚持市场主导，一方面充分发挥市场主体作用，明确政府作用重在搭建平台、提供服务；另一方面强调以产业发展为重点，依据产业发展确定建设规模，防止盲目造镇，避免盲目扩张；坚持深化改革，要求特色小镇培育要在发展、建设、管理各层面全方位创新，打造创新创业新平台。

（2）对国家和地方特色小镇建设政策理解不透彻，造成盲目申报。为了促进特色小镇建设的发展，2016~2017年，国家相关部委和广西壮族自治区政府分别从国家和自治区层面出台多部政策法规，详细阐述特色小镇建设的工作目标、原则及要求等，以此助力国家乡村振兴战略实施，缩小城乡差距，实现农村经济社会协调可持续发展。发布的政策法规文件具体如表3所示。

表 3　2016~2017 年国家相关部委和广西壮族自治区政府发布的关于特色小镇建设的文件

发布时间	发布者	文件名称	文件号
2016 年 7 月 1 日	住房和城乡建设部、国家发展改革委、财政部	《关于开展特色小镇培育工作的通知》	建村〔2016〕147 号
2017 年 7 月 7 日	住房和城乡建设部	《关于保持和彰显特色小镇特色若干问题的通知》	建村〔2017〕144 号
2016 年 8 月 3 日	住房和城乡建设部村镇建设司	《关于做好 2016 年特色小镇推荐工作的通知》	建村建函〔2016〕71 号
2017 年 12 月 4 日	国家发展改革委、国土资源部、环境保护部、住房和城乡建设部	《关于规范推进特色小镇和特色小城镇建设的若干意见》	
2017 年 7 月 15 日	广西壮族自治区人民政府办公厅	《关于培育广西特色小镇的实施意见》	桂政办发〔2017〕94 号

例如，根据 2017 年 7 月《住房和城乡建设部关于保持和彰显特色小镇特色若干问题的通知》要求，发展特色小镇要避免三个盲目原则，具体包括要尊重小镇现有格局、不盲目拆老街区；要保持小镇宜居尺度、不盲目盖高楼；传承小镇传统文化、不盲目搬袭外来文化。住房和城乡建设部已将是否保持和体现特色作为特色小镇的重要认定标准，并将定期对特色小镇有关情况进行检查。再如，根据 2016 年 8 月《关于做好 2016 年特色小镇推荐工作的通知》，住房和城乡建设部组织的知名专家团队在第二次评选全国特色小镇时，提出五大评选要求，分别是特色鲜明的产业形态、和谐宜居的美丽环境、彰显特色的传统文化、便捷完善的设施服务、充满活力的体制机制，分别从理念模式、规划建设、社会管理、体制机制等方面对申报的特色小镇进行评估。

而很多当地县及区政府没有认真研读国家相关部委和广西壮族自治区政府发布的相关政策法规文件，从主观出发，想当然地让很多乡镇申报特色小镇，而不顾小镇是否具备特色小镇培育和建设的基础和要求，造成盲目申报，浪费了地方政府大量人力和物力，对小镇的经济社会发展不但没有起到积极的作用，而且可能耽误当地经济社会发展的时间和机会。

（3）“特色”定位不准，没有因地制宜，造成同质化现象严重。所谓有特色的产业，是要求产业要专业化，避免同质化。特色小镇打造这些特色产业应尽量细分，不能“大而乱”，要“小而精”，要与互联网、新技术结合起来，在供给侧方面狠下功夫，集聚人才、技术及资本等（余静，2017）。各地在特色小镇建设过程中，要想方设法求新、求异，并且要结合当地特色，努力探寻一些与众不同的乡村文化娱乐活动，并以这些乡村文化娱乐活动为基础，大力开发一些特色文娱项目（傅晓敏，2017），这样才能准确定位，因地制宜，找准特色产业，建设特色小镇。如2017年《关于培育广西特色小镇的实施意见》提出，选择一个具有地方特色和明显优势的细分产业作为主攻方向，防止特色小镇“一哄而上”“遍地开花”，防止将已建成的各类小区、园区列为特色小镇。对地域相近、产业相同、定位相似的小镇要择优选择，原则上一个细分产业只培育1~2个特色小镇，避免同质化竞争。

而一些地方小镇却简单模仿，照搬、照抄浙江等发达省份特色小镇建设的经验，生搬硬套，很多小镇以文化旅游、休闲养生为主题，内容雷同，确定的特色小镇目标和功能也脱离实际。再如，一些小镇自身特色挖掘不足，一些规划设计方案多次复制，在产业特色、建筑风格和小镇整体风貌上没有体现出地方和区域的差异性，使建设成的“特色小镇”并无特色可言。

（4）政府、企业与市场的关系错位，政府主导明显，而市场化严重不足。2016年《关于开展特色小镇培育工作的通知》明确表示，应尊重市场规律，充分发挥市场主体作用，政府重在搭建平台、提供服务，防止大包大揽。并且，特色小镇建设应以产业发展为重点，依据产业发展确定建设规模，防止盲目造镇以及房地产化倾向。在目前社会主义市场经济环境下，需要更多地发挥“看不见的手”的作用；然而，一些地方政府发展特色小镇过程中，却企图用“看得见的手”支配“看不见的手”。一些县及区政府依然沿用传统计划经济的开发思路，不注重发挥市场机制的作用，以某些领导的意志替代市场规律，一厢情愿发展自认为有前景的特色产业，结果往往是事倍功半，甚至导致项目失败。

另外，由于一些地方政府在处理政府、企业与市场关系上主次颠倒，导致企业主体缺位或被边缘化，未能真正发挥市场机制的作用，而且，在特色小镇建设过程中仅重视建设，而忽视后期运营，造成特色小镇建设几年后，能持续运营并产生一定社会经济效益的项目越来越少，这使得促进当地经济发展、缩小城乡差距的最终目的往往难以达到。

（5）缺乏投资效率意识，盲目融资。一些地方政府借助国家倡导特色小镇建设的机会，大肆投资，投入远大于产出，并以此作为政府举债或融资的平台。一些地方政府抱着借钱赚政绩、欠债下任还的心态，大量举债建设特色小镇及相应配套设施；有些县及区政府配套投入资金规模远超出当年县及区级财政的收入。

此外，有些地方政府盲目攀比投资规模，或为了考核任务，对存量债务和新增债务缺乏统筹，对偿债资金来源缺乏考虑，这些不顾及本地财政实力的做法，会放大地方财政报表，增加地方政府财务风险或债务风险，给地方政府的正常运行带来极大风险。另外，在融资方面，有些特色小镇项目中企业投资比例不高，主要依赖上级政策、资金支持；有些地方政府混淆了政府的角色，政府不仅在投融资方面给企业背书，还包揽了很多本该企业承担的职责，这可能导致特色小镇缺乏市场化盈利模式，难以长期可持续运营，甚至在特色小镇建成后出现空镇、鬼镇。

（6）建设过程中重视速度，轻视质量。2016 年《关于开展特色小镇培育工作的通知》指出，各地要依据地区特色资源优势和发展潜力，科学确定培育对象，防止一哄而上。而一些地方政府抱着抢抓国家政策红利和多报的心态，大干快上，层层加码。有些地方政府盲目跟风，喜欢要“牌子”，不管小镇到底有没有基础和条件，是否适宜建设，都要打造特色小镇。有些地级市政府急于求成，想在 3 年或者 5 年内建成十几个甚至几十个特色小镇；实际上成熟的特色小镇，没有 8~10 年是建不成功的。此外，还有一些地方重增量的扩张，轻存量的改造，脱离原有建制镇区，开辟新区来建设，引发新一轮用地冲动，也容易造成特色小镇建设房地产化的倾向。

（7）重视形式，忽视内容以及“以人为本”的发展理念。中共十九大报告中提出，中国经济发展的终极目标是“以人为本”，同样，特色小镇的发展也需要体现以人为本的发展理念，改善人居环境。但有些地方却没有坚持以人为本，重物质建设和外观美化，忽视人的生产生活需要，最终偏离特色小镇建设的目的和意义。正如国家发改委规划司司长陈亚军在 2018 中国特色小（城）镇产业发展高峰论坛（北京）上表示，重产业轻配套，强调发展高大上的产业，忽视环境营造和生活配套，缺乏对人，特别是高端人才的吸引力。还有为营造新景观，抛开原有的正确良好的文化基础，按照建新城思路，另起炉灶重新建新城。这些都是特色小镇建设过程中需要重点防范的风险。

三、对策或建议

根据对钦州特色小镇培育和建设的调研结果，以及上述特色小镇培育和建设过程中存在的问题，特色小镇培育及建设效率的影响因素较多，既有硬件条件约束，也有软科学方面的限制，这其中包括小镇的地理位置、交通基础设施、旅游资源、人文历史资源、优势产业、环境、资金和人才等多种因素，因此，采取对策时要从多角度、多种因素综合考虑，为钦州特色小镇培育和建设提出有针对性的对策或建议。具体来说，主要有以下几点：

（1）要与专业的科研院所或第三方咨询机构合作，要有长远计划、科学合理的规划与设计。特色小镇建设投资动辄几十亿元，用时数年，涉及地理科学、产业经济、区域经济、人文科学、基建工程、人力资源、投融资、法律、互联网、物联网、大数据、人工智能等多种学科和知识，可以说是一个复杂和巨大的系统工程，具有很强的综合性和专业复合度，因此，需要具有较高知识技能的机构才能胜任特色小镇建设的深入理解、政策法规研究、规划与设计等工作。这就需要当地政府在特色小镇建设前必须认真对待，积极寻求有一定专业背景的研究机构，尤其是熟悉当地社会经济发展的科研院所，或者独立的第三方专业咨询机构，帮助策划特色小镇的申报、建设和运营等事宜，才能确保目标的达成。合作方式既可以是科研院所或第三方咨询机构以参股的形式，也可以仅提供咨询服务，甚至可以是二者的结合等。

例如，2017 年广西壮族自治区政府《关于培育广西特色小镇的实施意见》要求，特色小镇自列入培育名单起，1 年内要完成特色小镇总体规划编制和特色小镇培育策划，并完成控制性详细规划编制。发展建设规划要做好与上位相关规划的衔接，并加强规划实施的技术指导，每个特色小镇均需安排乡村规划师挂点服务。

（2）特色小镇建设必须要有合格的投资运营主体。2017 年底，四部委出台的《关于规范推进特色小镇和特色小城镇建设的若干意见》中，再次强调了各地区要以企业为特色小镇建设的主力军，引导企业有效投资，激发企业家创造力。鼓励大中型企业独立或牵头打造特色小镇。各地区要注重引入央企、国企和大中型民企等作为特色小镇主要投资运营商。如可以依托央企和中国企业联合会有近 50 万企业会员及中国企业 500 强等优势资源，根据小镇自身的特色，寻求适合的、有实力的大中型企业来主导特色小镇建设及运营。例如，“全国招商联合委员会”与“和平玫瑰特色小镇产业联合体”就为特色小镇建设搭建了专业平台，助推了一些特色小镇的健康发展。

（3）特色小镇建设应基于市场机制运作，要做可行性研究。特色小镇建设有了合格的投资运营主体，还要符合市场经济规律，按市场机制办事，要正确处理好政府、企业和市场三者的关系，构建以政府为引导、以企业为主体的市场化开发运营机制。即以市场化运作为主，有企业参与，政府是政策制定者和引导者、监督者，而非特色小镇的运作主体。

而可行性研究是确定建设项目前具有决定性意义的工作，在投资决策之前，对拟建项目进行全面技术经济分析的科学论证；在投资管理过程中，可行性研究是指对与拟建项目有关的自然、社会、经济、技术等进行调研、分析比较以及预测建成后的社会经济效益。在此基础上，综合论证项目建设的必要性、财务的营利性、经济上的合理性、技术上的先进性和适应性以及建设条件的可能性和可行性，从而为投资决策提供科学依据。因此，可行性研究是特色小镇项目建设前必不可少的关键环节，包括初步可行性研究和详细可行性研究，可以较小的成本避免或减少盲目投资带来的巨大经济损失。

（4）要定位特色产业，创造品牌效应。小镇特色产业的选择，既要符合国家及地方的产业政策，也要有完整的产业链，能融入地方经济，并促进地方经济发展。特色小镇在产业发展方向上，更多地以新兴产业、第三产业为导向。而且，特色小镇产业发展应基于地方的优势特色进行打造，发挥特色小镇在产业链中的带头作用，尤其对于欠发达的西部地区，应起到以镇带乡、带村，为区域内部的劳动力带来工作的机会和发展的空间。如 2017 年，广西壮族自治区政府《关于培育广西特色小镇的实施意见》提出，广西特色小镇的培育应突出产业发展能力，主要以建制镇（乡）、产业园区、现代农业核心示范区、特色旅游集聚区等为载体进行培育。并且，每个特色小镇要重点发展 1 个主导产业及 2~3 个联动产业。

同时，特色小镇建设往往以区域内的协同发展为主，这就需要构建特色产业发展的流程、标准与品牌，与此同时，也需要地方政府有一定的参与度，扮演好政府的监督者、裁判者角色。一个拥有良好产业发展基础的地区，要想打造特色小镇来进一步深化地区发展，必将朝着体系化与品牌化的方向迈进。这里的品牌不一定是“高大上”的品牌，只要能为当地及广大消费者群体接受、认可，或者说“接地气”的品牌才有最优的品牌效应。例如，2017 年广西壮族自治区政府《关于培育广西特色小镇的实施意见》指出，鼓励特色小镇的主导产业注册地理标志商标，培育小镇特色产业品牌。

四、结语

特色小镇以其重在引领灵活多样的发展模式，强调“因地制宜”，重视资源集约的特点，在近几年中国经济发展转型的大背景下，对各地农村经济发展和乡村振兴战略的实施起到重要推动作用。特色小镇在当前的区域竞争中有利于形成核心竞争力，从而带动广大乡镇及农村经济的发展。

但在特色小镇建设发展的过程中，不少地区尤其是欠发达地区存在很多困难和问题，需要我们面对和解决。作为西部地区的钦州市以及广西壮族自治区更要从地区实际情况出发，科学推进特色小镇建设布局，少走弯路；要走少而特、少而精、少而专的发展之路，避免盲目发展、过度追求数量目标和投资规模的发展模式，积极探索出一条适合钦州自己的特色小镇培育和建设发展之路。

参考文献

［1］傅晓敏．突出特色　彰显魅力——浅谈特色小镇建设的对策与建议［J］．研讨，2017（17）：38．

［2］仇丽萍．特色小镇建设的实践与探索［J］．区域经济，2017（39）：74-79．

［3］王荣德．生态型滨湖城市建设背景下湖州特色小镇提升发展研究［J］．湖州师范学院学报，2017（39）：10-15．

［4］王慧．新型城镇化战略下江苏特色小镇建设研究［J］．现代营销，2017（5）：274-275．

［5］余静．当前特色小镇建设中应注意的几个问题［J］．新西部，2017（30）：17-18．

［6］闵学勤．德国名镇哥廷根的建设对中国特色小镇创建的启示［J］．中国名城，2017（1）：36-40．

［7］曾江，慈锋．新型城镇化背景下特色小镇建设［J］．宏观经济管理，2016（12）：51-55．

［8］住房和城乡建设部，国家发展改革委，财政部．关于开展特色小镇培育工作的通知［EB/OL］．http：//www. mohurd. gov. cn/wjfb/201607/t20160720_228237. html．

［9］住房和城乡建设部．关于保持和彰显特色小镇特色若干问题的通知［EB/OL］．http：//www. mohurd. gov. cn/wjfb/201707/t20170710_232578. html．

［10］国家发展改革委，国土资源部，环境保护部，住房和城乡建设部．关于规范推进特色小镇和特色小城镇建设的若干意见［EB/OL］．http：//www. askci. com/news/chanye/20171205/164710113390. shtml．

［11］广西壮族自治区人民政府办公厅．关于培育广西特色小镇的实施意见［EB/OL］．http：//www. gxzf. gov. cn/zwgk/zfwj/20170721-634907. shtml．

基于3S的广西特色小镇空间规划分析与研究调研报告

钦州学院资源与环境学院　程秋华、
龙海丽、张中秋、曾德星、吴秋诗、龙宝辉

摘要：对国家级特色小镇陆屋镇和自治区级特色小镇江平镇开展实地调研，获得两镇经济、人口数据，运用GIS、RS及GPS技术对当地进行实时空间数据采集，完成了包括镇区边界、水网和交通道路网等空间数据的搜集和整理工作，并利用ArcGIS10.2对两镇现有老镇区进行城镇用地适宜性空间分析与评价，包括交通便捷性评价、滨水环境评价和工业污染源评价，以期为两镇特色小镇空间规划与建设提出建设性意见。

关键词：特色小镇；3S；空间规划；广西

一、引言

（一）研究背景

特色小镇的概念最早来自国外欧美发达国家，经过工业化和城镇化之后，由于城市、产业和社会各方面的发展需求，逐渐形成了形态各异、主题鲜明的特色小镇。国外特色小镇主要是按照市场规律发展起来，与低成本及要素的聚集有直接的关系，一般是通过龙头企业或培育基础产业慢慢向某一个空间聚集，形成产业集群，再加上小镇本身的优质生态人文资源，而后成为个性鲜明的特色小镇。其中，美国的格林威治对冲基金小镇、法国的格拉斯香水小镇、丹麦的卡伦堡小镇已成为特色小镇的典范。它们不仅推动了区域经济的繁荣，还改善了当地人的生活环境和品质。

我国现代特色小镇的提法出自浙江，2014年在杭州云栖小镇被首次提及，特色小镇是浙江省“十三五”时期优化生产力空间布局的战略举措。2016年7月，住建部、国家发改委、财政部颁发《关于开展特色小镇培育工作的通知》，特色小镇开始加快发展。从立意与初衷看，特色小镇对于稳增长、实施供给侧结构性改革、解决大城市病都是“四两拨千斤”。但建设过程中阻力依然大，风险仍然高，前景不明朗，当前我国特色小镇建设机遇与挑战并存，探寻其发展内在逻辑至关重要。

广西在特色小镇建设方面也做过有益的探索，并取得一定成效。2011 年，广西将城乡风貌改造工程转型升级，即将城乡风貌改造从“外立面改造+村屯环境整治”为主，转为“名镇名村建设+村屯环境综合整治”为主，计划建设 100 个广西名镇名村。至 2015 年底，自治区人民政府已经命名的名镇名村达到 60 个；同时，广西还组织实施了百镇建设示范，这些名镇名村百镇建设示范，为广西建设经济强镇、特色小镇先行先试，探索路径，累积经验，夯实基础。但与浙江省的差距还很大，一是在创建体制方面，浙江省以企业为主体，总体仍是以政府推动为主，筹集资金、推进工作、聚集产业，过多地依赖政府而不是市场主体。二是在产业聚集方面，浙江省注重围绕延伸产业链做文章，摒弃大而广，追求小而精，培育产业发展的单打冠军，并有大批量、标准化生产方式逐步被小批量、定制化的柔性生产方式取代的趋势。广西大多镇包括已经命名的名镇名村，产业聚集度低，主导产业没形成，缺特色、缺品牌、缺市场竞争力。三是在文化特色方面，浙江省着力挖掘和弘扬地方特色，每个特色小镇的文化内涵各具特点，文化特色融汇于特色小镇创建、产业发展、风貌整治、精神文明的全过程。广西在这些方面远远滞后。

（二）研究目的

在国家大力推动特色小镇建设的背景下，深入调查、研究、分析广西北部湾沿海地区的差异化、特色化模式；尝试从空间规划的角度，借助 GIS 技术，并结合 RS 及 GPS，总结一套适合北部湾经济区沿海城市特色小镇的技术路线和规划范式；通过调查、研究、分析，指出当前存在的问题及未来改进的方向与措施。本次调研以期为特色小镇建设工作提供可行性建议和意见。

二、调研方案设计

（一）调研地点

调研团选取了钦州市灵山县陆屋镇和防城港市东兴市江平镇两个小镇。

（二）调研时间

2018 年 7 月 18~19 日。

（三）调研对象

陆屋、江平两镇的镇人民政府、计生部门及统计局，镇区基本情况（镇区的面积范围、镇区周边村庄数量及规模）、人口数据（各村镇近十年人口数据）、道路交通网络（各级道路数量）、村镇工业（工业类型、规模及产值）、人文风俗以及地形（地形图、土地利用现状图）等。

（四）调查方法

实地调研法、访谈法，与小镇人民政府工作人员交谈，收集小镇相关数据资料，通过奥维地图对小镇各区域打点获取经纬度，利用 ArcGIS 软件对该地区进行空间分析，包括适宜性分析、地形分析、交通道路网络分析、选址分析等。

（五）技术路线（见图 1）

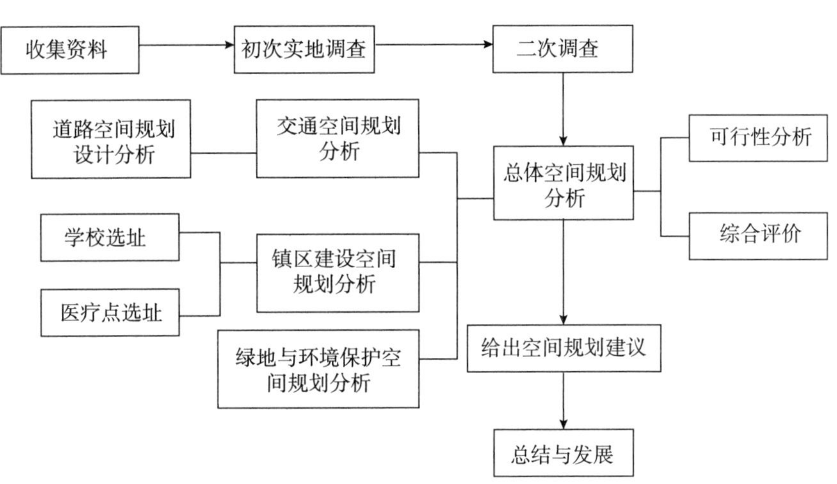

图 1　本文的技术路线

三、调研过程与成果

（一）调研过程

（1）联系好灵山县陆屋镇、防城港市东兴市江平镇镇政府、统计局、计生委等部门。

（2）7 月 18 日、19 日分别前往陆屋镇和江平镇，先到人民政府与政府工作人员进行访谈，了解特色小镇发展和小镇的基本情况、收集年鉴及地形图等，下午到计生委、统计局收集人口、工业或第三产业数据，再对镇区各区域进行控制点的确定和经纬度记录。

（二）调研成果

1. 陆屋镇基本情况

陆屋镇自身特点如下：

（1）区位优势，交通便捷。陆屋镇位于灵山县西南部，黎钦铁路、六钦高速公路等线路穿镇而过，南距钦州港55公里、北距南宁市80公里。小镇面向东南亚，背靠大西南，东邻粤港澳，南临北部湾，西接中南半岛，处于泛北部湾、泛珠三角和大西南3个经济圈的接合部，是大西南出海通道的枢纽、中国与东盟合作的前沿地区，具有明显的区位优势。还有钦陆一级公路、钦浦二级公路、钦灵二级公路、陆沙公路等。该镇有正在规划建设的南宁（吴圩机场）至北流（清湾）高速公路、南宁伶俐至陆屋二级公路经过；有配套设施完善的汽车站、火车站等。同时，该镇是桂东南通往北部湾地区的“枢纽镇”，也是钦州市、钦州港和南宁市的重要辐射地带。该镇荣获“全国小城镇建设试点镇”“《广西北部湾经济区发展规划》的北部湾经济区四级镇”“全区小城镇综合改革试点镇”“全区小城镇建设重点镇”“自治区城镇建设百镇建设示范（试点）镇”“美丽钦州·乡村建设市级示范镇”。

（2）机电产业风生水起。灵山县陆屋镇依托优越的区位优势、便捷的交通条件、丰富的劳动力和土地资源，连接北部湾港口群，主动承接长三角、珠三角产业转移，努力培育全产业链的机电产业和卫浴产业。积极融入全国全区经济战略大格局，不断积蓄起跳跨越的潜能，跃跃欲试，不断飞越洼地，勇攀新高。该镇以壮大工业经济总量为目标，着力推进临港产业园建设，临港产业园被列为自治区级A类产业园区。目前，已有57家企业入园落户，总投资超过51亿元，打造了陆屋机电产业小镇，目前来自福建、浙江、江苏等地的50家机电、卫浴产业关联企业签约进驻，正在建设岭南风格标准厂房及生活区23万平方米，项目建成达产后年产值30亿元。形成比较完整的机电产业链条和初具规模的产业集群。其中来自福建的几家机电龙头企业，均为中国知名电机品牌，填补了钦州市机电产业领域的空白。镇区规模以上工业总产值由2011年的5.55亿元上升到2016年的18.68亿元，主导产业带动就业人口占镇区总就业人口的51%。

（3）传统产业，集聚发展。陆屋加快农业产业结构优化，建设茶叶、甘蔗、火龙果、荔枝、龟鳖蛇等一批特色农业产业基地。陆屋镇围绕桂味生态园打造了广西农垦荔乡新光休闲农业（核心）示范区，其荔枝标准化示范园是农业部第一批认定的热作标准化生产示范园，是目前亚洲最大的桂味荔枝标准化生产示范基地。新光桂味荔枝被称为“广西最好的荔枝”之一。近年来，做好了陆屋镇发展规划建设，科学实施镇总规，2016年底集镇建成区面积扩展至4.5平方公里。目前，该镇城镇骨架初步形成，正在建设的农创园、金海商城、陆阳新城、桂味生态园等一批产城融合项目。还建成了1个市县级示范村、3个“精品村”，镇区绿化率达到35%，人居公共绿地面积10.5平方米。

（4）历史悠久，积淀深厚。陆屋镇始建于隋开皇二十年，为遵化县城的治所。历史上就是商埠重镇，河道水运就是陆屋镇的气脉，赋予了陆屋灵性，也积淀了丰富的历史文化内涵。民俗文化多姿多彩、独具特色。采茶戏、跳岭头、舞龙、舞狮在民间广为流传。辖区内的广府会馆、北帝庙，无时不向世人传递着这座古镇厚重的文化和历史。目前，该镇加大文化传播力度，建设了集特色文态、复合业态、小镇形态、多样生态为一体的“四态合一、多元发展”。近年来，陆屋镇成功申报了一个国家级、两个自治区级非物质文化遗产名录项目。

（5）创新机制，融合发展。陆屋镇制定并实施了支持特色小镇发展的政策措施，营造了市场主导、政企合作的良好政策氛围，建设充满活力的体制机制。目前，该镇正实施旧镇区整治提升工程，推进道路改造等一批基础设施建设工程建设。随着这些项目的建成，陆屋城镇规模将不断扩大、品位不断提升，服务设施更加便捷完善。为提升行政效能，陆屋镇创新规划管理建设，推行全区“四所合一”，实行一站式行政服务。该镇还创新经济发展模式，探索四个阶段政务联合审批，拓宽融资渠道，协调、鼓励各类金融机构及其受权金融分支机构在信贷投放上给予扶持。

（6）精准发力强产业，创新发展谱新篇。如今的陆屋机电产业小镇，不仅绽放光彩，而且正在凸显魅力、展露特色，日渐成为走向全国乃至世界的一张闪亮的“名片”。

陆屋镇机电产业工业园区情况：

陆屋镇建设特色小镇的基地位于现有旧镇区西偏北方向 5. 3 公里的广西农垦国有新光农场，位于临港产业园核心区域；总面积约 6. 61 平方公里。机械制造业、电子信息产业及新材料产业都是产业园区的主导产业，园区定位是对接粤港澳，依托钦州港，推进新型工业化、城镇化示范区，打造加工技术一流、产业发展全面的灵山及钦州市新经济增长极。

2017 年，陆屋镇以壮大镇工业经济总量为目标，狠抓临港产业园区建设，配合推进机电产业园建设和服务，建设进度不断加快。陆屋镇聚焦机电特色产业，2017 年 8 月荣获第二批“全国特色小镇”称号。2017 年底机电产业园已完成投资 2. 3 亿元，完成 10 栋标准厂房的钢结构安装，厂区主路已完成水混层施工；其他配套工程如临街商铺、员工宿舍、休闲公园、休闲广场和厂区的园林绿化也在紧锣密鼓的建设当中。第一批签约的 22 家企业已经确认厂房，目前已经进入安装设备，陆续生产。还有来自福建、浙江、江苏等地的 50 家关联企业签约陆续进驻机电产业园，投产后将形成比较完整的机电产业链条和初具规模的产业集群，将成为以灵山为中心，辐射带动钦北防以及广西机电企业发展的一个重要生产基地。18 家卫浴企业签订进驻协议，将陆续进驻临港产业园，不断扩大陆屋镇工业规模。

陆屋镇人口基数情况：

通过对 2012~2016 年人口数据的分析，陆屋镇整体人口变化趋势正在上升，到 2016 年底，陆屋镇全镇人口已达到 13.4 万，人口变化趋势如图 2 所示。

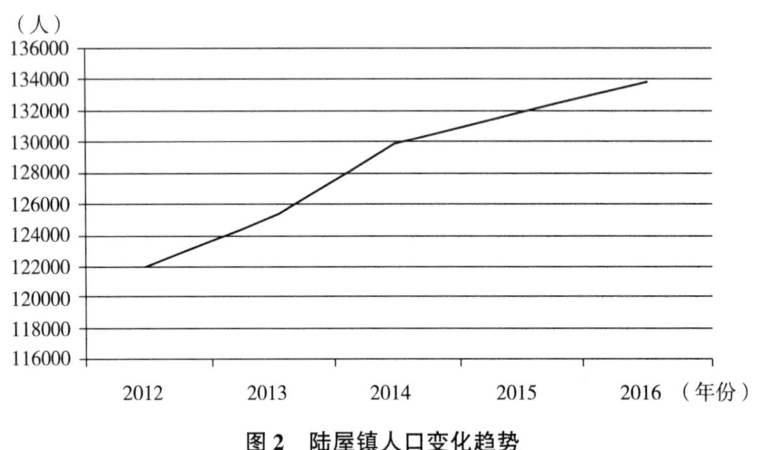

图 2　陆屋镇人口变化趋势

陆屋镇辖区包括 29 个村委会、1 个社区居委会以及 1 个新光农场，人口数量也不尽相同，但近几年均是处于上升趋势，2016 年底各村人口数量如图 3 所示。

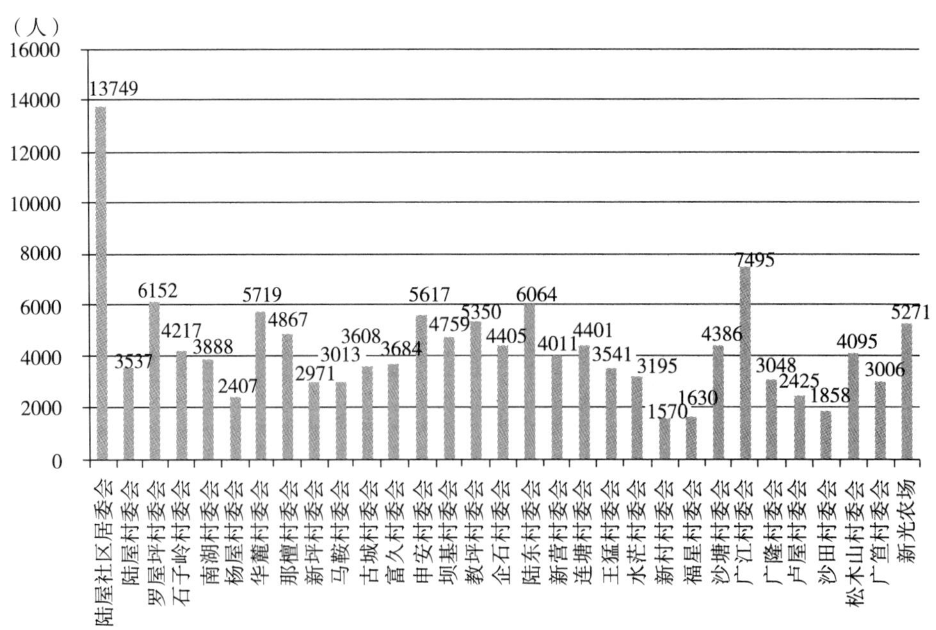

图 3　陆屋镇 2016 年各村人口数量

陆屋镇城乡基础设施建设：

2017 年以来，陆屋镇大力实施项目落地攻坚工程、基础设施攻坚工程，千方百计推进项目建设，抓好已建和在建项目的建设，统筹改善城镇和产业园区道路、污水及垃圾处理等基础设施建设。一是路网建设引领基础设施完善。积极推进机电产业园道路工程及园区配套设施建设，陆阳大桥开工建设，陆阳新城市政路网工程建设逐步规范和完善，投资 630 万元的公共租赁住房配套基础设施中央预算内投资项目一期工程已经完成，投资 4500 万元的全长 3. 24 公里的过境公路提级改造工程已经开工建设，投资 2000 万元的陆阳新城进城大道深入推进建设。二是城市功能不断完善。投资 2000 万元的自治区新型城镇化百镇建设示范试点镇的项目建设稳步推进、城区公厕改造建设项目已经完成、镇区安全监控设施建设项目已经验收。积极推进陆屋镇污水处理厂新光、茶场、陆东片区污水管网工程，钦江陆屋防洪整治工程项目，镇区亮化、绿化工程等前期工作，通过实施市政公用设施建设，不断完善城市功能，使陆屋更加宜居宜业。三是陆阳新城农创园建设项目顺利推进。总投资 3 亿元的农民创业产业园建设商住楼 84000 平方米，其中一期建设 20000 平方米，扩展了城镇规模。四是认真抓好贫困村的道路等基础设施规划工作。9 个贫困村计划建设村级硬底化道路 31. 12 公里，总投资 962. 4 万元。五是继续抓好村级公共服务中心的建设。王猛村公共服务中心已建成投入使用，共投入资金 200 万元；计划投资 150 万元的马鞍村公共服务中心已经完成建设。

2. 江平镇基本情况

（1）产业发展：2016 年江平镇水产品养殖规模为 3582 公顷，总产总产量达 83887 吨，渔业产值为 209219 万元，渔业规模显著，京岛海洋渔业示范区以海水养殖及海产品加工为主要产业，海水标准化养殖南美对虾、龙胆石斑鱼为主要特色，是东兴市农业的特色支柱产业。天鹅湾渔港列入国家一级渔港升级计划，正打造渔港经济区。规划区正在大力发展工厂化养殖、海产品精深加工、休闲渔业等，将传统海洋渔业转型升级，带动农民增收，可成为特色小镇的支柱产业。

（2）美丽依据：规划区内有国家 AAAA 级景区——京岛风景名胜区，以及大清 1 号界碑、北仑河红树林保护区、万鹤山湿地公园、竹山古街等知名文化旅游景点；近年开展“美丽家园 · 清洁乡村”“美丽家园 · 生态乡村”活动，人居环境得到极大改善，镇区整体格局与空间布局合理，住区环境优良。

（3）文化传承：京族三岛是中国京族唯一聚居地，京族是我国唯一的海洋少数民族，京族有京族哈节、京族独弦琴艺术、京族民歌、京族鱼露及京族服饰制作技艺等国家级非物质文化遗产和自治区级非物质文化遗产，融合海洋文化、伏波文化，积淀了浓郁的文化氛围。巫头村京族文化社区氛围良好。

（4）区位优势、服务便捷：东兴市江平镇地处我国大陆海岸线最西南端，与越南芒街市仅一河之隔，是中国唯一与越南海陆相连的国家一类口岸城市，是通往东盟最便捷的通道。与陆屋镇一样，处于泛北部湾、泛珠三角和大西南3个经济圈的接合部。江平镇交通便捷，位于省会城市南宁市两小时经济圈内，高速公路、滨海公路穿境而过，更有高铁修建在即，小镇内部路网完善，给排水网络、电力电信完善，商业（酒店、餐馆）、学校、医疗等公共服务设施覆盖面广。

（5）体制机制：东兴市编有总体规制、东兴京岛风景名胜区总体规划、东兴市乡村旅游业发展规划、中国东兴—越南芒街跨境旅游合作区总体规划、东兴市全域旅游发展规划，多项规划均为江平镇提供灵活发展的道路和理念，“四所合一”“一村一镇”等多项体制创新均超额完成特色小镇体制机制“新而活”的要求。

项目选址与建设条件：根据相关规划布局、建设现状和本项目建设定位，项目选址主要位于江平京族海洋特色小镇核心区——广西防城港市东兴市江平镇南部，巫头村及万尾西部地块。该地块位于金滩风景名胜区内，巫头村是京族三村之一，也是外来游客的必经之地和集散场所以及海产品养殖基地之一，基础设施建设良好，外部交通便捷，是建设东西京族海洋特色小镇核心区的主要选址。

建设条件主要包括自然环境条件、区位与交通条件以及旅游资源条件。江平镇地处十万大山山脉南缘，地势北高南低，总体较平坦，或略有起伏。大多已开垦为耕地。江平镇居北回归线以南，属南亚热带季风性海洋性气候，阳光充足、雨量充沛、夏季长、气温高，雨热同季，全年气候温和湿润。无霜期长达326天，常年平均气温保持在23.2℃，平均年降雨量为2738毫米。特色小镇（核心区）内建设有2800亩的虾塘。特色小镇（核心区）现有的野生动动物主要为海洋生物，有蓝园鱼、金线鱼、大眼鲷、马六甲鲱鲤鱼、中华青鳞鱼、海蟹等；主要海珍产品有：鲳鱼、鱿鱼、海载、对虾。生长在滩涂上的生物有100多种，常见的有牡蛎、毛蚶、小螃蟹等。此外，核心区中部的红树林保护区内还居住着招潮蟹、沙蚕、牡蛎、寄居蟹、滨螺、弹涂鱼等海洋生物，以及以海洋动物为食的许多水生鸟类，如鹭鸶、牛背鹭、小白鹭、水鸭。此外，还有陆生动物及淡水动物，如蜥蜴、蛇、鼠等。

江平镇地处首府南宁市两小时经济圈，对外交通的主要有防（城港）东（兴）一级公路，依托钦（州）防（城港）高速公路、南（宁）防（城港）铁路和防城港，可直达全国各地和越南等东南亚各地。特色小镇所在的东兴市地处我国海陆边境线南交汇处，东南濒北部湾，西南与越南相连，东邻粤港澳，背靠大西南，面向东南亚，既有陆地边境线，又有海岸边境线，是我国与越南唯一海陆相连的国家一类口岸。与越南广宁省芒街市隔河相望，是中国连接东盟的“第一城”，也是中越两国政府构建“内廊一圈”、泛北合作“一轴两翼”的核心地带，占据着北部湾经济区“主轴线”前沿黄金节点，经济区位优势得天独厚。

特色小镇所在的东兴市是中越跨国旅游的重要集散地，是环北部湾滨海跨国旅游区的重要组成部分，地处环北部湾滨海休闲度假游和中越边境游两条广西精品旅游线路上，金滩风景名胜区以京族海洋文化的全国唯一性打响了京族海洋旅游的品牌。2018 年广西防城港边境旅游试验区的成立为东兴市、江平镇进一步发展边境旅游、跨境合作旅游等提供了绝佳的政策条件。优越的旅游区位为特色小镇的旅游发展提供了充足的客源。

其他规划情况：

（1）行动计划（规划依据）。广西海丝之旅投资有限公司拟打造四线一岛一园，践行“一带一路”。拟开通东兴至下龙湾海上跨境航线和市内航线——最美海岸线之旅：海陆起点站—金滩站—红树林站—怪石滩站—白浪滩站—游轮母港站。全国沿海海港建设规划（2017~2025 年）拟新建一级海港包括东兴天鹅湾渔港等 5 个渔港，结合当地渔港建设的实际情况，每个一级渔港公益性设施投资 1.5 亿元，国家重点支持中心、一级渔港的建设。《东兴京岛风景名胜区总体规划（2012~2030）》中，将东兴京岛风景名胜区建设成为区域性国际滨海旅游目的地，以秀丽的亚热带滨海风光为依托，以京族民俗风情为特点，以滨海休闲、生态观光和民俗体验为主要功能的名胜风景区。其中布局图主要布局有重点保护区域、游览设施用地、居民社会用地以及风景区其他用地。

（2）战略定位。以京族文化、跨境旅游及海洋产业三大定位，打造中国唯一海洋民族文化体验地、中越海上跨境旅游合作试验区和国家海洋高新技术产业示范区。

（3）行动计划。京族海洋文化休闲区布局：①京族文化园区：哈亭、京族文化展示园区。②京族海洋湿地公园：保护现有白鹤栖息湿地公园，改建现有居民楼打造高端京族特色民宿，建设集住宿、休闲、观光、科普及京族特色捕捞表演等功能于一体的综合湿地公园。③社区：巫头村传统村落保护，社区营造。④京族文化商业街区：建设集餐饮、文化商业街区及京族节目表演中心，配备游客集散中心。

国际现代渔业示范区布局：①冷链物流及冷库等配套服务。②天鹅湾国际渔业码头。③观光型工厂化养殖。④国际渔业交易中心。

海洋跨境旅游示范区布局：①海洋体育休闲区。②金滩国际旅游码头。③京族渔业休闲区。④现代滨海国际酒店群。⑤建设免税购物城、东盟特色商品街。

四、基于 3S 的特色小镇空间规划分析

（一）基于 GPS 的控制点坐标获取

在镇区实地调研过程中，利用奥维互动地图浏览器对陆屋、江平两镇标志性特征点进行实地采样，每地采集 10~20 个控制点坐标，为后续遥感底图配准、

栅格地图矢量化和制作各个要素图层等工作做准备。

（二）基于 GIS 和 RS 的城镇用地适宜性分析

1. 陆屋镇城镇用地适宜性分析

以钦州市灵山县陆屋镇为研究区域，在谷歌地图上获取 0.5 米分辨率遥感图基础上制作基本交通道路矢量图和河流矢量图。

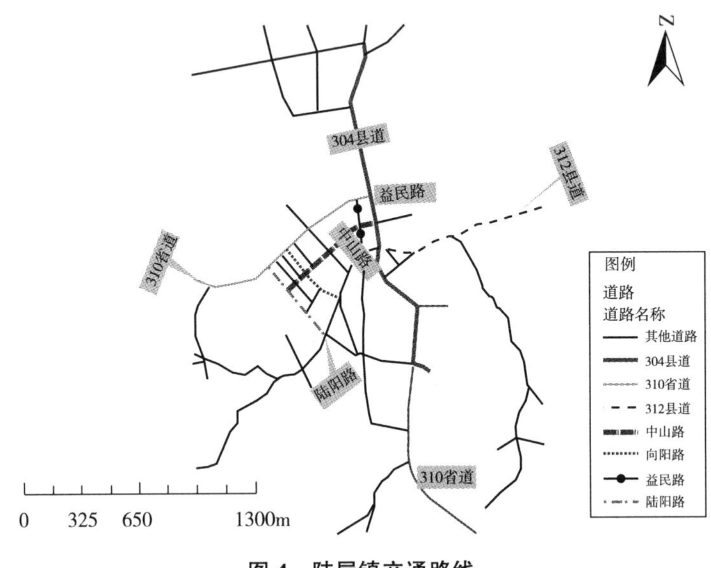

图 4 陆屋镇交通路线

如图 4 所示，310 省道由西向南贯穿陆屋镇，经过陆屋镇的 310 省道路段长约 3.2 公里。312 县道由陆屋镇向东到达灵山县城，304 县道由北到达陆屋镇后与 310 省道重合。

贯穿陆屋镇的主河流为钦江，另一支流由南向北，贯穿陆屋镇的主河流长度约为 4.3 公里，其支流贯穿陆屋镇的长度约为 3.8 公里。

交通便捷性评价：

（1）计算省道和县道的缓冲区。①启动 ArcMap，打开数据陆屋镇矢量图中的道路图层。②选择所有 310 省道要素。右键点击道路图层，在弹出菜单中选择打开属性表，显示表对话框，选择所有省道要素。③缓冲区分析。利用 ArcMap 系统工具箱 \ Analysis Tools \ 领域分析 \ 多环缓冲区，双击打开工具，设置 310 省道缓冲区距离为 500 米、1000 米、1500 米、3000 米、5000 米，其 310 省道的多环缓冲区计算结果如图 5 所示。④构建 312、304 县道缓冲区。设置缓冲距离为 250 米、500 米、1000 米、2000 米、5000 米，类似上述步骤，312 县道、304

县道缓冲区计算结果如图 6 所示。

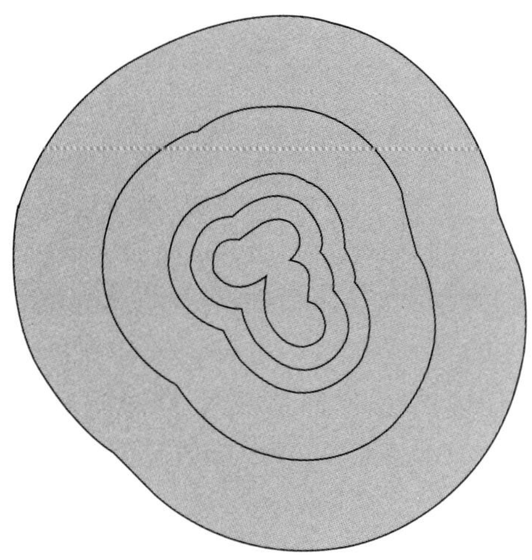

图 5　310 省道的多环缓冲区计算结果

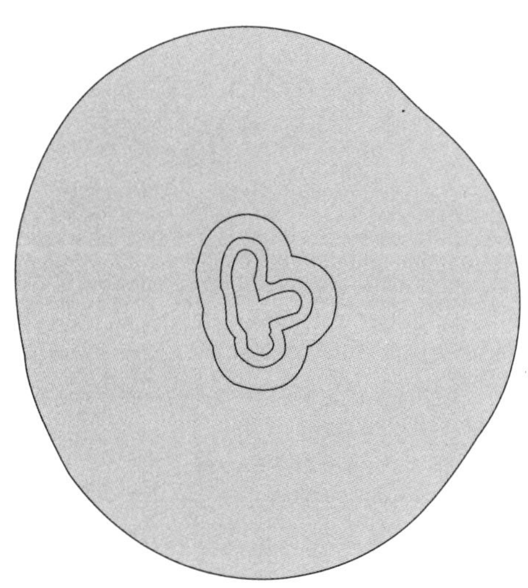

图 6　312 县道、304 县道缓冲区计算结果

（2）综合 310 省道缓冲区和 312 县道、304 县道缓冲区。联合叠加省道缓冲区和县道缓冲区：在目录面板中，浏览到系统工具箱 \ Analysis Tools \ 叠加分析 \ 联合，联合计算结果（交通便捷性评价）如图 7 所示。

综合评价：打开上一步生成的交通便捷性评价属性表，添加短整型评价值字段，在弹出的菜单中选择字段计算器，设置如图 8 所示。

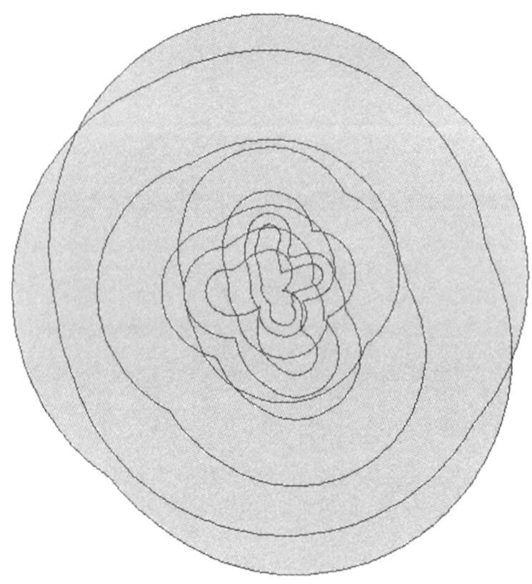

图 7　联合计算结果

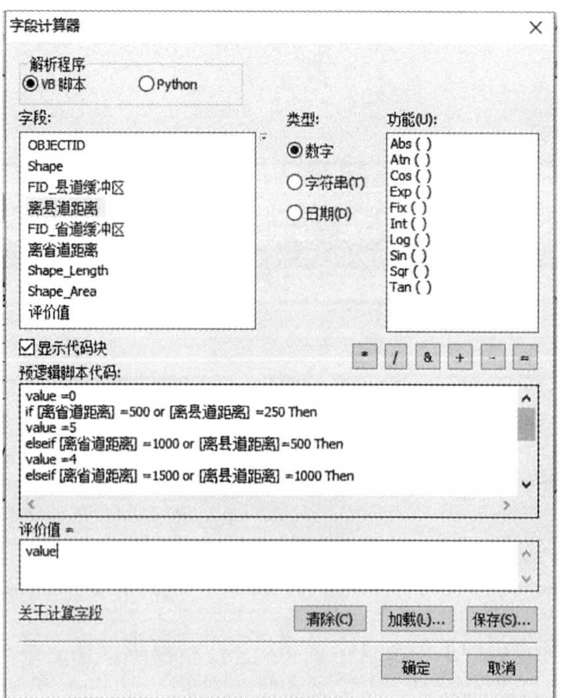

图 8　字段计算器设置

评价值计算结果如图 9 所示。

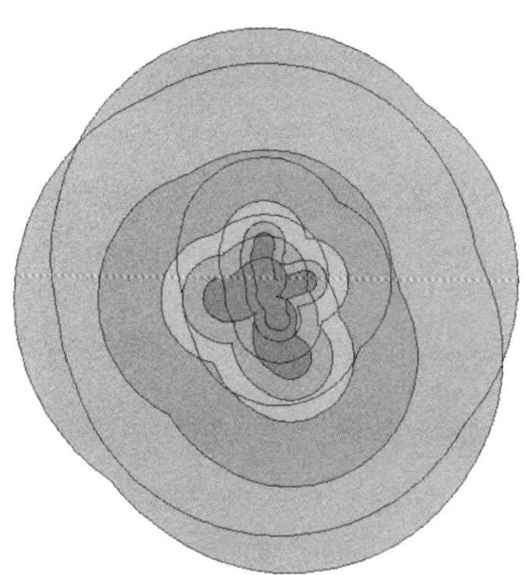

图 9　评价值计算结果

结论：对陆屋镇的道路（310 省道、312 县道、304 县道）做缓冲区分析，把交通便捷性分成 1~5 级，级数越高代表交通越便捷。由此得出的结论是：离 310 省道、312 县道、304 县道距离越短的地区，其交通便捷度越高；反之，离 310 省道、312 县道、304 县道距离越远的地区，交通便捷度越低，则 1 级便捷性最低，5 级便捷性最高。

滨水环境评价：

（1）为主河流（钦江）要素类做多环缓冲区计算，设置缓冲距离为 250 米、500 米、5000 米，主河流（钦江）多环缓冲区计算结果如图 10 所示。

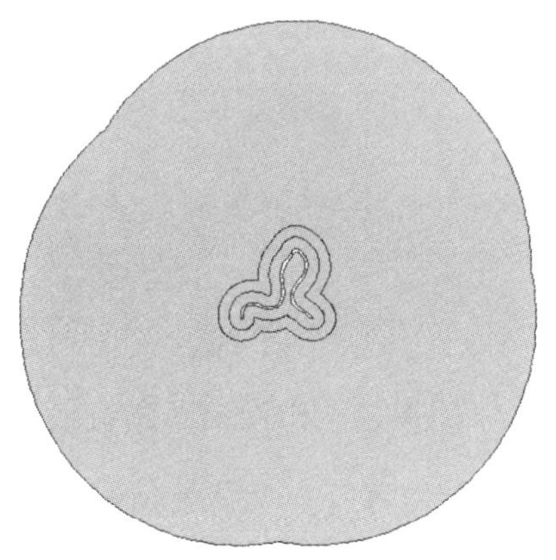

图 10　主河流（钦江）多环缓冲区计算结果

（2）计算溪流（钦江延伸的支流）缓冲区。为溪流做多环缓冲区计算，设置缓冲距离为100米、200米、5000米。支流多环缓冲区计算结果如图11所示。

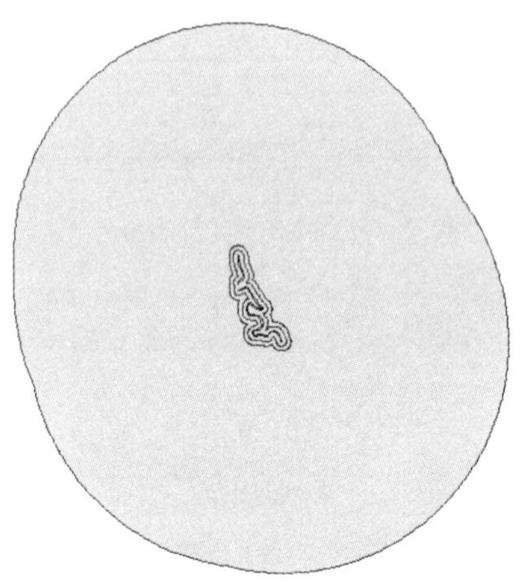

图11　支流多环缓冲区计算结果

（3）联合叠加上述两个输出的要素类（主河流缓冲区与支流缓冲区），联合计算结果（滨水环境评价）如图12所示。

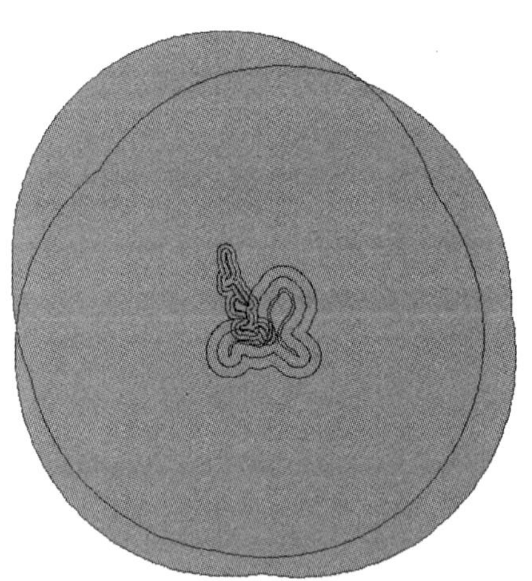

图12　联合计算结果

（4）综合评价。为滨水环境评价要素类添加短整型字段评价值，然后打开评价值字段的字段计算器，设置如图13所示。

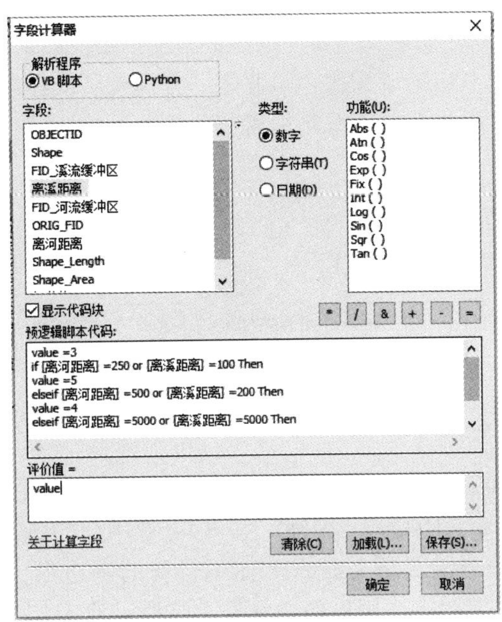

图 13 评价值字段的设置

评价值计算结果如图 14 所示。

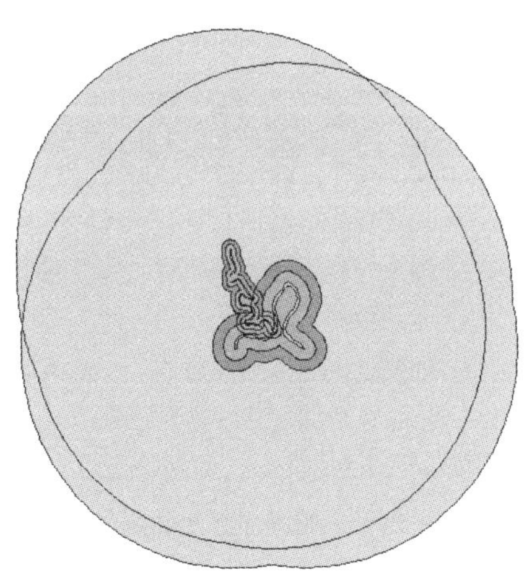

图 14 评价值计算结果

结论：利用 GIS 技术，针对陆屋镇河流、溪流现状，对该区滨水环境进行了适宜性分析和评价。滨水环境评价是根据距离河流、溪流的远近加以确定的，总共分为三个等级，距河流 0~250 米，或距溪流 0~100 米为 5 级；距河流 250~500 米，或距溪流 100~200 米为 4 级；距河流 500 米以上，或距溪流 200 米以上为 3 级。其结果可作为该镇开发规划设计、生态环境保护和生态建设的参考依据。

工业污染源评价：陆屋镇有两个工业区，分别位于陆屋镇正北方向和距离陆屋镇大概 3. 8 公里的西北方向。因此距离工业区越远的区域环境越好（见表 1）。

表 1　远离工业污染评价标准

评价因子	分类	分级
远离工业污染	距成片工业区 1000 米以上	4
	距成片工业区 200~1000 米	3
	距成片工业区 100~200 米	2
	距成片工业区 0~100 米	1

（1）计算工业区的缓冲区，为工业要素类做多环缓冲区计算，设置缓冲区距离为 100 米、200 米、1000 米、5000 米，为工业区建立缓冲区。

（2）由于工业缓冲区要素类没有工业区自身的多边形，而工业区自身是评价价值最低的区域，因此需要用更新叠加补上这些工业区。启动更新工具，打开工业缓冲区 2 的属性表，系统自动添加三行新记录，设置这三行记录的离工业距离字段值为 0，代表所处工业区范围（见图 15）。

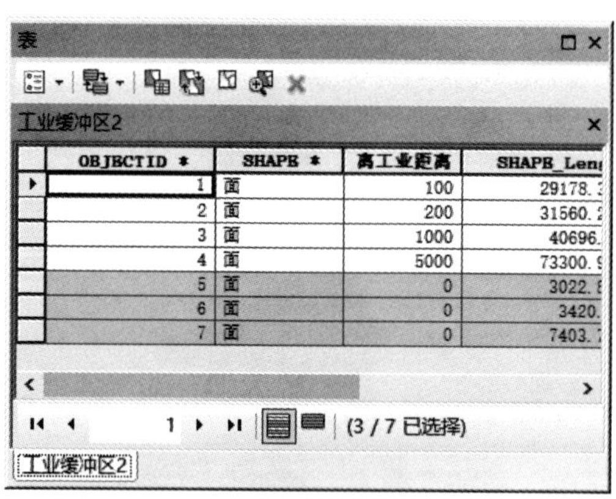

图 15　工业缓冲区 2 的属性

（3）评价。为工业缓冲区 2 要素类添加短整型字段评价值，然后打开该字段的字段计算器，设置字段计算器对话框如图 16 所示。

远离工业污染评价结果如图 17 所示。

结论：研究区域陆屋镇有两片工业区，由于工业区对环境有污染，因而把远离工业污染的评价标准分为四个等级，级数越高代表距离工业区越远，环境也就

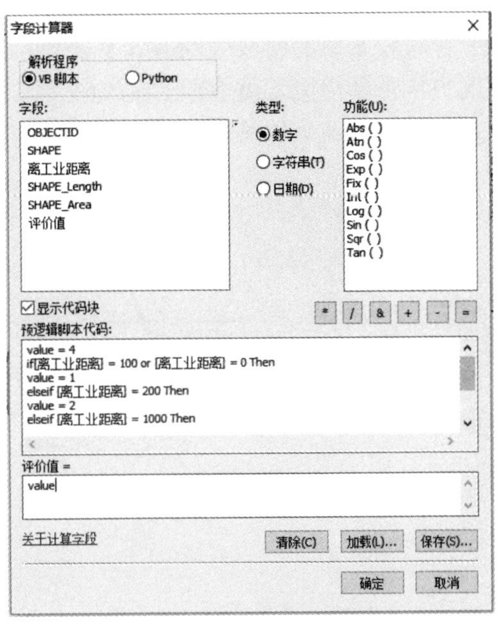

图 16　字段计算器的设置

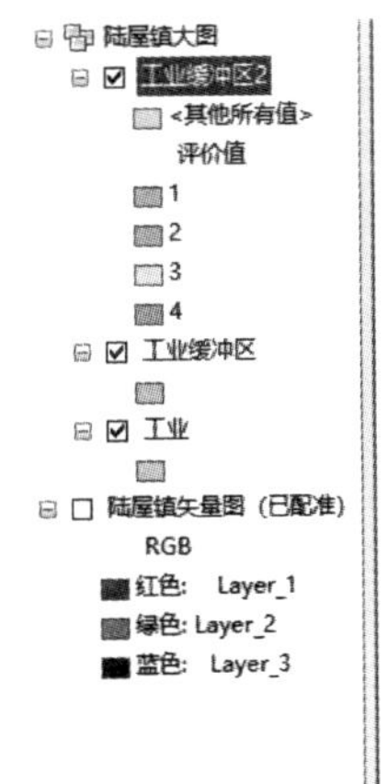

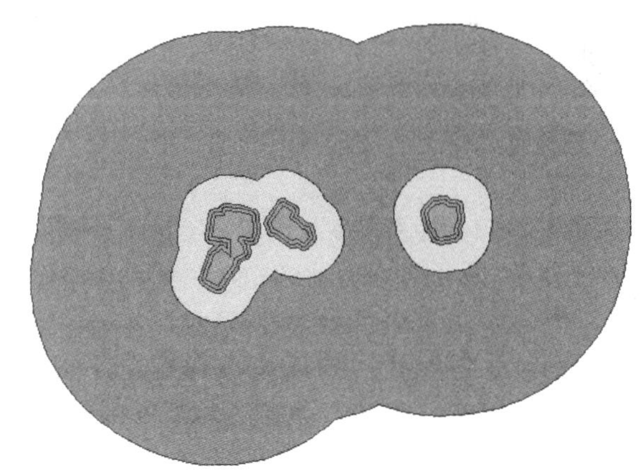

图 17　远离工业污染评价结果

越好。1 级区域为污染最严重的区域，4 级区域为污染最轻的区域。

2. 江平镇城镇用地适宜性分析

以防城港市东兴市江平镇为研究区域，在谷歌地图上获取 0.5 米分辨率遥感图基础上制作基本交通道路矢量图和河流矢量图。

如图 18 所示，江平镇主要有滨海公路和 267 县道两条主要道路，滨海公路由西向东贯穿江平镇，穿过江平镇的路段大约有 5.9 公里，267 县道由北向南经过江平镇。江平镇正北方向的主河流是由珍珠港流入的支流，由东向西流经江平镇，另有一条支流九曲江，九曲江最后又汇入珍珠港。

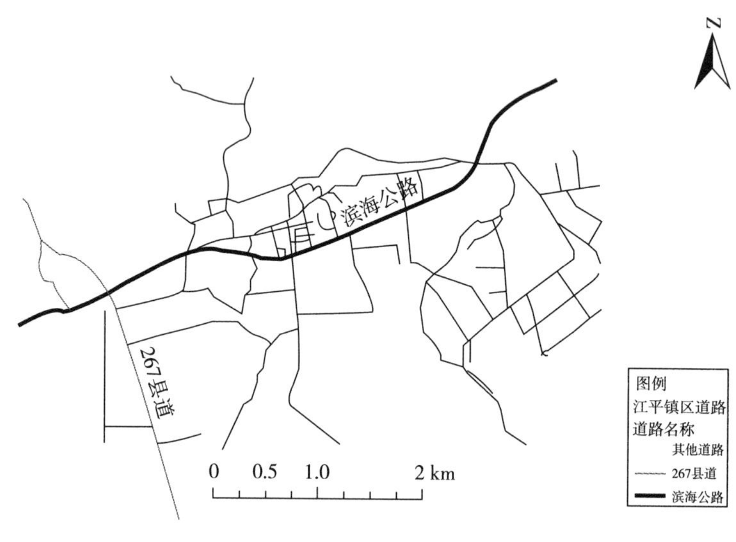

图 18　江平镇交通路线

交通便捷性评价：

（1）计算滨海公路和 267 县道的缓冲区。①启动 ArcMap，打开数据江平镇矢量图中的道路图层。②选择所有 267 县道要素。右键点击道路图层，在弹出菜单中选择打开属性表，显示表对话框，选择所有 267 县道要素。③缓冲区分析。在目录面板中，浏览到系统工具箱 \ Analysis Tools \ 领域分析 \ 多环缓冲区，双击打开工具，设置 267 县道缓冲区距离为 500 米、1000 米、1500 米、3000 米、5000 米，得到 267 县道的多环缓冲区计算结果。④构建滨海公路缓冲区。设置缓冲距离为 250 米、500 米、1000 米、2000 米、5000 米，类似上述步骤，得到滨海公路缓冲区计算结果。

（2）综合 267 县道缓冲区和滨海公路缓冲区。联合叠加县道缓冲区和滨海公路缓冲区。使用 ArcGIS 中 ArcMap 的系统工具箱 \ Analysis Tools \ 叠加分析 \ 联合，得到联合计算结果。

综合评价：打开上一步生成的交通便捷性评价属性表，添加短整型评价值字段，在弹出的菜单中选择字段计算器进行设置。

结论：经过对江平镇的道路（267 县道、滨海道路）做适宜性分析，把交通便捷性分成 1~5 级，级数越高代表交通越便捷。1 级交通便捷性最差，5 级交通便捷性最好，离 267 县道、滨海公路距离越短的地区，其交通便捷度越高；反之，离 267 县道、滨海公路距离越远的地区，交通便捷度越低。

滨水环境评价：

（1）为主河流要素类做多环缓冲区计算，设置缓冲距离为 250 米、500 米、5000 米，得到主河流多环缓冲区计算结果。

（2）计算溪流（九曲江）缓冲区。为溪流做多环缓冲区计算，设置缓冲距离为 100 米、200 米、5000 米，得到支流多环缓冲区计算结果。

（3）联合叠加上述两个输出的要素类（主河流缓冲区与支流缓冲区），联合主河流缓冲区与支流缓冲区得到结果。

（4）综合评价。为滨水环境评价要素类添加短整型字段评价值，然后打开评价值字段的字段计算器，进行设置。

结论：利用 GIS 技术，针对江平镇河流、溪流现状，对该区滨水环境进行了适宜性分析和评价。滨水环境评价是根据距离河流、溪流的远近加以确定的，总共分为三个等级，距河流 0~250 米，或距溪流 0~100 米为 5 级；距河流 250~500 米，或距溪流 100~200 米为 4 级；距河流 500 米以上，或距溪流 200 米以上为 3 级。等级越高亲水性越好，其结果可作为该镇开发规划设计、生态环境保护和生态建设的参考依据。

3. 工业污染源评价

江平镇正南方向有一成片工业区，远离工业污染评价就是针对该工业区而做的适宜性分析与评价（见表 2）。

表 2 远离工业污染评价标准

评价因子	分类	分级
远离工业污染	距成片工业区 1000 米以上	4
	距成片工业区 200~1000 米	3
	距成片工业区 100~200 米	2
	距成片工业区 0~100 米	1

（1）计算工业区的缓冲区，为工业要素类做多环缓冲区计算，设置缓冲区距离为 100 米、200 米、1000 米、5000 米，得到工业建立缓冲区结果。

（2）由于工业缓冲区要素类没有工业区自身的多边形，而工业区自身是评价价值最低的区域，因此需要用更新叠加补上这些工业区。启动更新工具后，打开工业缓冲区 3 的属性表，系统已经自行添加补充三行新记录，设置这三行记录的离工业距离字段值为0，代表所处工业区范围。

（3）评价。为工业缓冲区3要素类添加短整型字段评价值，然后打开该字段的字段计算器，设置字段计算器。

评价远离工业污染结果并得出结论：研究区域江平镇南片工业区，由于工业区对环境有污染，因而把远离工业污染的评价标准分为四个等级，级数越高代表距离工业区越远，环境也越好。

五、总结

（一）存在的问题

在与陆屋镇与江平镇镇领导座谈后，汇总其经济、人口及空间方面的数据，结合分析，发现特色小镇发展中出现以下问题：

（1）缺乏产业支撑，特色小镇建设后劲不足。特色小镇建设发展缺乏一定的产业支撑，特色产业发展有待进一步培育和加强。制约特色小城镇建设和发展的资金“瓶颈”未能彻底打破，筹集资金困难。项目建设存在社会资金、民间资金滞后，投入资金后续不足的问题。

（2）软件滞后。广西特色小镇建设缺乏专业运营团队，总体规划不足。无论是陆屋镇还是江平镇，管理都还不够精细化，不仅知名度没有打响，小镇建设的速度也较为缓慢。

（3）特色小镇建设过程中，地方看重的是土地的指标，是财政的分红。区里看重的是硬条件，硬标准。地方与上级政府标准不一，没有达成一致的目标，在建设过程中不仅发展缓慢，质量也差。

（二）建议

（1）加强政策扶持。对于特色小镇所需经费，各级政府要积极统筹整合各类资金，重点支持特色小镇建设。

（2）成立特色小镇专家指导小组。成立广西特色小镇专家库，加强特色小镇建设运营能力、管理等，打响小镇知名度，也有助于招商引资，为小镇建设筹集资金，加快发展进度。

（3）通过特色小镇的建设，通过顶层的设计，进一步优化产业布局，在产业和经济转型升级的过程中推动产业布局的优化。特色小镇的谋划必须在区一级。

参考文献

[1] 余金梅．打造广西沿海“特色小镇”研究——以钦州市为例［J］．桂海论丛，2018，

34（3）：117-122.

［2］邵雷鹏．广西特色小镇建设过程中存在的主要问题和对策建议［J］．沿海企业与科技，2018（1）：27-29.

［3］吴伟权．关于创建广西特色小镇的几点思考［J］．广西城镇建设，2016（10）：12-27.

［4］李光录．村镇规划与管理［M］．北京：中国林业出版社，2014.

［5］白小虎，陈海盛，王松．特色小镇与生产力空间布局［J］．中共浙江省委党校学报，2016，32（5）：21-27.

［6］王振坡，薛珂，张颖，宋顺锋．我国特色小镇发展进路探析［J］．学习与实践，2017（4）：23-30.

［7］李鹏举，崔大树．空间交易费用、产权配置与特色小镇空间组织模式构建——基于浙江特色小镇的案例分析［J］．城市发展研究，2017，24（6）：10-17.

［8］陈哲霖，郑杭军，蔡静宣，潘慧玲，吴亚琪．基于GIS的浙江省特色小镇空间布局形态研究［J］．安徽农业科学，2017，45（19）：182-186，237.

［9］宋维尔，汤欢，应婵莉．浙江特色小镇规划的编制思路与方法初探［J］．小城镇建设，2016（3）：34-37.

［10］冯晓霞．国外特色小镇是如何打造的？［J］．光彩，2017（4）：28-29.

［11］牛强．城市规划GIS技术应用指南［M］．北京：中国建筑工业出版社，2012.

附录

1. 陆屋镇人口数据

陆屋镇近几年人口数据

单位＼年份	2012	2013	2014	2015	2016
陆屋镇	122086	125106	129901	131899	133939
陆屋社区居委会	12976	13160	13428	13584	13749
陆屋村委会	3179	3247	3403	3467	3537
罗屋坪村委会	5656	5751	6007	6089	6152
石子岭村委会	3889	3974	4131	4154	4217
南湖村委会	3562	3645	3754	3815	3888
杨屋村委会	2205	2248	2338	2356	2407
华麓村委会	5157	5291	5517	5602	5719
那檀村委会	4410	4552	4724	4784	4867
新坪村委会	2604	2686	2783	2953	2971
马鞍村委会	2653	2773	2917	2979	3013
古城村委会	3262	3356	3466	3532	3608
富久村委会	3338	3447	3556	3616	3684
申安村委会	5319	5262	5445	5537	5617
坝基村委会	4297	4389	4574	4676	4759
教坪村委会	4853	4988	5187	5261	5350
企石村委会	4008	4095	4272	4343	4405
陆东村委会	5492	5640	5897	5977	6064
新营村委会	3579	3685	3885	3938	4011
连塘村委会	3944	4091	4253	4327	4401
王猛村委会	3218	3331	3448	3499	3541
水茫村委会	2887	2975	3113	3163	3195
新村村委会	1372	1416	1499	1523	1570
福星村委会	1476	1516	1570	1601	1630
沙塘村委会	3886	4034	4219	4320	4386
广江村委会	6899	7070	7391	7392	7495
广隆村委会	2761	2861	2957	2997	3048

续表

单位＼年份	2012	2013	2014	2015	2016
卢屋村委会	2170	2246	2358	2393	2425
沙田村委会	1687	1727	1798	1837	1858
松木山村委会	3663	3766	3944	3998	4095
广笪村委会	2722	2827	2905	2959	3006
新光农场	4962	5057	5162	5227	5271

2. “GIS 特色小镇规划调研团” 访谈稿

灵山县政府：

受中共中央共青团号召，钦州学院资环学院 GIS 特色小镇规划调研团到贵单位开展暑期三下乡社会实践活动，团队由 2 位指导老师以及 6 名学生组成，均为地理科学专业本科学生，同时我团队申报了 2018 年国家大学生创新创业项目，主要任务是对广西沿海城市特色小镇的空间规划进展进行研究与分析。

钦州市灵山县陆屋镇，以“机电小镇”成功申报了国家级特色小镇，在特色小镇建设行程中，规划是必不可少的环节，现有几个问题望贵单位领导予以解答。

（1）特色小镇工作开展情况。

（2）上一级政府有没有给予政策、资金、技术的扶持？

（3）对特色小镇规划的想法。

（4）陆屋镇对于特色小镇的建设，有没有进行总体规划以及村镇建设规划？

（5）灵山县是否对陆屋镇的建设给予支持？

高质量发展下的旅游特色小镇多规合一

——以广东省韶关市主田镇旅游特色小镇总体规划为例

北京清华同衡规划设计研究院有限公司高级工程师　关莹莹
北京清华同衡规划设计研究院有限公司高级工程师　王彬汕
北京清华同衡规划设计研究院有限公司助理工程师　谢小璇

摘要：新型城镇化背景下，面对提质量、增效益的发展要求，如何进行旅游特色小镇规划，更好地引导旅游带动高质量的城镇化发展？本文从高质量发展需求、特色小镇政策、多规合一的要求三个方面，梳理旅游特色小镇规划要点，提出符合时代要求的旅游特色小镇规划框架和内容；同时，结合规划实践案例，阐述高质量发展要求下旅游特色小镇规划的难点与解决方案。为新时代旅游特色小镇的规划总结可推广技术方法，提供解决具体问题的借鉴经验。

关键词：旅游特色小镇；高质量发展；多规合一；新型城镇化

党的十九大报告明确指出，“我国经济已由高速增长阶段转向高质量发展阶段”“提高新型城镇化质量”。旅游特色小镇的建设在推进高质量城镇化过程中起着重要作用，是促进区域协同、衔接城乡发展的重要节点。旅游引导的新型城镇化是消费产业带动的内需型城镇化，是实践“两山理论”① 的重要抓手。

如何进行旅游特色小镇规划，才能更好地引导旅游业带动高质量的城镇化发展？如何统筹城乡发展、盘活城乡用地、引导优质项目落地以及实现生产、生活、生态、旅游空间的融合？旅游特色小镇的规划没有相关规范，传统镇规划的技术路径已不能满足新时代提质导向的规划要求，各地旅游特色小镇的规划尚在实践探索中。本文从高质量发展需求、特色小镇政策、多规合一要求三个方面，梳理旅游特色小镇规划要点，提出符合时代要求的旅游特色小镇规划框架。同时，结合规划实践案例，阐述新要求下旅游特色小镇规划的难点与解决方案。为新时代旅游特色小镇规划总结出可推广的技术方法，并提供解决规划难点的借鉴经验。

① “两山理论”，即“绿水青山就是金山银山”，是习近平总书记绿色发展思想的核心理论。

一、面向新时代的规划要求

（一）高质量城镇化的要求

高质量的城镇化具有哪些内涵？党的十九大报告提到："提高新型城镇化质量……新型城镇化的核心在人""增加医疗、养老、教育、文化、体育等服务供给……创建全域旅游示范区""坚持人与自然和谐发展"；《国务院关于深入推进新型城镇化建设的若干意见》指出："坚持走以人为本、四化同步、优化布局、生态文明、文化传承的中国特色新型城镇化道路，以人的城镇化为核心，以提高质量为关键，以体制机制改革为动力。"关于旅游产业高质量发展，时任国务院副总理汪洋曾谈道："推动旅游产业高质量发展……要坚持绿色发展，将'绿水青山就是金山银山'的理念贯穿到旅游发展全过程，实现生态效益与经济效益有机统一……坚持共享发展，坚持以人民为中心的发展思想……"

结合国务院和各部委文件中提到的要点，高质量城镇化的内涵，落实到旅游特色小镇规划层面，可总结为"一个中心，六大方面，两大协同"：以人民需求为中心，构建高效的产业经济、优美的空间布局、良好的生态环境、特色的文化内涵、完善的公共服务、现代的体制机制，关注全域旅游协同和城乡发展协同（见图1）。

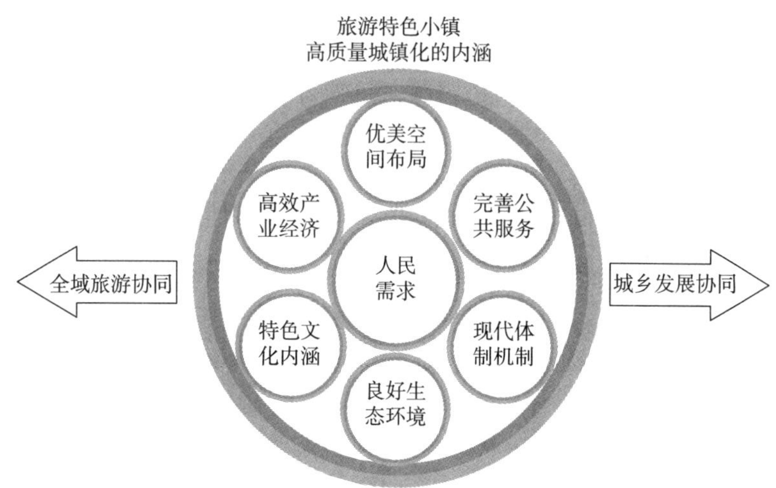

图1　旅游特色小镇的高质量城镇化

（二）特色小镇政策的要求

发改委、住建部、财政部发布的政策文件①对特色小镇规划有具体要求（见表1），有些要求是传统镇规划中的内容，例如：城镇空间布局要求功能“聚而合”、形态“小而美”；土地利用规划要求节约利用；公共设施规划要求配套齐全，向农村延伸；项目规划要求空间落地，避免盲目造镇……

表1　特色小镇政策的新要求汇总

传统镇规划内容	政策对规划内容提出的新要求	提及的文件
文化	从强调历史文化保护，转变为强调历史文化特色发掘和传承	B、C、D
生态	从强调环境保护规划，转变为强调生态系统的保护、修复、利用	A、B、D
新增规划内容	政策要求	提及的文件
特色产业	培育特色鲜明的产业形态，防止产业发展跟风	A、B、C、D
风貌	尊重小镇现有格局、不盲目拆老街区；传承小镇传统文化、不盲目搬袭外来文化；保持小镇宜居尺度、不盲目盖高楼	C、D
体制机制	创新特色小（城）镇建设投融资机制，设立美丽特色小（城）镇建设基金	A、B

有两项要求是对传统镇规划内容的升级：文化保护规划从强调历史文化保护转变为强调历史文化特色发掘和传承；环保规划从强调环境保护转变为强调生态系统的保护、修复、利用。新要求更注重积极保护和创新利用双管齐下，讲究资源的高效利用。

有三项要求是传统镇规划中没有的：产业规划，要求培育特色鲜明的产业形态，防止产业发展跟风；风貌规划，要求尊重小镇现有格局、不盲目拆老街区，传承小镇传统文化、不盲目搬袭外来文化，保持小镇宜居尺度、不盲目盖高楼；体制机制设计方面，要求创新特色小（城）镇建设投融资机制。

（三）多规合一的要求

目前多规合一工作主要在市、县层面进行。一般的小镇规划是对上位规划的“五线”② 的遵循和呼应，相当于“守底线”。而对特色小镇来说，除了满足“守

① 主要政策包括：A. 国家发展改革委：《关于加快美丽特色小（城）镇建设的指导意见》；B. 住房和城乡建设部：《国家发展改革委　财政部关于开展特色小镇培育工作的通知》；C. 住房和城乡建设部：《关于保持和彰显特色小镇特色若干问题的通知》；D. 住房和城乡建设部：《召开全国特色小镇培训会，十项要求规范小城镇建设》。

② 五线：产业区块控制线、基本农田控制线、生态林地控制线、生态控制线、城市增长边界控制线。

底线”的要求，还要满足产业、文化、生态等方面的特色和创新，必须及时落实和协调上位的多种规划，提出创新解决方案。旅游特色小镇通常要协调以下五个方面的规划（见图 2）：

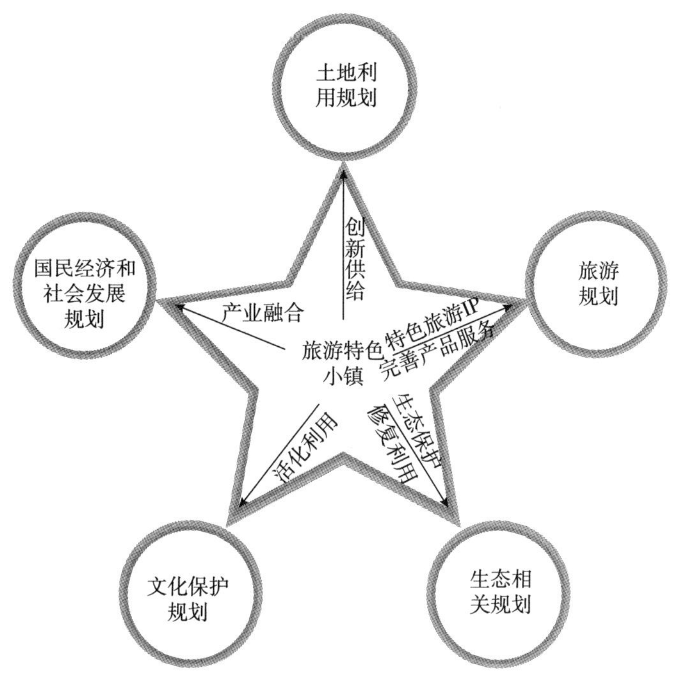

图 2　多规合一对旅游特色小镇规划的要求

（1）国民经济和社会发展规划方面，探索旅游特色小镇产业融合的方式和路径。规划不能光谈旅游产业，而要研究旅游产业如何与上位国民经济和社会发展规划中确定的原生产业或其他植入产业相互促进、融合发展。

（2）土地利用规划方面，在上位土地利用总体规划的框架下布局小镇的旅游空间，并对旅游用地的供给模式提出创新解决方案。运用最新用地政策，对旅游经营性项目、旅游公共服务设施、自然观光类项目、乡村旅游类项目等采用差异化的土地供给方式，结合国有土地、集体土地、非建设用地的组合供给，综合考虑长期租赁、先租后让、租让结合等方式。

（3）旅游规划方面，塑造能体现小镇独特性的创新 IP，依据市场需求策划旅游产品，完善小镇游赏组织、旅游服务设施等，并将旅游特色小镇融入更大范围的全域旅游体系。

（4）文化保护规划方面，对文化进行发掘研究，探讨如何把文化作为旅游资源，塑造小镇特色，并打造旅游目的地。对于保护级别较高的文化遗产、文物、历史文化名镇等，在符合专项保护规划的前提下，植入旅游活动，实现遗产的活化利用；对于保护要求不高的历史建筑、一般传统民居等，可适当改造作为旅游服务设施；发掘和传承非物质文化遗产，策划成旅游产品，以塑造特色小镇的文化吸引力。

（5）生态相关规划方面，在遵循生态保护要求的前提下，探索生态资源的利用模式。旅游小镇通常都有较好的生态资源，如湿地公园、森林公园、自然保护区等，这些资源通常都有各自的总体规划，特色小镇需与这些生态相关的规划相协调。

二、面向新时代的规划框架

基于对高质量发展、特色小镇政策、多规合一三个方面要求的梳理，能够满足新时代要求的旅游特色小镇规划是综合性的，需对传统镇规划的内容进行扩充，形成新的规划技术框架和规划逻辑，才能更好地指导建设，促进旅游业带动高质量城镇化发展。

（一）规划框架

通过增加特色产业、旅游发展两大篇章，解决旅游特色小镇的产业定位、产业布局、产业融合、旅游形象口号、旅游产品设计、旅游服务和游赏系统的组织问题。专项规划方面，按照政策新要求，将传统的历史文化保护规划扩充为文化保护与文化传承规划，将传统的环境保护规划扩充为生态与环保规划，并增加风貌规划专项。增加支持保障篇章，落实项目库、体制机制、运营模式的内容。构成在特色产业、旅游创新、多规协调、机制运营方面都有论述的综合性规划框架（见图 3）。

（二）规划逻辑

传统的镇规划是在进行资源、用地条件、产业基础等现状分析之后，进行城镇的空间布局。然而，一个更为完善的旅游特色小镇规划技术逻辑应该包括以下方面：一个核心、两个起点、三大方面、四大兼顾（见图 4）。

“一个核心”是指规划的价值观应当以人民的需求为核心。

“两个起点”是现状分析和创意概念两个规划的出发点，既要对现状的产业、土地、旅游、交通等进行摸底梳理，又要提出具有独特性的创意概念。现状分析须考虑现状条件与人民对美好生活的需求差距在哪；创意概念须充分考虑小镇的特色从何而来，例如一个文化故事、一首诗词，或一个节事活动、一个文化符号等，用旅游规划的术语即“IP”的创造，“IP”应体现人民对精神生活的需求。

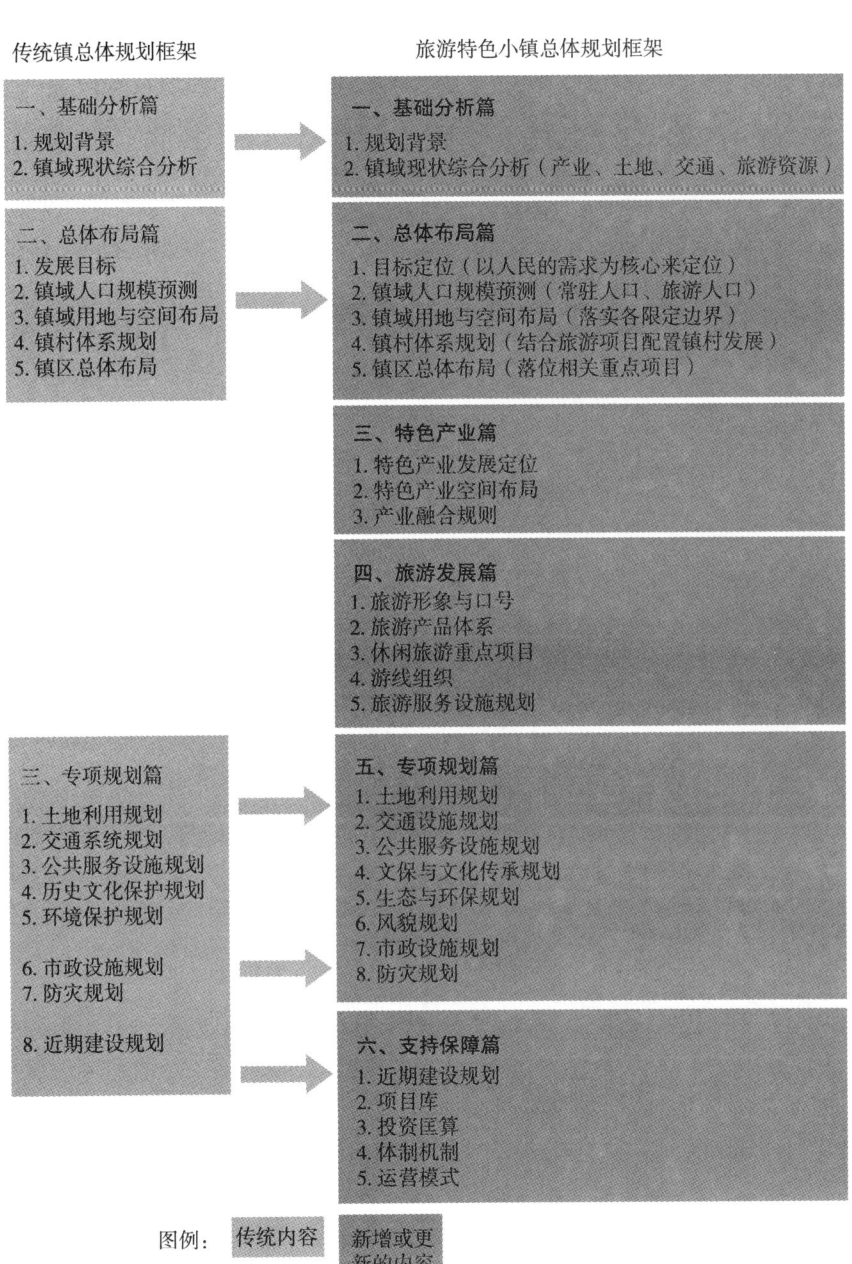

图 3　旅游特色小镇规划框架更新比对

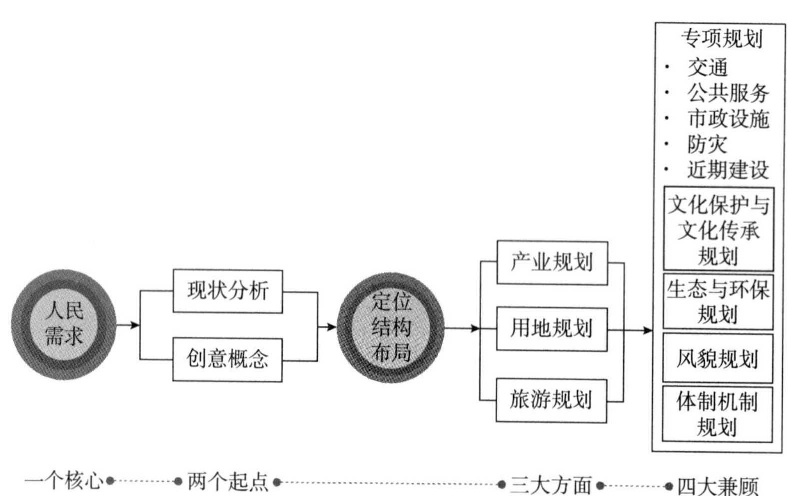

图4　旅游特色小镇规划逻辑

围绕人民需求，得到旅游特色小镇的定位和结构布局，并从产业、用地和旅游“三大方面”进行落实：产业规划篇章解决特色产业是什么、各产业如何融合、产业发展的目标指标和策略问题；用地规划篇章，解决用地规模、用地布局和土地的创新供给问题；旅游规划篇章，解决旅游产品、重点项目、游线组织、旅游服务设施的规划问题。其中，产业规划和旅游规划在传统城镇规划中涉及不多，但在旅游特色小镇规划中特别重要。

“四大兼顾”是在传统专项规划的基础上，兼顾文化保护与文化传承规划、生态与环保规划、风貌规划和体制机制规划。通过文化保护与文化传承规划、生态与环保规划，解决小镇规划与上位文化保护、生态环保规划相协调的问题；通过风貌规划解决在空间上如何体现小镇主题氛围的问题；通过体制机制规划，为特色小镇的投资、管理、运营提出基本合作框架。

这样综合性的规划框架和规划逻辑，既体现了高质量城镇化、多规合一的要求，又体现了各部委对特色小镇建设的政策规定。对旅游特色小镇的规划报批、A级景区的评定、小镇内建设项目的落实，乃至投资运营都有落地的指导意义。

三、规划应用案例——韶关市主田镇

（一）概述

为加快融入珠三角城郊型休闲旅游板块，广东省韶关市提出到2020年建成30个旅游特色小镇的目标，主田镇作为广东省最有代表性的旅游特色名镇，为推进小镇建设，编制《韶关市主田镇旅游名镇旅游发展总体规划》。该规划不同于传统旅游发展规划或镇总体规划，是为解决旅游特色小镇的核心问题专门编制的综合规划，也是新规划方法的探索应用。

主田镇镇域总面积 187 平方公里，位于广东省韶关市下辖的南雄市南部。主田镇既涉及恐龙化省级自然保护区，又是南雄重要的农业生产基地，还有客家民居遗存，是非常典型的产业、旅游、文化、生态保护多规合一的旅游特色小镇。其资源特征为山水、农业，客源市场以广东沿海为主，在广东省属于后发地区，发展条件和中西部的特色小镇有一定的相似性，也具有广泛的借鉴意义。

（二）全域协同

规划在全域旅游协同方面，跨行政边界限制，立足南雄市域层面，提出主田镇“向北融入南雄市丝路旅游”“向东联动江头镇、坪田镇”的全域旅游空间发展构想；在镇域层面构建旅游体系，联动城镇、乡村、景区，带动城乡融合发展。

（三）农旅融合

产业立镇方面，依托农业产业资源，推进西山区村无公害有机产业建设，创新休闲农业业态，使农旅产业成为促进农民增收、振兴村镇经济、塑造主田品牌的重要抓手。旅游发展方面，打造休闲农业、客家民俗、恐龙文化三元驱动的复合旅游产品，把主田镇建设成为“粤北休闲农业小镇”，树立“客家福地，炫彩主田”品牌形象。依托乡村田园风光，提升旅游接待设施、拓展休闲性和体验性旅游产品；依托客家民俗文化，打造非遗文化的传承和展示，开发民俗体验产品；依托恐龙文化资源，发展以研学旅游和亲子休闲为核心的旅游品牌。

（四）多规协调

在自然保护区规划的协调方面，主田镇在恐龙遗址自然保护区内，涉及自然遗产的传承及保护。主田镇的恐龙遗址以白垩纪为主，规划对镇区外的恐龙遗址地貌进行严格保护，结合镇区的旅游用地，设计白垩纪恐龙文化体验园、白垩纪主题度假酒店等特色旅游项目。体验园承担了自然保护区的科普宣教功能，主题度假酒店补充了旅游特色小镇的旅游服务功能，同时又赋予小镇独特性。这就是旅游特色小镇规划的多规协调：以白垩纪作为特色 IP，通过恐龙主题塑造特色风貌、补充保护规划中对科普宣教的要求，形成旅游吸引物。

与土地利用规划的协调方面，主田镇除镇区外周边都是基本农田，规划通过保留其中一个村的客家民居，将其改造成客家民宿，既保留了客家传统风貌，又传承了客家村落文化，同时还解决了旅游服务设施不足的问题。将部分农田规划为农业园区，对休闲农业整合提升，形成以花卉、农业、农俗为特色的休闲农业旅游，利用主田镇的台商投资热潮，积极引入台湾资源，实现在资金、技术、市场等多方面的旅游借力。

（五）专项突破

为塑造主田镇的风貌特色，在专项规划中增加风貌规划章节，对重点项目进行风貌引导，将主田镇的游客服务中心创意性地采用“田”字布局平面，寓意主田旅游镇的农业景观特色，形成主田旅游镇的标志性建筑之一。对新建民居、旅游接待设施的风貌也进行了立面引导设计，体现客家民居传统风貌特色（见图5、图6）。

图5　主田镇游客服务中心风貌设计

■传统风貌控制

●传统公共建筑风貌导引
非物质文化遗产粤北采茶戏的承载建筑
采用四方围合的布局，结合茶文化体验、戏曲观赏为主要功能
临街一侧立面设计大面积的玻璃门窗
延续青砖灰瓦、原色木构

●客家精品民宿风貌导引
民宿以2~3层为主，1楼以上具有廊架
在当地民居制式基础上：立面的门窗等比例扩大尺度
整体上开窗数量较传统客家民居更多，用于满足住宿的舒适性

●传统商业街风貌导引
建筑的样式采用联排1~2层客家传统商铺
建筑立面以木格栅、木窗棂为主
底商商铺门面尺寸较大，吸引游客进入

图6　主田镇立面风貌引导设计

在体制机制方面，规划还对于政策建议、平台建设、资金筹措、组织管理等提出了相应的措施（见图7）。

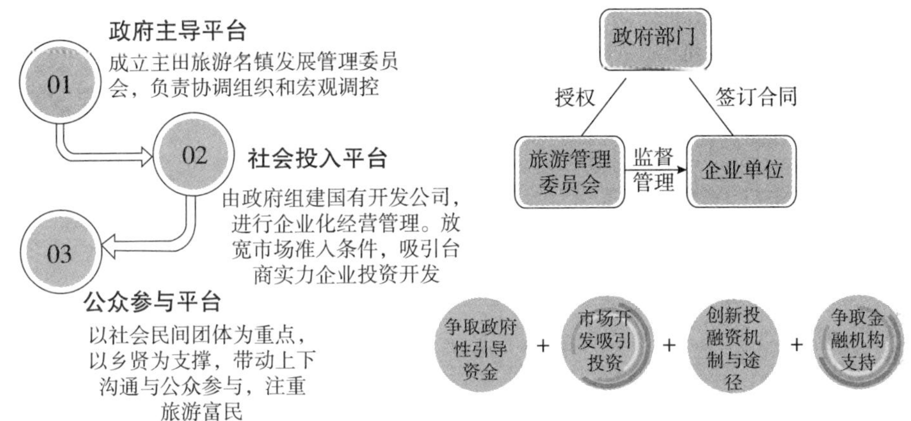

图7　主田镇旅游特色小镇体制机制创建

整个规划从宏观层面的区域协同、中观层面的规划布局、微观层面的风貌控制，到实践层面的项目库、行动计划、机制设计等方面都进行了论述，并有效协调了自然保护区规划、土地利用规划、旅游规划等内容，在一个旅游特色小镇的规划中实践了多规协调和全域协同的规划思想，为高质量的旅游特色小镇发展提供全方位的谋划。

四、规划难点与解决方案

多规合一都在市级和县级层面推行，从乡镇层面协调上位规划普遍有以下四个难点。

（一）旅游用地的创新供给

在城乡规划用地的分类标准中，没有旅游用地这个类别，但旅游特色小镇作为旅游目的地或旅游服务中心，需要较多的旅游业发展用地。风景名胜区规划、城乡规划以及国土规划的土地利用分类标准完全不同，需要按多规合一的思路进行协调（见表2）。

表 2　城市用地、国土用地、风景区用地标准对照表

城乡规划用地分类				土地利用现状分类	
大类		小类		小类	
B1	商业用地	B13	餐饮用地	052	住宿餐饮用地
		B14	旅馆用地		
B3	娱乐康体用地	B31	娱乐用地	085	文体娱乐用地
		B32	康体用地		
G1	公园绿地	G11	公园	087	公园与绿地
				088	风景名胜设施用地
G3	广场用地	—	—	085	文体娱乐用地
G4	生态景观用地	G41	景观游憩绿地	087	公园与绿地
				031林地、032灌木林地、033其他林地、042人工牧草地、043其他草地	
P	保护区用地	—	—	052	住宿餐饮用地
				054	其他商服用地（旅游信息服务）
				085	文体娱乐用地
H9	其他建设用地	—	—	088	风景名胜设施用地

风景区规划用地	
甲	风景游赏用地
乙	浏览设施用地
丙	居民社会用地
丁	交通与工程用地
戊	林地
己	园地
庚	耕地
辛	草地
壬	水域
癸	滞留用地

旅游业发展用地的供给来源多样，国土 10 号文①中的用地政策，其中有六条在旅游特色小镇的规划中常涉及：一是利用文化遗产、工矿企业、大型农场兴办住宿、餐饮等旅游接待设施可保持原土地用途、权利类型不变，这是历史文化小镇、矿山修复、农旅融合类小镇取得国有建设用地的通道之一。二是亭台楼阁、步道缆车可按“其他建设用地”，参照公园用途办理土地供应手续，这意味着旅游小镇中的许多游赏设施可以通过划拨方式取得土地。三是未利用地、废弃地、边远海岛等土地建设旅游项目可以优先新增建设用地，这是取得新增国有土地的快速通道。四是城乡居民可利用自有住宅从事旅游经营，外来开发企业或个人可通过承包经营流转的方式，使用集体所有的农用地、未利用地，从事与旅游相关的种植业、林业、畜牧业和渔业生产，这是农旅融合、乡村旅游类项目常用的方式。五是码头可以保持现有土地权利类型不变建商业服务设施，这点非常适合滨水码头改造项目。六是利用自然景观用地、农牧渔用地开展旅游无须转用，这是游赏类项目获取用地的便捷通道（见图 8）。

在主田镇规划中，充分应用了“大型农场、工矿企业开展旅游可保持原土地用途、权利类型不变”的用地供给政策。针对主田镇现有的三大农业园区（以中草药植物种植为主的元升两岸花博园、以景观苗木种植为主的香草世界森林公园、以生态养殖和生态农产品为主的黄蜂岭生态农业园），利用农场土地开展旅游接待，对原有设施进行提质升级，植入适合家庭亲子游的生态农庄、试种园、特色餐厅、森林 SPA 等旅游产品。通过对棉土窝矿区废弃厂房及周边环境进行

① 国土资源部、住房和城乡建设部、国家旅游局印发的《关于支持旅游业发展用地政策的意见》。

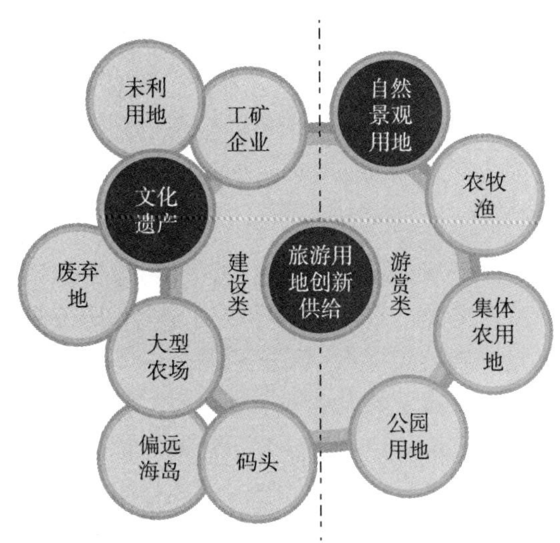

图 8　旅游用地创新供给来源

改造，建设集工业研学、遗迹体验、艺术创客于一体的综合旅游目的地。

（二）A 级景区标准的融入

特色小镇大多都要求融入旅游功能，如浙江省提出的要求是特色小镇必须至少要达到 AAA 级景区。在 A 级景区评定标准中，对于旅游吸引力、旅游交通、风貌特色、旅游服务设施、环境保护方面都有具体要求，既要将这些指标要求在旅游特色小镇规划中落实，又要满足小镇生产、生活、生态空间和旅游空间的协调，符合经济可行性，这对资源的高效利用和分配提出了较高的要求。

解决这个难点，可以采用共享的理念。在主田镇的规划中，离镇区较远的旅游村庄，规划设计了居民和游客在时间上能分时使用的综合性共享服务设施，实现空间更高效的利用。这个共享服务设施，既是乡村图书馆，又是乡村食堂和停车场，还可接待游客参观，满足了 A 级景区对旅游服务设施的要求，提升了乡村公共服务设施的品质，实现了对当地文化的宣传和展示，合理应对了旅游人口波峰波谷明显造成的工作日旅游设施利用率不高的问题，可谓一举多得。

（三）非建设用地创新利用

传统规划关注的重点是建设用地，对于旅游特色小镇而言，非建设用地也是小镇不可或缺的活力空间。农地、林地、水域是很好的旅游资源，在符合土地管理要求和生态保护的前提下，在其中植入徒步、农业观光、露营等游赏活动，是构建旅游小镇吸引力的重要方面。

在韶关主田镇的规划中，西坪村是山区村，村里的梯田种植已经形成规模，规划引导农民种植不同品种的水稻、油菜花等作物，形成富有特色的彩色梯田景观，在梯田间设置平台，开展梯田宿营，并在周边山体森林中设置健康徒步道，连通瀑布水库，通过盘活农田、林地、水库资源，形成特色风景，将西坪村打造成旅游特色村。

（四）人口与用地规模的确定

旅游特色小镇的人口和用地规模的确定，需要考虑常住人口和旅游人口两大因素。旅游用地的管控和引导、旅游人口对应的设施和用地需求是当前旅游特色小镇规划区别于传统城镇规划的特点。

旅游人口的规模需从区域旅游发展的层面来看，根据区域游客总指标和旅游特色小镇在全域旅游中的定位和功能来确定，还要考虑游客增长带来的输入性旅游从业人员的增长。旅游设施需求总量计算可以用以下公式：

$$\text{旅游建设用地总量（公顷）}=\frac{\text{年游客规模（万人/年）}}{\text{全年可游天数（天）}}\times\left(\text{住宿游客比例}\times\text{住宿游客人均旅游建设用地面积（公顷/万人）}+\text{非住宿游客比例}\times\text{非住宿游客人均旅游建设用地面积（公顷/万人）}\right)$$

由于旅游人口具有在时间分布上波峰波谷差异较大的特征，旅游设施的供给如果简单地将旅游用地的总量指标直接纳入城镇规划，会造成很大的浪费。应当结合多元旅游用地供给方式，将总量需求分解到镇、村、景区等不同主体中，采用多元的、共享的理念来供给，将旅游设施的供给和公共设施供给、村庄提质、文化遗产有机利用等相结合。

五、结论

能满足高质量城镇化发展需求的旅游特色小镇规划，必然是综合性的、能协调多规合一、放眼全域旅游、衔接城乡统筹的规划。在新时代的要求下，应通过实践不断探索和完善新的旅游小镇规划方法，坚持以人民的需求为核心价值观，从产业、用地和旅游三大方面落实，兼顾文化保护与文化传承、生态与环保、特色风貌、体制机制创新，为实现旅游特色小镇的高品质城镇化提供规划指引。

参考文献

[1] 大林．中国特色小镇发展报告（2017）[M]．北京：中国发展出版社，2017.

[2] 陈光义．大国小镇：中国特色小镇顶层设计与行动路径 [M]．北京：中国财富出版社，2018.

[3] 国家旅游局．旅游业发展用地相关政策解读 [M]．北京：中国旅游出版社，2017.

[4] 姚茜，李源．全力推动我国经济转向高质量发展 [EB/OL]．人民网，theory. people. com. cn/n1/2017/1217/c40531-29711465. html，2017-12-17.

[5] 国务院．国家新型城镇化规划（2014~2020 年）[Z/OL]．中央政府门户网站，www.

gov. cn/zhengce/2014-03/16/content_2640075. htm，2014-03-16.

[6] 国家旅游局. 旅游景区质量等级的划分与评定 [S]. 国家质量监督检验检疫总局，2004-10-28.

[7] 国家发改委. 关于加快美丽特色小（城）镇建设指导意见 [Z]. 2016-10-08.

[8] 国务院办公厅. 关于促进全域旅游发展的指导意见 [EB/OL]. www. gov. cn/zhengce/content/2018-03/22/content_5276447. htm，2018-03-09.

[9] 住房和城乡建设部，国家发展改革委，财政部. 关于开展特色小镇培育工作的通知 [EB/OL]. www. mohurd. gov. cn/wjfb/201607/t20160720_228237. html，2016-07-01.

[10] 住房和城乡建设部. 关于保持和彰显特色小镇特色若干问题的通知 [EB/OL]. www. mohurd. gov. cn/wjfb/201707/t20170710_232578. html，2017-07-07.

[11] 国家发展改革委，国土资源部，环境保护部，住房和城乡建设部. 关于规范推进特色小镇和特色小城镇建设的若干意见 [EB/OL]. www. ndrc. gov. cn/fzgggz/fzgh/zcfg/201712/t20171205_884867. html，2017-12-04.

[12] 建设部. 城镇规划标准 [S]. 北京科文图书业信息技术有限公司，2006-05-01.

影视旅游特色小镇发展探究

——以象山星光影视小镇为例

宁波工程学院马克思主义学院　郑娟　厉孝忠

摘要：小镇经济日益兴起，电影主题的小镇已有几十家，电影正成为越来越多主题公园、特色小镇的新标签。影视 IP+旅游的特色小镇作为特色小镇的重要类型，蓬勃发展，形成了一些具有典型发展经验的模式，但缺乏规划、定位不够精准等问题也开始浮出水面。本文以象山星光影视小镇为例，提出影视小镇发展必须要做到三点：做一个有故事的品牌，而故事的核心是要有文化；有号召力的龙头项目；有影响力的 IP 项目。

关键词：影视小镇；IP 项目；特色发展；产城融合

近年来，创建特色小镇已成为各地寻找自身优势、打造经济发展新动能的重要节点。随着众多影视 IP 的大热，大家所熟悉的电影外景地越来越多。影视 IP 主题类型的特色小镇正在成为炙手可热、人气火爆的旅游目的地。象山星光影视小镇坐落于大塘港生态区，以象山影视城为主体区域，规划面积 3. 12 平方公里、建设面积 1. 16 平方公里；以影视文化旅游产业为核心，锐意打造集影视旅游、休闲度假、影视制作等功能于一体的中国知名影视旅游特色小镇。

一、概念与特征：影视旅游特色小镇的基本理论

（一）概念与特征

特色小镇是指相对独立于市区，具有明确产业定位、文化内涵、旅游和一定社区功能的发展空间平台。影视旅游特色小镇是指依托影视拍摄地、影视人物、影视场景、动漫等 IP 元素，结合旅游产业发展，形成特定效应的主题小镇。影视 IP 主题文旅小镇将影视文化、动漫文化融入区域平台旅游发展，以影视资源、动漫资源为核心，经过深度开发及产业融合形成系列旅游体验产品，进而带动文旅产业快速品牌化、项目化。

影视旅游特色小镇具有以下特征：

（1）影视旅游特色产业鲜明。特色产业和特色经济是小城镇发展的力量源

泉，特色小镇建设本质上是一个产业问题。影视旅游特色小镇就是紧紧围绕影视和旅游两大特色产业，加大影视产业与旅游、工业、农业、新媒介的产业联动，拉长影视产业链，大力发展道具制作、演员经纪等影视服务行业，加大动画、玩具、纪念品、服饰、食品、电子游戏、文具、日用品等影视衍生产品的开发与经营，大幅提高影视产业的衍生效益。

（2）“影”与镇融合发展。影视园区与附近的镇关系密切，相伴相生。影视旅游特色小镇或是影视作品外景基地、电影节举办地，或是毗邻影视城（影视基地），吸引着大批旅游者前往旅游参观，小镇借电影造势，旅游业搭着影视作品快车，呈现互动发展的势头。

（3）生态环境良好。营造良好的城镇生态环境，应该成为城镇发展与自然相协调的永恒主题。影视资源可以助推地方旅游，但真正让游客愿意重游的关键是独特的自然美景，影视旅游特色小镇发展应把生态环境建设与优化生产力布局、产业升级结合起来，与发展循环经济、开展资源节约结合起来，与加快社会主义新农村建设结合起来，突出绿色产业体系、绿色城市交通体系、低碳的生活方式等生态特色。

（4）生活方式自然悠闲。特色小镇的打造要尊重当地生活习惯及特色，开发要符合当地生活节奏。小镇是“人”的小镇，同时也是自然环境场所，要以可持续发展途径对居住小区进行科学规划，提升改造，突出宜居特色，倡导自然、优雅、休闲的生活方式，追求人与自然、人与人、人与自己精神世界交流的最理想、最和谐状态，寻求人与人之间交往的和谐，使人们的心灵达到一种安宁平和的境界。

（5）建筑风格独具魅力。建筑是反映一个城镇文化品位和风格特色的重要标志。影视旅游特色小镇的建筑群体应该是聚合而成的整体环境观感，而不是单一建筑的自我表现。既要保持建筑形式的多样性，又要在全局上力求统一的风格。在风格设计上，应结合实际，强调功能满足、个性特色、生态环保、情感归宿等方面的要求。

（二）成长机理

影视旅游特色小镇主要依托影视旅游资源来发展特色小镇，发展经历初期依托影视城，到中期与影视城融合发展，再到后期自增长三个阶段。

（1）初期依托影视城。“镇”与“城”二者在区域上紧密接壤，此时“镇”与“城”联系源于“城”的两大功能——拍摄影视作品和旅游两大功能，进而诱发影视产业发展。这一阶段，“城”的资源优势起着决定性作用，“镇”的发展对影视城有较强的依赖性。

（2）中期相互融合。影视城的发展，带动了与影视相关的影视创作、影视制作、影视发行、道具加工等产业的发展，进一步增强了对“镇”的影响。影视产业发展形成巨大的产业带动力，产业链不断延长，不断吸引关联产业集聚，并辐射扩散到周边区域，带动区域经济的发展。以影视旅游关联产业发展为纽带，“镇”与“城”在空间形态上相互融合。“镇”完成了从简单服务于“城”到积极利用“城”的转变，“镇”与“城”互动实现共同发展。

（3）后期自增长阶段。随着“镇”产业结构的优化升级和多元化产业的形成和发展，其继续发展将主要源于自身规模循环和累积。“镇”在进入多元化经济发展阶段以后，“城”就成为其要素的一个组成部分，主导地位将逐渐失去，“镇”的发展在很大程度上将取决于多元化产业发展及经济的自增长发展。

二、经验与借鉴：国内影视旅游小镇发展模式分析

（一）日本：动漫主题小镇

日本是世界上最大的动漫产业创作和输出国，发达的动漫产业链和广泛的受众，催生了一批以著名动漫 IP 为主体和本底的动漫主题小镇，它们通常依托动漫作者或作品带来的人文资源优势和当地政府的政策支持进行发展。日本动漫产业链基本按照影视产业的三个圈层分为漫画作品、动画作品、衍生产品三个递进环节，衍生产品是其中周期最长、市场最广、盈利最高的环节，也是实现利润回收的关键环节，动漫主题小镇是动漫 IP 实现较高品牌价值之后的产物，本身是一种具备混合消费模式的衍生品，同时也是众多动漫衍生品的集合和载体，可根据动漫 IP 本身的火爆程度和受众群体的差异灵活决定具体发展形式。动漫小镇的发展，除了带动地方旅游业发展之外，也促进了动漫 IP 的深度开发及新动漫产品开发，形成效益递进的良性循环。

（二）韩国：韩剧 IP 文旅小镇

韩剧作为“韩流”文化的输出者和韩国文化旅游产业的总代言人，韩国的影视剧产业是与韩国地方经济息息相关并享受着政府大力扶持的国民产业。“韩剧旅游”在政策倾斜下逐渐兴起，在这个自然旅游资源并不丰富的国家，一个个原本经济发展和区位条件都平凡无奇的韩国小镇，作为热门影视 IP 的拍摄地，吸引着亚洲各国的众多游客，为政府带来了可观的旅游收入。大部分韩剧 IP 文旅小镇从发展初期就有着明确的发展目标和相对固定的模式，一部韩剧的火爆荧屏带来旅游业的兴盛，可观的旅游收入保障了小镇的运营和进一步开发，旅游带来的知名度和市场机遇，为更多韩剧或综艺在当地的拍摄提供了机会和资金，然后进一步开拓了旅游市场，最终形成“影视拍摄”与“影视旅游”的良性循环、“文”与“旅”的联动发展。

（三）横店："影视城+"

横店影视小镇的发展特点主要有两个：一是通过特色产业带动发展，推动城市实力不断增强。横店小镇通过繁荣活跃的影视文化旅游产业，大力实施"影视城+"的行动计划，不断衍生发展观光旅游、体育休闲、影视文化等影视休闲产业，同时以"影视名城、休闲小镇"为目标，坚持二、三产业并举发展，进一步提升城市软实力，带动经济社会发展。二是坚持景城融合发展。横店小镇始终把景区与横店城区的融合发展放在重要位置，以城市风貌综合提升为载体，全面改善城市环境，不断提升小城市魅力。通过以横店影视城为核心动力，并随着影视文化产业和影视文化旅游产品的不断升级，横店从当初单一的影视基地逐步发展为影视旅游景区，进一步向影视主题文化小镇升级转变。横店影视文化小镇，作为集影视旅游、度假、休闲、观光为一体的大型综合性创意旅游综合体，不仅促进了横店影视小镇产业的飞速发展，更拉动了横店小镇影视地产、住宿、娱乐等相关产业的发展，是典型的"影视 IP+旅游小镇"的发展模式范例。

（四）大厂影视小镇："1+N"的产业生态圈

大厂影视小镇一期聚焦影视综艺，以"孵化+产业化"为双轮驱动，形成产学研究、内容和孵化、创意创作、版权交易、项目发起、前期筹备、前期拍摄、后期制作、衍生产品制作的全产业链。按照"一镇一风格"的理念，大厂明确将影视小镇设定为以影视产业为核心，形成"1+N"的产业生态圈，包括动漫游戏、设计创意、数字娱乐、会议会展、文化演艺、旅游休闲等产业。通过建设影视小镇，完善各项设施，从而以满足影视制作的全产业链需求，因此，大厂特色小镇的建设对大厂影视小镇的产业发展与区域特色的打造有极其重要的作用。

（五）华谊电影小镇："电影小镇+电影世界"

华谊电影小镇是内容切入型项目，主要以塑造和还原经典电影场景为主，依托自身电影 IP 资源，发展影视文旅产业；华谊兄弟电影世界是以华谊电影内容为主体的大型乐园；华谊兄弟电影城是电影小镇和电影世界的有机综合体，目标是以华谊兄弟影视 IP 与当地文化结合的互动体验式文旅小镇和浸入式互动大型乐园相结合，打造"电影小镇+电影世界"的综合旗舰产品；华谊兄弟文化城以全功能室内影棚群为基础载体，配套影视制作人居环境，同时提供影视文化娱乐休闲功能。华谊兄弟从 2011 年开始在国内布局实景娱乐项目，由传统影视向以影视 IP 的文化旅游产业链发展，主要是通过以自身影视 IP 资源为核心，以电影小镇为基础，延伸文旅全产业链，在空间实景层面打造集影视制作基地、影视主题公园、影视作品展播、影视作品交易、文化旅游、影视会展乃至影视基金于一体的综合影视发展基地。

三、基础及对策：象山星光影视小镇发展的设想

（一）现有基础

浙江是全国影视副中心，拥有横店浙江横店影视产业实验区、中国（浙江）影视产业国际合作实验区等国家级影视产业基地。而象山影视城则立足“影视产业创新力、基地核心竞争力、影视旅游竞争力”，成为浙江省唯一创建类影视特色小镇，在浙江影视产业发展中走出了一条新路。象山影视城坚持以影视旅游为导向，创新场景为表、产业为里、文化为魂的“三位一体”发展模式，加快推进主题游乐、影视拍摄、影视体验、休闲度假等产业融合升级。2017年以来，象山影视城经营总收入达4.76亿元，实现税收2519万元，影视城景区门票及营业性收入9690万元，接待游客量127.5万人次，同比增长16%；实现文化产业附加增加值1亿元，同比增长56%；接待剧组180个，拍摄剧组83个，同比增长41%，成为继东阳横店之后国内接待剧组规模最大的影视基地之一。

大力推进影视文化产业发展，2017年出台《关于扶持宁波影视文化产业区影视产业发展的若干意见》，在企业落后、企业奖励和税收政策等方面大力推进影视文化产业发展。切实提供最多跑一次和五天办结的高效方式，并实现零收费服务。在企业奖励服务上，实行一次性提供材料、全程代办、季度返税的服务。目前落户的企业已达700多家，已达到全省落户企业总量的28%。影视产业链效应凸显，目前全国最大的道具、影视器材和服装道具公司已入驻象山影视城并投入运营。在象山县域内开辟了大岙竹林、舫前竹林、王家兰、灵岩山等几十处外景地。在定塘、新桥等地建成62个标准摄影棚，全国首家高科技数字摄影棚和亚洲最标准的水下摄影棚建成投入使用，总面积达35万平方米，摄影棚拥有量居全国第一。2017年，摄影棚经营性收入达到8000余万元。影视城周边具有影视客栈210家6500个床位，经营性收入达到6000余万元。

（二）对策建议

（1）加强顶层设计，做一个有故事的品牌。建设电影小镇必须要有以文化为核心的强大的故事品牌和具有号召力的龙头产品。有影响力的IP资源、专业的运营团队、完善的生态产业链，含量高的科技、有价值的体验，才能避免盲目规划、缺乏定位、蜂窝而上的现象，从而带动各方所需要的经济效益和社会效益。象山星光影视小镇要从顶层设计入手，在突出特色的同时还要接地气，对经济文化生产的各项指标进行精准定位与顶层设计，充分发挥各种文化要素的活力，不断完善文化生态体系和生产机制，促使文化资源真正融入社会肌体的生长之中，全面实现其功能，讲好自己的品牌故事。当然，品牌故事不是人为编造、

复制出来的，故事源于企业对品牌的关注程度，包括诸如举办各种赛事、推广活动、社会公益活动以及在产品品质上的人性化措施。

象山继闽南、徽州、热贡、阿坝州等，成为中国第七个国家级文化生态保护实验区，是一个文化资源丰富的地区，几乎处处都蕴含着几千年历史信息的“文化资源”。星光影视小镇要深挖文化资源，把处于野生、沉睡、散漫状态下的文化资源，转换成具有传播力强、可以走进文化消费主流平台的文化 IP 和产品，培育出有品牌、有实力、可持续发展的文化企业。可依托白岩山佛教文化、盐文化养生休闲园，主打康体养生游，主要面向中老年游客，发展银发旅游经济，建设狮子山知青度假区，发展养生保健类、茶文化、禅文化等养身养心养老的旅游产品，建设风景优美的步行道以及其他慢生活类旅游项目。依托东溪岭千年古道、大头山打造怀乡观光游，以发展慢节奏旅游项目为主，客源以家庭亲子游为主体，重点推出农业观光、农事体验、家庭农场、山间度假别墅等旅游产品和商业项目，主推特色花草种植、农产品采摘。通过摄影比赛、美术比赛吸引摄影爱好者和美术爱好者采风写生。

（2）深化产城融合，做强有号召力的龙头项目。旅游特色小镇的打造既要考虑当地居民的切身利益，深入了解居民的想法和实际需求，通过发展乡村旅游带动全镇居民生活品质的提升，也要研究潜在游客群体的旅游意向，使主客利益对接，形成互利共赢的局面。要构建生活化的服务系统，满足当地居民的日常生活所需，同时满足游客的需求。象山星光影视小镇要以影视产业为核心，以“产城融合”“三生（生产、生活、生态）融合”“人文融合”为理念，以“人才孵化+产业基地”为战略，打造以人为本的特色小镇。勘察排摸各镇乡（街道）滩涂、竹林、水库、村落等景点百余，编制完成全县外景地规划。与宁波市文广新局对接，整合市区博物馆、文化公园、时尚广场等宁波都市人文资源，成立影视拍摄外景地联盟，进一步拓展宁波全域影视场景地，提升保障象山影视城的知识性和文化性特色。

创新影视合作模式，多元招商，强化项目建设。创新开展影视城提供场地，道具公司负责装修的新模式，借助道具公司资源带动更多剧组入驻。继续加强与上海汇鑫义影视道具租赁有限公司、北京天益人合影视文化发展有限公司知名道具公司合作，以影视城提供土地，影视公司出资金与技术的入股形式，搭建合作平台。积极盘活闲置资源，带动周边旧厂房改造成摄影棚，打造全天候、多场景、数字化影视拍摄基地。加快推进招商引剧、景区建设、旅游营销、品牌宣传等一体化建设，带动黄公岙村、灵岙村等周边村庄建设影视客栈、道具制作、剧组车辆租赁等新业态，形成服装道具场景制作、群众演员吃住服务、游客旅游购物消费等影视产业链。加快建设全国首个影视乐园“浙江广电象山影视基地”，同时，加大影视城服务配套设施建设，尽快启动占地 154 亩 Citywork 项目的实施，形成休闲购物街区、演员公寓、高端酒店、康体健身等重点项目；启动面积达 110 亩的旅游集散中心项目及一批有号召力的龙头项目。

（3）打造生态产业链，开发有影响力的 IP 项目。影视小镇以其幽静的环境、传统的风貌建筑、丰富的人文风情，吸引着越来越多的小镇旅游爱好者，特别是城市居民前往旅游。小镇要进行深度开发，提高旅游者的满意度，就要注重旅游环境的体验与设计。很多景区在建设过程中，对景区定位不准确，造成旅游人数衰减。规划景区发展模式之前，需针对景区地理位置、文化资源、自然景观、村民建筑、企业招商等因素进行综合考量，在小镇建设电影小镇中，旅游区酒店、特色民宿、影视基地、文化体验等一系列影视同期产品都需要有文化元素作为支撑。象山星光影视小镇在旅游产品设计中除了重视虚拟景观的建设，也要挖掘新桥特有的自然景观和历史人文景观。充分用好新桥形态丰富的自然环境资源，利用水库、山林、港湾、滩涂、梯田等不同形态的自然景观建设影视拍摄外景基地，使人文景观与自然景观、虚拟景观和实体景观互相映衬、相得益彰、互动发展。

一部热门电影捧红一个景区绝不稀奇，但如何维持景区热度是值得深思熟虑的。在前期宣传、景区规划、活动项目、景区服务等方面需进一步完善。要组建以影视为中心的项目开发团队，制定目标清晰的策划方案，明确景点跟影视作品的结合点，利用影视 IP 将景区的自然资源、旅游产品衔接起来，引起观众共鸣。紧紧围绕影视和旅游两大特色产业，加大影视产业与旅游、工业、农业、新媒介的产业联动，拉长影视产业链，大力发展道具制作、演员经纪等影视服务行业，加大动画、玩具、纪念品、服饰、食品、电子游戏、文具、日用品等影视衍生产品的开发与经营，大幅提高影视产业的衍生效益。将传统的农业、工业、渔业、手工业生产与游客的休闲、体验、参观、学习等活动紧密结合，使第一产业与第三产业对接，提高一二产业附加值。延伸农业产业链条，加快发展农业服务业，支持农产品和水产品精深加工，创新流通方式和流通业态，推进农村电商与实体流通相结合，完善农产品流通网络，推进各种形式的对接直销。充分发挥农业的多功能性，挖掘乡村生态休闲、旅游观光、文化教育价值，大力发展民宿型农家乐，开创以乡村旅游带动产业融合发展的新模式。推出象山非遗文化大巡演、戏曲快闪等文化项目，安排“天天明星拜年会”“明星见面会”等活动，做到周周有亮点、月月有活动、季季有节庆，为游客创造与角色互动的机会，深入感受象山影视文化。推出全息音效幽灵船、影视虚拟体验厅等新产品，推进“影视片场+旅游体验”的特效影视基地建设。

参考文献

[1] 文丹枫等．特色小镇理论与案例 [M]. 北京：经济管理出版社，2017.

[2] 陈光义．大国小镇：中国特色小镇顶层设计与行动路径 [M]. 北京：中国财富出版社，2018.

[3] 李晨行．城市发展由“增量式扩张”到“集约式创新”的逻辑转换——以浙江特色小镇的创建为例 [J]. 管理现代化，2018 (9).

[4] 洪铁城．特色小镇的有与无——从横店影视城说起 [J]. 中华民居，2017 (12).

[5] 陈建祥．宁波推进特色小镇文化建设的模式和特点 [N]. 宁波日报，2018-09-20.

[6] 特色小镇与 PPP 模式．特色小镇成功案例之影视小镇 [EB/OL]. https：//baijiahao.baidu. com/s？ id = 15874589 02216081069&wfr = spider&for = pc219/5000.

现代化生态旅游卫星城镇建设研究

——以宁波九龙湖镇为例

宁波工程学院马克思主义学院　习蓉晖　厉孝忠

摘要：卫星城镇的创建有利于优化大都市空间结构。国内外从理论到实践都对其不断进行研究和发展，本文以浙江宁波九龙湖镇为例，分析了该镇在建设现代化生态旅游卫星城镇中存在的问题、原因，尝试从四个方面解决问题：实施五大工程、加强规划引领和扶持力度、推进土地使用权流转，以及建立“三级联席会议”制度。

关键词：卫星城镇；优化空间；现代化生态旅游

创建卫星城镇是优化大都市中心城区空间结构、构筑城市公共安全的重要抓手和有效途径。九龙湖镇作为宁波大都市外围重镇，建设卫星城镇对于宁波市空间结构优化，建立公共安全体系具有重要作用。全国重点镇九龙湖镇，下辖 11 个行政村、1 个居民区，面积 65.3 平方公里，耕地面积为 2.92 万亩，2015 年镇域总人口 6.6 万，其中城镇人口 4.8 万。围绕建设“宁波中心城北部重要发展组团、以山水文化景观为特色的旅游休闲度假区、具有高品质人居环境的生态城镇”的目标，实施旅游兴镇、工业富镇、生态立镇、科技强镇四大战略，建设现代化的生态旅游卫星城镇。

一、概念与功能：卫星城镇的基本理论

（一）概念

城市空间结构是城市功能组织在地域空间上的投影。卫星城镇伴随城市经济发展和城市功能拓展而崛起，是现代城市空间结构演变的重要动力和载体。卫星城镇空间结构调整，对调整城乡二元结构与优化城市空间结构，实现互惠互利、城乡一体健康发展有着十分重要的作用。

1898 年英国人霍华德（Ebenzer Howard）在《明日的田园城市》（*Garden City of Tomorrow*）一书中首次提出卫星城镇，他认为，卫星城镇是大城市体系中的一个层次，是依附于大城市、与大城市联系紧密、处在大城市周边而又与大城

市相对独立的中小城镇。在国外，卫星城镇曾被视为治理城市问题的良方，理论界对卫星城镇发展与城市空间结构优化问题展开了热烈的研究，形成了各种学术流派。实践中，在不同的国家与城市掀起了一股兴建热潮。

后期发展历经三个阶段：第一个阶段是近郊居住城镇。即附属于大城市的近郊居住城镇。如 1912~1920 年巴黎制定了郊区的居住规划，城镇仅供居住，工作及文化生活等方面的需要去巴黎解决，这种城镇一般也被称为“卧城”。第二个阶段是半独立的卫星城镇。如 1918 年芬兰建筑师沙里宁按照有机疏散理论制定了大赫尔辛基规划方案，主张在赫尔辛基附近建立一些半独立的城镇。后来瑞典斯德哥尔摩附近也建造了一些半独立的城镇，著名的有魏林比，它有一定的工业和服务设施，部分人可以就地工作。第三个阶段是独立的卫星城镇。它距母城较远，有自己的工业，有全套的服务设施，可以不依赖母城而独立存在，再实施行政与财政鼓励措施，吸引了许多人口，真正达到了疏散大城市的目的。其规划特点是城镇具有多种就业机会，社会就业平衡，交通便捷，生活接近自然，规划方案具有经济性和灵活性。城市交通主干道、次干道和人行道布局便捷、安全，大型商业中心、小型商业点设置合理。

（二）功能

为解决大城市发展带来的人口膨胀、交通拥堵、环境恶化、住房紧张、就业困难等城市病，拓展城市空间、优化空间结构是必然选择。卫星城镇同大城市一样，具有一般的城市功能，是经济活动及其空间集中的结果，是一个相对独立的经济实体，也是一定区域经济、政治、文化的中心。但由于卫星城镇与母城之间的附属关系，作为母城功能组团的一部分，使其对整个都市圈的空间结构优化和功能完善有着十分重要的作用。具体来说，卫星城镇在优化空间结构方面的功能主要包括：

（1）协调城乡联动发展功能。城乡之间空间流（人流、物流、资金流、技术流和信息流）产生的前提是资源禀赋及社会经济方面的差异性、互补性及要素的可流动性。各种要素通过一定的载体和通道在城乡间发生经常的、反复的、单向的、双向的或多向的流动，构成了城乡相互作用的基础。卫星城镇建设的目的是优化城乡联系“通道”。卫星城镇处在大城市周围，又与广大农村紧密联系，是城乡间联系和交流的中间环节，可以为大城市提供从农村聚集而来的原材料、农副产品、各种劳务，也可以为大城市向农村转移产品、技术、资金、人才开辟广阔的市场。

（2）产业聚集和经济辐射功能。作为大城市郊区城市化的龙头，卫星城镇在承接大城市辐射功能的同时，须承担本地区综合功能，带动周边经济社会发展。卫星城镇在分散城市工业、承接大城市的产业转移中具有独特的优势。从产业转移的历史来看，发达地区在向外转移产业时，会选择基础条件优越的地区，这些基础条件包括已有的生产能力和规模、劳动力价格和素质、本地市场的规模和成熟程度、原料的供应、基础设施和政府政策等。由于卫星城镇毗邻大城市，在这些基础条件方面往往优于其他城镇，因而成为城市产业转移的首选之地。利用较好的产业基础设施条件吸引农村乡镇企业聚集，实现产业园区化发展。同时，卫星城镇还具有大城市所表现出来的经济辐射功能，承接所依托城市产业转移和经济技术辐射，实现区域产业链的延伸。

（3）人口聚集和居住集中功能。卫星城镇能缓解城市中心区人口压力和吸纳农村剩余劳动力。卫星城镇的发展能够分担市区功能，促进人流、资金流、信息流和技术流的合理流动，通过增加对人口的吸引力，实现人口分流，疏散大城市中心区过密的人口，缓解住房、交通压力，有效控制大城市病，减少环境污染，改善人居环境，保证中心区的从容发展。同时，卫星城镇是我国合理城镇化层级体系中的重要组成部分，在新型城镇化进程乃至整个国民经济发展中具有重要地位。人口向卫星城镇适当集聚，建设相对集中的居民居住区，不仅能够带动巨大的潜在投资和消费需求，还有利于实现转移人口的就地城镇化，能够避免人口过度集中在大城市或过度分散在小城镇所带来的种种弊端，减少土地资源浪费，节约社会资源，提高资源利用效率，降低过去人口异地转移带来的沉重代价。

二、问题分析：九龙湖镇建设卫星城镇中存在的问题

九龙湖镇通过大力实施旅游兴镇、工业富镇、生态立镇、科技强镇四大战略，促进了现代化生态旅游卫星城镇的建设，建设卫星城镇具有独特的有利因素，也存在以下四方面问题。

（一）功能定位日趋明确，但开发建设尚未得到重视

九龙湖地处镇海、江北、慈溪三区（市）交界处，区位优势非常明显，《宁波城市总体规划（2004~2020年）》明确了城镇性质为宁波中心城北部重要发展组团，城镇地位日趋重要。根据《宁波市镇海区九龙湖镇总体规划（2010~2030）》，九龙湖镇总体发展目标确定为“宁波山水度假旅游名镇、城郊型高品质宜居城镇”；以山水文化景观为特色的旅游休闲度假区；具有高品质人居环境的生态城镇。城镇功能定位已经明确，但整体上九龙湖城镇化建设在宁波大都市建设中的重要地位并没得到应有体现，尤其是没有将九龙湖镇纳入宁波卫星镇建设范围，开发建设尚未得到应有重视，缺少应有的地位。由于功能定位尚不明确，直接影响九龙湖城镇化推进以及今后发展。

（二）新农村建设走在前列，但中心镇功能发育滞后

九龙湖镇由原河头乡、长石乡、汶溪乡组建而成，各功能区块独立发展，缺乏整合，村镇空间布局松散。九龙湖中心镇区现有基础设施相对落后，与新型城镇化发展要求不相适应。建成区面积偏小，集聚辐射功能偏弱。公用事业不健全，城市管理水平有待提高。具有资质的幼儿园只有 7 所，小学 3 所，教学质量相对薄弱，教育资源严重滞后。为生产、生活服务的金融机构、大型超市缺乏，直接影响企业生产、居民生活。

（三）旅游资源得天独厚，但旅游优势尚未充分显现

景区具有山水旅游资源优势，但由于理念、规划、资金等原因，旅游形象策划、旅游产品推荐、旅游深度开发上存在不足。九龙湖目前所采用的主题形象是“碧水仙踪、养心天堂”。它凸显了九龙湖密境型青山碧水的资源特色以及基于资源本底的养生度假功能，但未提炼出鲜明的区别于周边山水度假区的具有竞争力的主题特征，无法形成独树一帜的特色品牌。从开发投资上看，旅游资源仍以政府投资为主，开发类型也存在趋同性、重复性。投资开发在空间上比较集中，开发投资力度尚不足，许多拥有开发价值的资源，没有得到持续有效的投资支持，错失了发展良机。

（四）城镇化进程日益加快，但政策瓶颈有待突破

在推进城镇化过程中，土地和资金成为两大突出问题。土地方面，由于政策性原因和失地农民保障制度不够健全，土地流转遇到瓶颈，直接制约农业规模化经营。受“农保地”政策的制约，城镇化可用土地资源矛盾日益凸显，在很大程度上制约了撤村聚居的有序推进。资金方面，处于农村腹地的新型农民集中居住区建设项目，资金困难较大，撤村聚居需政府承担很大一部分公共资源建设和重组的资金，九龙湖镇财政力量相对较弱，撤并所需的各项资金严重匮乏。

三、对策：九龙湖镇建设现代化生态旅游卫星城镇的设想

九龙湖卫星城镇建设必须以项目建设为支撑，加快推进城镇化进程，提高城镇化率，优化和完善空间结构，加快推进城市基础设施建设，为打造现代化生态旅游卫星城镇奠定坚实的基础。

（一）实施“五大工程”

九龙湖镇大力实施山水精品旅游、城市功能集聚、人文生态提升、产业转型升级、美丽乡村建设五大工程，建设现代化生态旅游卫星城镇。

1. 实施山水精品旅游工程

九龙湖镇以生态环境整治为首要战略，切实改善区域生态环境。推动旅游休

闲、健康养老、文化体育等生活性服务业向精细化、品质化转变。加快建设“山水寻梦”“九龙问茶”等风景线。以普罗旺斯欧洲风情旅游项目、香山教寺项目、步行道修建、农家乐改造、长寿基地建设等项目为依托，打造范围较小的环湖旅游休闲生活圈。以旅游项目为主导，推动房地产开发，以良好的环境与优惠政策积聚人气，将现十字路自然村区块打造成具有普罗旺斯风貌的浙江著名法国风情旅游度假目的地。推进香山教寺项目建设，扩建大雄宝殿等，实施寺前广场改造工程，形成宗教文化品牌，把香山教寺建成佛教文化旅游景点。沿九龙湖环湖景区山体建设三条登山游步线路，将主题登山步道结合自然的理念融合整个项目。在科学规划与合理引导的基础上，进一步加强业务培训与指导，做好横溪农家乐特色村建设，打响特色品牌，吸引更多游客，切实增强区域旅游服务能力。依托横溪长寿村资源，鼓励社会办医，特别是引进外资兴办档次高、服务优、管理精的医疗、养生、康体产业集群，打造一批具有特色和行业优势的养生康体胜地。在完善基础设施的基础上，加快自驾游、乡村游、采摘体验游等旅游产品开发，提升旅游休闲层次，提高九龙湖旅游的知名度。启动水系连接工程、斗鸡岙影视基地、环湖公路扩建等项目，构筑范围更大的环湖旅游休闲生活圈。实施“四湖连珠工程”，沟通三圣殿水库、小洞岙水库、郎家坪水库和九龙湖联系，打造水上旅游精品线。加强与国内影视界知名人士合作，建设斗鸡岙影视工程，使其成为影视后期制作、影视发布、影视文化传播、影视文化体验的重要基地。启动环湖公路扩建工程，打通断头路，修缮与拓展现有环湖公路，为旅游开发提供重要支撑。

2. 实施城市功能集聚工程

九龙湖镇按照“充实中心、延伸两轴、三区互动”的思路，加快人口向镇中心区集聚，提升城镇化水平。充实中心，就是以御水龙都项目实施和市民服务中心迁移为契机，扩大镇域面积，增强中心镇实力。依托御水龙都项目，建设集中居住典范工程，使之成为旅游新城镇建设的主要载体。以市民服务中心搬迁为契机，全面实施老城镇拆建改造工程，打造集休闲、娱乐、居住、商贸、行政等为一体的高标准、高品位的旅游新城镇。延伸两轴，就是延伸九龙大道发展轴，全面推进融入宁波大都市的进程；延伸沿山、沿河、沿湖休闲景观轴，就是依托沿山、沿河、沿湖景观，建设一批居民区，实现与澥浦组团发展。三区互动，就是要畅通平台与渠道，实现北部九龙湖旅游度假区、南部工业产业区、中部都市休闲农业区互动发展，全面提升城镇化水平。完善基础配套设施，积极推进水、电、气等基础工程，通过大力实施全镇自来水并入宁波大网、生活污水处理提升工程、重点电力项目和天然气到户工程，有效提升全镇基础设施功能。引进金融机构、大型超市，方便居民生活。加快推进公共服务中心建设，实现从乡镇管理向城市管理、城市服务转变。设立行政审批中心，作为镇政府集中行使审批职能的专门机构。组建城市综合执法中心，加强对街道环境整治。充实和完善就业保障服务中心，提高服务能力。筹建应急维稳中心，提高突发事件处置水平。

3. 实施人文生态提升工程

九龙湖镇大力推进“两转一升”素质提升工程。通过农业产业化经营，加快农民从土地耕作者向土地经营者转业；大力发展民宿经济，增强农家乐餐饮业竞争力，加快农民从生产者向管理者转化；发展影视文化和休闲旅游业，加快农民从一产向三产转移。全面提升居民素质，实现从农民向市民的转变。整合节庆资源，积极彰显九龙湖运动休闲度假特色，打响九龙湖国际半程马拉松赛品牌，集中全力办好九龙湖半程马拉松赛、九龙湖文化节。依托九龙湖开元度假村，争取中心城区支持，积极承办中国开放论坛，吸引国内外专家名流参加，将开放论坛作为九龙湖文化节的核心，不断扩大九龙湖在全国的影响。争取中心城区支持，修建九龙湖战国文化遗址馆，挖掘古代战国文化内涵，提升文化影响力。创办“九龙湖杯乡村美”摄影大赛，吸引国内外摄影师以及爱好者的参加，充分展现九龙湖山美、水美、人更美的乡土风情，不断扩大区域影响力。利用九龙湖徒步节，倡导健康休闲新理念，吸引宁波市区及周边县市居民来九龙湖旅游观光或居住。继续办好九龙湖葡萄节，以“牵手葡萄盛会，相约魅力湖畔”为主题，开展葡萄采摘、葡萄王评比、葡萄摄影大赛、醉美葡萄酒酿大赛等活动，使农业和文化旅游业充分结合、共同发展，实现农民增收。适时筹办薰衣草创意文化节，推出就餐、住宿等活动，使旅游者与树木、自然亲密结合，深入感受都市庭院式的浪漫氛围。配合房地产开发项目，建设一座设施一流的中学，采用与名校合作的方式，较快提升办学层次与水平。广泛开展各类精神文明创建活动，坚持核心价值引领，将勤劳致富、文明和谐等核心理念融入美丽乡村建设。积极培育“龙文化”，打造各具特色的“舞龙”队伍，大力完善体育设施和村民便民服务中心，极大地丰富村民的业余文化生活。从增强社会主义核心价值引领入手，实施农村思想道德建设项目，以高尚情操塑造人。适当增加镇文化中心编制，开展多种形式的文化教育活动，充分发挥镇文化中心站的作用。开展“强居民素质，做文明市民”活动，提升居民素质，推动农民向市民转化。

4. 实施产业转型升级工程

九龙湖镇应加大企业转型升级力度，全面建成九龙湖集中酸洗中心。发挥优势，加强特色产业和优势产业的发展，促进产业结构调整和产业层次提升，增强经济实力，提升城镇产业竞争力。做强做优紧固件产业，不断夯实城镇化物质基础。以沿山大河南侧，九龙大道西侧为区域，规划占地约 150 亩，集“展会展销、商贸服务、检测研发、电子商务、价格发布、金融服务”六大平台为一体的紧固件总部经济集聚区。加强公共服务平台建设，提升紧固件综合服务楼运作，积极推进紧固件集中酸洗中心建设，进一步完善紧固件园区布局规划和道路系统，实施局部地块中小企业布局调整和基础设施配套工程综合改造，着力提升紧固件产业发展承载力。从完善激励政策入手，设立节约集约用地奖，建立项目会审制度，发展紧固件产业，壮大新兴产业，实现提升工业经济发展质量的目标。做优做精都市休闲农业，不断增加农民收入。积极探索土地流转制度改革，建设国家现代农业示范区，推进粮食蔬菜生产功能区、主导产业集聚区和绿色都市农业示范区建设，壮大现代种业、远洋捕捞业、农产品加工业、休闲农业和生态循环农业。加快传统农业向都市休闲农业转型，加强农业基地建设，深入挖掘农业基地休闲观光功能，着力提升葡萄、草莓等休闲采摘园基础设施，举办新一届葡萄品尝周活动，打造“夏品葡萄、冬摘草莓”休闲旅游目的地。大力推进“九龙十八庄”建设，不断形成“一庄一精品，一品一香味”的区域特色。建立健全农产品质量追溯体系，不断提升农业系列产品包装营销，着力打响区域品牌。按照优质、高效、生态、安全的要求，加快农业生产理念转变，提高农产品质量安全标准，建设有机农产品基地，提高农业效益，增强对宁波大都市服务能力。

5. 实施美丽乡村建设工程

九龙湖镇应加快制定美丽乡村建设规划，强化规划的引领作用，坚持先易后难、分类指导的原则，加快实施美丽乡村建设，灵活运用整治改造型、集聚发展型、城镇社区型等多种模式，培育“一村一品、一村一景、一村一业、一村一韵”格局，彰显每一个村庄的特色和个性，做到“村村优美、家家创业、处处和谐、人人幸福”，打造自身新形象。

九龙湖镇配合“2106”工程，全面推进“五片区”联动发展，完善“三轴四点五片区”的村庄布局。河头（田顾）片区以九龙家苑项目为主，依托御水龙都项目，着力打造城镇化集居区；田杨陈、西经堂两大片区以集中居住区项目为主，突出城镇化居住特色，着力打造城镇居住辐射区；长石长宏、汶溪中心两大片区以集中居住区和村庄保留改造项目为主，分别突出农村新貌、历史文化、休闲居住特色，着力打造农民新居和旅游景点特色区。注重“四点”特色发展，西河、杜夹岙集居点以田园化理念进行保留改造，适当考虑私人建房。长胜、横溪集居点将结合旅游开发进行规划完善，力争将四个点打造成为我区新农村农房改造的亮点。同时以九龙大道、汶骆路和沿山路三大轴线的环境整治改造为依托，实现沿线道路畅、乡村环境美。启动“美丽九龙湖”形象设计与策划行动计划。加强与国内外著名美术院校的合作，在乡村品牌、乡村形象、乡村色彩、创意产业等方面开展全面设计与策划，深入挖掘山水自然资源、人文典故的历史内涵，沿路、沿河、沿山打造新景观，以强烈色彩视角吸引人，增强文化氛围，提升九龙湖新形象。配合“美丽九龙湖”环境整治三年行动计划，通过网格管理、双网互动、市场运作、目标管理等举措，加速村容整治，全力打造“河道清洁秀丽美、村庄整治环境美、道路畅洁形象美”。

（二）加强规划引领和扶持力度

按照“多规融一”的要求，依据《宁波市新型城市化规划（2014～2020年）》《宁波市城市总体规划（2006～2020年）》《宁波市国民经济和社会发展“十三五”规划纲要》《宁波市土地利用总体规划（2006～2020年）》《镇海国民经济和社会发展“十三五”规划纲要》等，编制《九龙湖卫星城镇总体规划》，明确九龙湖卫星城镇建设功能定位，确立城市化发展方向和目标，为卫星城镇建设提供科学依据和保障。同时，制定《九龙湖镇创建卫星城镇三年行动计划》，加快推进卫星城镇建设落到实处。

市、区两级党委政府加大对九龙湖镇创建卫星镇的政策扶持力度，理顺管理体制，支持两镇申报下一轮宁波卫星城镇工作。用足用好创建卫星城镇的相关政策和法规，赋予其部分区一级的经济社会管理权限，实现权力与责任相匹配，并完善公安、工商、国土、规划、城管等派驻机构，延伸区一级管理权限，实现管理前移。夯实九龙湖镇经济基础，拓宽城镇化发展融资渠道，完善融资政策平台。建立九龙湖镇城投公司作为投融资运作平台，赋予其区一级城投公司的投融资职能，负责建设筹资、投资和资产经营等工作。完善金融服务体系，支持金融机构在镇上增设分支机构，加大信贷投放力度。

（三）推进土地使用权流转

借鉴先进地区的有关经验，尽快出台《镇海区开展新一轮推进土地流转政策意见》，鼓励与支持九龙湖镇开展土地流转的大胆试验；鼓励与支持九龙湖镇开展以宅基地换房的探索，完善土地征收及房屋征收拆迁补偿安置办法等配套政策与制度，支持土地经营权向专业大户、家庭农场、农业企业等经营流转集中。指导建立九龙湖农村宅基地收储中心，完善村、镇、区三级土地流转平台。实施农村集体建设用地、闲置地等的整理复垦，积极通过闲置土地调剂置换、建设标准厂房和土地综合开发等方式，进一步盘活城镇建设用地，提高土地的集约利用水平。

（四）建立“三级联席会议”制度

成立由宁波市政府有关职能部门、镇海区、九龙湖镇以及宁波石化经济技术开发区参与的“三级联席会议”，协调和解决卫星城镇创建工作中出现的重大问题。联席会议由宁波市发展和改革委员会牵头，根据工作需要定期或不定期召开会议，原则上每年召开一次例会。其主要职责是就政策实施、项目安排、体制机制创新等进行协调与沟通。同时，继续推进（石化）区镇联动新模式，扩大联动新领域，及时妥善解决创建卫星城镇出现的新问题。

参考文献

[1] 鲁西奇．人地关系理论与历史地理研究［J］．史学理论研究，2001（2）：36-46.

[2] 马交国，杨永春．生态城市理论研究综述［J］．兰州大学学报（社会科学版），2004，32（5）：108-117.

[3] 闵忠荣，杨贤房．城市空间结构优化与城市空间管制区划——以南昌市为例［J］．现代城市研究，2011（3）：43-47.

[4] 潘群威．后开发区时代省级开发区转型升级研究——以浙江镇海经济开发区为例［D］．上海交通大学硕士学位论文，2013.

[5] 彭文英，刘念北．首都圈人口空间分布优化策略——基于土地资源承载力估测［J］．地理科学，2015（5）：558.

[6] 彭文英．中国首都圈土地资源综合承载力及空间优化格局［J］．首都经济贸易大学学报，2014（1）：77-78.

推进钦州市滨海新城辣椒槌滨海康养小镇建设的思考

——基于对辣椒槌滨海康养小镇建设的 SWOT 分析

钦州学院　乔钥

摘要：特色小镇是连接城乡空间的新节点，是新型城镇化的新样板，是当前国家乡村振兴战略的具体落实，更是加快区域创新发展、激发经济发展潜力、释放内需动力的战略选择。钦州市积极培育特色小镇建设，政策支持滨海新城辣椒槌滨海康养小镇建设，小镇具有区位优势，该地气候适宜、资源丰富、交通便利，建设初具规模，但在创新机制、管理模式上还有待完善，应着重于系统规划、明确建设定位，着眼于产业融合、文化内涵挖掘、增强居民参与度、环境保护及后续运营管理，打破要素制约，争取建成具有岭南风格的滨海康养特色小镇。

关键词：滨海康养小镇；建设；SWOT 分析

一、引言

特色小镇建设如火如荼开展，2016 年国家三部委发布的《关于开展特色小镇培育工作的通知》正式将特色小镇建设提上了日程。同时，随着老龄化社会问题和人群亚健康问题的出现，逐渐凸显康体养生等健康服务业建设的重要性。21 世纪以来，我国人口老龄化程度正在加速加深，2017 年，全国 60 周岁及以上人口占总人口的 17.3%，其中 65 周岁及以上 15831 万人，占总人口的 11.4%，两者均比上年增加了 0.6 个百分点，我国正进入超老龄化社会。老年人口过多，社会养老问题凸显，以及亚健康人群持续增多，数量庞大，也成为社会问题之一。2016 年中共中央、国务院在《健康中国 2030 规划纲要》中提出，“积极促进健康与养老、旅游、互联网、健身休闲、食品融合，催生健康新产业、新业态、新模式。发展基于互联网的健康服务，培育一批有特色的健康管理服务产业”，至此，“健康中国与全民健身”上升为国家战略高度。不久，2018 年中央发布《中共中央、国务院关于实施乡村振兴战略的意见》中，提出要建设一批设施完备、功能多样的休闲观光园区、森林人家、康养基地、乡村民宿、特色小镇以解决“三农”问题。在迫切的康体服务业市场需求下，以及“健康中国”与“特色小镇”国家战略引领下，“康养小镇”作为新的经济形态应运而生。

二、康养小镇的内涵及特征

（一）康养小镇的含义

特色小镇源自浙江云栖，其开创了我国特色小镇“非镇非区”的新理念，并以其独特的培育建制和模式征服了全国，引发了我国新时期和发展阶段城镇化建设的新思路和新方法。截至 2018 年 2 月，全国特色小镇试点共 403 个，加上各地创建的省市级特色小镇超过 2000 个。有学者提出特色小镇是指产业特色鲜明、生态环境优美、兼具文化韵味和社区功能的新型发展区域。综合看来，特色小镇是连接城乡空间的新节点，是新型城镇化的新样板，是当前国家乡村振兴战略的具体落实，更是加快区域创新发展、激发经济发展潜力、释放内需动力的战略选择。康养小镇作为特色小镇的一种类型，目前并没有明确的定义，一般认为，特色小镇旨在以“健康”为核心，坚持以健康产业为特色，打造集健康、养生、养老、休闲、旅游等多元化功能于一体的宜居宜养宜游的特色小镇。

（二）康养小镇的特征

（1）生态资源丰富。康养小镇建设地一般选择具有良好生态环境和气候条件的地区，这是实现健康美好生活的重要基础条件。基于此，可根据当地不同资源特征，结合市场需求开发不同产业体系类型的康养小镇，如有度假养生、温泉水疗、森林养生、中医药养生、矿物质养生等。

（2）产业特色突出。康养小镇以“健康”为核心，主要打造健康特色产业体系，如中医药医疗产业、海洋医疗产业、养老服务产业、休闲农业产业、健康食品产业、体育旅游产业等。

（3）社区功能明确。康养小镇比一般小镇功能性强，更有针对性，面对特定的市场消费人群，开发丰富的产品项目才能支撑小镇的运作。以滨海养生产业为例，依托海洋资源，可发展水上运动，如帆船运动、皮划艇运动、摩托艇运动等，滨海沙滩球类运动、海产品捕捞加工、海洋水疗等。

（4）小镇建设体系完整。康养小镇建设是个综合体系，融健康、医疗、美容、养生、休闲、旅游于一体，所以一般规模上比较大，投资金额比较高。

三、滨海康养小镇建设对钦州市发展具有重要意义

钦州市位于中国西南部，广西壮族自治区南部，南海之滨，北部湾经济区南

（宁）北（海）钦（州）防（城港）的中心位置，是大西南最便捷的出海通道。钦州滨海资源丰富，气候宜人，适宜打造集医疗、康复、养生、娱乐、休闲于一体的滨海康养特色小镇，为人们提供便捷的医疗、康复、娱乐等养老服务，这对缩小城乡养老差距，弥补家庭养老功能逐步弱化、中青年疗养生息等有重要作用。

（一）有利于推动城乡协调发展

钦州市定位为临海工业城市，围绕建设大港口、大工业、大旅游三大目标，近几年加快建设，产业发展以工业建设为主导，旅游经济也成为重要的经济引擎，但城乡经济还是呈现不平衡态势。根据钦州市统计局数据，2018 年前三季度，钦州市城镇居民人均可支配收入达 24791 元，同比增长 6.2%；农村居民人均可支配收入 8466 元，同比增长 9.0%，虽有所增长，但城乡差距还是较大。建设康养特色小镇，是响应国家乡村振兴战略内涵、“坚持农业农村优先发展，城乡融合发展”的重要举措，是符合国家政策的，有利于统筹城乡融合，推动农村发展，缩小城乡差距。

（二）有利于带动农民就业

实践证明，农村劳动力转移，产业农民逐步变成产业工人，已经成为农民增收的主要途径；而借助乡村振兴战略，加快城镇化体系建设，培养建设康养特色小镇，是为返乡、失海、失地农民创业提供更加广阔空间的有效方法。从城镇化程度来说，2017 年我国城镇化程度达到 58%，但与发达国家 70%以上的城镇化程度相比，差距还很大；而钦州市 2017 年全市常住人口 328 万，其中城镇人口 127.77 万，城镇化率 38.95%，城镇化过程任重道远。而通过在本地建设康养特色小镇，能就地接纳剩余劳动力，促进农民就近就地务工，形成城镇化和农村劳动力转移的良好互动。

（三）有助于解决农村留守问题

农村留守问题严重，大量劳动力外出务工，向发达城市转移聚拢的同时，农村出现系列问题，如留守儿童的健康、教育问题，空巢老人的增加，留守妇女的问题等。据钦州市统计局数据，钦州市农村人口占比较大，2017 年当地乡村人口 345.76 万，占总人口的 84.1%。庞大的人口基数面前，农村留守的老人及孩子数量自然不少，老人不仅要照顾自己，还要担负起隔代抚养和教育的事务，不堪重负。康养特色小镇建设，可在农旅结合上使力，吸引农民回乡创业，更好地照顾老人和孩子，也能在一定程度上满足老人生病治疗、康复养老、娱乐休闲等需求。

（四）有助于缓解城市人群亚健康问题

除了社会老龄化问题突出，在城市发展中，还有另一个群体处于亚健康状态。大量白领人群由于城市环境、工作性质、生活压力和不良生活状态等原因长期处于亚健康状态，据统计，76%的大城市白领处于亚健康状态，仅有3%的人口是真正意义上的健康人。老龄化和亚健康等使居民对康体、康心、养生、养老、护理、修复保健、医疗等方面的健康服务的需求快速增加，康养小镇的培育和建设则能够缓解人们亚健康问题，满足市场需求。

四、钦州市滨海新城辣椒槌康养小镇建设的SWOT分析

钦州滨海新城建设启动于2010年5月6日，它位于钦州的南端，北接主城区，南应钦州港，东临扬帆大道南延长线和进港路，西环茅尾海，处于中国—东盟的滨海门户，是距离首府南宁最近的滨海地区。滨海新城规划面积110平方公里，建设用地45平方公里，规划人口50万。

辣椒槌片区是钦州市滨海新城规划建设的五个片区之一，其位于滨海新城南端，主要突出发展度假疗养、运动休闲、旅游居住休闲等产业功能，着力打造休闲体育文化产业、康复疗养文化产业等。辣椒槌片区面朝我国国家级海洋公园——茅尾海海洋公园，南邻素有“南国蓬莱”美誉的龙门群岛，紧靠配套完善的东盟生态园，拥有广西沿海唯一的大型原生态高品质温泉，区位优势得天独厚，资源禀赋天生丽质。椒槌片区康养小镇则位于辣椒槌片区中心位置，规划面积7.37平方公里，规划人口7.73万，计划投资35亿元，现有人口3024。下面从优势、劣势、机会、威胁四个方面进行分析。

（一）优势

1. 资源优势

滨海新城辣椒槌康养小镇拥有山、湖、湾、林、海、泉六大丰厚自然资源，小镇范围内保留了自然山体、林地、湖泊及温泉等资源；以及沿海岸线的湿地、天然海湾、自然滩涂，红树林、大蚝等宝贵生物是未来滨海新城的组成部分，小镇生态环境优势明显，把生态环境优势变为经济优势的潜力巨大。同时小镇周边景区景点较多，如茅尾海国家公园、龙门群岛，以及设施完善的东盟生态园，具有突出的资源优势。

2. 区位优势

滨海新城辣椒槌康养小镇位于钦州市区与保税港区之间，距离市区17公里、钦州港区11公里，双向八车道的城市快速路连接市区与钦州港口，距离兰海高速茅尾海出口12公里，西临茅尾海国家海洋公园，东临扬帆大道。车程距离较近，车程时间均在30分钟以内。交通便利，有公交车、专线车通达，并邻近北部湾大学，区位优势突出，交通通达性高。

3. 政治环境优势

钦州市政府高度重视滨海新城辣椒槌康养特色小镇的建设，目前钦州市天钦投资有限公司是康养小镇的运营主体，其由钦州市滨海新城置业集团有限公司和天津市政建设集团有限公司于2012年合作成立，股东资源优势突出。其致力于建立特色产业和旅游产业、打造智慧社区、进行经济模式创新等，合理规划带动辣椒槌片区城镇化进程。在钦州市政府高度重视的基础上，建设快速推进。截至2016年，辣椒槌康养小镇城市路网结构逐步完善，完工道路总长度达30公里；市政设施逐步完善，垃圾处理能力增强；完成了3条道路近25公里的供水管网改造，并持续投入多个项目建设已正常使用，如茂盛小学、社区医院、商业街、综合服务中心、鸟巢半山酒店、后勤服务中心等。

（二）劣势

（1）小城镇规划还不够系统深化。如存在规划编制科学性不高及地下空间、绿地系统、给排水、功能设施等专项规划不配套的情况，并且功能定位需要更深入的调查和科学论证，城镇化建设水平总体不高。

（2）要素制约较为突出。小镇要素资源配置处于弱势地位，土地指标紧缺，无法满足建设发展用地需求。

（3）人才匮乏，高端人才不愿意向小镇集聚和流动，特别是城市规划建设和经济管理等专业人才匮乏。

（4）机制创新衔接配套不够，机制创新仍需深入。

（5）文化内涵还不够丰富立体，虽然小镇开发建设中也着重考虑对康养内涵的诠释，但结合当地文化，凸显民俗风情的要素还是过少。

（三）机会

根据《广西北部湾经济区发展规划》《北部湾（广西）经济区城镇群规划》要求，钦州市按照大城市规划建设，至2020年城市建成区人口发展到90万~100万，城市发展重点向东、向南拓展，城市定位为北部湾生产性服务中心。2008年5月，为适应《广西北部湾经济区发展规划》实施的需要，钦州市开始新一轮的城市总体规划修编工作。2009年6月，钦州市提出《钦州市滨海新城控制性详细规划》，其中对辣椒槌片区建设与开发做了详细的说明。辣椒槌康养小镇有明确的产业规划设计，主要借助“一带一路”的历史机遇，利用北部湾面向东南亚的优势，结合当地资源优势以及区位优势，以康养类产业为核心并辅助发展滨海旅游、休闲农业和青少年教育等产业类型。

钦州市委市政府积极推进特色小镇建设，对康养小镇建设发展尤其重视，2017年11月，根据广西壮族自治区住房和城乡建设厅《关于开展市级特色小镇培育工作的通知》精神，辣椒槌滨海康养小镇荣获第一批钦州市级特色小镇称号，具有优先发展的机会；近几年来，钦州市城市经济发展产业格局向经济单一结构困局告别，形成第一产业为主导，第三产业为支撑的多点发力的产业发展格局；政府积极推动政企合作（PPP）模式下特色小镇建设和运营的创新途径和方式。

（四）威胁

周边城市的快速发展对钦州市发展形成了竞争性包围，如北部湾滨海城市北海、防城港等，政府有相应政策，但建设资金不足；康养小镇建设初具规模，有良好的资源条件及广阔市场前景，但是专业人才缺乏。

综合以上四个方面的分析可知，钦州市滨海新城辣椒槌片区开发建设康养小镇，旨在深入贯彻国家关于推进特色小镇建设、加大城镇化建设力度和康养健身、完善老龄化社会的精神，立足当地地理资源与区位优势，进行特色定位，培育康养为主题的特色小镇，突出地域人文特色，促进人文消费；完善保障体系，确保康养小镇能有效落地，更好地施行当地乡村振兴战略、打造全域旅游目的地、发展康养事业、促进社会经济的可持续发展。可以得出结论，钦州市辣椒槌片区开发建设康养小镇具有广阔的前景，能对城市经济发展起到促进作用，提升城市综合形象，促进城市旅游业发展，以及结合地方文化特点，创造硬件条件，可从休闲、旅游、康养等方面打造系统化的康养产品体系。

五、对钦州市辣椒槌康养小镇建设的建议对策

（一）借助有利政策与当地经济发展相结合

滨海康养小镇规划建设需要结合当地发展部署和规划，将康养小镇建设切实归入辣椒槌片区滨海文化发展规划中，充分发挥康养小镇的特点、功能及社会带动能力，推动当地文旅融合，促进“康体养生”文化的发展，在新型城镇化背景下助推城镇化建设，这是实施全民健身及健康中国战略背景下，解决老龄化问题、人群亚健康问题的重要举措，是供给侧结构性改革背景下发展康养产业的重要举措。钦州市建设滨海养生特色小镇，是一项开创新、创新性的工作，应紧紧围绕市场需求，牢牢抓住小镇建设的定位，不断完善康养特色小镇的整体规划，并推动落到实处。

（二）加快产业升级以实现产镇融合

辣椒槌濒临国际级海洋公园——茅尾海，南邻龙门群岛，具有得天独厚的滨海旅游条件，旅游业也成为当地重要的经济支撑，但发展康养小镇仅依靠旅游产业远远不够，应尽快将健康产业提上日程，健康产业是辣椒槌滨海康养小镇健康

发展的核心。将“旅游”与“康养”两大产业互相融合，结合当地房地产产业的推进，保证康养项目的稳定性，同时积极引进新项目，延伸产业链，拓展产业内容，大力培养康养服务、健康疗养、抗衰老医疗、海洋医疗、海洋休闲等中高端医疗产业和海洋文化产业，打造完整的产业生态圈，实现产业兴镇、产镇相融，协调发展。

另外，近年来康养产业和会展产业的交融发展特别迅速，辣椒槌滨海康养小镇可利用其良好的生态环境、完备的配套设施、独特的岭南文化和丰富的旅游资源吸引各类会展活动的举办，大力发展会展产业，使旅游、康养、会展产业相互融合，形成延伸产业链，不断提高康养小镇的知名度及美誉度，最终达到提升小镇竞争力的目标。

（三）注重滨海岭南文化内涵的深度植入

随着特色小镇建设的不断发展，各类小镇开发呈现着同质化的问题，如停留在旅游观光、休闲度假等层面，而忽略了小镇开发中的文化植入。辣椒槌滨海康养小镇的建设应打造特色，特色就在于深入挖掘当地文化内涵并进行有机结合。钦州具有独特的岭南文化，有独特的民俗节庆活动，如烟墩大鼓的制作和表演、跳岭头、采茶戏等，都展现了当地的岭南风情，滨海康养小镇除了紧扣海洋产业，更应紧扣岭南文化，塑造医疗、养生品牌。如何塑造呢？应从总体规划上考虑深度植入，如小镇风情、市政设施、街道店铺的规划设计上，就应体现岭南风格，如可建设独特的跳岭头游步道，在公厕、公交、路灯、垃圾桶等地方融入烟墩大鼓形象等，向游客传达岭南文化的独特，不断加深游客对文化的感知。再结合岭南人滨海生活的养生文化和生活智慧，普及海洋产品的养殖、打捞、加工、烹饪技术等，旨在提升游客的体验度，宣传滨海养生的方法。

同时，康养设施和项目产品应持续加强引进，因为不管外在塑造多么成功，最重要的还是以核心产品为抓手。可修建岭南中医药文化博物馆、滨海渔民养生广场、海洋疗法中心等，定期举办体验活动，逐步形成独特的文化氛围。

（四）借助PPP模式提高居民参与度

借鉴其他小镇发展经验，辣椒槌滨海康养小镇开发建设中，也采用了PPP模式寻求社会投资。PPP模式指的是政府和社会资本合作的模式，是基于公共基础设施建设项目的一种运作模式，其应用于特色小镇开发建设取得了较好的成效。辣椒槌滨海康养小镇开发中，在政府的主导下，引进了具有城市基础设施建设与城市开发运营方面优势的大型国有企业投资，采用政府利用非政府资金来进行非经营性基础设施建设项目的融资模式进行建设。2009~2016年，企业在小镇镇区交通、综合管网、雨污水泵站、电力通信等基础设施投资约14亿元，有效缓解了政府财政压力，并取得建设成效。辣椒槌滨海康养小镇应坚持“政府主导、企业主力、居民参与”的运作机制，政府部门发挥政策引领、监督导向等主要作用，在利用PPP模式拓宽投资渠道的同时，不断优化投资环境，提供优质的政务服务，完善基础设施建设，但同时应该强调的是，调动居民的参与建设积极性。

康养小镇建设不仅是经济建设，同时也是城镇化发展的路径，社区居民首当其冲，是康养小镇建设重要的参与者。调动居民投身建设康养小镇的积极性是康养小镇建设成功的基础，居民应加强与康养产业的链接与互动，并积极调整改善自己的生活方式和生活状态，提升生活质量，最终实现美好生活愿望。

（五）坚持保护开发与强化后期运营管理

小镇建设需要有底线，保护性开发是核心理念。《关于规范推进特色小镇和特色小城镇建设的若干意见》明确提出，推进特色小镇建设应设置、严守生态保护红线。滨海康养小镇在建设开发中，采取用制度创新保障生态文明建设、建立资源生态红线制度、健全自然资源资产产权制度和用途管制制度、完善市场化机制等措施，有效促进资源的高效利用，降低环境的保护成本。后期运营建设和管理中，绿色、低碳、环保、生态理念必须贯彻到底，在合理科学的开发经营中，注重保护环境和传承文化。

滨海康养小镇后期运营管理，是小镇建设的关键。运营公司应充分借鉴国内外特色小镇成功经验，积极引进专业人才，如专业康养人才、医疗人才，聘请文化专家，为小镇运营管理提供专业性指导，保证小镇正常运营的需要，实现可持续发展目标。

参考文献

［1］中共中央国务院．健康中国2030规划纲要［Z］. 2016.

［2］中共中央国务院．中共中央、国务院关于实施乡村振兴战略的意见［Z］. 2018.

［3］李巧．关于青城山镇建设康养特色小镇的思考与建议［J］．商业经济，2018（8）.

［4］张辉，岳燕祥．我国旅游小镇发展之思考［J］．旅游学刊，2018，33（5）.

［5］何莽．关于需求导向的康养旅游特色小镇建设研究［J］．北京联合大学学报（人文社会科学版），2017（4）.

乡村振兴战略视角下的新型城镇化与特色小镇融合发展路径研究

——以钦州市浦北县为例

钦州发展研究院　刘希龙
浦北县农业局　邱宁
钦州发展研究院　傅远佳

摘要： 新型城镇化是一项事关社会长期发展的重要策略，是调整经济结构、推动经济可持续发展和促进城乡区域协调发展的重要载体和动力。乡村振兴战略是党的十九大报告中讲到的七大战略之一，这是决胜全面建成小康社会、全面建设社会主义现代化强国的一项重大战略任务，特色小镇建设正是加快新型城镇化的有效途径，也是搭建城乡发展一体化基本平台的有力举措。2016 年 11 月，国家发改委等 11 个部委批复浦北县作为第三批国家新型城镇化综合试点。2018 年 4 月，广西壮族自治区政府将浦北县龙门镇“红椎菌特色小镇”作为首批自治区级特色小镇进行培育。本文以浦北县为例，系统分析了其开展试点工作的路径研究，以期能为新型城镇化和特色小镇建设的战略决策提供科学依据。

关键词： 乡村振兴战略；新型城镇化；特色小镇；浦北

一、中国特色社会主义新时代的新型城镇化和农村振兴战略

（一）国家新型城镇化的基本概念和量化考核标准

新型城镇化，是指以城乡统筹、城乡一体、产城互动、节约集约、生态宜居、和谐发展为基本特征的城镇化，是大中小城市、小城镇、新型农村社区协调发展、互促共进的城镇化，旨在推动城市现代化、城市集群化、城市生态化、农村城镇化，全面提升城镇化质量和水平，走科学发展、集约高效、功能完善、环境友好、社会和谐、个性鲜明、城乡一体、大中小城市和小城镇协调发展的城镇化建设路子。

新型城镇化核心内涵可概括为三个方面：强调民生、强调可持续发展和强调质量。其量化考核有两个指标：常住（居住）人口城镇化率和户籍人口城镇化率。

（二）党的十九大关于新型城镇化和乡村振兴的论述

习近平总书记在党的十九大报告中指出："以城市群为主体构建大中小城市和小城镇协调发展的城镇格局，加快农业转移人口市民化。"报告同时指出，坚定实施乡村振兴战略。农业、农村、农民问题是关系国计民生的根本性问题，必须始终把解决好"三农"问题作为全党工作重中之重。要坚持农业、农村优先发展，按照产业兴旺、生态宜居、乡风文明、治理有效、生活富裕的总要求，建立健全城乡融合发展体制机制和政策体系，加快推进农业农村现代化。

很多学者研究指出，新型城镇化与乡村振兴战略是相辅相成、互补融合、协调发展的，在推进新型城镇化的过程中，必须正确处理好两者的关系，既要加强城镇基础设施和公共服务设施建设，增强城镇承载能力和发展能力，吸引更多适合人群进入城镇上学、置业、兴产，融入城镇；同时要正确认识新型城镇化的新内涵，转变以往单一通过把农村人口向城镇人口转移而提高城镇化率的方式，加快农村医疗、社保、教育等基础设施建设，加快土地流转，实现农业规模化生产，推动农民就地居民化，这样既可以缓解大量农民工涌入中心城区给县城基础设施建设带来的巨大压力，也可以改善农村的基础设施建设，使浦北县的城镇化进程既健康有效推进，又彰显浦北特色。

二、浦县获国家新型城镇化综合试点的基础与任务

国家发改委等 11 个部委批复浦北县作为第三批国家新型城镇化综合试点主要基于如下两方面因素：

（一）县情因素

浦北县是广西农产品主产区，目前有"三品一标"农产品 42 个，有"中国香蕉之乡""中华蜜蜂之乡""中国红椎菌之乡"之美誉，是第一产业比重较高的传统农业大县。但浦北县农业大而不强，且农业人口较多，全县农业户籍人口 73 万，占总人口的 78.49%。外出务工人员多，据统计，截至 2016 年底，浦北县外出务工人数达到了 22 万，是广西建筑工主要输出县。城镇化水平低，2016 年浦北县城镇化率为 30.33%，低于全国平均水平（57.35%）27.02 个百分点。城市化进程的滞后，已经严重制约了浦北县经济社会的快速发展。

（二）政策因素

近年来，浦北县先后被国家列入中国西部农民创业促进工程试点、农民工返乡创业试点、农民工创业园等改革试点县。上级部门出于政策叠加的考虑，为了更好地发挥以上几个试点项目对浦北经济社会的促进作用，把浦北县列入国家第三批新型城镇化综合试点项目。

（三）综合试点的任务

新型城镇化的最终目标是实现城乡和谐发展，提高人民的生活幸福水平。浦北县试点的主题是“农民工融入城镇”，既明确主题，但又不局限于主题，基于此，结合浦北县实际，积极谋划，构建以县城为中心、重点镇为依托、中心村有机结合的城乡统筹新型城镇化体系，争取到2020年，全县常住人口城镇化率达到40%，其中居民户籍人口城镇化率达到18%以上，吸引农民工返乡创业就业超过2万人，中心城区常住人口达到16万，建设特色小镇9个，农村改社区10个，农民就地居民化5万人。

三、浦北县推进国家新型城镇化综合试点的有利条件与存在问题和制约因素分析

（一）有利条件

1. 经济社会发展成果成为城镇化发展的催化剂

近年来，浦北县经济社会发展取得了长足进步，产城融合、产学融合、学城融合战略使县城框架不断扩大，县城面貌发生了巨大变化，进一步提升了城乡的承载能力，城镇化水平由2012年的25%提高到2016年的31%，年均增长达到2%。同时，积极开展乡村建设活动，整合各方资源，使更多财政资金和城市资源流入农村，100%行政村实现了“五个一”建设，全县273个村（社区）基本实现了基础设施完善、生产生活条件明显改善、村容村貌干净整洁，为统筹城乡一体化发展奠定了坚实的基础。

2. 交通改善成为城镇化发展的新引擎

2017年10月17日，承载浦北93万人“高速梦”的贵合高速公路建成通车，结束了浦北不通高速的历史，寨圩、福旺、县城、龙门、张黄五个高速公路出口，为五镇的城镇化建设插上了加快发展的翅膀，辐射带动作用也显而易见。大浦高速公路、石埇至钦州一级路，六硍经官垌至福旺二级路也开工建设或者列入近期开工建设的项目，可以预见，这些公路建成投入使用后，必将为所经过的镇村提供良好的发展空间。与此同时，全县100%行政村以及全县75%的20户以上自然村也实现了通水泥路。交通环境的不断改善，为城镇的发展和城乡融合打下了坚实的基础。

3. 长寿品牌成为城镇化发展的强磁场

浦北县气候宜人，环境优美，水质优良，空气清新，是人民群众长寿得天独厚的天然禀赋。2017年4月被评为“世界长寿之乡”后，浦北县吸引了一批养生项目落户，据统计，目前浦北县各类养生馆就达到了75家。同时，也推动了

体验农耕、休闲旅游产业的发展。目前，全县A级景区4个，乡村旅游点十多个，乡村旅游产业的兴起为景点周边农民就地居民化起到了非常重要的促进作用，为浦北县加快城镇化注入了新的动力。例如，“浦北佳荔”水果产业示范区、双良芭乐园渐建渐靓，渐成气候，成为了田园综合体的雏形。随着“世界长寿之乡”的声名远播、康养产业的发展，其磁场效应辐射扩展强烈。

4. 优秀务工人员成为城镇发展的生力军

人的城镇化是新型城镇化的主要考核指标。浦北县目前有外出务工人员22万，占总人口的23.66%，不仅在人数上具有先天优势，而且浦北县外出务工人员技术水平高，建筑工等技术工种具有良好的声誉。县职业学校每年毕业创业的2000多名毕业生，为城镇化发展注入了新鲜血液。当前经济新常态下的产业调整、产业转移和就业结构性问题，将促使大量外出务工人员回流，大众创业、万众创新将成为浦北县发展的新业态。

5. 人民对美好生活的向往成为城镇化发展的新动能

随着农民收入的不断增长，农民对环境改善和教育、医疗卫生、文体娱乐、社会保障等公共服务方面也提出了更高的要求。人民对美好生活的向往就是我们努力的根本所在，推进新型城镇化建设，成为浦北县工作的必然取向。

（二）存在问题和制约因素

1. 思想观念受限

一是农民的担忧影响了观念的转变。部分进城务工人员担心户口迁到居住地后，农村的宅基地使用权、耕地和山林的承包使用权以及其他惠民政策被收回，患得患失、等待观望成为城镇化发展的思想阻碍；加上教育、社保、医疗等保障制度不完善、就业不稳定等因素，农民进城工作生活压力大，户口进城对其缺乏吸引力。二是干部对城镇化理解的以偏概全阻碍了思维空间。一些基层干部一叶障目，对新型城镇化的理解存在片面性，仍然停留在对中心城区以及集镇范围的扩张上，有意无意使工作的视野受限、工作思路狭窄，一定程度上影响了浦北县经济社会发展和城镇化规划。

2. 地形条件局限

浦北县地形呈扁担形，县城位于南北狭长的中间，周边聚居人口相对不多，地理空间严重制约了县城扩展，而且属典型的丘陵地带，山多平地少，县城建设成本高。除寨圩镇、张黄镇外，其余13个镇的集镇规模不大，呈现散、弱、小的特点，聚集作用和辐射功能不足，带动城镇化发展能力不强。

3. 产业基础仍然薄弱

近年来，在县委、县政府的正确领导下，浦北县的经济社会发展取得了显著成效，2016年GDP达到了188.45亿元，较2012年的115.26亿元增加了73.19

亿元，年均增幅为 13.1%。虽然经济社会取得了长足的发展，但是总体规模和质量仍然相对较低，工业化进程缓慢，产业支撑薄弱，特别是工业产业发展规模小、水平低，制约了城镇的扩张和人口的集聚。由于大中型工业企业少，给农民工人提供可选择的就业机会不多，再加上部分企业受经济下行压力影响，生产有起有落，农民工进城务工保障度不高，严重影响了农民工进城的积极性。

4. 体制机制尚不完善

现有的法律未给予农民完整的处置土地的权益。土地处置权的不完整，影响了人口的正常流动。土地确权工作仍在进行中，农村土地流转制度改革尚求突破，农民宅居地在城镇化后难以进入城乡统一的土地市场进行流转，土地利用率低下。此外，还有上文提到的农民转变为居民后，教育、社保、医疗等保障制度不完善，也在一定程度上影响了农村人口向居民转变的意愿。

5. 农村整体规划缺失，乱建和“空心村”现象严重

随着农业人口的自然增长和农民收入的增加，农村居民建设住宅需求日益增多。然而，多年来，由于受到土地规划管控、农户宅基地限集体内流转、耕地占补平衡和新增建设用地指标（农用地转用指标）等土地管理政策的限制，农村许多建房不符合土地利用总体规划的要求，同时，浦北县村庄规划缺失以及受农村传统观念的影响，建新不拆旧、违法建设、“空心村”等问题随处可见，形成了新建住房各具特色、散落无序，而老村落年久失修、破败不堪的独特而普遍的现象。虽然近年来加大了“两违”打击力度，但农村整体规划、宅居地审批滞后于建设的矛盾仍然没能从根本上改变，农村依然是“农村”，杂乱无章、各自为政、随心所欲的气息很浓厚。

6. 城镇建设资金不足

制约浦北县城镇建设的一个很重要的因素是资金的匮乏。一是财政投入有限。虽然近年来，浦北县财政收入不断递增，但是，财政状况还没能从根本上改变，确保重点支出、维护稳定、保障民生的压力很大，公共财政用于支持城镇建设的资金投入总量依然偏小。二是上级项目资金利用效率偏低。近年来，浦北县对项目前期工作设立专项工作经费，推动了各部门积极向上争取项目，取得良好成效，但与其他地区相比还有不小差距。比如，河池市环江毛南族自治县，总人口仅 30 多万，2017 年争取中央项目资金达 6 亿多元，而浦北县只有 2 亿元。此外，对上级项目资金的使用效率不高，如部分中央预算内投资项目推进慢。三是基础设施建设的投融资渠道收窄。受国家宏观调控政策的影响，在浦北县投资的部分企业尤其是房地产企业融资相对困难，对于我们后发展的“小”县城而言，影响是不可避免的。

四、对新形势下浦北县新型城镇化的思考和路径

新型城镇化关注的是人的城镇化。从外地的实践经验、当前社会发展的态势以及浦北县的县情分析中，可归纳出农民就地城镇化的两条路径：

第一，“洗脚穿鞋进城的城镇化”。即农民—产业工人—市民（居民）。这是遵循工业化推进城镇化的发展规律，是以工业产业为支撑的城镇化。工业产业发展促进农村劳动人口向城镇转移就业，让农民变为产业工人，或从事相关服务行业人员，即所谓的农民工人。通过为农民工提供与城镇居民均等的公共服务，促进农民工留在城镇，变为城镇居民。

第二，“脱鞋下田改变农村面貌的城镇化”。即：农民—农业工人—市民（居民）。这种类型是随着农业现代化发展而形成的，是通过农业现代化，利用现代科技改变农业生产方式，进一步解放农村生产力，通过培育新型农业主体，让更多的农民通过发展农业产业，或从事与农业相关的服务业，成为农业工人。通过政策引导，把符合条件的农村变成社区，深化制度改革，盘活农村资源，完善农村基础设施，提供均等的公共服务等，将农村人口留在农村，把农业工人变居民，实现农民就地城镇化。

党的十九大报告中提出实施乡村振兴战略和区域协调发展战略，明确指出要“建立健全城乡融合发展体制机制和政策体系”“促进农村一二三产业融合发展，支持和鼓励农民就业创业”，这与“脱鞋下田”的发展思路不谋而合，为我们统筹城乡一体化发展提供了根本路径，为浦北县加快推进农业现代化发展、推进农民就地居民化指明了方向。

为贯彻落实党的十九大精神，围绕“穿鞋进城”“脱鞋下田”的发展逻辑思路，推动浦北县最终实现“产业兴旺、生态宜居、乡风文明、智力有效、生活富裕”的目标，遵循国家政策导向，结合自身实际，提出浦北县新型城镇化的总体思路：以镇域为重点，以发展绿色产业为支撑，大力发展特色小镇、美丽社区、现代农业、生态旅游，城镇、产业、农民工人相互融合，实现农民就地城镇化。

（一）“穿鞋进城”的城镇化实施路径

（1）建立“城镇村融合”发展体系。一是按照城乡一体、全程管控、部门协作的要求，推动区域、土地、人口、产业、生态、资源的有机整合。充分发挥好县规委会审核机制，可适时邀请专家对浦北县城镇规划提出意见，避免规划随意化、碎片化和规划之间相互不配套的问题。二是根据浦北县地理位置、资源禀赋、发展定位等，确立“一核一极两轴两带”的主体功能区空间布局。“一核”即以县城为中心经济核心动力区；“一极”即以泉水工业园区建设为主，打造木材加工产业增长极；“两轴”即沿贵合高速公路、大浦高速公路布局城市经济业

态、现代农业、现代服务业、健康养生产业发展轴和城镇集聚轴；“两带”即以环五皇山脉—越州天湖和六万山脉—葵扇岭等集旅游、文化、养生、观光、培训等综合功能的生态功能带。三是构建浦北县新型城镇化体系。按照城乡一体、各镇发展的特点、功能定位，确立“县城—4 组镇集群—10 个农村新型社区”的城镇化格局。其中 4 组镇集群要打破行政区域界线，分别为：①北通镇与白石水镇组团形成农业产业集群，实施田园综合体发展战略。②县城、龙门镇（含马兰、樟家等地）、张黄邓平、十字等地的旅游产业集群，打造五皇山为主导的旅游精品线路，以及福旺、六硍、官垌、平睦旅游产业集群，打造五峰山、葵峰顶为主的富氧与森林体验旅游精品线路。③张黄镇与泉水镇、寨圩镇与乐民镇分别组团形成工业产业集群，加快形成产城融合的示范镇。④福旺镇、县城（小江街道、江城街道）、三合镇和龙门镇卫星镇集群，服务县城产业与城镇发展。

（2）加快产城融合发展。改善城镇基础设施，提升承载能力。按照“三个集中”（工业向园区集中、农民向城镇集中、土地向适度规模经营集中）的要求，依托工业园区和镇所在地的基础条件，加快城镇道路、供排水、排污、垃圾和污水处理等基础设施优化升级，集中开发住宅小区和安置小区，全面提升小城镇容纳人口、吸纳就业和承接产业的功能，为进入城镇的农民工人提供就业创业、安居乐业的保障。

（3）加快产学融合发展。加快发展学前教育，均衡发展义务教育，逐步普及高中教育，创新发展职业教育。注重探索县城小学教育发展新模式，按照“名师统筹、资源共享、优势互补、促进提高”的策略，探索集团化办学、学校联盟办学等办学模式，不断优化资源配置，实现教育均衡发展，提升办学效益和水平，以优质、充裕的教育资源吸引更多农民工人进城发展。

（4）建立“无城乡差别”的户籍制度。在原来改革成效的基础上，进一步落实国家户籍制度改革措施，建立城乡统一的户口登记制度，在全县范围内取消农业户口与非农业户口性质区分，统一登记为居民户口，公安机关户口登记不再标注户口性质，改为根据户口登记地的城乡地域属性划分统计城镇户籍人口和农村户籍人口。农民转居民仍保留“三权”权益。

（5）推进城乡公共服务均等化综合改革。公共服务均等化与户籍制度改革要同步推进。各相关部门要抓紧建立与统一城乡户口登记制度相适应的教育、卫计、就业、社保、住房、土地、人口统计等相关制度及管理办法，逐步消除城乡待遇差别。

（6）创新征地拆迁安置方式。浦北县目前的拆迁安置仍是以宅基地安置为主，这不利于城市土地的集约高效配置。建议逐步推行公寓式集中安置，更有效地利用土地。根据新形势下的公寓式集中安置方式，重新修订完善浦北县的《和谐征地拆迁办法》，并科学设定安置人口截止时间，研究制定人均购房面积。整合零星的安置地块，以村或者村委为单位，实行公寓式集中安置，充分考虑安置户今后的发展，规划预留出村委三产用地。同时，把浦北县城市规划与安置工作紧密结合起来，把学校、医院、银行、市场、大型商住区等配套设施与安置小区紧密结合起来，做到安置工作与城市功能规划一盘棋，使安置小区成为功能完善的城市一部分。大力发展集体经济，使失地农民既有长期稳定的产业收入，又可以实现在家门口就业，解决他们的后顾之忧。这样既能缓解浦北县当前安置用地指标紧缺的问题，又能杜绝今后“城中村”的乱象出现。

（7）创新城镇投融资体制机制。积极探索多元化的投融资体制机制，通过平台转型升级融资、社会资本合作融资、政策性银行贷款融资等方式加强新型城镇化综合试点资金保障。

（8）加强城镇生态环境保护力度。加强马江河、南流江等辖区内重点流域的水污染防范和治理，开展工业项目点源污染治理，启动排污权交易工作，利用信息技术完善环保监管系统，提高环境监管水平和环境执法能力。

（二）“脱鞋下田”的城镇化实施路径

（1）加快推进农业现代化建设。浦北县在全区的定位为重要农产品保护区，要利用好国家、自治区现代农业“三区三园一体”相关政策，加快推进现代农业发展。一是整合涉农资金，集中投入，每年实施1~2个规模大的现代特色农业示范区和脱贫攻坚项目建设，提高资金的使用效益。鼓励有实力的农业新型经营主体，建立融基地生产、精深加工、市场开拓、产品销售为一体的完整的产业体系，加快形成香蕉、荔枝、黑猪、官垌鱼、茶叶等特色农产品产、供、销、加工链条式发展。二是打造现代农业产业园。把福旺产业园、龙门产业园打造为现代农业产业园，明确园区农产品深加工的功能定位，争取项目资金继续完善园区设施建设，加大招商引资力度，形成现代农业产业集群，推动农业产业化发展。三是创建田园综合体。在农业特色产业示范区的基础上，争取项目支持有条件的镇村建设集循环农业、创意农业、农事体验于一体的田园综合体，同时让农民充分参与和收益。如重点打造东方生态园创建田园综合体，加快双良芭乐园、桑生生态园等生态庄园以及体验型农庄和休闲养老度假山庄的发展，形成有产业、有品牌、有加工、有休闲项目、有特色的田园综合体。

（2）推进“互联网+”现代农业发展。一是畅通农产品销售渠道。积极引进大型专业冷链物流公司，加快推进冷链物流设施建设，建设完善农产品冷链物流体系。以“农产品+互联网”为导向，培育和发展农产品网上营销。二是构建县级智慧农业综合信息管理服务平台。建设县智慧农业中心，运用4S、物联网、大数据、软件集成等信息技术，整合“信息采集、指挥调度、监管监测、科技服务、生产指导、系统集成、统计分析”等功能，逐步将农业投入管理、农村土地确权登记颁证管理、农技推广云平台、耕地质量管理、动物防疫管理、农业电子商务、农业项目管理等内容纳入县智慧农业平台。

（3）推进“旅游+”乡村休闲旅游产业。实施“两山一水一城”的旅游发展战略，即五皇山、六万山、越州天湖和浦北县城。不断完善五皇山国家地质公园、文昌公园、公猪脊森林公园、越州天湖、大朗书院基础设施建设，继续推进争创一批国家A级旅游景区。积极培育新的旅游消费增长点，积极争取古荔养生小镇的特色小镇项目，开发包装一批乡村旅游景点，加快推进龙门塘田村、小江平马村（大朗书院）、小江长田村、张黄江平村委脚盆村、白石水良田村、北通平坡村委辅儿村、官垌垌口村委花根塘村等具有独特优势的特色名村建设，加快乡村旅游与生态旅游、红色旅游、文化民俗旅游等融合发展，加速融入北部湾大旅游圈。

（4）推进“生态+”生态文明建设发展。党的十九大报告提出了实施健康中国战略，要大力发展健康产业。自治区政府也印发了《广西健康产业三年专项行动计划》，确定了发展健康产业在用地保障、投融资服务、财税政策、招商引资等方面的优惠措施。我们要抓住这一有利时机，借助“世界长寿之乡”金字招牌，抓好全县健康旅游产业发展规划，加大招商引资力度，大力发展健康养老幸福产业，规划五皇山健康产业基地，推进医养结合、候鸟养生、养生地产、康养、保健旅游等健康服务产业的发展。

（5）深入推进农村土地制度改革。加快完成土地确权登记制度改革，促进土地有效流转。认真利用好当前土地登记确权政策成果的运用，建立县、镇、村三级土地流转服务网络和信息体系，加快建立完善农村产权交易平台和服务体系建设，引导农民将土地承包经营权向种养大户、家庭农场、基地、农业示范区等新型农业经营主体有序流转，实现适度规模经营。推进土地整合“小块并大块”，实施规模化、集约化、机械化生产。进一步探索土地确权确股让资源变股权，探索让农村资源抵押贷款让产权变资本，探索农村新兴经营主体让农民变“农业工人”。

（6）规范农村房屋建设管理制度。加快新农村建设规划，规范农村宅居地管理，鼓励农村集约利用土地资源，出台措施鼓励拆旧建新、集中建房。总结和推广官垌镇花根塘村、安石镇两头塘的拆旧建新、集中建户的经验，研究出台奖励措施规范农民建户，引导农民集中连片建房。

五、措施建议

（一）因地制宜，分类指导

（1）谋划点在县城。坚持以产学城一体化理念指导县城规划工作，把产业发展规划与县城城市规划、县城土地规划等融合，拉开县城框架，形成人口集聚。一是充分利用农民工人返乡创业的各项优惠政策，争取项目建设和完善农民工创业园的基础设施，形成孵化、物流、农批、培训、金融等配套服务设施，做大做强县城工业园区，带动创业就业。二是全力支持县城工业园区重点行业、骨干企业发展，加大招商引资力度，重点培育电子等东部承接型、劳动密集型企业，以及制药、食品加工等产业。三是优化配置县城教育资源。优化学校布局，建设新学校，合理配置教师资源，改善教学质量，集团化办学，合理引导优质教育资源向县城集聚。四是加快建设金浦新区，高标准规划建设金浦新区，完善城市服务功能。同时争取更多棚改项目、旧城改造项目等大力改造旧城，提高县城承载功能力。

（2）着力点在集镇。镇是带动“城、乡”两头的中心环节。镇主要是指连接农村中起到纽带作用的镇。争取建设一批特色小镇，实施“一镇一产业”发展战略，加强城镇和产业布局规划，促进产城融合发展，形成各具特色、分工有别、协调有序发展的集镇群。如突出工业发展，将泉水、张黄、寨圩等镇打造成工业小镇；将农产品品牌与旅游相结合，打造特色小镇，如北通镇突出荔枝、茶产业与旅游业相结合，龙门镇突出红椎林、红椎菌、柑普茶等农特产品与五皇山旅游养生相结合，六硍、官垌、平睦等镇突出历史文化与葵峰顶、五峰山和官垌鱼品鉴旅游开发相结合，三合镇突出橄榄特色农业示范区与乡村旅游相结合等；将文化与旅游相结合，如将大成镇打造为红色旅游小镇。

（3）布局点在中心村（新型农村社区）。把行政区域面积、经济发展水平、人口密集、基础设施较完善的村改新型农村社区。如白石水镇的南明村委、良田与良江村委、五黄与中屯村委、那回与大塘村委，北通镇的博学村委、清湖村委、平坡村委、佛山村委、那新与那良村委，龙门镇的马兰村委、樟家村委、塘田与林垌村委、平垌与平黄村委，福旺镇的古立村委、镇脚村委，乐民镇的蒙竹村委、六硍镇的横岭村委、寨圩镇的土东村委、大江口村委等。由于一些历史原因或者群众需求形成集市，如土东、樟家、马兰、博学、古立、横岭，略加改造，就是具有独特人文内涵的农村集市；地域相近、集中连片的村委，可以打破地域界线，统筹规划，协同发展，建设成为新型的社区或者田园综合体，推动人口密集农村向小集市发展，如白石水镇五黄与中屯村委共建一所完全小学即五中小学，有别于建制镇所在的集镇，只是缺乏统一的规划建设，缺乏集市应有的内涵。推进美丽乡村建设，改善人居环境，可以依托现有的条件和独特的乡村小集镇，与新型城镇化结合起来，达到事半功倍的效果。

（二）加强领导，统筹调度

（1）在原有领导机构基础上增设 5 个工作组，每个工作小组由一名县委常委牵头担任组长，明确牵头单位和责任单位，分组推进工作。将已成立的县新城办作为综合协调办公室，主要负责政策研究、综合协调5个工作组的工作，争取和推进项目，总结工作经验等。

5个工作组分别为：一是“城镇村规划融合”工作组，由县住建局为牵头单位，县发改局、县国土资源、县交通运输局为责任单位，负责建立“城镇村规划融合”工作机制，创新“城镇村规划融合”审批流程制度，建设数据库及信息共享平台等。二是“产学城一体化”工作组，由县发改局牵头，县工信局、县教育局、县住建局、县市政局、县人社局、县公安局、县工管委，各镇（街道）为责任单位，负责县城学城规划、产业规划、农民工创业园建设、城市基础设施建设、教育资源均衡配置、人口集聚等政策的研究制定和工作推进。三是“公共服务均等化”综合改革工作组，由县人社局牵头，县卫计局、国土资源局、住建局、教育局、公安局、统计局、民政局、工信局、工管委等部门为责任单位，负责研究和出台政策，推进户籍制度改革，研究制定农民工返乡创业就业服务措施，推进公共服务均等化综合改革，各镇（街道）等。四是“农业现代化”发展工作组，牵头单位：县农业局；责任单位：县发改局、县住建局、县林业局、县水利局、县水产畜牧局、县招商促进局、县商务局、县交通运输局、县水果局，各镇（街道）等。负责抓好现代特色农业示范点创建，特色小镇建设，推动农业产业化发展，建设智慧农业等工作。五是生态文明工作组，牵头单位：县林业局、县长寿办；责任单位：县环保局、农业局、旅游局、县水利局、县民政局、县开投集团公司，各镇（街道）等。负责推进生态红线制度建设改革，推进生态旅游、健康养生产业开发和项目的实施。

每个工作小组要制定好本组的总体工作计划和年度工作计划，协调解决本组范围内的各项问题，做好经验总结和信息上报等工作。

（2）建立调度工作机制。每月由各组组长召集一次以上调度工作会议，研究相关政策，解决工作推进中的问题，牵头部门要发挥好牵头作用，加强沟通对接，落实工作任务。

（3）强化政策研究与项目争取。县新城办负责收集涉及新型城镇化建设的国家、自治区的相关政策并初步研判后，转至相关工作组，由工作小组组织研究政策、出台措施、包装和争取项目、推进建设工作等。

（三）解放思想，营造氛围

（1）开展新型城镇化大讨论。特色小镇是在新型城镇化的背景下提出来的，特色小镇与传统意义上的小镇无论内涵还是外延都不相同，传统小镇有可能是建制镇，也有可能是“集市”镇，更多强调行政区划，特色小镇不是简单命名，不是行政区划，不是工业园区，但可能是从传统小镇及工业园区发展而来；特色小镇既不是以城兴业，也不是以业兴城，而是相对独立于市区，又没有远离农村，具有一定文化内涵、产业定位、社区功能、生活设施和旅游资源等的综合平台和社区；特色小镇不仅是单向吸纳农村人口的传统小镇，也可能是促进城乡人口的多元化双向流动，是现代城市体系的一部分，承担了连接城乡的重要功能。虽然每个特色小镇都是功能综合体和社区，但是每个小镇都有自己的特色，其主体功能比较突出，目前特色小镇的主要功能定位类型有：产业发展型特色小镇；交通枢纽型特色小镇；城市功能补强型特色小镇；农村人口集聚型特色小镇；历史传统型特色小镇；生态旅游型特色小镇；文化产业型特色小镇；红色基地型特色小镇。

作为新型城镇化的发展模式之一，特色小镇发展必须深入把握新型城镇化的新特点和新要求，进一步深化改革，提前做好谋划，把握功能定位，探索发展路径，走出一条绿色创新的发展道路来。各镇（街道）要结合本辖区的特点，组织研究讨论，提出特色小镇建设方案报县政府研究，县委、县政府每年选出2~3个方案较成熟（特色鲜明、思路清晰可行、复制推动效应强）的镇（街道）进行重点扶持和建设，既“撒一点儿胡椒面”，更分批重抓，建设适应新型城镇化的发展新特点和发展要求，体现自身资源禀赋，功能定位准确，自身特色鲜明的一批特色小镇，走出一条与众不同的发展道路。

（2）转变干部观念。开展新型城镇化培训，邀请相关专家到浦北县开展新型城镇化培训，培训相关部门的主要领导、分管领导、业务人员。让领导干部正确认识新型城镇化的内涵，拓宽工作的思路，更好地推进工作。

（3）转变群众思想观念。要利用传统宣传媒介和互联网、微信等新媒介，广泛宣传新型城镇化相关知识和新成果，动员广大群众积极参与，形成良好的舆论氛围。各责任单位和各镇（街道）要积极做好新型城镇化综合试点工作的宣传，深入基层，深入群众，营造良好的社会氛围，并及时做好创新工作和典型经验的宣传推介。

参考文献

[1] 姚士谋，陈维肖，陈振光，彭丽华．新常态下中国新型城镇化的若干问题［J］．地域研究与开发，2016，35（1）：1-4.

[2] 张荣天，焦华富．中国新型城镇化研究综述与展望［J］．世界地理研究，2016，25（1）：59-66.

[3] 金月华．中国特色新型城镇化道路研究［D］．吉林大学博士学位论文，2016.

[4] 宋连胜，金月华．论新型城镇化的本质内涵［J］．山东社会科学，2016（4）：47-51.

[5] 戴均良．积极推进大中小城市和小城镇协调发展［J］．小城镇建设，2001（7）：28-29.

[6] 本刊记者．为农业农村发展注入强大动力——中农办主任韩俊解读十九大报告“实

施乡村振兴战略”［J］. 农村工作通讯，2017（21）：10-11.

［7］周琳琳. 新型城镇化背景下解决三农问题的途径研究［J］. 农业经济，2017（1）：18-20.

［8］郭舒然. 乡村振兴　中国增色［N］. 人民日报，2017-10-22（001）.

［9］徐林. 城镇化是乡村振兴和区域协调发展的“牛鼻子”［N］. 中国城市报，2017-12-11（002）.

［10］莫艳萍. 广西又有两县一市一镇入围［N］. 广西日报，2016-12-08（006）.

特色小镇发展路径研究

——以广西为例*

钦州发展研究院　沈奕

钦州学院经济管理学院　李霖昊

钦州发展研究院，钦州学院经济管理学院，广西高校人文社会科学重点研究基地北部湾海洋文化中心　傅远佳

摘要：2016年7月，国家四部委联合下发《关于开展特色小镇培育工作的通知》以来，全国各地纷纷以特色小镇培育和建设作为供给侧结构性改革的新思路，促进产业结构的调整升级和资源要素的合理配置。近年来广西特色小镇的培育建设，极大地促进了广西城乡一体化进程和县域经济的发展。从国内外特色小镇建设的经验来看，虽然各小镇彼此间的风格迥异，特色产业类型也不一样，但都注重立足本地优势产业，深入发掘特色产业链；打造小镇特色文化，培养小镇居民和游客的归属感和认同感，依靠创新的力量推动小镇主导产业发展。但在广西特色小镇培育和建设中存在着盲目开发，缺乏特色；企业创新能力弱，竞争力不强；小镇创新能力不足，未能有效构建创新驱动的发展模式；基础设施落后，服务功能并未凸显等问题。因此，广西应当因地制宜，认真从挖掘小镇特色，引进一批实力雄厚的龙头企业，搭建创新平台提高创新能力，塑造小镇特色文化等方面着力推进特色小镇高质量发展。

关键词：特色小镇发展；广西；问题；路径

---

* 基金项目：2017年民建广西区委议政课题“加强特色小镇建设，推动县域经济发展”阶段性成果，2018年钦州发展研究院重大专项项目“钦州特色小镇培育和建设研究”阶段性成果，2018年国家级大学生创新创业训练计划项目“广西特色小镇主导产业选择与发展研究”。

作者简介：沈奕（1985—），女，汉族，广西北流人，钦州发展研究院办公室秘书，研究生。研究方向：行政管理与公共政策。李霖昊（1996—），男，汉族，广西梧州人，钦州学院经济管理学院2015级物流管理本科生，通讯作者。研究方向：区域物流与区域经济发展。傅远佳（1962—），男，汉族，广西灵山人，钦州发展研究院常务副院长，钦州学院经济管理学院教授，广西高校人文社会科学重点研究基地北部湾海洋文化中心研究员，广西民族大学国际商务硕士生导师。研究方向：区域经济、国际经济。

2014 年 10 月，特色小镇的概念在云栖小镇被首次提及，并在 2015 年浙江省政府工作报告中提出，要在全省范围内建设一批聚焦七大产业，并兼顾丝绸、黄酒等历史经典产业、有独特文化内涵和旅游功能的特色小镇。2016 年 7 月，住房和城乡建设部、国家发展改革委、财政部联合下发了《关于开展特色小镇培育工作的通知》，以创新、协调、绿色、开放、共享的发展理念为指导思想，到 2020 年培育出 1000 个各具特色的特色小镇，以此作为供给侧结构性改革的新思路，促进产业结构的调整升级和资源要素的合理配置。

2017 年 7 月，广西壮族自治区人民政府办公厅颁布了《广西壮族自治区人民政府办公厅关于培育广西特色小镇的实施意见》，提出到 2020 年，广西要培育 30 个左右国家级特色小镇，100 个自治区级特色小镇，来推动广西县域产业集群发展，激发区域经济活力，带动产业结构的转型升级。截至 2018 年 9 月初，广西已申报成功的国家级特色小镇共有 14 个，区级小镇（加上国家级特色小镇）有 45 个，极大地促进了广西城乡一体化进程和县域经济的发展。

一、加快广西特色小镇培育和建设的意义

特色小镇并不等同于传统行政区划上的小镇，也不是一种单纯的产业园区，特色小镇是城市化发展特定阶段产物，是以自身特色优势产业为主导，集休闲旅游、当地特色文化、创业创新等功能于一体的区域发展平台。特色小镇的建设需要因地制宜，寻求地方特色，合理配置地区资源，实现区域良性发展。特色小镇在形态上追求“小而精”，在内涵上凸显自身特色，在区域内带动产业集聚和产业结构调整升级，在塑造小镇文化上烙下创新的印记，在人与自然上讲究和谐相处和保护环境。

（一）促进广西产业集聚和产业结构优化升级

产业是特色小镇的根基，特色小镇的发展模式便是以某一优势特色产业作为依托，带动与主导产业相关的产业，形成产业集群，产生联动效应，彼此促进、相互发展。当前，广西很多企业分布较为分散和零乱，彼此之间缺乏必要的联系，没有足够的信息交互，上下游企业没有形成一条联系紧密的产业链，产业集聚效应未能完全凸显，导致产业结构转型过慢，生产的产品不能满足市场的需求。通过特色小镇所产生的产业集聚效应，使得广西各产业链相关的企业间的交流更为频繁，企业之间的信息孤岛也随之消失，产业链上下游企业之间的关系将更加紧密，由此减小了企业的经营风险，促进了企业的良性健康发展。作为特色小镇的主体，企业的良性发展能够促进特色小镇的市场化运营，充分发挥市场对资源配置的决定性作用，因而能够对产业结构的优化升级起到非常积极的作用。

（二）推动广西旅游业的发展，保护当地民族特色文化和建筑

广西14个已申报成功的国家级特色小镇中，其中过半小镇都以旅游为主导产业，说明广西拥有丰富的旅游资源，且极具地方特色。如位于柳州市鹿寨县的中渡镇，历史悠久，文化源长。境内不仅有响水瀑布、鹰山、东岭、香桥、洛江等瑰丽的自然风光，而且还有如武庙祈福、百家宴、庙会等传承悠久的洛江文化，还有位于河池市宜州区的刘三姐镇，据传为刘三姐的故乡，镇内风景旖旎，民族风情浓郁。小镇管理层把特色的刘三姐文化和独特的石灰岩岩溶地貌，糅合成一体，勾勒出一座人文与自然相融合的旅游型特色小镇。由于特色小镇对于环境要求较高且兼具旅游功能，因此，建设和发展特色小镇，能够完善当地基础公共服务设施，提高自身服务能力和服务水平，推动广西区内旅游资源更为高效的整合与利用，打响具有区域特色的旅游招牌。

（三）保护广西少数民族风俗文化和历史建筑

独特的小镇文化，不管是否是旅游产业类特色小镇，都对游客产生巨大的吸引力，甚至成为某一区域的旅游黑马。广西区内少数民族众多，光是世代居住的少数民族便有壮族、侗族、瑶族等11个民族，这些少数民族有着缤纷多彩的民族风俗和独具风格的历史建筑，如壮族有男女载歌载乐的“三月三”歌圩和地方特色吊脚楼、侗族有见证青年男女纯真爱情的“哆毽”活动、独具风情的“侗族禾廊”和饱经风霜依旧屹立不倒的风雨桥等，都是广西区内宝贵的少数民族历史文化遗产，应当加以保护和弘扬。而特色小镇恰好讲究的便是“特色”二字，不仅在产业上以特色优势产业为主导，而且在内涵上凸显自身的特色文化。推进广西特色小镇的建设，首先便是对当地的历史建筑进行翻新和保护，其次以深入挖掘当地的民族风俗文化为支撑，打造具有特色文化内涵底蕴的特色小镇，在小镇发展的同时，也是对广西少数民族风俗文化和历史建筑很好的保护。

（四）加强广西城乡联系，缩小贫富差距

随着经济的快速增长，广西区内城市化的水平不断提高，农村人口也在不断往城市迁移，给城市带来了新的活力。农村人口向城市转移的积极意义，在于推动了城市产业结构的升级转变，并为城市的建设发展提供了更多的人才。但从消极的角度来看，一方面，由于城市过度集中资源，导致其区域范围内的村镇建设缓慢甚至停滞，扩大了城市居民和村镇居民的贫富差距；另一方面，城市过大便会带来种种“城市病”，如社会犯罪率的提高、交通的拥挤和环境的污染等，降低了居民的生活品质。在此时，需要出现一条能够增强城乡联系的纽带和一种分散城市资源过于集中的媒介——特色小镇；便应运而生。首先，由于特色小镇一

般坐落在郊区或者是农村，作为城市与农村之间的缓冲带，能够加强城市与农村之间的联系；其次，建设特色小镇需要投入一定的资源，不仅能够缓解城市资源过于集中、解决城市产能过剩的问题，更能为广西当地村镇带来经济的长足发展，缩小城乡贫富差距；最后，由于特色小镇的环境优美、公共服务设施健全，能够吸引大批对于居住环境要求较高的居民，从而缓解城市化人口过多所带来的种种负面问题。

二、国内外特色小镇建设的经验和启示

（一）国外经验

国外特色小镇种类繁多，但大多数可以归结为以下六类：生态农业型小镇、高科技型小镇、高端制造型小镇、金融类型小镇、历史文化类型小镇、资源禀赋类型。下面以三个知名的国外小镇为例进行相应的分析。

生态农业型小镇——美国纳帕谷特色小镇。其多样性微气候非常适宜种植优质的用于酿酒的葡萄，政府便以葡萄种植业为依托，同时大力发展酿酒业、葡萄酒文化产业、旅游业等一系列与葡萄种植相关的产业，依靠多元化的产业经营，帕纳谷小镇每年为政府带来的税收超过 8000 万美元。

高端制造型小镇——法国维特雷小镇。它是法国内陆型工业城镇，因为落后的工业体系导致发展滞后，但 20 世纪 60 年代，政府依托其原有的工业体系，以创新理念为先驱，以优惠的政策吸引大批工业人才，构建了以机械工业为主导，印刷厂、芯片厂和外包工业等产业为辅的现代产业体系，从而获得新生。

历史文化型小镇——英国温莎小镇。位于伦敦的郊区，街上到处都是鲜花，风景如画，充满了英伦风情，镇上的建筑大多数保留了中世纪风格，王室温莎城堡有着几百年历史。管理者以游客为中心，以游客的认同感为目标，建立了许多配套设施，如购物中心、咖啡馆等，加上对历史悠久的景点进行严格、细微的保护，小镇每年吸引着诸多世界各地的游客，是世界上著名的历史文化小镇。

（二）国内经验

浙江省早在 2015 年便提出了特色小镇这一概念，作为国内特色小镇的先驱者，浙江省在特色小镇的建设上有着许多值得研究的地方。

时尚创意型小镇——浙江余杭艺尚小镇。该镇顺应当前的国际时代潮流，以电商、产业互联网两大产业为支撑，加强产业链的上下游联系，依托品牌力量，形成产业集聚效应，营造了良好的时尚产业生态圈，将小镇打造成了在世界时尚服装领域拥有影响力的特色小镇。

资源禀赋型小镇——浙江龙游红木小镇。红木小镇以当地特色红木资源为主

导产业，并对红木文化和旅游资源进行整合、产业联动，开展了特色红木文化展示、生态旅游、红木产品展销、家具体验等活动。通过对红木资源进行包装和开发，小镇逐渐发展壮大。

以上列举的小镇，虽然风格迥异，特色产业类型也不一样，但其中的成功经验和启示，则可以归结为以下两点：

第一，立足本地优势产业，深入发掘特色产业链。如龙游红木小镇和纳帕谷特色小镇，它们的优势产业是红木资源和葡萄种植业，但两个小镇并不仅是把各自的优势资源进行简单的加工便投入市场，而是对整个产业链进行挖掘和延伸，将其打造成为一个完整的产业生态圈，在获取更高利润的同时，也为自己的小镇打响了招牌。

第二，打造小镇特色文化，培养小镇居民和游客的归属感和认同感。特色小镇的灵魂是文化，特色小镇的建设要做到“一个小镇，一种文化”，文化的培养方向要与小镇的主导产业相符，如高端制造类型的维特雷小镇，便是培养了创新文化作为小镇的灵魂，依靠创新的力量推动小镇主导产业——制造业的发展。

三、广西特色小镇培育和建设存在的问题

（一）盲目开发，缺乏特色

特色小镇，顾名思义，便是拥有特色的小镇才是特色小镇，小镇必须要有自己的文化内涵和传承，不能盲目地照搬他人的发展模式，必须要因地制宜地开发和建设。当前，广西许多特色小镇，并没有深入挖掘自身的特色资源和小镇文化内涵，而是粗略地开发，眼前有什么便用什么，然后大摇大摆地挂牌自称为特色小镇；更有些小镇，仅是简单地复制别处发展较好的特色小镇，盲目建设，没能依据当地的实际情况来发展特色小镇，导致地域特色模糊，更没有特色文化内涵。

（二）企业创新能力弱，竞争力不强

特色小镇的主体是企业，企业开展经济活动不仅能给当地提供就业岗位和带来丰厚的税收，而且企业的创新成果也会先运用于小镇，促进小镇的进一步发展。广西企业由于自身基础薄弱，且科研经费支出极高，因此，不论是企业主观上不愿意投入过多经费用于创新研究，还是客观能力不足，无力独自承担大型的科研活动，所带来的结果便是广西企业的创新能力薄弱，产品的更新换代落后于一些经济发达省份的企业，也因此导致了竞争能力的不足，无法与发达省份的企业进行竞争。

（三）小镇创新能力不足

创新乃是特色小镇的核心要素，是特色小镇持续、科学发展的关键因素，特色小镇的建设和发展不能抛开创新不谈。在创新方面，广西特色小镇由于缺乏对应的专业人才，自身现有的创新平台不完善，有的产业基础较为薄弱，导致在特色小镇的产业、机制、运行模式和规划思路等方面，缺乏相应的创新能力和创新思维，未能完全实现从要素资源驱动转变为创新驱动的发展模式。

（四）基础设施落后，服务功能并未凸显

特色小镇与普通产业园区的区别，便是二者的公共服务能力并不相同，特色小镇能为居民和游客提供高质量、个性化的服务，满足居民和游客的需要。与浙江特色小镇相比，广西特色小镇起步较晚，广西的经济发展水平也较低，导致了在特色小镇的基础建设方面，如道路的建设、内部建筑的完善程度、小镇环境的美化水平，未能匹配上特色小镇所应该拥有的公共服务水平。

四、广西特色小镇发展路径

（一）因地制宜，挖掘小镇特色

对于小镇特色的挖掘，可以从整体规划、产业定位上入手：①从整体发展来说，特色小镇的建设，先要找准自身的特色定位，根据小镇的现有优势特色产业资源和实际发展情况，编制小镇的发展规划，捋清未来发展方向、明确发展目标、统一全镇思想，形成“先规划，后建设”的发展思路，做到统筹规划、科学布局。②在产业方面，产业是特色小镇的核心，小镇的发展布局，便是以所选的产业作为依托，所以对于小镇主导产业的选择，一定要基于自身的特色和优势，而不是哪种产业好便发展哪种，做到因地制宜谋发展，对于一些历史悠久的手工业、制造业，在保持原汁原味的同时，也要加入创新的元素，实现古典生产工艺和现代科学制造的结合。

（二）引进一批实力雄厚的龙头企业

著名的硅谷上百年前还是一片荒凉的野地，但随着一些实力雄厚的高科技公司，如微软、苹果、谷歌等入驻后，便迅速发展起来，由无人问津的小村落变成了一座引领美国科技创新的高科技小镇。首先，引进资本雄厚的大型企业，能够给特色小镇的其他企业带来很好的示范作用；其次，龙头企业能够吸引相关企业，促进区域内产业的集聚；最后，由于龙头企业对整个产业链的联动效应，促进了产业的创新。推动大型龙头企业进驻特色小镇，可以做以下工作。对于自治区政府来说，一方面，可以出台一些税收优惠政策，如免征两年企业所得税等，以吸引企业到广西发展；另一方面，可以成立自治区专项扶持基金，鼓励和支持

特色小镇引进大型企业。对于地方政府来说，则需要做好两个方面的工作：第一个是完善自身的基础设施建设，这是大型企业进驻小镇的前提；第二个则是优化政府服务职能，降低企业进驻门槛，做好用地审批、咨询服务等方面的工作。

（三）搭建创新平台，提高创新能力

特色小镇的建设要追求创新，创新的理念应贯穿于特色小镇发展的每个阶段和每个方面。在如何加强广西特色小镇的创新能力方面，可以从以下三个角度进行考虑：①政府可以成立专项创新基金，扶持企业创新，解决企业的科研投入金额过多、压力过大的难题，同时还可以出台相关法律法规，提高对知识产权、专利的重视，鼓励企业创新。②打造众创空间，形成开放式创新平台。众创空间是促进创新集群形成的重要载体，打造众创空间，对于提高特色小镇的创新能力有着极为显著的作用。首先，可以利用创新平台效应，加强各方联系，消除企业与个人、个人与个人之间的信息沟通障碍，加快信息的交互速度，构建出完整的创新生态圈；其次，完善小镇内部的硬件设施，降低个人创新准入门槛，提高创客创新的积极性，营造良好的小镇创新环境。③加强人才引进和人才培育，在人才引进方面，通过完善小镇的基础设施、美化小镇的环境等措施，提高公共服务水平和居民生活水平，吸引更多人才到小镇定居，而在人才培育方面，加大对本土人才的培养力度，并制订一系列人才培养计划，为企业和科研机构输送更多人才。广西特色小镇可从以上三个方面搭建创新平台，提高创新能力，并实现创新的常态化，形成从要素驱动转化为创新驱动的新的经济发展模式。

（四）塑造小镇特色文化

特色小镇的灵魂是文化，文化不仅是对外宣传的一张名片，更承载着小镇居民对于小镇的归属感。文化再造的核心是培育具有创新特质的价值观和生活态度，其基本特征可以用 16 个字来表达：崇尚冒险、宽容失败、激励众生、包容异端。特色小镇不仅要在小镇规划、管理和产业上实现创新，文化上的创新同样不容忽视。特色小镇作为新时期城乡一体化建设的新尝试，旧时代城镇文化已经不能满足于特色小镇的需要，所以要塑造出具有当前时代特色的小镇文化。对于特色小镇的文化塑造，要以创新为主题，并围绕自身优势主导产业，深入挖掘小镇文化的内涵，树立属于自己的文化标识。

参考文献

[1] 王振坡，薛珂，张颖，宋顺锋．我国特色小镇发展进路探析［J］．学习与实践，2017（4）：23-30.

[2] 张环宙，吴茂英，沈旭炜．特色小镇：旅游业的浙江经验及其启示［J］．武汉大学学报（哲学社会科学版），2018，71（4）：178-184.

［3］池春阳．创新集群理论视角下长三角众创空间优化策略研究［J］．科技管理研究，2018，38（12）：135-139.

［4］周晓虹．产业转型与文化再造：特色小镇的创建路径［J］．南京社会科学，2017（4）：12-19.

全域旅游视角下钦州特色小镇的建设研究

钦州学院经济管理学院副教授　吴静澂

摘要：全域旅游的本质是实现区域资源有机整合、产业融合发展、社会共享共建，以旅游业带动社会协调发展。全域旅游为钦州特色小镇的建设提供了新的思路，钦州丰富的旅游资源禀赋为全域旅游的发展提供了基础条件。在全域旅游的视角下探讨钦州特色小镇的建设，应发挥旅游业的带动作用，创建文化旅游特色小镇；加强区域合作，实现区域均衡协调发展；放大资源观，提升钦州特色小镇的吸引力；注重文化产业，丰富特色小镇内涵；强调主客共享，推进特色小镇软环境的建设。

关键词：全域旅游；特色小镇；建议

一、引言

2016 年 12 月国务院出台的《“十三五”旅游业发展规划》中指出，建设小康型旅游大国要以推动全域旅游发展为主线，未来我国旅游市场发展模式要从景点旅游向全域旅游转型，并着重提到了“旅游+城镇化”，将规划建设一批旅游风情小镇和特色景观名镇。2018 年中国旅游业的主题为“美丽中国——2018 全域旅游年”，在全域旅游建设的背景下，特色小镇发展迎来了新的契机与挑战。2016 年 11 月国家旅游局公布了第二批国家全域旅游示范区，钦州市钦南区成功列入全域旅游示范区。钦州全域旅游发展进入新阶段。本文从全域旅游这一视角出发，对广西钦州特色小镇的建设进行研究。

二、全域旅游的概念

2013 年吕俊芳最早提出全域旅游的概念。2016 年 1 月 29 日，在全国工作会议上，国家旅游局局长李金早对全域旅游做了系统的论述。2017 年 3 月，“全域旅游”首次写入政府工作报告，成为一项国策，上升为国家战略。2018 年 3 月，国务院办公厅印发《关于促进全域旅游发展的指导意见》，为全域旅游发展的新路子作出部署。综合前人观点，本文认为，全域旅游主要指在一定区域范围内，以旅游产业为优势产业，通过对区域内经济社会资源进行全方位、系统化的优化提升，通过产业融合发展与社会共同参与，以旅游业带动和促进区域经济社会协调发展的一种新的发展理念和模式。从“全域旅游”到“大众旅游时代”，要求以旅游业为优先发展产业，实现区域资源的有机整合，并且让全社会都参与进来。在全域旅游中，各行业积极融入其中，各部门齐抓共管，全城居民共同参与，充分利用目的地的全部吸引物要素，为前来旅游的游客提供全过程、全时空的体验产品，从而全面地满足游客的全方位体验需求。“全域旅游”所追求的，不再停留在旅游人次的增长上，而是旅游质量的提升，追求的是旅游对人们生活品质提升的意义，追求的是旅游在人们新财富革命中的价值。

三、钦州特色小镇发展现状

为进一步推进特色小镇建设，钦州市积极出台相关政策意见，科学规划小镇建设，旅游业与地区特色重点产业的融合成为发展的重要方向和建设的有效途径。

2017 年钦州的灵山县陆屋镇、浦北县龙门镇、钦北区大寺镇入选第一批广西特色小镇。灵山县陆屋镇拥有优越的交通区位优势、完善的镇区设施、优美的宜居环境以及临港产业园鲜明的产业特色，对产业、生态、文化、旅游、基础设施“五位一体”进行创新，融合了江浙一带特色小镇的发展理念，打造“产、城、人、文”四位一体、有机结合的特色小镇。红椎菌养生小镇以红椎菌、柑普茶等极具养生功效的养生产品加工制造业为工业核心，结合柑橘、荔枝等丰富的产业资源以及丰富的生态和民俗文化旅游资源，将龙门打造成融合“产、城、人、文”的广西特色小镇——“红椎菌养生小镇”。

2018 年，钦州市沙埠镇坭兴陶特色小镇申报广西第二批特色小镇。钦州坭兴陶文化创意产业园，以钦州千年古陶文化为依托，着力打造集商业聚集、物流流通、文化传承、旅游度假、产业培育为一体的现代化的产业园区。

在建的中马钦州产业园区特色扶贫小镇将具备就业培训和安置、宜居宜业、旅游、影视拍摄等功能，打造具有浓郁东南亚风情、现代生态城市风格的国际化、高品质产业新城，以特色扶贫小镇促进园区产业与新城融合发展。滨海新城辣椒槌滨海康养小镇拥有山、湖、湾、林、海、泉六大丰厚自然资源，结合当地良好的自然环境以及基础设施，以康养类产业为核心并辅助发展海洋产业、滨海旅游等产业。

钦北区大寺镇、沙埠镇坭兴陶特色小镇具有良好的观光资源、生态资源和深厚的历史文化资源，灵山县陆屋镇发展现代种植业，为“+旅游”和“旅游+”产业融合提供了良好的基础；滨海新城辣椒槌滨海康养小镇以规模化、现代化特色产业为发展方向，注重配套设施建设，为旅游业的发展提供良好条件。

近些年，钦州通过开展节事、体育活动宣传地方特色和推进地方经济发展，取得了一定成效。2018 年全国滑翔伞定点联赛（广西钦州站）在大寺镇望海岭国际滑翔伞基地成功举办，证明了望海岭国际滑翔伞基地已经成为一个成熟的滑翔伞飞行场地。千年古陶城 2018 欢乐新春嘉年华、“坭兴百业　钦近五洲”第一届钦州坭兴陶文化艺术节暨南向通道陶瓷博览会等一系列活动，在社会上引起了强烈反响。钦州市特色小镇进入一个新的黄金发展期。

四、全域旅游视角下钦州特色小镇的开发

特色小镇开发过程中，以特色产业为基础而形成的特色产业园区是支撑，旅游综合体带动着旅游业的发展并满足游客需求，居民聚集区作为产品创新和文化传承的重要载体推动小镇整体发展，相关服务性企业保障各主体职能和利益的实现。

（一）特色产业园区支撑特色小镇的发展

特色产业园区是以特色产业为基础，以核心产业为中心向产业上下游进行延伸，吸引更多企业进驻开展研发、设计、生产等经营活动。特色产业区打造了具有个性化、差异化的目的地资源，支撑着特色小镇的发展。特色产业园区在建设时应按照“严格标准、分区建设、梯度开发”的思路进行。在建设过程中，相关企业的进驻标准需严格化、精细化，围绕产业链构建和发展进行招商引资，避免资源的浪费，同时重视特色产业园区的空间布局，根据建设时间长短、建设难度大小进行分段、分区开发，形成长、中、短期开发规划，先重点培育一批核心企业、重点企业，夯实特色产业园区的发展基础，然后再在此基础上吸引大量相关企业，滚动式发展特色产业园区。

（二）旅游综合体带动特色小镇的发展

特色产业园区虽然为特色小镇发展奠定了基础，但从全域旅游视角来看，其旅游产品并不丰富、旅游服务欠缺、旅游带动效果并不高。因此，要在“特色产业+旅游”的基础上建立旅游综合体，将产业发展与旅游相结合，带动小镇经济发展的同时，弘扬地域文化、改善当地环境。

特色小镇内的旅游综合体开发以特色产业为主要元素，在此基础上打造特色旅游景区景点、旅游街区，围绕旅游要素吸引众多旅游企业，如餐厅、民宿、旅行社、旅游体验店等，聚集着多种业态和多种功能，提供文化、商业、观光、度假、休闲、体验、娱乐等多种旅游产品和服务，这能满足游客食、住、行、游、购、娱、康、养、学、闲、情、奇等多方面需求，同时为旅游特色小镇带来经济

效益、文化效益和环境效益。

（三）居民聚集区推进特色小镇的发展

特色小镇本来有大量的原住居民，这些居民的民居具有当地的地域文化，体现着当地的建筑风格，同时社区居民掌握当地民俗民风，是当地文化和活动的扮演者、传承者，有重要的旅游价值。但是多数民居分布比较分散、年代久远而破旧不堪，社区居民活动缺少组织，因此作为一种宝贵的文化旅游产品，在特色小镇内建设具有当地特色的居民聚集区，一方面满足当地居民生活住宿的需要，另一方面将民居纳入小镇的统一规划和管理，采用同一种风格进行外观装修装饰，不仅可以增强景观效果，加强视觉冲击，还可以使社区居民在民居内进行民俗表演或开展一些旅游经营活动，从而带动就业以获取一定的经济收益，推动旅游特色小镇发展。

（四）相关服务性企业保障特色小镇的发展

特色小镇既是产业聚集区，又是旅游聚集区，为保证小镇的正常运转需要提供各种完善的保障体系服务，即相关服务性企业保障旅游特色小镇发展。相关服务性企业主要涉及金融、通信、网络、卫生、救援等。

（五）智慧旅游提升特色小镇的发展

互联网技术快速发展，基于大数据形成一个涵盖旅游企业、游客、政府的智慧旅游方式势在必行。面向游客的前端旅游 APP 主要是为游客提供一系列产品和服务，如覆盖免费 Wi-Fi、线上购票、电子地图、线上商城、在线支付等；面向旅游企业的终端管理 APP 主要是将旅游产品和服务提供者统一纳入管理系统，接受小镇主管部门的监督与管理，对旅游企业的订单、收入、经营情况进行整合分析。前端旅游 APP 为游客创造便利，提高游客的满意度；终端旅游 APP 促进旅游企业的改善、创新旅游产品和服务。二者相互配合，提升特色小镇的发展。

五、结语

在经济发展大背景下，发展全域旅游和建设特色小镇的提出是适应经济新常态、经济结构调整、经济发展优化的重要举措。以全域旅游理念指导钦州特色小镇建设要建立在客观条件的基础之上，尤其是当地的旅游资源禀赋。从当地社会经济文化发展环境着手，以打造特色产业为核心，以实现资源要素集聚为重要目标，通过共建、共荣和共享，推动美丽乡村建设上升到新的水平，实现区域协调和可持续发展。

参考文献

［1］张吉福．特色小镇建设路径与模式：以山西省大同市为例［J］．中国农业资源与区划，2017，38（1）：145-151.

［2］王振坡，薛珂，张颖等．我国特色小镇发展进路探析［J］．学习与实践，2017（4）：23-30.

［3］钟娟芳．特色小镇与全域旅游融合发展探讨［J］．开放导报，2017（2）：54-58.

乡村振兴背景下特色小镇发展定位与产业选择研究

——以钦州市为例*

钦州发展研究院，钦州学院经济管理学院，广西高校人文社会科学重点研究基地北部湾海洋文化中心　傅远佳

广西民族大学商学院　夏天一

钦州发展研究院　沈奕

广西民族大学商学院　余浩江

摘要：乡村振兴战略是我党立足社会主义初级阶段的基本国情，站在新的历史起点上，顺应时代发展潮流，为更好解决“三农”问题所提出的战略部署。小镇的优势资源深入挖掘，需要充分体现小镇资源特色。立足小镇的资源禀赋、区位条件、历史文化底蕴、产业特色等，深度剖析小镇的发展基础和条件，明确小镇发展定位，选择小镇发展类型和特色主导产业，可对特色小镇的持续稳定发展起到积极的导向作用。国外特色小镇的发展经历了历史积淀，逐渐形成了产业特色鲜明、基础设施完善、产业引领型的特色小镇。钦州应重点建设产业聚集型小镇。在打造特色小镇时应注重准确定位，政府和企业加强合作，紧密结合国家相关政策布局。

关键词：乡村振兴战略；特色小镇；钦州；发展定位；产业选择

---

* 基金项目：2017年民建广西区委议政课题“加强特色小镇建设，推动县域经济发展”阶段性成果，2018年钦州发展研究院重大专项项目“钦州特色小镇培育和建设研究”阶段性成果。

作者简介：傅远佳（1962—），男，汉族，广西灵山人，钦州学院经济管理学院教授，钦州发展研究院常务副院长，广西高校人文社会科学重点研究基地北部湾海洋文化中心研究员，广西民族大学国际商务硕士生导师。研究方向：区域经济、国际经济。夏天一（1996—），女，汉族，河北人，广西民族大学商学院2018级国际商务硕士研究生，通讯作者。研究方向：自贸区经济、国际贸易与区域发展。沈奕（1985—），女，汉族，广西北流人，钦州发展研究院办公室秘书，硕士。研究方向：行政管理与公共政策。余浩江（1994—），男，汉族，河北人，广西民族大学商学院2017级国际商务硕士研究生。研究方向：自贸区经济、国际贸易与财税分析。

一、实施乡村振兴战略的时代意义

（一）乡村振兴战略的内涵与意义

乡村振兴战略于2017年10月18日由习近平总书记在党的十九大报告中首次提出，并被列为决胜全面建成小康社会需要实施的七大战略之一，庄严地写入党章。2018年2月4日，公布了2018年中央一号文件，即《中共中央　国务院关于实施乡村振兴战略的意见》。2018年3月5日，国务院总理李克强在政府工作报告中提出大力实施乡村振兴战略。乡村振兴战略是我党立足社会主义初级阶段的基本国情，站在新的历史起点上，顺应时代发展潮流，为更好解决“三农”问题所提出的战略部署，具有十分重要的时代意义。

大力实施乡村振兴战略，是中国特色社会主义新时代解决人民日益增长的美好生活需要和不平衡不充分的发展之间矛盾的必然要求，是实现“两个一百年”奋斗目标的必然要求，是实现全体人民共同富裕的必然要求。乡村是一个可以大有作为的广阔天地，迎来了难得的发展机遇。我们有党的领导的政治优势，有社会主义的制度优势，有亿万农民的创造精神，有强大的经济实力支撑，有历史悠久的农耕文明，有旺盛的市场需求，完全有条件有能力实施乡村振兴战略。必须立足国情农情，顺势而为，切实增强责任感使命感紧迫感，举全党全国全社会之力，以更大的决心、更明确的目标、更有力的举措，推动农业全面升级、农村全面进步、农民全面发展，谱写新时代乡村全面振兴新篇章。

城乡发展不均衡是我国目前发展存在的主要问题之一。改革开放以来，我国在农业农村问题解决上取得了重大突破，但城乡二元结构仍然是社会经济发展的“绊脚石”。乡村振兴战略的提出无疑给破解城乡发展不均衡提供了一件强有力的武器。通过乡村振兴战略的实施，让广大农民群众拥有稳定的就业和可观的收入，享受到完善的基础设施、公共服务、社会保障以及文化休闲活动等，最终过上富足的、现代化的、有尊严的生活。

（二）乡村振兴战略与特色小镇建设的关系

特色小镇处于城市和乡村的联结处，是乡村向城市过渡的重要阶段。在实施乡村振兴战略、实现城乡融合发展中，特色小镇建设成为重要的着力点和支撑点。通过建设特色小镇，可以实现城市居民和资本的下乡、农村居民和土地进城。在这种双向的互动中，生产要素形成新的组合，创造出新的产品，服务于供给与需求，带动了城乡统筹发展和生态环境改善，进而实现习近平总书记强调的“实现城乡居民基本权益平等化、城乡公共服务均等化、城乡居民收入均衡化、城乡要素配制合理化以及城乡产业发展融合化”。

二、特色小镇的发展定位和类型

准确确定特色小镇发展定位对小镇的可持续性发展意义重大。立足小镇的资源禀赋、区位条件、历史文化底蕴、产业特色等，深度剖析小镇的发展基础和条件，明确小镇发展定位，选择小镇发展类型和特色主导产业，可对特色小镇的持续稳定发展起到积极的导向作用。

（一）特色小镇的发展定位

特色小镇作为城乡一体化的新型城镇化模式，是一个集产业、文化、旅游和社区功能于一体的新型部落体，是以产业为核心，以项目为载体，相互融合发展生产、生活、生态的一个特定区域。

特色小镇发展定位要综合多方面进行考虑，核心内容主要有以下两点：①资源禀赋；②产业聚集。特色小镇不同于一般以行政区划分的小镇，其秉承的是创新、协调、绿色、开放、共享的发展理念，突出其地域、文化特色，引导其产业良性转变，积极建设新兴产业，打造创新型发展平台，促进经济转型升级。正如倪鹏飞在《新型城镇化的基本模式、具体路径与推进对策》中所言，特色小镇建设先要立足自身环境和资源禀赋，充分把握区位优势、资源优势和产业优势，在尊重历史、尊重规律的前提下，把城市、产业、居民作为一个整体。对当地农村的资源禀赋和乡村传统文化等进行系统梳理、综合利用，然后围绕优势资源延伸拓展产业链，带动相关产业发展。小镇的发展离不开产业带动，有核心主导产业支撑的小镇更具竞争力和发展潜力。

（二）特色小镇的类型

特色小镇经过长期发展已逐渐形成以下几种类型：产业聚集型小镇、教育科技型小镇、资源禀赋型小镇、生态型小镇、历史文化型小镇等。

产业聚集型小镇包括传统特色产业小镇、制造业小镇、新兴产业小镇等。其本质上是产业园区的升级版，是通过招商引资吸引企业进入，推动产业发展，形成产业集聚效应，使产业生态和配套更符合现代产业发展的需要。其中传统产业型小镇大多以传统制造业，如纺织业、加工业、工艺品及其他制造业等为主。新兴产业型小镇的主要特征为以科技智能等新兴产业为主，科技和互联网产业尤其突出，以智慧小镇为主要代表。

教育科技型小镇作为教育、科技和特色小镇的黄金组合，可以聚集社会优质教育资源，聚集人口、产业，并且可以进一步带动当地的经济水平和教育水平双向提高，也可提高城镇化的质量。如新鸥鹏教育小镇，将“教育产业”做到极致，并借此聚焦“教育+特色小镇”，全力打造“教育小镇”，实现教育产业全覆盖。

资源禀赋型小镇的主要特征是资源优势突出，处于领先地位。对小镇的优势把握准确，对小镇的优势资源深入挖掘，要充分体现小镇资源特色。如西湖龙坞小镇是一个风景优美、底蕴深厚、国际知名的茶乡特色小镇。近五成西湖龙井茶保护基地在这里，仅茶叶销售就突破2亿元，市场发展空间巨大。

生态型小镇包括生态旅游小镇、生态农业小镇、生态疗养型小镇等。主要特征是生态环境良好、宜居宜游、基础设施完善、社区服务到位；产业以绿色低碳为主，重点是保护当地的生态环境，以可持续发展为标准，拒绝过度开发。其中，生态旅游小镇科学选址，充分发掘当地旅游资源来深度打造，并将优美的山水风光与当地的文化传统、民风民俗完美结合，通过研究升华，使之发扬光大，让游客不仅观赏了山美水美，还能享受到极具地方特色的地方文化。

历史文化型小镇的特征为有历史文化积淀、文化底蕴丰厚、历史脉络清晰，可进行深度挖掘。如龙泉青瓷小镇，青瓷文化园是其核心，保留原国营龙泉瓷厂风貌，设置青瓷传统技艺展示厅、青瓷名家馆、青瓷手工坊等青瓷主题的休闲体验区，为不可复制的青瓷文化历史增加了新的休闲体验。

（三）对特色小镇准确定位和正确选择的意义

在开发建设特色小镇时，找准定位、正确选择小镇发展方向具有重要的现实意义。

（1）确保对小镇生态资源的高效利用。“绿水青山就是金山银山”不应仅限于纸上谈兵，在建设特色小镇的过程中也应积极践行此观点，在正确认识生态环境和经济发展关系的基础上，准确把握特色小镇的定位，在开发过程中制定科学有序的发展规划，统筹全局，因地制宜地推动特色小镇良性发展。

（2）精准引进与小镇特色资源相匹配的产业。特色小镇的发展会吸引产业投资聚集，明确小镇发展定位，突出其特点，有利于相关企业投资时进行选择。若小镇定位不准确，在引进相关企业时可能会导致投资失误，甚至造成一定的经济损失。

（3）可以有效加快特色小镇的建设进程。小镇在规划时正确精准地选择发展方向，可以“少走弯路”，高效有序地开展特色小镇的建设，在初期明确好方向和特色定位，让优质资源得到充分利用。

三、特色小镇建设经验借鉴

国内外特色小镇发展定位和产业选择的成功案例对钦州特色小镇建设有重要借鉴作用，下面主要选取了产业聚集型小镇和生态旅游（康疗）型小镇进行分析说明。

（一）国外特色小镇的典型案例

1. 产业聚集型小镇

国外特色小镇的发展经历了历史积淀，逐渐形成了产业特色鲜明、基础设施完善、产业引领型的特色小镇，在这里主要以美国好时巧克力小镇和法国格拉斯香水小镇为例来介绍产业型小镇的发展。

美国好时公司建设的巧克力小镇。该小镇位于宾夕法尼亚州，是北美地区最大的巧克力及巧克力类糖果制造产地。好时巧克力小镇繁荣发展的原因主要有以下四点：①该地区是宾夕法尼亚州中部美国东西海岸的交通要冲，也是一个重要的贸易口岸。这一地理优势给好时公司带来了拓展市场的机会。②好时小镇基础设施完善，居住环境舒适，吸引众多人才聚集。③郊区牧场资源给好时工厂生产高品质巧克力提供了优质原料。④好时游乐园给好时小镇提供了发展旅游业的途径，增加小镇经济效益。

法国格拉斯香水小镇。该小镇是法国香水制造的起源地，聚集了世界顶级名牌香水的生产基地，其得天独厚的自然条件给玫瑰和合欢草提供了成长沃土。在逐步发展中，由于本地采摘鲜花成本过高，香水制造厂商转向进口原材料。玫瑰花、茉莉花、依兰、苦橙、霍广香等原料均来自国外，全城超过 2/3 的人从事与香水有关的工作，生产出了法国 2/3 的天然香氛。从 17 世纪中叶发展至今，格拉斯仍旧占据香水产业的高附加值。香水小镇成功发展的原因主要有以下两点：①将当地产业发展与旅游业结合，引导香水小镇的经济升级；②打造具有当地文化产业标志的地标性建筑，目前，香水小镇设有国际香水博物馆、弗拉戈纳尔美术馆、普罗旺斯艺术历史博物馆等。此外，格拉斯每年都会举办国际玫瑰博览会和茉莉花节，吸引众多旅行者前来游览，这也使得格拉斯的旅游业日渐兴旺，逐步发展成为支柱产业。

2. 生态旅游（康疗）型小镇

生态旅游（康疗）型小镇是特色小镇发展的分支，极具代表性。其中温泉康养小镇是疗养型小镇发展中较常见和较成功的发展模式。温泉小镇是指有天然温泉或矿泉出露，可供人们进行温泉和矿泉水疗（包括沐浴、浴疗和饮疗等），以达到保健康复目的的地方或城镇。

法国薇姿小镇坐落于法国中南部的奥维涅大区阿列省。以水疗和度假而闻名世界，享有“温泉皇后”的美誉，是有千年历史的温泉泉眼集中地，以拥有 15 座温泉而闻名，是法国著名的温泉疗养胜地和旅游度假胜地。薇姿温泉中富含钙、镁等 17 种矿物质和 13 种微量元素，可以饮用、治疗、美容。

小镇悠久的温泉疗养历史，孕育了特有的“四手疗法”，这一传统技法的传承更强化了薇姿小镇的温泉疗养特色，现已成为薇姿小镇旅游的一项体验项目。

每年仅慕名前往温泉疗养中心进行水疗的游客数量就在25000人以上。依托优美的自然环境、发达的医疗美容产业和完善的疗养度假设施，薇姿小镇成为了肌肤护理、舒缓身心的最佳疗养地，也由此获得了源源不断的发展活力。

（二）国内特色小镇的典型案例

1. 体育产业型小镇

体育小镇是指通过建设体育基地、体育设施、举办体育赛事等，形成可观看、欣赏和参与各种体育活动的行为，形成体育产业，进而发展观赏型体育旅游和参与性体育旅游，最终形成生态环境较好的特色小镇。

目前，体育小镇主要呈现出三大特色：①以单项体育活动或赛事为主。②体育产业融合新城区建设。③引入体育类企业建设运营。

浙江德清莫干山“裸心”体育小镇。充分利用国家政策支持（见表1），初步形成了以泰普森、五洲体育、乐居户外、久胜车业为主的四大产业集群，共有体育产业活动单位72家，以体育健身休闲、场馆服务及体育用品的销售和制造为主，其体育休闲产品的出口额、销售额、增速等均名列前茅。

德清县体育产业围绕体育产品制造、体育场馆运营、体育休闲服务业发展、体育彩票销售和体育协会发展等方面，积极营造有利环境，加大引导投入，形成了以莫干山户外运动基地、全球“探索极限基地”、“象月湖”户外休闲体验基地三大基地为核心的体育产业总体布局。

表1　体育相关国家政策支持

相关政策文件	相关文件内容
浙江省人民政府关于加快体育产业促进体育消费的实施意见	借助浙江培育特色小镇的重大机遇，力争培育若干个以体育产业为主要载体的特色小镇
2017年全省体育产业工作要点	加强对德清、横店等省级运动基地的指导扶持，推进长三角区域内体育产业协作
湖州市健康产业发展“十三五”规划	拓展和提升莫干山等户外运动基地的功能作用，增强特色体育旅游活动，发展一批特色体育旅游示范地
德清县健康产业发展“十三五”规划	指出莫干山户外运动集聚区为健康体育产业发展的重要区块，要完善体育产业链条

2. 智慧产业型小镇

智慧小镇是在传统特色小镇的基础上，在政策催化、要素驱动、战略指导下统筹整合小镇物质资源、信息资源、智力资源，将大数据、云计算、物联网等新兴技术与小镇经济社会发展深度融合，以打造智慧产业、智慧治理、智慧服务、智慧社区、智慧文化等多维智慧经济为发展目标的智慧发展新空间与新载体（见图 1）。

“一中心两基地”是宜春智慧经济特色小镇建设的核心项目、大数据产业项目入驻的重要载体，也是宜春市建设区域性中心城市、打造“三个中心、一个基地”的重要内容。“一中心两基地”由呼叫中心、孵化基地、双创基地、智慧孵化、创意办公五大部分组成，项目建成后可容纳近千家企业办公。这些项目必将为大数据产业发展、推动宜春区域性中心城市建设注入新元素、增添新动力。

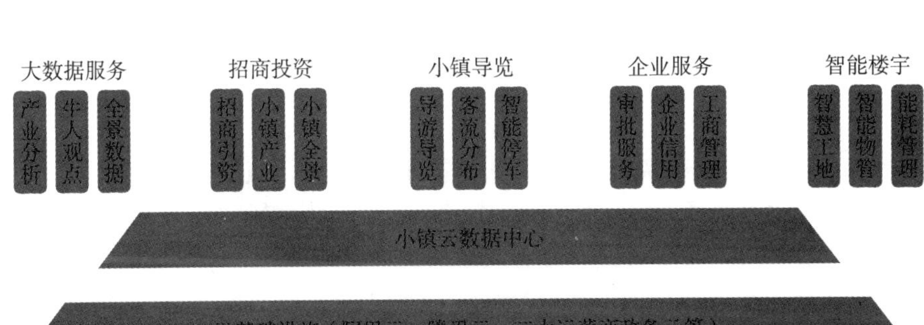

图 1　智慧产业型小镇

四、钦州特色小镇培育和建设的基础

（一）区位和交通条件

钦州位于中国西南部、广西壮族自治区南部之滨、北部湾经济区的中心位置，是大西南最便捷的出海通道。钦州市北邻广西首府南宁，位于广西壮族自治区南部，北部湾沿岸，东与北海市和玉林地区相连，西与防城港市毗邻。

钦州市区距自治区南宁市 119 公里，距离北海市和防城港市分别是 99 公里和 63 公里。地理位置优越，交通设施便利，具有“一市联五南”（大西南、东南亚、越南、南宁、海南）之称。铁路网涵盖了南宁—防城港、钦州—北海、黎塘—钦州、钦州—钦州港等线路；公路网涵盖了南宁—防城港、钦州—北海、黎塘—钦州、钦州—钦州港等；距离北海和南宁机场均只有 100 公里左右。

1. 灵山县

灵山县位于广西南部，钦州市东北部，是著名的中国奶水牛之乡、中国荔枝之乡、中国养蛇之乡、中国名茶之乡，此外，灵山县也是久负盛名的水果之乡、水产之乡和鱼米之乡。县内交通十分便利，公路交通、铁路交通网络发达，钦州至陆屋一级公路、黎钦铁路和在建的六景至钦州港高速公路等贯穿县境。灵山县还具有"背靠大西南，面向东南亚"的地缘优势。该县的文化底蕴也十分丰富，烟墩大鼓在广西乃至全国范围内独一无二，内涵丰富，别具一格。

2. 浦北县

浦北县位于广西的南部，县城距离首府南宁约 210 公里，距离沿海开放城市北海市约 120 公里，浦北基础设施日臻完善。县内"三纵五横"的公路网络已形成，通向县外的主要道路有三北高速公路，在建的大塘至南宁高速公路等。能源、通信设施完善，通信、移动、联通覆盖全县。此外，浦北的工业发展有一定产业基础。同时，浦北县的香蕉种植产业十分发达，是中国种蕉面积最大、总产量最高的县，被誉为"中国香蕉之乡"。

3. 钦南区

钦南位于广西壮族自治区北部湾经济区的中心位置，北距首府南宁 100 公里，濒临北部湾，东连北海市，西接防城港市，南拥钦州港，交通便捷，地域优势明显，是钦州市辖区，集临海工业园区、滨海文化旅游胜地、广西沿海交通枢纽、大西南最近接海点等众多功能与优势于一身。

4. 钦北区

钦北区位于广西壮族自治区南部，北部湾沿岸，钦州市西北部。地理位置优越，是钦州市的北大门，扼大西南出海通道之要冲，南北高速公路、二级公路穿境而过，钦北区背靠大西南，面向东南亚，临近北部湾，是大西南出海的关键地段。钦北区享有"中国黑叶荔之乡"和"中国果园鸡之乡"的美誉。钦北区以经济建设为中心，围绕建设"新工业园区、新城区、新旅游景区、新农村"的"四新"目标，加快了工业、城镇、农业、旅游"四大经济"健康协调发展，促进了经济社会全面发展。

（二）自然和生态条件

1. 土地资源

钦州市主要为丘陵型地貌。西北部属山区，以十万大山为主体，山高翠拔直参天，壑深飞瀑若无地；北部和西部属中丘陵区，一般海拔在 250 米左右；中部以低丘和河谷平原为主，土地稍平坦；东部属低丘陵区；南部属低丘滨海岗地、平原区，有市内最大的冲积平原——钦江三角洲。

钦州濒临辽阔的钦州湾，海域面积为 908.37 平方公里，其中滩涂面积 171.82 平方公里，浅海面积 736.55 平方公里，东起合浦英罗港、西到东兴北仑河口，主要为原钦州地区（今广西北海市、防城港市及钦州市）的海域范围，核心区位于钦州市。

2. 农业森林资源

钦州自然条件优渥，农作物类型多种多样，2018 年上半年，粮食种植面积 165.05 万亩，产量达到 67.89 万吨。水果面积 158.78 万亩，产量 58.17 万吨，同比增 4.5%。新申报无公害农产品 15 个，浦北红衣花生新通过绿色食品认证，钦州辣椒、钦北荔枝、浦北黄皮也已申报农产品地理标志保护商标。

钦州也拥有广阔的森林资源，生态环境良好，有待进一步开发利用。主要分成用材树种、药用植物、果类植物等 13 个大类，药用植物有 1077 种，占植物种数的 53.9%，其中常用的有 200 多种。

3. 海洋资源

沿海地区的红树林保护良好，钦州湾的红树林湿地已被列入中国重要湿地名录，是自治区级自然保护区。此外，茅尾海红树林自然保护区位于钦州市境内，总面积 2700 多公顷，分别由康熙岭片、坚心围片、七十二泾片和大风江片四大片组成。海域内阳光充足，水温适宜，浮游生物较多，适合各种鱼类和其他海产、飞禽鸟类的繁殖和生长。小岛屿 303 个，陆地海岸线长 520.8 里，是闻名遐迩的“海豚之乡”。

（三）开发开放和产业基础

1. 开放开发

钦州作为互联互通南向通道的重要节点，也是海陆联结的重要纽带，在开发发展中有国家政策作为强有力的后盾，钦州保税港是中国西部沿海唯一的保税港区，是广西北部湾经济开发区开放开发的核心平台，区域性国际航运中心、物流中心和出口加工基地。钦州保税港区将建设成为大西南地区对外开放的门户，中国—东盟自由贸易区的桥头堡，服务西南、华南和中南，辐射东盟的国际航运中心的核心。

2. 产业基础

钦州建有中国—马来西亚钦州产业园区马园和钦北区皇马工业区。中马产业园区规划总面积 55 平方公里，园区大力推进战略性新兴产业布局，重点发展电子信息、生物医药、装备制造、新能源与新材料、文化创意、现代服务业六大主导产业，同时引进马来西亚及东盟传统优势产业，打造中国先进产能“走出去”和东盟传统优势产业“走进来”的平台。皇马工业区作为钦北区重点发展项目及对外开放的首要平台，依托优良的交通、矿产资源，坚持招大引强、集群承接、延链引进，吸引更多企业入园发展，推动产业结构调整，带动形成产业集群。2018年上半年共签约引进项目41个，总投资额84.9亿元。

（四）历史和文化教育

钦州历史源远流长，据相关史料记载，远在旧石器时代晚期，钦州人的祖先就开始在这片土地上繁衍生息，在与华夏民族的交往中形成了汉族、壮族、瑶族等多民族聚集之地。

钦州人杰地灵，在历史进程中涌现了大量爱国将领，其中代表人物有宋代钦州知州陈永龄，亲自率兵抗击侵略军，坚守阵地；晚清刘永福在越南抗法18年，在中国台湾勇击日寇；冯子材在镇南关大败法军等；辛亥革命时期，在反抗清王朝斗争中，涌现了追随孙中山先生革命、反清倒袁、勋劳卓著的名将黄明堂和陈德春两位将军。

钦州的文化教育事业也处于高速发展阶段，钦州学院作为广西沿海地区唯一一所公立本科院校，即将更名为北部湾大学。该校拥有沿海的地理优势，开设了众多与海洋有关的专业，培养了应用型和专业型人才，为钦州地区经济文化发展提供了智力支持。

五、钦州特色小镇的发展定位和产业选择

（一）钦州建设特色小镇的定位分析

钦州地区的海洋资源丰富并且建有钦州保税港，这为钦州地区的经济发展提供了广阔的平台，制造业、物流业均可获得发展机会和发展动力，这种情况下可以吸引更多有竞争力的企业来此聚集，形成产业聚集效应。钦州悠久的历史文化以及具有浓厚区域性文化色彩的坭兴陶，为本地区发展文化型产业提供了素材，开发规划者应着重考虑文化影响力所能带来的经济效益。体育型产业小镇也是钦州发展特色小镇必不可少的一个板块，下文将进一步阐述望海岭得天独厚的自然资源，对于发展滑翔伞项目该地区是首选之地，滑翔伞项目对钦州地区经济的带动是不可忽视的，规划者应注重该项目的开发建设，积极引导该产业又好又快发展。

（二）钦州建设特色小镇的产业选择

钦州拥有丰富的海洋资源、森林资源，地形多种多样，历史底蕴悠久，产业可选择种类较多，但是要注意因地制宜，根据当地条件选择合适的产业，做到科学开发。在培育和发展小镇主导产业、发展特色经济时，应从多方面进行考虑，如地理位置、气候条件、区位优势、产业聚集、交通网络等。钦州在培育特色小镇时应加快打造出符合本地社会经济条件的特色主导产业形态，主要适宜建设临

港产业和特色加工型产业、生态农业和生态海洋型产业、文化型产业和体育型产业，也可考虑发展国际贸易和国际教育产业、教育科技型产业。

1. 文化产业小镇——钦南区坭兴陶小镇

坭兴陶作为钦州市的文化符号，起源于唐前，渊源于万年桂陶，有“万年桂陶，千年传奇”之美誉，坭兴陶作为中国四大名陶之一，也是钦州对外交流的重要文化旅游产品，同时具备日用功能、文化传递等多重功能。相关部门可以加大开发力度，引进资金，对其进行商业化包装，进而形成一定规模的产业。开发者可以考虑突破坭兴陶固有的文化特征，对坭兴陶进行包装宣传，挖掘其背后的文化信息，进一步将文化与商业二者紧密结合，打造出坭兴陶产业链，引导坭兴陶文化发扬光大。

在发展中可以参考丁蜀紫砂小镇的运作模式，充分挖掘坭兴陶的产业文化遗产特色：景区、景点的选择和一些体验类项目、服务空间的设置，应围绕“原料开采—生产—运输—销售—工艺培训”各环节的历史空间遗存和当代特色空间载体，精心组织，有序开展，提供多元化的特色体验，并以此为框架，加强小镇整体的景观环境建设，突出文化内涵，使小镇整体成为产业聚集、休闲娱乐、生态宜居的特色景区。

2. 体育小镇——钦北区大寺飞翔小镇

大寺镇位于广西钦州市西北部，是南宁至北海港、钦州港、防城港等公路运输的咽喉地段，也是西南五省一市货物出海的必经之路，交通和区位优势日益凸显。大寺飞翔小镇基地坐落于望海岭之上，位于钦北区大寺镇北部 3.5 公里处，海拔约 479.8 米，登其顶峰往东南方远眺，即可望见几十公里外的北部湾及茅尾海。当地气候条件非常适宜滑翔伞飞行，一年可飞行天数达 300 多天。经过两年的建设和测试飞行，望海岭已成为成熟飞行场地。

大寺镇拥有的自然资源和人文资源对小镇的特色产业发展极为有利。大寺镇是钦北区的工业强镇，同时也是钦北区的农业大镇。大寺镇不仅自然环境得天独厚，也有着历史文化的积淀，是清代杰出教育家、政治家冯敏昌的故乡，其墓位于望海岭南麓的三箭岭上，是钦州市重点文物保护单位。

钦州相关部门应抓住乡村振兴和南向通道建设这个发展机会，以体育事业为发展契机，提升当地知名度，把该地区的发展向体育旅游产业靠拢，进而拓展钦州乃至广西的旅游空间。

3. 生态海洋小镇——钦南区龙门港蚝情小镇

龙门港镇位于钦州市钦南区，地处钦江、茅岭江两大河流入海口，属于咸淡水交汇处，海水盐度适中，适宜鱼虾贝类等繁衍生息，已形成青蟹、对虾、大蚝、石斑鱼四大海养基地。岛上水路交通方便，可乘船前往钦州港、防城港、海南等沿海地区；陆上交通也十分便捷，可以经茅岭乡到钦州，也可走钦州防城港高速到钦州、南宁、北海等地。

龙门港镇是钦南区的渔业生产重镇，是广西重要渔港，也是中国主要的大蚝生产基地之一。龙门港镇旅游资源丰富，有亚公山、申葆藩故居、龙门群岛、龙门七十二泾等，当地有关部门应科学规划，对这些景区加以开发利用，提高景区知名度，同时也要加强景区基础设施建设，提高服务质量。

可以参考借鉴京族海洋小镇的建设经验，将当地文化与海洋产业相结合。注重挖掘民族文化，并对其进行包装宣传，使其更具有商业价值。另外，海产品养殖也可以进行商业改造，打造成体验项目，让游客能够近距离接触海产品养殖行业，深度感受海洋文化和海洋产业带来的乐趣。

4. 生态农业小镇——浦北县龙门红椎小镇

浦北县龙门镇位于钦浦和浦北至合浦公路的交会处，交通十分便利，公路线上又有龙门、马兰两个圩场，商贾云集。近年来，龙门镇的发展速度不断提升，其城镇化进程有所加快。

龙门镇拥有原始次生红椎林 20 多万亩，其中连片 11 万亩，年产红椎菌约 20 万公斤，产值超 2 亿元，是全国最大红椎林基地，红椎菌产量占全国的 80% 以上。该镇在发展红椎林产业的基础上积极开拓其他类型产业，包括植中草药、养鸡鸭牛羊、养黑豚、养鱼及澳洲小龙虾等产业项目。此外，龙门镇也拥有丰富的自然旅游资源，如国家地质公园、AAAA 级旅游风景区五皇山。

龙门镇应充分利用好自身资源优势，并与浦北县“世界长寿之乡”相结合，以发展红椎菌产业为依托，纵向横向延伸产业链，融合工业、旅游业、电商物流等，聚力打造出生态农业、旅游观光、产业支撑的国际知名特色小镇。

5. 临港产业小镇——灵山县陆屋机电小镇

陆屋镇隶属于广西壮族自治区钦州市灵山县，位于灵山县西南部，距县城 47 公里；南面与钦州市钦南区的那思镇、钦北区的平吉镇交界，西南面与钦北区青塘镇相邻，东面与三隆镇、伯劳镇接壤，北面与旧州镇毗邻。陆屋镇境内有钦陆一级公路、钦浦二级公路、钦灵二级公路、陆沙公路、黎钦铁路、六钦高速公路等线路穿镇而过。

陆屋机电产业园总投资 15 亿元，目前已签约入驻的企业有 40 多家，等待入园的有 90 多家。该小镇立足于建设综合服务型现代物流园区，其功能定位为“五位一体”：以市场信息为基础、以产品配送为主业、以现代仓储为配套、以多式联运为手段、以商品交易为依托。

陆屋镇在发展中应充分利用西部大开发优惠政策及钦州市、灵山县等有关优惠政策，大力承接东部产业转移，以壮大工业经济总量为目标，着力推进临港产业园建设。

六、结语

钦州市培育特色小镇时不仅要注重产业特色、基础设施等，还要注重文化底蕴及民族特点，在因地制宜的基础上对这些区域进行规划建设，找准自身的比较优势和准确定位，突出自身特色，通过运用发挥特色小镇的特色和长处，引导小镇向产业聚集发展。根据自身优势积极承接毗邻城市需要向外疏解的功能，借城市和港口的力和势，促进特色小镇加快发展。

政府方面也应加强和企业联系，双方共同努力。先要把政府责任和企业责任厘清。政府要负责到位，加强对特色小镇建设的指导和宣传，给企业创造出公平公正的投资环境，发挥好政府引导和管理作用。企业应增加自身的社会荣誉感和使命感，积极助力钦州地区经济发展，为特色小镇的建设增添活力和动力。

成功打造特色小镇最重要的是形成产业集群，进而将该区域打造成有完善基础设施的生活圈。首先，需要明确好发展所需的产业类型，树立好产业特色，以产业特色促进小镇特色的发展。其次，要灵活运用互联网，可以借助互联网平台宣传本地区特色小镇，互联网信息传播速度快、传播范围广、受众面大，是特色小镇“走出去”的得力助手。最后，在发展中要把生态环境放在首位，严守生态保护红线。秉承习近平总书记“绿水青山就是金山银山”理念，在打造特色小镇的过程中注重环境保护，做到可持续发展。

钦州在建设特色小镇时应紧密跟随国家的党政方针，以加快建设美丽特色小镇作为落实新型城镇化战略部署和推进供给侧结构性改革的重要抓手，坚持用改革的思路、创新的举措发挥统筹协调作用，借鉴浙江等地采取创建制培育特色小镇的经验，整合各方面力量，加强分类指导，结合地方实际研究出台配套政策，努力打造一批新兴产业集聚、传统产业升级、体制机制灵活、人文气息浓厚、生态环境优美的特色小镇。

参考文献

［1］马秋晨．国外特色小镇建设的经验与启示［J］．中小企业管理与科技（中旬刊），2018（9）：39-40.

［2］王丹艺．潼湖科技小镇：打造高水平物联网产业平台［J］．科技中国，2018（9）：83-84.

［3］潘铎印．因地制宜建设特色小镇［N］．中国旅游报，2018-09-14（003）.

［4］兰秉强．把特色小镇打造成为乡村振兴的集成平台［N］．丽水日报，2018-09-09（002）.

［5］李巧．关于青城山镇建设康养特色小镇的思考与建议［J］．商业经济，2018（8）：46-49.

[6] 李骏轲，沙鸥．我国乡村振兴战略背景下的特色小镇发展趋势［J］．工程建设与设计，2018（13）：339-341.

[7] 于业芹．智慧小镇建设：动因、要素与定位［J］．荆楚学刊，2018，19（3）：31-35.

[8] 文韬．在“一带一路”中打造钦州文化旅游品牌［N］．钦州日报，2018-05-05（002）.

[9] 从典型案例看国外特色小镇建设经验［J］．国土资源，2018（4）：58-61.

[10] 石秀廷．体育特色小镇建设的国际经验及其启示［J］．广州体育学院学报，2018，38（2）：39-42，67.

[11] 黄柳林．推动广西创新小镇建设对策研究［J］．企业科技与发展，2018（1）：16-21.

[12] 黎明．特色小镇要注重产业集聚和区位选择［N］．中国信息化周报，2017-06-12（007）.

[13] 张银银，柴舟跃．温泉皇后：薇姿小镇［J］．人类居住，2017（1）：20-23.

[14] 张银银，丁元．国外特色小镇对浙江特色小镇建设的借鉴［J］．小城镇建设，2016（11）：29-36.

[15] 姜巍，张菀航．“特色小镇”要有持久生命力［J］．中国发展观察，2016（18）：19-21.

坭兴陶产业助力钦州旅游特色小镇的创新模式研究

钦州学院经济管理学院副教授　吴静激

摘要：随着“全域旅游”概念的提出，中国旅游业的发展由点状分布的景点旅游向区域资源整合、产业融合、共建共享的全域旅游发展模式转变。住建部在《关于开展建设特色小镇培育工作的通知》中提出，特色小镇将以特色产业为导向，依托当地的自然和人文环境，打造特定区域范围的小镇。坭兴陶产业是从第二产业衍生出的新兴产业。坭兴陶产业和旅游业的融合，创新了旅游特色小镇的业态。本文针对坭兴陶旅游从产业融合的角度探讨了旅游特色小镇开发建设中的创新模式。

关键词：坭兴陶产业；特色小镇；创新模式

国务院《关于深入推进新型城镇化建设的若干意见》的出台，使特色小镇的发展迅速崛起。特色小镇是集产业、文化、旅游、社区功能为一体的创新创业发展平台。结合国家“十三五”规划，国家会同有关部门从规划引领、政策扶持、宣传推广等方面引导特色小镇的发展，这就为旅游小镇提供了新的发展机遇。

旅游小镇属于特色小镇的一种类型，它是指以较为丰富的自然与人文景观作为旅游吸引物，同时依托完善的旅游设施来提供相关旅游服务的小镇。旅游产业的“消费搬运”和“产业集聚”是旅游小镇形成的前提，“特色化”是旅游小镇建设的要点，“旅游产业融合”是旅游小镇发展的核心。

打造坭兴陶小镇，从坭兴陶产业与旅游产业的融合创新角度发展坭兴陶旅游，引导旅游者前往异地赏坭兴陶、体验坭兴陶之制作工艺、了解坭兴陶文化，以增长见识、扩宽眼界，得到美的享受。坭兴陶小镇的开发，转变了旅游小镇原有的开发观念，迎合了文化性和休闲性的发展趋势，推动了旅游消费的转型升级。

一、坭兴陶产业发展现状

坭兴陶距今已有1300多年历史，是不可多得的国家非物质文化遗产，也是钦州对外宣传的文化使者和钦州城市名片。

钦州坭兴陶流传至今，因其特殊的陶土性质，只产于钦州。坭兴陶的特殊

“窑变”功能使得在窑制过程中不需要添加釉色就能使产品颜色丰富，整体润和光泽，除具有极高的使用价值外，还有欣赏与收藏价值，可谓“美妙传中外，惊奇贯古今”。2008 年坭兴陶烧制技术被国务院列入“非物质文化遗产保护目录”和“国家地理标志保护产品”，2013 年钦州市获中国工艺美术协会授予“中国坭兴陶之都”称号。坭兴陶与江苏宜兴紫砂陶、四川荣昌陶和云南建水陶被誉为“中国四大名陶”。

坭兴陶经历过兴盛、衰落和复兴，截至 2017 年底，钦州市已有坭兴陶企业和经营户 300 多家，从业人员 1 万多人，年产值已超过 5 亿元。坭兴陶产业受到各方重视，越来越多的民营企业生产、制造坭兴陶产品。钦州市委、市政府也将坭兴陶产业作为重要的特色产业、民生产业和文化产业来抓紧抓好，制定和颁布了一系列加快坭兴陶产业发展的若干意见和实施方案。每年举办一次“千年古陶——钦州坭兴”文化节，设立坭兴陶文化创意产业园，建设坭兴古陶风情街，建设坭兴陶博物馆、精品馆，成立钦州坭兴陶工艺美术研究所、钦州坭兴陶行业协会，申报国家非物质文化遗产和国家地理标志保护产品以及授予坭兴陶传统工艺传承人称号等，大力扶持发展坭兴陶产业。

二、坭兴陶旅游特色小镇的创新模式

（一）特色产业为支撑

特色小镇重在特色，不可“千镇一面”，所以旅游小镇建设必须要以具有地域特色的产业为支撑。坭兴陶产业是集经济效益、社会效益和文化效益为一体的“三效合一”劳动密集、资金密集、技术密集的朝阳产业。打造坭兴陶特色小镇，以坭兴陶产业为支撑点，通过对游客提供多种资源，创新坭兴陶旅游项目，引导游客体验独特的坭兴陶文化，在坭兴陶小镇中感受休闲娱乐的氛围，进而发展坭兴陶旅游。

（二）产业融合是核心

随着消费者消费需求的升级，产业融合成为旅游产业发展过程中的重要经济现象。产业融合的类型主要有产业内融合和产业间融合。旅游业是一个多边融合的产业，涉及“吃、住、行、游、购、娱”等方面。人员、信息、商品、生产要素、科技、文化等元素的流动，使得旅游业能够与多元产业联系在一起，将社会资源转化为旅游资源，满足消费者多样化的旅游消费需求。打造坭兴陶小镇，一方面是坭兴陶产业与旅游业的联合，另一方面则是旅游业内部各种产业的联合。

（三）文化内涵为灵魂

旅游特色小镇，不仅是旅游产业的集聚和融合，特色文化魅力也是特色小镇的重要元素。旅游小镇的文化特色，在于挖掘地域文化内涵，或植入与产业有关的特色文化内涵，以形成小镇的个性化，并将这种个性化植入小镇建设的各个领域，从而增强当地企业和居民的文化认同感。

钦州有着数千年的制陶用陶史，从新石器时代到隋唐皆有据可考。这种源远流长的历史沉淀到代代相传的制陶技术中，内化为坭兴陶的文化底蕴。经过岁月的积淀与洗礼，坭兴陶形成了独具一格的魅力，并以此承载钦州千年历史文化的韵味。就其传承与发展来说，这种韵味就是其灵魂所在。坭兴陶旅游小镇也正是以坭兴陶作为核心吸引物，挖掘其内在的和历史遗存下的不断创新发展的文化底蕴，将游客可以观赏的实体坭兴陶赋予其精神层面的理念，使坭兴陶旅游从原始层次的观赏活动上升为陶艺审美休闲与陶文化体验认知活动，从而实现可持续的发展。这种文化取向和精神对内有凝聚力，对外有吸附力，会对旅游者形成感召力和诱惑力。

三、坭兴陶旅游特色小镇建设和发展建议

（一）突出产业优势，促进升级换代

培育坭兴陶特色主导产业，明晰产业定位，以日用陶、艺术陶、特色陶种为产业方向，培育一批在国内外具有竞争力与影响力的规模企业和大师工作室，促进坭兴陶与文化、旅游、商贸相互融合发展。通过延伸、补强、拓展、拉长、新建产业链等方法，引导围绕坭兴陶产业的科研、教育培训、产品包装、美术设计、旅游、茶叶等上下游产业、关联产业集聚和布局，从而壮大坭兴陶主导产业。

（二）深挖文化内涵，打造特色景点

充分挖掘和发展坭兴陶文化，让文化渗透坭兴陶，让坭兴陶渗入文化，让坭兴陶不再是单纯的陶艺品，也不是简单的品种标识，而是思想与精神、历史与文化的结合统一，形成独特的文化标识，与产业融合发展。对坭兴陶文化创意产业园（特别是步行街街面、坭兴陶企业、大师工作室）、坭兴陶博物馆、钦江古龙窑的坭兴陶文化进行整体提升。举办园区各类陶艺和文化活动大力宣传弘扬坭兴陶文化，提高坭兴陶文化的知名度，让游客不仅能近距离观赏坭兴陶大师的制陶技艺和成品展示，更能了解和感受钦州千年古陶的文化魅力。

（三）完善配套设施，推动产业融合

完善坭兴陶文化创意产业园及其周边的基础设施、公共服务设施，做到交通便捷、饮水有保障、排污合理、垃圾有效处理、绿化覆盖率较高。通过招商引资，引入龙头企业，对钦州坭兴陶文化创意产业园、园博园及周边地块统筹进行整体开发，升级打造“钦州坭兴陶特色小镇”项目，全面实施新的投资开发建

设运营，同时力求通过市场化运作方式，以“资产债务重组+小镇整体建设开发运营授权”的合作模式，盘活项目存量资产，并重新进行产业顶层设计与战略规划，通过技术创新、模式创新与制度创新，及跨界融合文旅文创与创业创新，推动钦州坭兴陶产业在新时期实现产业化、规模化跨越发展。

（四）加强科技研发，重视生态保护

随着坭兴陶特色小镇建设不断的完善，小镇引进了各个行业，坭兴陶产业与旅游产业链不断融合创新，更为重要的是要求技术突破。近些年来，随着大数据、“互联网+”、电子商务等行业的兴起，小镇的开发模式从单一的实地转入多方支持、技术革新的新阶段，在产品创新、融资模式、市场渠道开拓等方面，为坭兴陶小镇注入新的发展活力。坭兴陶产品的研发，可以打造满足消费者个性化需求的定制产品；市场渠道的开拓，可以打造具有特色的文化主题旅游演艺、文化活动、节日庆典的游览项目。开发中要处理好保护和开发的关系，在发展特色产业的同时不忘记保护环境，坭兴陶小镇规划设计空间布局与周边自然环境相协调，整体格局和风貌具有典型特征，路网合理，建设高度和密度适宜的产业核心区。建筑彰显传统文化和地域特色。公园绿地能够为从业人员提供美好的生活和工作环境，为顾客、游客提供良好的游览环境。土地利用集约，小镇建设与产业发展同步协调，推进特色小镇的生态建设，营造宜居的特色小镇。

四、结语

特色小镇是连接城乡空间的新节点，是新兴城镇化的新样板，是当前国家乡村振兴战略的具体落实，更是加快区域创新发展、激发经济发展潜力、释放内需动力的战略选择。旅游特色小镇以旅游产业为主导，在培育特色小镇的过程中崭露头角。坭兴陶产业作为钦州的朝阳产业，它与旅游业的结合，必然会给旅游特色小镇的培育带来全新的发展潜力。坭兴陶特色小镇将以钦州坭兴陶产业为依托、以特色文化为核心、以特色旅游资源综合利用为补充，形成生活气息浓郁，产业、民俗文化、旅游等相互交融的地方特色，集产业培育、文化传承为一体，着力打造“一带一路”南向通道上重要的陶瓷艺术交流平台。

参考文献

[1] 马玉山．非遗视野下的坭兴陶文化保护研究［J］．大舞台，2015（5）．

[2] 蓝颖，李杏桃．文化生态视角下钦州坭兴陶产业的发展、保护与管理［J］．文化研究，2017（4）．

[3] 吴方，吕思雅．“一带一路”倡议下钦州坭兴陶产业晋升发展研究［J］．钦州学院学报，2017（12）．

钦州市特色小镇建设的现状及创新路径研究

昆明理工大学马克思主义学院　张凯黎

摘要： 钦州市特色小镇建设起步较晚，截至2018年全市共建有陆屋镇、大寺镇、龙门镇3个特色小镇。总的来看，钦州市特色小镇具有因地制宜、产城融合和生态宜居等突出特点，但小镇在基础设施建设、科技创新、公民参与及文化建设方面还较为薄弱。为推动钦州市特色小镇的健康长效发展，应在合理利用后发优势、强化科学技术支撑、调动公民参与热情、激发小镇文化活力等方面努力。

关键词： 钦州市；特色小镇；创新路径

一、引言

特色小镇建设在新时代是落实"乡村振兴战略"、解决"三农"问题、加快新型城镇化的重要平台，党的十九大召开后，随着我国"特色小镇"的提出与推广，以特色产业为主导、以地域文化为引领、以宜居环境为基础、以现代科技为支撑、以泛旅游为目标的特色小镇不断涌现，有效遏制了原有以人口衡量城镇化水平的趋势，一定程度上促进了城市居民向乡镇引流，帮助解决当地就业问题①。钦州市面临着建设特色小镇区位优势不明显、科技创新水平低、经济基础较差等困难，如何建设具有钦州特色的精而美、智慧化、全民化、有底蕴的特色小镇正向钦州发问。

二、钦州市特色小镇的建设现状

钦州市位于广西壮族自治区南部，是北部湾城市群的重要城市。钦州市特色小镇建设初见于钦州市住房和城乡建设委员会2016年8月发布的《关于做好特

① 何莽．基于需求导向的康养旅游特色小镇建设研究［J］．北京联合大学学报（人文社会科学版），2017（15）：41-46.

色小镇的培育和推荐工作的紧急通知》，根据该通知，钦州市特色小镇建设必须符合生产安全、生态环境友好、社会稳定和谐及历史文化内涵丰富等要求。2018年4月广西壮族自治区人民政府办公厅公布了第一批广西特色小镇培育名单，钦州市共有3个特色小镇上榜，其中包括国家级特色小镇灵山县陆屋镇，省级特色小镇钦北区大寺镇和浦北县龙门镇，此外，钦南区沙埠镇正在筹备申报自治区第二批特色小镇。

（一）机电产业小镇：灵山县陆屋镇

陆屋镇位于灵山县西南部，总面积278平方公里，下辖1个社区、29个行政村，其定位是工业型特色小镇，通过灵山县陆屋机电产业园发展推动特色小镇建设。该产业园位于灵山工业区陆屋临港产业园内，规划建设面积24.5平方公里，首期开发建设面积为5000亩，于2017年4月由政府通过PPP模式融资7.5亿元，是一个集产业、生活、商业、旅游观光为一体的产业园区。该产业园工业布局有一、二、三类工业，主要进驻行业包括黑色金属冶炼及下游加工业、有色金属冶炼及下游加工业、金属制品业、合成纤维、环保添加剂、新型建材、仓储物流等。目前，产业园已签约进驻机电生产企业48家，企业投产后第一年可创税5000万元，解决就业人员3500人以上，并于2017年实现工业总产值8.5亿元。通过机电产业小镇这一有力抓手，到2018年上半年，灵山县规模以上工业企业已达到83家，实现总产值134.12亿元①。

（二）飞翔小镇：钦州市钦北区大寺镇

大寺镇位于广西壮族自治区钦州市钦北区西部，总面积271.82平方公里，辖18个行政村和1个社区居委会，是钦北区西部的经济中心。2018年4月，大寺镇入选自治区首批特色小镇，该镇定位是旅游型特色小镇，以“飞翔小镇”为契机，加快推进滑翔伞飞行行业壮大发展，配套全国滑翔伞飞行赛事硬件设施。飞翔小镇是大寺镇历史文化和地方特色相结合的产物，也是生产、生活、生态融合的典范，在规划设计上坚持了产业、生态、文化、旅游、基础设施“五位一体”。2017年飞翔小镇共引进招商引资项目6个，其中亿元项目4个；按计划2018年10月31日前飞翔小镇建设资金将落实资金总量的1/3以上②；2018年12月31日前，飞翔小镇相应项目的合理用地和主要产业项目（数量上超过核心区产业项目总量的1/3）将得到落实。

① 灵山县人民政府门户网站，http：//www.gxls.gov.cn/tzls/gyyq/201807/t20180702_1156086.html.

② 钦州市钦北区大寺镇人民政府门户网站，http：//qbzw.qinbei.gov.cn/auto2840/bmwj_5874/201806/t20180629_1154727.html.

（三）红椎菌小镇：浦北县龙门镇

龙门镇位于浦北县南部，总面积 223.4 公里，全镇现有 23 个村委会、1 个居委会。该镇定位是现代农业型特色小镇，因其自然资源丰富，拥有建设特色小镇的良好自然基础。该镇内原始次生红椎林 20 多万亩，是国内最大的红椎林基地[①]。以红椎林生态环境为依托，龙门镇的林下经济发展态势良好，红椎菌年产量可达 20 万公斤，占全国总产量的 80%以上，产值超 2 亿元。当前，龙门镇的特色小镇建设仍处于初步探索阶段，根据规划，红椎菌特色小镇项目将走一条生态农牧业与特色旅游业相结合的新型道路。

三、钦州市特色小镇的特点分析

（一）因地制宜，各具特色

特色小镇的精髓在于"特色"，一旦失去了其独有的特色就失去了生命力。我国目前的特色小镇建设，由于申报初期准备不够充分，规划模糊不清，在具体建设过程中极易出现特色不突出，开发建设层次低等问题。很多特色小镇为"特色"而"特色"，盲目照搬照抄先前的成功经验，造成"千镇一面"的现象。钦州市在对特色小镇进行规划和建设时，坚持在"特色"上下功夫，总体上表现出因地制宜、一镇一策的特点。首批创建的 3 个特色小镇都是在其自身已有的特色产业基础上对小镇类型进行定位，并在规划时对小镇的主导产业进行了严格的控制，每个小镇只主攻一个比较优势突出并具地方特色的产业，作为该镇未来发展的特色支柱。以陆屋镇为例，该镇在确定为工业型特色小镇之前，已依托优势区位条件和资源条件发展了特色工业；在入选特色小镇之后，该镇根据自身发展和国家产业政策的要求逐步推进产业集聚，建立起陆屋机电产业园，打造出具有鲜明特色的产业形态。

（二）产城融合，全面发展

产城融合是特色小镇取得长足发展的必由之路，是指产业与城市相融合。钦州市特色小镇的产城融合较中西部其他地区而言程度较高：一方面，钦州市在规划特色小镇时对城镇面积和城镇布局进行了严格的管制，合理的小镇规模和科学的小镇布局使得产城融合更加便利；另一方面，钦州市在创建特色小镇时为特色产业打通了一整条产业链，产业与特色小镇之间存在着千丝万缕的联系。以龙门镇为例，该镇将"五大发展理念"运用到发展特色产业中，以红椎菌产业为抓手，融合文化、旅游以及社区功能，逐步形成完善的创新创业平台。生态农林牧

---

① 浦北县人民政府门户网站，http：//www.gxpb.gov.cn/zjpb/.

渔业都能共享红椎菌产业赖以发展的自然基础，同时国家地质公园和五皇山也依托红椎菌小镇发展特色生态旅游观光业。

（三）绿色环保，生态宜居

特色小镇能否可持续发展，很大程度上取决于小镇生态文明建设的进程。过去几年中钦州市政府十分重视生态文明建设，成效显著，全境生态环境基础优良。在创建特色小镇的过程中，生态环境友好是基本要求，“绿色”成为钦州市特色小镇的主色。以大寺镇为例，该镇植被保护较好，绿化覆盖率高，望海岭滑翔伞基地区还探索实行了立体绿化，来大寺镇的游客除了能够体验到飞翔之旅，还能享受绿水青山带来的优美生态环境。此外，钦州市为海洋性气候，气温年较差和日较差较小，温和舒适，适宜休闲和居住。

四、钦州市特色小镇建设的若干问题

（一）起步较晚，基础设施建设尚不完善

钦州市特色小镇建设起步较晚，2018 年 4 月才公布自治区首批特色小镇名单，因此该市的特色小镇仍处于初步探索阶段，相应地在基础设施建设方面存在薄弱环节。钦州市的 3 家特色小镇都存在基础设施建设不完善的问题，特色小镇发展配套的一系列产业基础设施和公共服务设施建设都尚未落实。

如陆屋镇作为工业型特色小镇，对于交通的便利程度有较高需求，但灵山县公路网距建设特色小镇的需求仍有一段距离。虽然 2017 年灵山县至市区已实现全程一级路，但从全县总体公路交通来看，县内小城镇道路网络化建设亟待完善。同时，陆屋镇工业园区的污水处理率、排污管线埋设率、工业垃圾处理率仍然较低。大寺镇作为旅游型特色小镇，镇内存在旅游设施基础差和接待能力弱的突出问题。望海岭滑翔伞基地停车场、厕所、应急救援、信息网络、标识系统等方面的基础建设缺位，诸多不便使得游客的游玩受限。此外，景区从业人员素质参差不齐，未经过专业培训，业务能力较差，难以保证为游客提供有质量的服务。龙门镇在走生态农牧业与特色旅游业相结合的道路上展开了探索，但目前来看该镇在基础设施建设上的投入远远不够。当前该镇并未建立起完善的特色农产品市场交易平台、不同的功能区和镇内公共交通网络等满足特色小镇主导产业发展的基础设施。

（二）科技创新度较低，产学研合作待加强

技术进步是区域经济发展、产业结构升级的原动力，也是特色小镇发展强有力的推动力。特色小镇的特色产业如果能够运用现代科学技术手段、形成具有科技含量的产业形态，就更能够被市场接受、被消费者认可。钦州市高新技术产业

数量偏少，特色小镇吸引高新技术企业进驻困难重重。陆屋镇虽然依靠比较成本优势和政策支持吸引了一批高新技术企业，但在产业发展环境不完善、产业联动性差、配套生产性服务业差的阻碍下，大部分企业的科技创新能力日益衰退，产学研合作程度偏低，甚至少数高新技术企业已泯然于传统工业产业。科技人才的缺失和流出，政府规划的滞后以及资金筹措的困难，更使钦州市特色小镇的科技创新发展进度缓慢。

（三）公民意识滞后，建设参与度较低

先进特色小镇的成功经验告诉我们，特色小镇的建设离不开当地居民的积极参与，公众参与程度的高低直接关系到特色小镇的发展速度和发展程度。根据走访，对于钦州市3家特色小镇的大部分居民来说，对“特色小镇是什么”“为什么要建设特色小镇”以及“如何建设特色小镇”等尚未形成客观的认识，因此对于特色小镇建设的参与只停留在“喊口号”的阶段，甚至有相当部分居民对于小镇内的特色产业和文化底蕴一无所知。当谈到特色小镇建设时，居民对建设规划和建设情况未表现出明显的兴趣。出现该情况一方面是由于政策宣传不到位，未能普及至全民，存在宣传空白区域；另一方面是由于小镇特色产业区距离居民生活区有一定的距离，由此造成的时间成本使居民参与建设不便。另外，随着社会结构转型的加速和城镇化的深化推进，传统的社区归属感的形成基础条件正逐渐消失，居民缺乏对共同利益的认同，就很难充分利用现有资源和条件共同建设小镇，特色小镇建设缺了“人情味”。

（四）过分看中经济效益，文化建设缺失

特色小镇的内涵在于其文化，产业只不过是特色小镇的外壳，然而在目前的特色小镇建设中普遍出现了“重经济，轻文化”的本末倒置现象。分析钦州市3家特色小镇建设情况可以发现，特色小镇的经济作用被夸大，在评价体系中也相当看重经济效益，而文化建设却日益被忽视。一方面，传统的文化设施以及文化活动形式无法充分满足群众不断增长的精神需求和因居民消费水平的提高所带来的需求层次变化。特色小镇成立的文化站、居民活动中心、阅览室等利用率普遍较低，还存在开放时间混乱等问题。文化站组织文化活动的频率较低，活动形式和内容不够新颖，难以取得理想的效果；居民活动中心的活动项目以棋牌为主，辐射能力低，只能吸引老年群体；阅览室“不接地气”，现存书籍与居民的精神文化需求严重脱节。另一方面，小镇个性文化缺乏。虽然在创建特色小镇之初强调建设过程中对当地特色历史文化的挖掘，但在具体落实过程中并未体现出对特色文化的重视，人文景观、历史景观、观光景观因盲目模仿其他地区而模式化。总体来说，小镇文化功能开发严重不足，文化内涵整体性较差，产业和文化被剥

离，小镇文化元素呈现碎片化趋势。

五、钦州市特色小镇建设的创新路径

尽管没有搭上特色小镇建设的“早班车”，但后起之秀钦州市在其他地区特色小镇建设优秀成果的基础上，结合习近平新时代中国特色社会主义思想，客观分析自身的优劣条件，能够在建设特色小镇道路上展开积极探索。创建有“钦州味”的特色小镇，需在以下方面努力：

（一）合理利用后发优势，建设“精而美”的特色小镇

在全国的特色小镇建设中，钦州市起步较晚，国内其他地区成熟的建设经验和创新的路径为钦州市发展特色小镇提供了借鉴。在特色小镇建设的整体规划上，钦州市始终坚持科学的顶层设计，对于特色小镇各区域做了合理的规划。要建设“精而美”的特色小镇，必须严格控制小镇核心产业区的规模，避免走过去错误的老路，把特色小镇做“散”。另外，还应重视特色小镇基础设施和公共服务设施的完善。加快小城镇道路网络化建设、等级公路建设、公共交通建设，提高小镇辐射范围交通的便捷性；在工业园区建立集中无害化污水处理厂和工业垃圾处理厂，同时增加排污管线埋设数量，保证园区的环境质量达标；景区内停车场规模、厕所数量、医疗、应急救援、信息网络、指示标志等严格按照AAA级景区标准建立，定期对景区从业人员进行技能培训，为小镇游客提供舒适的服务；增强小镇生活宜居性，加强镇内绿化景观的规划设计，在主要居民区提供休闲绿地等。钦州建设特色小镇必须抓住历史和现实机遇，合理运用自身的后发优势，将特色小镇建“精”建“美”。

（二）强化科学技术支撑，建设“智慧化”的特色小镇

将科技因素融入小镇建设是钦州市建设特色小镇的可行之路，无论何种定位的特色小镇一旦离开了科学技术的支撑都无法健康长效发展。钦州市尚属欠发达地区，现面临着科技人才匮乏、要素市场发育失衡、创新平台滞后等现实困境，要想适应市场需求和保持特色小镇的整体竞争力，就必须重视镇内特色产业强化技术融入和科技支撑。科学技术的合理运用，使得钦州市“智慧化”的特色小镇建设成为可能。

对于龙门镇这类农业型特色小镇，首先，要与农业科研部门展开广泛合作，确保科研成果能够切实应用于农业生产过程中。其次，要鼓励农民群体进行技术创新创业，在镇内积极开展交流学习会，分享“智慧化”的种植经营理念。再次，要将科技因素运用于特色农产品生产链的始终，并通过科学技术要素的投入延长特色产业的产业链，为经济创收。最后，特色产品经销要依靠科技搭建电子

商务平台，发展线上和线下相结合的营销模式。对于陆屋镇这类工业型特色小镇，则要根据市场需求的动态变化合理调整产业结构，运用科技因素提升工业产品的“软实力”，尤其是产品更新和技术升级。同时，加强与科研院所和技术服务机构的合作联系，促进科技成果在工业园区特色产业中的转化应用，着手镇内传统制造向智能制造转型。对于大寺镇这类特色旅游型小镇，一方面可以将科技因素融入旅游产品，在产品中适当增加一批科技含量较高的游玩项目，通过增加游客游玩的趣味性吸引游客；另一方面也可以配合特色产业，开发特色小镇旅游APP，为游客提供一站式游玩服务。

（三）调动公民参与热情，建设“全民化”的特色小镇

特色小镇建设的核心最终应落脚于“人”上，确保“产城人”融合。根据目前居民对特色小镇的了解状况，科普有关特色小镇的知识刻不容缓。钦州市各级宣传部门应当做好有关“特色小镇建设”的宣讲工作，让特色小镇知识“进镇、进村、进家门”。只有充分了解特色小镇建设是便民利民的举措，居民才会有参与建设的热情，其主体作用才能充分发挥。小镇建设要充分听取民众意见，重大决策必须符合大多数居民的意愿，让居民获得更多参与感。特别要强调居民自治组织的沟通协调作用，增强居民之间的向心力，进而对小镇产生强烈归属感。要改善特色产业区到居民生活区之间的交通状况，设置免费通勤车，加强区域间的联系。此外，可以尝试将特色小镇与精准扶贫进行有机结合。当地居民可以依靠特色小镇这一创业平台，经营特色农副产品、旅游附加产品及文化创意产品，实现失业人口再就业，达成脱贫致富的目标。居民生活水平随着特色小镇的发展提高，居民参与小镇建设的积极性才会被充分调动，才能实现小镇与居民之间的良性互动，建设出“全民化”特色小镇。

（四）激发小镇文化活力，建设“有底蕴”的特色小镇

特色小镇的“王牌”就是文化牌，钦州市特色小镇文化建设不能再被忽视。要集中开展文化设施建设“四个一”，即：突出一个主题文化品牌，建设一个文化场馆，打造一个小镇公园，形成一个具有独特文化机理和建筑风貌的小镇核心区，提升特色小镇的文化内涵①。当前钦州市特色小镇建设的主要任务是营造文化氛围，让文化站、居民活动中心、阅览室等文化建设场所真正派上用场。特色小镇文化站要认清居民需求层次的变化，开展居民喜闻乐见的文化活动，丰富活动的形式和内容，尤其注重当地特色文化的融入；居民活动中心要面对不同群体设置不同活动项目，让全体居民共享文化建设成果；阅览室的书籍设置要考虑当

① 吴伟权．关于创建广西特色小镇的几点思考［J］．广西城镇建设，2016（10）：12-27.

地居民的实际需要，落实书籍分类管理，制定合理的开放时间等。对于特色小镇中文化蕴含丰富的历史街区、历史建筑等要实行重点保护与合理开发，充分体现出特色小镇的个性文化和源远流长的地方文化；保护特色小镇的自然风景，提炼桂风壮韵，塑造特色小镇的特色风貌。将小镇的历史风貌与时代特色结合，通过新的构思，培育有创意的文化品牌，塑造特色鲜明的独特文化标识，激发优秀地方文化的活力，为特色小镇发展夯实文化底蕴。

参考文献

[1] 陈清，吴祖卿. 福建特色小镇发展建设的“资源+人才+创新”策略分析［J］. 福建论坛（人文社会科学版），2017（3）：161-166.

[2] 高树军. 特色小城镇建设发展研究——以青岛海青茶园小镇为例［J］. 农业经济问题，2017，38（3）：40-44.

[3] 罗应光. 云南特色城镇化发展研究［D］. 云南大学博士学位论文，2012.

[4] 孙特生. 特色小镇建设的逻辑与脉络——基于对首批特色小镇的思考［J］. 西北师范大学学报（社会科学版），2018（4）：138-144.

[5] 唐德淼. “特色小镇”定位与产业融合发展研究［J］. 中国商论，2017（27）：137-139.

[6] 唐慧. 国内特色小镇研究综述［J］. 湖北经济学院学报（人文社会科学版），2018，15（3）：11-14.

[7] 王景新，支晓娟. 中国乡村振兴及其地域空间重构——特色小镇与美丽乡村同建振兴乡村的案例、经验及未来［J］. 南京农业大学学报（社会科学版），2018，18（2）：17-26，157-158.

[8] 王小章. 特色小镇的“特色”与“一般”［J］. 浙江社会科学，2016（3）：46-47.

[9] 王跃. 新型城镇化进程中特色小镇建设存在的问题与对策研究［J］. 中国物价，2018（4）：13-16.

[10] 王振坡，薛珂，张颖，宋顺锋. 我国特色小镇发展进路探析［J］. 学习与实践，2017（4）：23-30.

[11] 卫龙宝，史新杰. 浙江特色小镇建设的若干思考与建议［J］. 浙江社会科学，2016（3）：28-32.

[12] 郁建兴，张蔚文，高翔，李学文，邹永华，吴宇哲. 浙江省特色小镇建设的基本经验与未来［J］. 浙江社会科学，2017（6）：143-150，154，160.

[13] 曾江，慈锋. 新型城镇化背景下特色小镇建设［J］. 宏观经济管理，2016（12）：51-56.

[14] 张鸿雁. 论特色小镇建设的理论与实践创新［J］. 中国名城，2017（1）：4-10.

[15] 张吉福. 特色小镇建设路径与模式——以山西省大同市为例［J］. 中国农业资源与区划，2017，38（1）：145-151.

[16] 周晓虹. 产业转型与文化再造：特色小镇的创建路径［J］. 南京社会科学，2017（4）：12-19.

运营视角下的钦州坭兴陶特色小镇拓展思考

钦州学院经济管理学院　周化明　占金刚

摘要：钦州坭兴陶特色小镇经过多年建设已初具规模，形成了以千年古陶城和园博园为核心的标志。然而，钦州坭兴陶特色小镇一直存在着缺乏长流不断的人气、业绩不佳等运营问题。改善运营业绩的主要拓展措施有两条：一是在千年古陶城增加特产博物馆与高端中端培训项目、增加水幕电影等娱乐活动丰富小镇的“夜经济”吸引青年家庭；二是在核心标志之外拓展出以康养、休闲、娱乐等为主的“南方冬暖庄园群、海上渔田”吸引外地游客。

关键词：坭兴陶特色小镇；运营视角；拓展

生产、生活、旅游、居住等功能叠加融合，有明确产业定位与文化内涵的特色小镇是学界和政府关心的话题。钦州制陶历史悠久，为推动坭兴陶产业发展，钦州市委、市政府提出以坭兴陶文化创意产业园为核心，结合园博园和坭兴陶古龙窑遗址，打造坭兴陶特色小镇，让坭兴陶历史文化薪火相传。

一、钦州坭兴陶特色小镇蓝图已铸就

作为特色小镇核心区的坭兴陶文化创意产业园从 2012 年开始规划建设，总规划建设面积约 1440 亩，计划总投资约 15. 6 亿元。至 2018 年 5 月，累计完成投资 9. 2 亿元。园区一期已建成约 600 亩，包含博物馆、院落式厂房、商业街、坭兴陶体验中心等配套功能区，60 多家坭兴陶企业和工作室聚集于此。千年古陶城坭兴陶特色小镇在如火如荼建设中已初具雏形。

为推动钦州市坭兴陶产业做大做强做优，钦州市委、市政府先后出台了《钦州坭兴陶文化创意产业园规划》《钦州市坭兴陶产业发展三年行动计划（2018～2020 年）》和《钦州市沙埠镇坭兴陶特色小镇申报广西第二批特色小镇工作方案》，提出了明确的目标，即以打造坭兴陶为引领的百亿元特色陶瓷产业为目标，以日用陶、艺术陶、特种陶为产业方向，以建设坭兴陶特色小镇为重点，陶瓷并举，包容发展，培育一批在国内外具有竞争力与影响力的规模企业和大师工作室，促进坭兴陶与文化、旅游、商贸相互融合，形成比较完善的产业链和宜商宜居的良好环境，使以坭兴陶为引领的特色陶瓷产业成为钦州对外交往的亮丽名片、对内富民兴市的重要支撑。到 2020 年，行业总产值达 30 亿元，年均增长 45%；行业从业人数达 1.7 万人，年均增长 20%以上；工商注册企业（个体）数达 1000 家以上，规模以上企业数量达 10 家以上，坭兴陶文化创意产业园（千年古陶城）年游客量突破 200 万人次。

二、钦州坭兴陶特色小镇运营思考

虽然以千年古陶城和园博园为核心的钦州坭兴陶特色小镇已初具雏形，但其一直存在着缺乏长流不断的人气、业绩不佳等运营问题。为经营好钦州坭兴陶特色小镇，本文提出以下几点思考：

（一）增添热点来提升吸引力

钦州坭兴陶特色小镇，是千年古陶城和园博园的结合。作为千年古陶城，它是复原了悠久历史的一幅图像。作为园博园，它是现代风景园林的一些元素组合。这两者结合使小镇成为了一个非常不错的风景点，使小镇很有吸引力，使其可以对外宣传，但仅有这两点是不可能形成大的经济增长爆发力的。因而，还需要增加少许内容，增添热点来提升吸引力。具体包括：一是发展“夜经济”。一方面，在晚上要有水幕电影等强吸引力的现代科技展示；另一方面，可以有经济文化夜校或各种学习沙龙帮助青年人、中年人更进一步地发展。二是增加相关联的文化展示。根据钦州市的特色产业增加相关展馆，如龙眼、荔枝与百香果等热带水果文化馆，对虾、青蟹与蚝等内海养殖文化馆，还可以考虑将坭兴陶艺术与服饰艺术结合延伸创造新的文化特色产品馆。

（二）拓展冬暖庄园

相对于内陆山区，钦州得天独厚的自然环境得益于三个最主要的因素：冬天天气温暖、少污染的空气、靠海。而湖南、湖北、贵州、重庆等内陆地区对冬天温暖的气候有强烈需求。相比海南，钦州冬天的温度低一些，但是钦州交通便利、房价便宜，因而，可以利用钦州的自然环境优势，拓展冬暖庄园。主要是建设专业人士家庭的北部湾康养基地。可以引进区内外医院的退休高级医疗专家来此养老，同时交流建设高水平康养机构，吸引外地人士。

（三）延伸海上鱼田

大海，是内陆人无比向往的。钦州有最美的内海，也有最壮观的“蚝排”景观——海上鱼田。海上鱼田，对内陆山区中产阶层具有无比吸引力，是非常稀罕的景观。因而，将钦州坭兴陶特色小镇拓展到冬暖庄园，再延伸到海上鱼田，一方面可以大量吸引外地人涌入，增加消费，增加经济总量；另一方面可以增加文化和产品交流，可以将钦州本地的大蚝、海鸭蛋、荔枝、桂圆等特色产品推广到内陆，既能增加农民收入，又能促进经济增长。

（四）完善小镇运营管理制度

目前产业园区管理和运营由开发业主负责，在机制和运营方面存在办法不多、管理混乱、服务工作不到位现象。造成行业企业入园创业兴业热情不高，园区人气不旺，与特色小镇的要求有一定距离。为实现对园区的有效管理和运作，本文认为需引进富有园区运营和管理经验的团队来运作园区。进一步完善园区运营管理制度，建立产业园企业准入和退出机制，加强园区服务体系建设，努力激活园区各生产要素，促进园区正常运作。

（五）打造和培育坭兴陶创客基地

以坭兴陶特色小镇为载体，打造“互联网+坭兴陶”智慧型小镇。将钦州坭兴陶特色小镇和创客小镇融合，打造成为培育创业精神、提升创业能力、实现创新创业梦想的梦工厂。从创业教育、创业组织、创业活动，到孵化器、加速器等配套创新创业全方位服务。遵循互联网思维和互联网精神，秉承“产城融合、资智对接，有核无边、辐射带动，政府主推、市场主体，共生共荣、共享共治”理念。着力构建一个自然生态、历史文化、现代科技交相辉映，办公创业空间、职住生活配套空间、精神文化空间一应俱全的众创空间。实现将坭兴陶创客小镇打造成为以传统文化产业坭兴陶为核心的众创空间的新样板、特色小镇的新模式、产业转型的新亮点和信息经济新的增长点。

（六）打造钦州名片

钦州的优势之所以没有挖掘拓展出来，一个重要原因就是缺乏宣传展示。因而，可以通过加强宣传，打造钦州名片，提升钦州的知名度。一是将钦州坭兴陶、钦州大蚝、钦州海鸭蛋、钦州荔枝等富有特色的产品通过网站、展销会、电视等媒体向全国宣传推介，打造钦州特色产品名片。二是通过内陆人的口碑传播打造钦州名片。来钦州冬暖庄园旅居的内陆人，将钦州的气候、钦州的特色产品、钦州坭兴陶小镇、钦州的海上鱼田等向其他内陆人传播推介，形成良好的影响力，无形中打造了钦州名片，提高了钦州知名度。

参考文献

[1] 王志文，沈克印．产业融合视角下运动休闲特色小镇建设研究［J］．体育文化导刊，2018（1）：77-81.

[2] 李凌岚，安诣彬，郭戍．“上”“下”结合的特色小镇可持续发展路径［J］．规划师，2018，34（1）：5-11.

[3] 张月蕾，张宝雷，杜辉，徐成立．“健康中国”背景下体育特色小镇创建路径研究［J］．哈尔滨体育学院学报，2018，36（1）：41-45.

[4] 杨梅，郝华勇．特色小镇引领乡村振兴机理研究［J］．开放导报，2018（2）：72-77.

[5] 刘国斌，朱先声．特色小镇建设与新型城镇化道路研究［J］．税务与经济，2018（3）：42-49.

[6] 谭荣华，杜坤伦．特色小镇“产业+金融”发展模式研究［J］．西南金融，2018（3）：3-9.

乡村振兴背景下北部湾共享旅居康养冬暖庄园群建设需求与模式分析

——以钦南板桥村冬暖庄园项目为例

钦州学院经济管理学院　周化明　占金刚

摘要： 北方寒冷地区强烈的冬暖康养需求，与北部湾的庄园建设资源条件、乡村振兴需求相吻合。老龄化加速，“银发时代”将全面到来，康养旅居成为新型业态。以奶水牛牧业、亚热带水果与康养旅居等结合的板桥村共享冬暖庄园群模式，紧密切合客户群的需求，可以较快回收投资，既在不拆迁不征地的情况下带给农民利益，又可以促进区域经济发展，对实现北部湾乡村振兴有重要意义。

关键词： 北部湾冬暖庄园；康养旅居；共享

“旅居康养”与“康养小镇”是近年才兴起的新型业态。“旅居康养”指的是离开家乡或者离开长期生活的地方，到异地康养，较长期地异地居住。随着经济条件和交通条件的改善，旅居康养这种长期定居旅游的新业态将成为未来旅游产业发展的必然趋势。特别是《“健康中国2030”规划纲要》的发布，为康养旅居产业的发展带来了发展机遇。面对养老需求的多元化发展，“旅游小镇”“旅居养老”等新型养老方式发展前景广阔，日益受到老年群体的喜爱，也引起众多专家学者的关注。

一、已有研究与启示

国外学者较早将推—拉理论运用于旅游现象研究。1977 年，Dann 认为推—拉理论是能够有效解释旅游者流动的机制。2002 年 Klenosky 验证了他的结论，认为推—拉理论是可以有效解释旅游者流动行为的方法。推—拉理论对北方康养旅游者选择到北部湾冬暖庄园旅居的行为决策进行推拉因素研究具有重要实践意义。冬天北方的天气寒冷、雾霾可能引发疾病而“推”他们出来，北部湾温度适宜、空气清新、阳光灿烂与海鲜吸“拉”他们过来。康养旅居地的核心，一定要提供真正符合客户群需求的康养服务。

国内研究主要在特色小镇的旅游康养方面，有提到较长期居住在旅游地康养。何莽认为康养旅游需求在马斯洛层次需求理论中处于较高层级，康养旅游者倾向于在陌生的康养地寻找熟悉感，在康养过程的社交活动中寻找群体归属及自我实现的成就感。袁晓莉等认为“康养小镇”通常是指以健康、养生、养老为主题的新建或改建的，把健康养生养老产业作为主业，将休闲、旅游等功能融为一体形成的多元化宜居且养兼旅游的特色小镇。刘亚玲等认为康养旅游者注重自然环境、康养氛围、社会交际和硬件设施的四维需求结构。谢晓红等探究田园康养，提出以“乡村、田园”为主题，集田园休闲康养为一体，以农家、农事、农活的休闲“三农活动”为主要生活内容，体验融入自然田园、康养减压、度假休闲以及颐养天年的生活方式。华梓茜认为“旅居式”养老小镇的开发，是在旅游养老的基础上强化“居”这一特点，旨在异地营造家的氛围。

综上所述，现有专家学者关于“旅居康养”的研究主要集中在旅居康养的建设目标、建设内容、建设模式等方面，而关于旅居康养的“共享、冬暖及营销”等方面的研究甚是缺乏。因而，本文提出在广西北部湾地区建设共享旅居康养冬暖庄园是在旅居康养研究的基础上，紧密结合乡村振兴要求，突出“共享、冬暖”特色，无论是理论上还是在实践上都具有重要意义。

二、冬暖康养庄园的需求

（一）北方寒冷地区的冬暖庄园需求

国家统计局 2016 年《中国统计年鉴》数据：2015 年中国 13.742 亿人口中，65 岁及以上 1.438 亿人，占总人口比例为 10.5%。按照国际通用标准，人口老龄化是我国的基本国情，我国不仅步入了老龄化社会，还处在老龄化的加速阶段。中国的老龄化人口是一个规模大且迅速发展的群体，2017 年国务院刊发的《“十三五”国家老龄事业发展和养老体系建设规划》中提到：预计到 2020 年，全国 60 岁以上人口将达到 2.55 亿左右，占总人口比重达到 17.8%左右；2020 年后，进入加速和重度老龄化发展阶段，到 2050 年，老年人口总量超过 4 亿，高龄老人达到 9500 万。高龄老人占老年人比重将从目前的 1/8 翻倍到 2050 年的约 1/4（见图 1）。就像在日本街头见到的，银发一族忙不停，都市劳动力银发化。

绝大多数银发族并不是劳动力，他们需要的是康养，是空气质量好、野外自然景观好、温度适宜的地方。

据黑龙江省民政厅的不完全统计，2015 年共有 65 万老年人在镜泊湖、黑河、牡丹江、伊春等避暑宝地消夏纳凉、休闲度假、养生养老。在镜泊湖畔“湖南的谷爱凤老人兴高采烈地描述着正在经历的旅游养老生活”。这些老人同样有冬天到北部湾冬暖庄园康养的需求。北部湾滨海地区应该抓住旅居养老产业发展

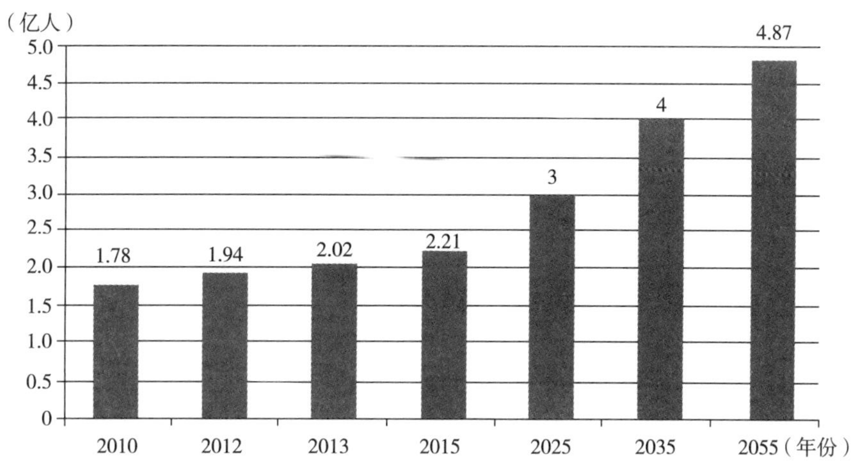

图 1　2010~2055 年中国老龄人口预测

资料来源：http：//mt. sohu. com/20161013/n470181664. shtml.

的新机遇，打造冬暖庄园群，展示出冬季异地养老新名片。

（二）钦南区的资源优势与乡村振兴需求

1. 钦南区的资源优势

钦州市的钦南区是北部湾滨海地区的典型缩影。

钦南区有海。钦南区诸多乡村靠海，对于内陆客户群来说这是第一优势资源禀赋。对离开沿海 500 公里的内陆人来说，大海具有极大的吸引力。

钦南区有海上鱼田。对于离开沿海千里以上的内陆人来说，钦南区有他们羡慕的海鲜美食——对虾、龙虾、皮皮虾、青蟹和各种海鱼。尤其是牡蛎（大蚝），近海养殖产品形成非常壮观的海上鱼田，既给人们带来海鲜美食，也留下了美丽海景。

钦南区的冬天是温暖的。钦南区的冬天低至 10℃ 的天气最多不超过 10 天，过后又是“阳光灿烂晴方好”。冬天里灿烂阳光下的温暖天气就是最好的康养资源，胜过任何医和药。

钦南区满眼绿——看见的都是鲜活的绿色植物。自然长满所有土地的植被包括小路旁边疯长的杂草，只要是活着的绿色植物，就是冬天康养的资源。北方秋天就开始叶落草枯，冬天更是一片肃杀，而钦州冬天满眼绿色，还有各种花开，冬天被冻得不开心的人们，来到阳光灿烂、满眼绿的钦南区，自然舒心。

钦南区有月亮湾滩涂捡海螺、三娘湾白海豚戏水、长在海水里的红树林以及龙门港、大风江等风景点，坭兴陶的千年古陶城、园博园，白石湖——以著名画家齐白石命名的湖。湖南湘潭人齐白石，认为钦州荔枝是岭南荔枝第一好。

钦南区有保税区，20 多个国家的各种商品琳琅满目，不出国即可买到。

2. 乡村振兴背景下钦南区冬暖庄园需求

钦南区虽然有上述诸多优势，但是钦南区的农村还相对贫困，广阔乡村收入不高。因而，在乡村振兴背景下，需要建设康养冬暖庄园吸引北方中产阶层来旅居康养，增加村民收入。

钦南区 47 个贫困村，以大番坡镇的板桥村为例，共 608 户、2505 人，劳动力 1671 人，外出打工 224 人，水田 2327.15 亩、旱田 1498.9 亩，从事第一产业人口 1256 人，占 75.2%，户年收入 3 万元以下的有 445 户，占 73.2%。户均收入 19800 元。人均收入 2012 年为 2705 元，2013 年为 2849 元，2014 年为 3533 元，2015 年为 4174 元，2016 年为 4951 元，2017 年为 4628 元。始终没有达到 5000 元。板桥村有超千亩路边、林边荒地，完全可以租给北方人群康养。如果户均两亩荒地用于改造包括建房，可以增加 500~600 户。

先天自然条件适宜康养之地钦南区建设康养庄园，不仅提供北方人冬天的幸福生活，也助钦南区美丽乡村建设直接冲上新台阶。长江流域及以北的人群需要在钦南区建设他们的冬暖庄园，钦南区也需要长江流域及以北的人群来到这里建设康养庄园脱贫奔小康。双方互补，满足各自需要。

三、北部湾共享旅居冬暖庄园建设模式与对策建议

（一）冬暖庄园建设原则

（1）遵循要素禀赋原则。赫克歇尔和伯蒂尔·奥林在比较优势理论的基础上提出要素禀赋理论，他们认为要素禀赋的差异是不可消除的，进而致使成本不同，各镇村区域应当根据自身要素禀赋优势来建设南北双方契合的共享冬暖庄园。

（2）坚持现代技术与传统结合的原则。互联网和信息技术向传统产业的渗透，以及智慧产业的发展，给冬暖庄园的要素流动与关联产业的功能集聚带来发展契机。互联网带来的资本、市场、创新、人才和社会流动性变化，一方面有助于冬暖庄园群形成富有创新力和多元化发展的社会网络；另一方面可以全面提升冬暖庄园群的康养服务运行效率，提升北部湾冬暖庄园群的社会经济活力。

（3）发展路径多元化的原则。利益主体和投资主体之间的差异可能会促使冬暖庄园群发展路径多元化。政府引导，充分发挥市场作用，积极调动钦南区村民积极性，冬暖庄园群建设必然较快发展。但某个 5~20 户冬暖庄园的形成具有一定偶然性，将是南北各种特定资源在时间与空间上耦合的结果。因此，在冬暖庄园建设过程中，要考虑南北双方资源禀赋的偶然性和特殊性，某些部分的决定

性因素可遇不可求，需要甄别发展路径的普适规律，既要避免偶然性和特殊性的干扰，也要避免大规模复制现有模式。

（二）冬暖庄园建设模式

共享冬暖庄园有以下两种模式：一是北部湾滨海村民将土地等自然环境与北方寒冷地区康养人群共享 20～40 年，收取少许租金。二是康养人群的冬暖庄园里，自己的空闲房间共享给其他游客旅居，收取适当住宿费，可能收回投资。要实现第一个模式可以建立合作社等形式，要实现第二个模式可能需要民宿酒店式运营管理的分享机制，互联网销售必不可少。

对于基础比较薄弱、没有可依托的文化与发展资源的村镇来说，不能盲目追求“特色”，要走非特色化建设路径下的精细化、优质化旅居康养冬暖庄园发展道路，创新观念和创新技术、提升集聚能力至关重要。

以旅居康养带动特色农产品销售，村民们无疑会在“意外”中尝到甜头。旅居康养人群一定会成为义务业务员，向家乡亲友宣传北部湾特色产品。

（三）具体对策建议

北部湾钦南区旅居康养的共享冬暖庄园建设，必须先考虑满足客户群需求。

（1）确定总体定位：依靠优良的自然冬暖环境、资源和滨海文化，开启长期旅居康养模式，建设康养冬暖庄园群，依托周边知名景区如千年古陶城、园博园、三娘湾、月亮湾等，采取“政府引导+公司运营+合作社+基地农户参与”的合作路线，协调各方利益，部分走高端化度假乡居模式，以良好的自然生态环境为载体，以淳朴的民俗文化为核心吸引力，满足人们休闲体验、身心健康、自我发展等多方面的需求。

（2）清晰的功能定位：应充分发挥钦南区的滨海区位资源优势，尽量租用乡村山林或路边小片荒地模式，双层木屋用院落式建设冬暖庄园。没有大片征地，没有拆迁，不与村民抢利益。利用空间邻近性和产业关联性，在规划、建设、运营等方面进行有效对接和整合，积极发展康养与特色海洋养殖与亚热带水果庄园旅游等产业融合。

（3）与村民建立融合规则，合作规则北方人群用公司制管理、北部湾村民用合作社式管理，村委在镇政府领导下统筹。政府政策支持，给予规划指导，经济上适当扶持——水电路气规划与建设。从当地农业、林业、渔业、坭兴陶手工业等产业中深挖特色产业，选取并培植各村镇的支柱产业，如引进和发展广西特有的奶水牛，与独具特色的滨海康养冬暖庄园的发展融合在一起，凸显优质的产业特色；以打造绿色生态为目标，在木屋别墅设计、康养服务设施规划、资源整合和利用、循环经济、人文旅游景观方面均体现生态元素，保留鲜活的生态特色。

（4）挖掘地方历史底蕴。要注重保护地方生活方式的延续，同时，可深入挖掘地方民族风俗、传统工艺、特色美食、历史传说等文化要素，还可以结合地方传统节庆，策划举办具有影响力的文化庆典或赛事，利用各种宣传手段，提升北部湾冬暖庄园的知名度和美誉度，以便尽快完成首期营销任务。

（5）完善交通体系。与北方寒冷地域的交通需要进一步改善，已经有成都、贵阳动车直达钦州，但是没有湖南、湖北、河南、河北直达钦州动车，动车需要从石家庄、郑州直达钦州，不要在南宁、桂林或者柳州转车。据营销访谈，湖南、湖北、河南、河北才是主要的客户群所在地。

参考文献

［1］蹇泽西．转型康养、绿色崛起、加快建设全国著名康养胜地［J］．重庆行政（公共论坛），2017，18（4）：13-14.

［2］娄白，廖育英．基于“养生旅游”视野下的健康产业创新探索——以都江堰向峨猕猴桃风情小镇产业融合发展模式为例［J］．建筑与文化，2015（4）.

［3］韩政．突出比较优势，打造康养胜地［J］．广西城镇建设，2017（10）.

［4］刘民坤，杨小杰，李威．基于推拉理论的康养旅游行为影响因素研究——以广西巴马为例［J］．四川旅游学院学报，2018（1）.

［5］郭铭华，薛立伟．龙江打造夏季异地养老新名片［N］．黑龙江日报，2016-08-12（003）.

［6］华梓茜．旅居式“养老小镇”发展的研究分析——以大连市为例［N］．管理观察，2018-06-10.

［7］石韡韬，吴婧婧，董桂清，陆春霞，甘丽红．广西加快建设特色小镇的发展思路探讨［J］．绿色科技，2017（12）.

［8］袁晓莉，戴云．打造特色小镇　构建健康养生养老产业——关于建设兴义市康养旅游国际化度假区的思考［J］．黔西南党校论坛，2018（1）：7.

［9］张欣．孝德康养特色小镇营销策略研究［D］．山东大学硕士学位论文，2017.

［10］何莽．基于需求导向的康养旅游特色小镇建设研究［J］．北京联合大学学报（人文社会科学版），2017（2）.

［11］金仲夏．国际康养小镇项目启动［J］．中国卫生，2018（5）.

［12］刘亚玲，李瑾，张越．镇安县云盖寺红豆杉康养小镇建设研究［J］．陕西林业科技，2018（1）.

［13］王凡．积极老龄化下保定特色健康小镇发展对策［J］．合作经济与科技，2018（17）.

钦州坭兴陶特色小镇之人才建设

钦州学院　王国强

摘要：“一带一路”倡议的实施为钦州坭兴陶产业发展带来了新契机，2016年，钦州市完成了《钦州坭兴陶文化创意产业园》的规划编制，决心打造钦州坭兴陶特色小镇。但钦州坭兴陶特色小镇建设面临许多问题，其中人才建设是关键。在具体分析钦州坭兴陶专业技术人才现状的基础上，结合钦州坭兴陶特色小镇建设方向，以科学高效的建设及运营钦州坭兴陶特色小镇为目的，提出几点关于人才队伍建设的建议。

关键词：坭兴陶特色小镇；人才；建议

一、坭兴陶特色小镇建设的历史条件与新机遇

（一）历史文化底蕴深厚

钦州坭兴陶，学名紫坭陶，“中国四大名陶”之一。联合国教科文组织世界文化遗产评估专家、丹麦哥本哈根大学跨文化系主任 Ingolf Thuesen 教授认为，坭兴陶起源及发展脉络清晰，传承完整有序，世界罕见，具有世界文化遗产的 OUV 共性，是世界文化遗产的重要部分。

据考古发现，钦州市独料村古陶遗址有 4000 年历史，钦州宁道务墓出土陶碑有 1300 多年历史，《钦州县志》记载：“我钦陶器，谅发明于唐以前，至唐而益精致。”“民国九年（公元 1921 年）在城东平心村发现逍遥大冢，内藏宁道务陶碑一方，为高四尺余之巨制，旁附藏陶壶一个，此碑刻有唐开元二十年（公元 732 年）字样……”① 并且，在钦州市东场镇潭池岭、母鸡坑古窑址以及犀牛脚镇西坑杨二坳运河和附近发现陶器和陶窑遗址。自唐至今，政权更迭，社会经济发展变迁，钦州坭兴陶历经千年起落沉浮，一直能顽强地存活着。

钦州坭兴陶是选取钦江东西两岸特有的紫红陶土经传统技艺制作，高温烧制而成。制陶工艺自成一体，独特鲜明，具有“双料混炼、骨肉相融、自然素烧、

① 徐雪萍．钦州坭兴陶［EB/OL］．钦州市人民政府网，http：//www. smeqz. gov. cn/，2011-04-23.

烧炼出彩（窑变）、陶刻纹印、陶艺造型”等区域特征。坭兴陶产品在烧制过程不需要添加任何陶瓷颜料，入窑一色、出窑万彩，其“窑变艺术”在国内陶瓷行业中绝无仅有。其窑变完全取决于烧制窑的温度和湿度的掌控条件，工艺技术独特。基于此，2008 年 6 月，“坭兴陶烧制技艺”被国家列入第二批非物质文化遗产名录，钦州坭兴陶也因此被认定为目前广西最具民族特色的二宝之一。此后，坭兴陶被收录进“国家地理标志保护产品”。2010 年成功入选上海世博会特许商品。目前，钦州坭兴陶因其具有浓厚的文化内涵和较高的艺术收藏价值，成为中国陶瓷行业中最具特色的产品之一。

（二）新机遇

随着改革开放的不断深入，钦州市委、市政府对坭兴陶产业发展高度重视，提前布局，在政策、资金等多方面予以大力扶持。2007 年，钦州市政府先后出台了《钦州市人民政府关于加快坭兴陶产业发展的若干意见》（钦政发〔2007〕8 号）、《钦州坭兴陶人才技术进步奖励办法（试行）》（钦政发〔2007〕49 号）等相关政策措施，自 2007 年始，钦州市财政每年投入 500 万元扶持坭兴陶产业发展，设立坭兴陶产业发展专项基金，奖励钦州市坭兴陶生产企业和为钦州坭兴陶产业发展做出突出贡献的人员。除了政策与财政资金支持外，钦州市政府 2006 年还专门在经济和信息化工作委员会成立坭兴陶科对坭兴陶生产进行指导，以进一步规范和加快推动坭兴陶文化产业的发展。2011 年，钦州市明确提出把坭兴陶作为钦州十大城市名片之一。

2013 年 9 月和 10 月，习近平总书记在出访中亚和东南亚国家期间，先后提出共建“丝绸之路经济带”和“21 世纪海上丝绸之路”的重大倡议①。习近平总书记在党的十九大报告中指出，要以“一带一路”建设为重点，坚持“引进来”和“走出去”并重，遵循共商共建共享原则，加强创新能力开放合作，形成陆海内外联动、东西双向互济的开放格局②。“一带一路”倡议的实施给钦州未来经济的发展指明了方向，作为“一带一路”的重要节点城市之一，为积极主动融入“一带一路”建设，钦州市委、市政府抓住新机遇，提出要“建设‘一带一路’南向通道陆海枢纽城市，构建大开放、大通道、大港口、大产业、大物流新格局”的新时期发展目标和思路。为钦州坭兴陶产业发展既提供了新契机，也提供了新平台③。

---

① 字文君．“一带一路”视域下临沧边境民族文化交流的作用研究［J］．中国民族博览，2018（3）：48.

② 李云静．马克思空间经济理论与“一带一路”倡议发展研究［J］．对外经贸，2017（12）：29.

③ 王革冰．关于《全面贯彻落实党的十九大精神　努力建设“一带一路”南向通道陆海枢纽城市》的发言［Z］．2017.

钦州坭兴陶产业在党和政府的直接支持下发展迅速，目前钦州市已有坭兴陶企业和经营户 400 多家，从业人员近 2 万人，年产值已超过 5 亿元①。由钦州学院、广西英华国际职业学院、北部湾职业技术学校等大中专院校与钦州市各坭兴陶企业协同培养坭兴陶专业应用人才，形成相对完整的坭兴陶产、学、研体系。坭兴陶制作工艺技术也不断革新，不仅成功研制出了一套现代窑炉烧制、电脑控温窑变的应用技术，还能够应用现代梭式窑烧制出理想窑变的坭兴陶，该生产技术已推广应用多年，稳定成熟，一次烧成率可达到 90% 以上。

基于坭兴陶深厚的历史文化底蕴，随着我国改革开放的进一步深入、"一带一路"倡议的实施以及钦州市新时期发展目标和思路带来的新契机，坭兴陶特色产业正快速迈向繁荣，为钦州坭兴陶特色小镇建设奠定了扎实的基础。

二、钦州坭兴陶特色小镇建设中的人才问题

2016 年，钦州市完成了《钦州坭兴陶文化创意产业园》的规划编制，决定以千年古陶文化为产业依托，结合广西（钦州）园博园，打造坭兴陶产业链、文化传承、旅游、休闲相结合的现代化的坭兴陶特色小镇。但是，从目前钦州坭兴陶产业发展以及我国特色小镇建设的实际来看，钦州坭兴陶特色小镇建设面临许多问题，其中，坭兴陶产业专业人才尤其是高级专业人才培养极其缺乏，长期影响钦州坭兴陶的品牌提升、产品创新以及市场占有率和影响力。目前，钦州乃至全国真正具备专业水准的特色小镇建设运营的专业管理人员及管理团队也极为稀缺。人才是钦州坭兴陶产业发展的瓶颈，也是钦州坭兴陶特色小镇建设的关键。

（一）坭兴陶专业人才严重匮乏

产业是特色小镇的魂，但维系产业的基础是特色小镇中具有"特色"的人。人是第一生产力，只有一流的人才，才能制造出一流的产品，才能持续推进坭兴陶特色小镇建设。受钦州社会经济变化及坭兴陶产业发展变化的影响，钦州市坭兴陶专业人才队伍建设起起落落。近代尤其是抗日战争期间，日军侵占钦州，百姓流离失所，四散逃命，许多坭兴陶艺人死于战乱，坭兴陶完全停产，坭兴陶专业技术人员几乎濒临消亡。

1949 年至 20 世纪 90 年代，钦州坭兴陶作为计划经济的国营企业，政府多次拨款增添厂房、设备，大力培养专业技术人才，坭兴陶走上了中华人民共和国成立后发展的第一高峰，专业技术人才济济，涌现出一大批工匠大师。1994 年前后，受经济体制改革、企业改制等因素影响，钦州坭兴陶迅速衰落，陶艺专业人

① 闻言平．文化自信点亮未来［N］．钦州日报，2017-07-06.

才纷纷转行，人才队伍基本崩溃。

2004年以来，坭兴陶产业再次受政府重视，得到政策及资金的大力扶持。目前，钦州市有坭兴陶企业和经营户（含工作室、作坊等）400多家，从业人员近2万人，其中有国家级大师、省市高级工艺美术师百余名。纵向看，钦州坭兴陶专业人才队伍有非常大的发展，但对坭兴陶产业化发展和坭兴陶特色小镇建设而言，仅靠这区区2万名陶艺专业技术人才作为支撑明显不够。钦州坭兴陶除了从业总人数不足之外，还存在其他问题，诸如人才队伍老龄化突出，断层现象严重，后备人才严重不足，队伍稳定性差，一些传统的手工制作人才如拉坯、雕刻人才更是奇缺，等等。其原因主要有：一是传统传承方式。过去一直以家族传承和师徒传承为主，学校传承完全没有，导致专业技术人才培养缺乏规模化。二是薪酬待遇。坭兴陶生产基本上都是脏活苦活，但生产企业给出的薪酬待遇都比较低，难以吸引年轻人，更难留住他们，许多陶艺专业毕业的大中专学生，在一些坭兴陶企业工作一段时间后，基本看不到理想待遇目标后纷纷离职，有的自立门户单干，有的放弃陶艺制作转做他行。三是年轻从业者自身原因。部分刚刚步入坭兴陶行业的年轻从业者眼高手低，好高骛远，特别是一些陶艺专业毕业的学生，认为自己完全可以独当一面，不料在企业里仍从最底层的工人做起，有被埋没的感觉，要么浑浑噩噩混日子，要么选择离开。目前，专业技术人才缺乏是制约钦州坭兴陶产业发展的主要因素之一。

（二）专业技术人员分工不明确

根据坭兴陶特色小镇建设规划方向，坭兴陶产业化发展目标，以及坭兴陶每个生产链环节的特点要求，专业技术人员必须分工明确，每个环节精益求精，提升产品整体质量，增强产品竞争力。调查得知，虽然目前钦州坭兴陶企业已达到400多家（含工作室、作坊等），从业人员近2万人，但企业（含工作室、作坊等）之间生产合作非常少，基本上没有生产分工与协同，每家企业都是大小通吃，包打天下，器物不分大小，大到大型摆件，小到一个茶杯或茶碟；不分种类，如茶杯、茶壶、摆件、日用品、工艺品、建筑装饰品等；不分生产环节，选泥料、练泥、拉坯、雕刻、烧制、设计等。如此这般，常常造成企业之间重复投资、资源浪费，无力进行技术改革创新，致使企业无法将自己的特色与擅长专业做到极致。每家企业都坚守自给自足的生产体系与状态，完全没有协同创新意识，形式上都为坭兴陶产业贡献了自己的力量，实际上整个坭兴陶产业链不仅没有得到发展，反而可能因为坭兴陶企业之间的内部竞争出现萎缩。简言之，这种大包大揽的经营模式不仅不能使企业抱团取暖，以坭兴陶整体对外竞争抢占市场，还可能因内耗而萎缩，严重阻碍坭兴陶的产业化发展。

钦州市坭兴陶企业中仅有少部分大企业的工人有着较为明确技术分工，绝大多数中小企业（含工作室、作坊等）虽然在生产环节中有大的分工，但受企业整体生产影响，依然存在器物不分大小、不分种类的分工现象。部分工作室、作坊生产者仍然包揽坭兴陶的整个生产环节，既负责设计、拉坯、雕刻、烧制，又负责营销，根本无法专注某一工作，基本上都是杂家或“全才”，难以成为真正的工匠大师！目前钦州坭兴陶企业人才的整体技术水平和学历层次偏低，以及上述历史原因，造成坭兴陶企业工人大多为近几年毕业的大中专学生，当然还有大量职校毕业生和民办培训机构培训出来的人员，技术水平参差不齐，对于钦州坭兴陶的历史文化内涵存在很多认识不足，认识问题、考虑问题存在教条主义，照抄照搬，不能将理论有效地与实践生产相结合。一部分企业工人，特别是青年技术人员，在思想状态和职业道德方面存在一定问题，重实惠轻进取，缺乏进取精神，重享乐轻技术，不愿钻研技术，不愿接受培训，不能更好地创新突破坭兴陶制作技术。

（三）高级专业技术人员极其缺乏

钦州坭兴陶特色小镇建设必须要有顶级的工匠大师作为品牌和标志。目前，钦州市近20000名从业人员中，国家级工艺美术大师、陶瓷艺术大师4名，广西工艺美术大师、广西陶瓷艺术大师56名，钦州市坭兴陶工艺美术大师45名[①]。但活跃在坭兴陶生产、设计一线的人员大部分年事已高，仅有的4名国家级工艺美术大师、陶瓷艺术大师的平均年龄已达59岁，其中中国工艺美术大师李人帡已有72岁。仅100名左右陶艺高级专业技术人员根本无法引领和支撑钦州坭兴陶的产业发展。

（四）缺乏专业管理人员及管理团队

近几年，特色小镇在全国遍地开花，各方参与建设的热情很高，但后期的建设及运营经验缺失，特色小镇建设基本处于摸索阶段。有的以特色旅游小镇方式来谋划特色小镇建设，有的以工业园区、产业集聚区的方式来建设特色小镇，有的以商贸综合体方式来建设或包装特色小镇，还有一些地区直接照搬国内外成功特色小镇的模式。殊不知，每个特色小镇的形成和延续都是特定的自然、人文、历史、经济等诸因素共同作用的结果，都是独特的、难以复制的。简单粗暴的盲目复制，不仅难以形成品牌效应，也毫无市场前景。并且特色小镇属于经营性资产，其运营能力水平决定了其特色产业链及产业集群的形成，决定了其未来资产的价值，影响地方政府的产业发展布局。因此，特色小镇建设及运营就显得非常重要，必须依靠专业管理人员和管理团队进行运营操作，可国内真正具备专业水

---

① 闻言平．文化自信点亮未来［N］．钦州日报，2017-07-06.

准的特色小镇运营管理团队还相当稀缺。

根据《钦州市坭兴陶产业发展2018年工作要点》的要求，钦州市政府将以园博园和千年古陶城整合运营作为坭兴陶特色小镇的基础，以产业园运营管理方式管理运营坭兴陶特色小镇。目前，园博园经营现状非常萧条，园内精、专人员严重缺乏，从业者非常单一，绝大多数是坭兴陶生产企业、各类大师工作室以及一些陶艺专业毕业学生的手工作坊，陶瓷行业相关企业（如茶叶制作经销、生产生活用具等）、陶瓷研发企业（机构）、文化产品经营与管理单位、陶瓷培训企业、文化休闲，等等，最主要的原因就是缺乏专业管理团队（或专门的投资公司）进行市场化运作，园博园完全是依政府主导以政策指令进行管理运营的。

三、几点建议

（一）优化政策引进人才，加强人才队伍储备

人才是第一生产力，也是第一资源，人才决定了特色小镇的未来。虽然钦州市先后出台了《钦州坭兴陶人才技术进步奖励办法（试行）》（钦政发〔2007〕49号）和《钦州市坭兴陶产业发展三年行动计划（2018~2020年）》（钦政办〔2018〕20号）等相关政策措施。但至今仍没有出台相应的人才引进政策，为做大做强坭兴陶产业、为坭兴陶产业发展和特色小镇建设提供更强有力的人才支撑和智力保障。建议钦州市委、市政府尽快出台关于坭兴陶特色小镇人才引进政策，优化政策环境，加强人才队伍建设。一是设立陶瓷专业人才资源引进专项基金，对到坭兴陶企业生产科研第一线的急需专业本科生、硕士生、博士生给予工资以外的经济补贴。二是对陶瓷产业领域领军型高层次创业人才给予一定数额的创业启动资金，鼓励企事业单位建立专家工作站和博士后工作站，财政给予经济补助。三是专业技术职称认定及荣誉奖励向陶瓷人才倾斜。在产、教、研体系中的企事业（含非公有制企业）职工职称评定工作，以及在选拔市级专业技术拔尖人才和评选表彰人才方面，加大对陶瓷专业人才的倾斜力度①。

（二）多途径多方式培养和引进专业人才

产业是特色小镇的魂，特色小镇必须要有产业依托，围绕坭兴陶产业链做出特色是钦州坭兴陶特色小镇建设的核心。而坭兴陶产业持续发展的重要保障，以及坭兴陶文化得以传承和发展的有效途径，则是陶艺专业技术人才。钦州坭兴陶的专业技术人员基本上都由本土培养，鲜有区外专业单位培养出身的。早期的钦州坭兴陶工艺传承主要靠家族传承、师徒传承的方式进行，2007年钦州学院招

① 朱亚勤．景德镇：陶瓷人才“硅谷”正崛起［N］．中国组织人事报，2012-08-13.

收坭兴陶相关专业学生，开启钦州坭兴陶专业人才学校培养模式，之后，桂林工业大学、广西职业技术学院、广西英华国际职业学院、北部湾职业技术学校等大中专院校相继加入了坭兴陶人才培养阵营。

目前看来，仅凭广西区内自主培养根本无法满足钦州坭兴陶产业快速发展的人才需求，同时也严重阻碍坭兴陶特色小镇建设。应多途径、多方式加强陶艺专业人才培养和引进力度，推动钦州坭兴陶产业发展，夯实坭兴陶特色小镇建设基础。一是继续实施中国钦州坭兴陶千名艺术家创作工程。二是继续实施并进一步完善大师、老匠人带徒授艺制度。三是将广西相关院校学生和坭兴陶企业工人输送到国内知名陶瓷生产企业进行实践培训，普遍提升坭兴陶从业人员的理论素养和陶艺专业技术，针对生产分工，培养陶艺生产中各技术环节的专业技术工人。四是广西相关院校必须积极主动邀请中央美院、上海美术学院、景德镇陶瓷大学等国内各相关知名院校联合培养陶艺专业技术人才，或将钦州坭兴陶企业技术员送往上述高校或科研院所委托培养坭兴陶设计人才、雕刻人才和高级制作人才等。五是开展中小学生坭兴陶科普教育活动，鼓励有条件的学校开设坭兴陶校本课程，培养坭兴陶后备人才。六是邀请国内外知名陶瓷企业和科研院所与钦州坭兴陶企业以坭兴陶特色小镇为依托建立协同创新中心（基地），吸引国内外陶瓷领域高级专业人才及知名专家学者进入基地协同发展创新，定期或不定期采取灵活多样的培训方式对钦州坭兴陶现有从业人员进行理论和专业技术培训，提高坭兴陶专业技术人才的理论素养和专业技能，培养一流的坭兴陶工艺大师和行业领军人物。

（三）大力引进各类专业人员落户小镇

坭兴陶特色小镇建设必须以坭兴陶产业为依托，形成一条较为完整的产业链，发展成为一个“微循环”。钦州坭兴陶特色小镇需要考虑本土的陶瓷资源产品怎样形成产业，怎样进行产品升级，除了坭兴陶普通产品，创新开放坭兴陶文化特色产品、文化创意产品，甚至可以加入休闲、旅游、度假等功能，形成以坭兴陶产业为依托的产业集群。而在坭兴陶特色小镇这样一个“微循环”中，无论是参与产业集群的企业工人、专业设计与雕刻人员、产品研发人员、产品营销人员，还是餐饮人员、休闲产品工作人员等，都必须是相对“精”和“专”的人才。特色小镇在人口方面不追求数量多，追求从事特色产业链的高端人才和各类专业人才，只有精和专的人才能更专心与专注做好自己在产业链中担负的每个具体工作细节，推动特色小镇产业链的整体性发展。没有高质量的人力资源，即便自然条件和地理区位再优越，也无法形成特色小镇。

（四）引进专业管理团队，创新运营机制

特色小镇建设离不开政府的政策和财政扶持，但从国内外特色小镇的成功案

例来看，基本上没有通过政策指令搞起来的。钦州坭兴陶特色小镇建设主要是以坭兴陶产业为依托构建产业链，建立产业集群，必须引进专业管理人员及管理团队，创新运营机制。首先，深化放管服改革，建立以市场为主导的运营机制。小镇是经营性资产，其运营只能并且也只能交给市场。政府主要负责特色小镇的基础设施建设和公共服务，具体的开发建设、服务管理则交由投资公司承担，“外行做好基础服务，内行负责专业运行”。其次，探索联动融合、开放共治的管理机制。政府、企业、居民（从业者）、管理组织共同组建成立管理委员会，形成多元主体共建、共治、共享的管理方式。

参考文献

［1］白雅力克，邹哲，杨勇波．探索广西钦州坭兴陶文化产业创新发展［J］．陶瓷科学与艺术，2016（10）．

［2］吴小玲．论钦州坭兴陶文化的传承与产业发展［J］．钦州学院学报，2013（6）．

［3］吴方，吕思雅．“一带一路”倡议下钦州坭兴陶产业晋升发展研究［J］．钦州学院学报，2017（12）．

［4］吴明旭．钦州坭兴陶产业发展中存在的问题与对策［J］．沿海企业与科技，2010（8）．

［5］朱亚勤．景德镇：陶瓷人才“硅谷”正崛起［N］．中国组织人事报，2012-08-13.

［6］曹昱．省政协委员高慧建议：创新特色小镇管理运营机制［N］．江淮时报，2018-07-20.

乡村振兴战略下陆屋机电产业特色小镇PPP模式运用分析

钦州发展研究院　黄桂媛

摘要：目前，我国特色小镇项目发展迅速，而政府部门的财政资金不足将是影响其发展的最大阻碍，采用PPP模式可有效解决资金短缺问题。本文将探讨陆屋机电产业特色小镇项目PPP模式的意义，并分析PPP模式在陆屋机电产业小镇建设中的应用，希望能够为陆屋特色小镇项目融资提供借鉴。

关键词：特色小镇；乡村振兴；PPP模式

一、项目背景

陆屋镇位于灵山县西南部，黎钦铁路、六钦高速公路等线路穿镇而过，南距钦州港55公里、北距南宁市80公里。境内还有钦陆一级公路、钦浦二级公路、钦灵二级公路、陆沙公路等。该镇有正在规划建设的南宁（吴圩机场）至北流（清湾）高速公路、南宁伶俐至陆屋二级公路经过；配套设施完善的汽车站、火车站等区位优势明显。同时，该镇自古以来人文荟萃，商贾云集，是桂东南通往北部湾地区的"枢纽镇"，也是钦州市、钦州港和南宁市的重要辐射地带。该镇荣获"全国小城镇建设试点镇""《广西北部湾经济区发展规划》的北部湾经济区四级镇""全区小城镇综合改革试点镇""全区小城镇建设重点镇""自治区城镇建设百镇建设示范（试点）镇""美丽钦州·乡村建设市级示范镇"。

灵山县陆屋镇依托优越的区位优势、便捷的交通条件、丰富的劳动力和土地资源，连接北部湾港口群，主动承接长三角、珠三角产业转移，努力培育全产业链的机电产业和卫浴产业。目前，已有57家企业入园落户，总投资超过51亿元，打造了陆屋机电产业小镇，目前来自福建、浙江、江苏等地50家机电、卫浴产业关联的企业签约进驻，正在建设岭南风格标准厂房及生活区23万平方米，项目建成达产后年产值30亿元。主要产品包括各类直流电动机、发电机及发电机组、按摩桌椅等，形成比较完整的机电产业链条和初具规模的产业集群。其中来自福建的几家机电龙头企业，均为中国知名电机品牌，填补了钦州市机电产业领域的空白。镇区规模以上工业总产值由 2011 年的 5.55 亿元上升到 2016 年的 18.68 亿元，主导产业带动就业人口占镇区总就业人口的 51%。

二、陆屋建设机电特色小镇的建设现状

（1）创新规划理念，打造全新特色小镇。依托陆屋镇优越的交通区位优势、完善的镇区设施、优美的宜居环境以及临港产业园鲜明的产业特色，产业、生态、文化、旅游、基础设施“五位一体”进行创新，打造“产、城、人、文”四位一体、有机结合的特色小镇。同时深入挖掘陆屋镇丰富的历史文化底蕴，在尊重小镇现有路网、空间格局和生产生活方式的基础上，将民俗文化元素融入机电产业小镇，将特色小镇打造成别具一格的小镇。

（2）创新特色产业，招商引资精准发力。围绕龙头企业加大机电、卫浴产业主导产业的培育，聚焦加工制造、电子信息、现代物流等产业进行精准招商，引进物流、机电、卫浴龙头企业进驻产业园，打造完整的生产配套产业链。目前，机电产业园一期项目 18 万平方米标准厂房及 5 万平方米的生活区已投入使用，来自福建、浙江、江苏等地区的 51 家企业签约落户，在建企业 25 家，其中 12 家企业正式投产，年创税 5000 万元，解决 3500 多人员就业，产业带动特色小镇发展已初显成效。

（3）创新审批模式，优化营商服务环境。整合审批职能，推进“互联网+政务服务”建设，实现一站式全程网上审批，推进“一窗进出、双线协同、三向联办”，进一步优化政务服务环境。加强“放管服”试点工作，推进“多证合一”“证照分离”等制度改革，简化各项审批工作手续，为精准招商和企业入驻、做大做强特色小镇提供强便捷高效的政务服务。

（4）创新管理模式，培育扶持特色小镇建设。通过出台政策，在资金投入、用地指标和政务服务等方面全力支持特色小镇建设。多渠道、多途径加大投资融资力度，做好 PPP 项目申报，引入社会资本进行投资建设，并积极争取上级资金扶持。目前，特色小镇建设项目已融资达 5 亿元，获上级资金支持 3000 万元。通过下放管理权限、政策予以倾斜和人才引进等方式，深入探索“园镇合一”试点；按照两块牌子、一套领导班子的建设管理模式，积极引入社会资本，探索引入专业管理平台，尝试委托管理、管控结合的有效管理模式，创新完善小镇管理机构。

三、机电特色小镇中运用 PPP 的意义

特色小镇目前还存在建设资金不足、运营管理能力有待提高的问题，将 PPP 模式运用到特色小镇的建设中来，可以缓解地方政府财政压力，完善小镇的管理

体制，分担小镇的建设运营风险。

（一）缓解财政压力

目前，包括PPP模式在内的多种政策性融资工具，可以在减少地方政府债务压力上发挥较大的作用，调整债务的结构，补齐短板，将PPP模式运用到特色小镇的建设中来，可以充分利用和放大地方政府财政资金的杠杆作用，用少量的财政资金撬动更大数量的社会资金，从而弥补和缓解项目建设资金短缺的情况。住建部、农发行曾发布《关于推动政策性金融支持小镇建设的通知》，指出，农发行及各分行要积极地运用PPP等融资模式，用政策性银行贷款支持PPP项目，努力拓宽特色小镇、小城镇建设的融资渠道。通过引入PPP模式，吸引政策性银行贷款的支持，将有利于特色小镇缓解建设过程中资金缺乏的问题，缓解政府的财政压力。

政府投资长期以来是城镇化建设的主力，而随着经济的发展，城镇数量不断增加，城镇居住人口规模不断扩大，单靠政府的投资已经难以为继，政府在长期的投资建设中已经产生了巨大的债务压力，也产生了土地财政、地方融资平台变相融资等问题。特色小镇是新型城镇化的发展趋势，以PPP模式进行新型城镇化建设，可以将资金实力较好、市场化运作经验丰富、效率较高的民间资本、社会资本拉进来和政府共同发力，形成基础设施提供良好、财政资金使用高效、民生要求得以保障满足的格局。

（二）完善小镇管理机制

在PPP的框架下，以竞争方式与社会资产合作，同时，逐渐形成以顾客为中心的评价体系，并将体系与资金的划拨挂钩。这样的设置能够有效引导社会资本提升管理水平，降低运行成本。

PPP模式有利于提高国家治理水平和完善国家治理体系。将市场平等的原则引入PPP模式中来，倡导公共部门和社会资本权利与义务相等，严格按照合同的约定履行各自的责任和义务，保证合约的顺利执行，这是依法治国的重要体现。

PPP模式有利于推动政府加快转变自身职能，提高调控能力。PPP模式本质上是政府和社会合作，政府从原来的市场经济的干预者和管理者，变成PPP项目中的监督者和管理者，需要政府工作人员切实提高自身业务水平和能力，提高对于政府与市场合作的意识，推动政府将工作重点转移到资源的整合与利用上，提高政府管理效率。

PPP模式有利于发挥市场在资源配置中的决定性作用。在PPP模式中，需要政府给予市场充分的信任和自主权，政府与市场各司其职，各自做自身擅长的事情。政府是天然的管理者，政府的优势在于对 PPP 项目的监督和管理。而具体项目的设计和规划可以交给市场，同时调整政府的审批权限，充分发挥市场的作用。

（三）分担小镇建设运营管理风险

以 PPP 模式进行特色小镇建设可以有效分担特色小镇建设和运营管理中的风险。PPP 模式得以成功进行和实施的关键在于合理的风险分担机制。在特色小镇的 PPP 模式中，政府与社会资本分别对项目风险进行分割，分别承担不同的风险。在政府和社会资本的合作过程中，风险分担就是将风险分担给更有能力承担的一方。政府把技术风险、建造风险、运营风险等分担给更有能力承担的社会资本合作方，这样可以减少政府的全风险压力。而政府负责承担其他社会资本承担不了的风险。

此外，PPP 模式在化解存量债务、促进财政制度的完善和匹配方面也发挥了作用。PPP 模式可推进现代财政制度的建立和完善，从而有助于防范和化解财政风险。为了使得 PPP 项目顺利吸引社会资本的参与，要完善相关的财政体制机制，做到财政制度和 PPP 项目的要求相匹配，这样就倒逼财政体制的改革和完善，主要体现在两个方面：一是财政预算要做到透明公开，政府债务的透明度要提高；二是财政要加强中长期的财政预算。

（四）拓展社会资本投资空间

在目前投资收益率普遍降低的大环境下，社会资本对外投资项目明显减少，参与特色小镇的建设投资，社会资本可以获得较良好的收益和其他社会效益。区别于其他基础设施单项 PPP 项目，特色小镇的发展有特色产业的支持，是产城融合的多维平台，融合了文化、旅游和社会等多项功能，因此，特色小镇的回报相对单项基础设施 PPP 项目而言是多元的。此外，特色小镇是一个新兴的概念，其在初级阶段会受到更多的政策和金融等支持，通过 PPP 模式，可以为有意向与政府合作共建特色小镇的社会资本提供更广阔的投资空间。

四、PPP 模式在陆屋机电特色小镇的运用

陆屋机电项目采用 PPP 模式与产业导入模式相结合的运作方式。其中公共服务设施及基础设施项目采用 PPP 模式实施，按照 PPP 相关政策文件要求推进；也应结合中心工程及文化资源保护开发目的经营性子项作为产业投资采用产业导入模式实施。

项目 PPP 部分采用 BOT 的方式运作，由政府方和社会资本方出资进行公共服务设施及基础设施部分的设计、投融资、建设、运营维护和移交。产业导入模

式主要分为土地整理、产业项目开发、产业链整合开发三个领域。

（1）做好充足的前期规划设计。基于PPP模式的特色小镇由于其建设周期长的固有特点，所以要做好长期规划，不能人云亦云。陆屋机电小镇的规划设计要突出灵山当地的特色，做到“一镇一品”，从而建立起差异化竞争优势，这才能使小镇具有持久的生命力。

（2）定好产业发展策略。一是要统筹发展、规划现行。二是转变思维、联动发展。三是集中力量、突出重点。四是产业集聚、规模发展。五是区域互动、借势发展。陆屋机电小镇可以通过打通产业链，形成集研发、制造、销售、物流、文化传播于一体的产业链小镇，可以释放更大的经济活力。

（3）灵山陆屋机电小镇运用PPP模式的特色小镇社会资金来源，可以多种渠道进行，要根据项目特色充分利用相关融资渠道为项目补充资金。可选用的融资模式包括银行贷款、BT、TBT、ABS、REITS，股权类融资模式如PE、VC、Pre-IPO等，债转股也适用。

（4）PPP模式作为一种政府与社会资本的合作模式，其不仅是一种融资手段，而且是一次体制机制变革，涉及行政体制改革、财政体制改革、投融资体制改革等。因此PPP模式的陆屋机电特色小镇建设，要明确政府与社会企业的定位和角色，发挥各自的优势，做好自己的事情。从风险分担上说，政府应主要承担宏观层面的风险，社会企业主要承担项目层面的风险，市场层面的风险应由两者共同分担。基于此，政府方应发挥其在政策、服务上的优势，而社会企业应发挥其在设计、运营、管理上的优势。

（5）PPP模式本身具有“使用者付费”“政府补贴”两种付费方式。特色小镇建设不同于其他类型的基础设施建设，其是一个综合项目，包括经营性项目、半经营性项目和非经营性项目。陆屋镇政府可以通过产业导入的方式，通过这部分收益来弥补非经营性项目的资本缺失，从而政策可以以更少的资本撬动更大的社会资本，充分发挥资金的杠杆作用。

（6）对于小镇的升级换代，做好产业带动就业的形式，规划机电产业之初要对陆屋当地居民进行培训，使居民可以在新产业上岗就业。

参考文献

[1] 谭荣华，杜坤伦．特色小镇“产业+金融”发展模式研究［J］. 西南金融，2018（3）：1-6.

[2] 杨文平，徐海波．宁夏特色小城镇建设模式研究［J］. 城乡建设，2018（3）：60-63.

[3] 沈克印，杨毅然．体育特色小镇：供给侧改革背景下体育产业跨界融合的实践探索［J］. 武汉体育学院学报，2017，51（6）：56-62.

[4] 郁建兴，张蔚文，高翔，李学文，邹永华，吴宇哲．浙江省特色小镇建设的基本经验与未来 [J]. 浙江社会科学，2017（6）：143-50，154，160.

[5] 万树，徐玉胜，张昭君，张欣．乡村振兴战略下特色小镇 PPP 模式融资风险分析 [J]. 西南金融，2018（9）：43-50.

[6] 刘婕．PPP 模式在特色小镇中的应用研究 [J]. 中国财政科学研究院，2018（6）：74-80.

[7] 张迪．PPP 模式应用于特色小镇的案例分析 [D]. 浙江大学硕士学位论文，2018.

[8] 兰旭洋．PPP 模式在特色小镇中的应用分析 [J]. 科教导刊（上旬刊），2018（3）：63-70.

[9] 段纯．PPP 模式在特色小镇中的应用研究分析 [J]. 财经界，2017（12）：35-42.

[10] 宋喜锋．PPP 模式在特色小镇建设中的应用分析 [J]. 现代商业，2017（8）：51-54.

广西灵山特色小镇建设的现状与发展策略研究

钦州发展研究院　黄桂媛

摘要：本文以广西灵山特色小镇建设现状分析为出发点，通过实地调查了解小镇的发展，并从政策背景、保障机制、产业功能等方面探讨广西灵山特色小镇发展存在的问题，针对问题给出对策研究，推动广西灵山特色小镇建设“产、城、人、文”四位一体的新模式。

关键词：特色小镇；建设现状；发展；灵山

一、引言

特色小镇建设是当前我国城乡统筹发展过程中的重要议题，与我国经济发展进入新常态以及新一轮城镇化有着密切的联系。近年来，特色小镇带来的综合效应尤为可观，吸引诸多省市争相开拓本地资源，加快城镇化建设，推动特色小镇的建立。广西也顺应城乡一体化建设的发展战略，出台了《广西百镇建设示范工程实施方案》，将统筹推进 100 个经济强镇、特色名镇、特色小镇建设。2017 年广西推出的首批健康产业重点招商项目共有 130 个，其中康养小镇、特色小镇项目 23 个，总投资 496.926 亿元，特色小镇的建设已经成为广西重点打造的项目之一。

二、特色小镇的定义

“特色小镇”是根据城乡统筹发展、产业转型升级的需求，为实践供给侧结构性改革目标而提出的新型城乡发展模式。特色小镇不是具有行政区划的“镇”，也不是具有一般意义的“区”。特色小镇聚焦信息经济、健康、环保、时尚、旅游、高端装备、金融七大新兴产业，遵照创新、协调、绿色、开放、共享

作者简介：黄桂媛（1982—），女，汉族，广西钦州人，硕士，钦州发展研究院兼职研究员，钦州学院经济管理学院副教授。研究方向：区域战略管理。

发展理念，是体现文化、产业、社区、旅游功能的创新创业发展平台。

三、灵山特色小镇发展现状和特征

（一）灵山特色小镇发展现状

灵山县共有4个特色小镇初步确定发展主题和选址，分别为灵山县国家级特色小镇陆屋机电小镇机电产业园和广西桂味荔枝农业生态园、创新实灵城镇龙武灵山百年荔枝核心示范区、佛子镇大芦古村生态旅游区。

灵山县陆屋机电产业园位于灵山工业区陆屋临港产业园，距离钦州港40分钟车程；规划总面积1000亩（一期建设面积600亩），主要布局电动机、发电机、发电机组等行业，生产交直流电动机、发电机及发电机组、医疗保健器材、农业机械、电机电器零配件（包括铸造配件）等产品。产业园于2017年4月，由政府通过PPP模式融资7.5亿元，计划建设标准厂房共23万平方米，配套建设临街商铺、商住酒店、员工宿舍共5万平方米以及占地面积50亩的休闲广场等。产业园与广西桂味生态园相邻，与广西新光农场的荔枝生态旅游融合在一起，功能齐全、设施完善、交通方便、生活便利，是一个集产业、生活、商业、旅游观光为一体的产业园区。目前，产业园已签约进驻机电生产企业48家，计划总投资10亿元，企业投产后第一年可创税5000万元，解决就业人员3500人以上。2017年，灵山县将继续加大招商引资力度，力争入驻产业园的企业达到100家以上。

桂味荔枝生态园位于灵山县陆屋镇新光农场场部，紧靠钦州市灵山县310省道，其东面1公里处为陆屋高速公路出入口，项目总规划面积800亩，总投资4.5亿元，并于2016年获得了“广西休闲农业与乡村旅游示范点”称号。桂味荔枝生态园包括以生态桂味荔枝园、荔枝博览展示园，鹰嘴蜜桃园、奇幻嘉宝果、清新蓝莓园为主的采摘区；以桃花岛、台湾樱花、泰国樱花、巴西国花、梦幻薰衣草庄园、芳香菊及七彩花海世界为主的观赏区；手工花茶和手工花香皂制作的DIY区；集户外体验区、缤纷水上游乐世界及一米阳光菜园体验园三大区域于一体的休闲健身区；浪漫环山木屋度假村度假区等，依托灵山荔枝之乡的独有条件，以特色生态农产品为载体，融入现代园林设计理念，全力发展休闲农业和乡村旅游。目前，新光桂味荔枝生态园获得了“2016年度广西最美休闲农业庄园”并在2017年被批准为国家AAA级景区，也在努力打造荔乡特色小镇。

灵山百年荔枝（核心）示范区位于灵山县城西郊约8公里的三海街道龙武片区，省道邕浦二级公路和县道江北公路贯穿而过，交通便利。示范区以灵山香荔、桂味、三月红、妃子笑、黑叶等品种为主，现存树龄逾百年的古荔枝树382棵。龙武书院位于龙武庄园旁边。龙武庄园是一座颇有特色的清末至民国时期的建筑群，整体布局为“回”字形，园内由两个四合院串联，园中有园，幽香飘逸。墙体以水磨青砖构建，杭梁、斗拱、檐柱均有工艺精美的雕刻装饰，四周角楼高达六层，建筑造型和空间布局体现中西结合的建筑艺术特色。

佛子镇大芦古村生态旅游区位于广西钦州灵山县东郊8公里处，号称“荔枝村”，这里最值得一游的是有着丰厚历史文化底蕴的古文化住宅群，大芦村劳氏古宅共有九个群落，分别建于明清两代。大芦村民俗风情旅游区是广西三个著名古村（镇）之一，距离县城3.8公里，以古建筑、古文化、古树（俗称“三古”）名列广西三个古村镇之首，具有民宅建筑古老、文化内容丰富、古树参天、生态环境良好四大特点。大芦村古宅建筑面积达22万多平方米。大芦村现保存有305副古对联，对联内容以修身、持家、创业、报国为特点，1999年经过广西民间协会评审，被广西楹联学会和广西民间艺术协会授予“广西楹联第一村”称号。2005年大芦村被国家旅游局评为“全国农业示范点”。2007年5月，再次被国家旅游局评为“第三批历史文化名村”。

（二）灵山特色小镇的特征

灵山特色小镇分三种类型：一是“历史文化+休闲娱乐”。如佛子镇大芦古村生态旅游区，以历史沉淀及文化底蕴出名，给游客提供休闲娱乐的去处。二是“生态农业+生态旅游”。如桂味荔枝生态园、灵山百年荔枝（核心）示范区，依托特色小镇生态农业等优势条件，打造融休闲农业、生态体验于一体的大健康产业。三是“设计研发+装备制造”。如灵山县陆屋机电产业园，是以机电产业为核心，以智能制造与控制、科技服务为主导的特色小镇。

四、灵山特色小镇建设发展中存在的问题

（一）保障机制欠缺

目前，缺乏具体配套政策，如财政税收、土地保障、评价标准等配套，对灵山创建特色小镇形成阻碍。例如，资金方面，当地融资平台有限，县级财力薄弱，亟须财政资金的支持；用地指标方面，目前指标取得方式主要是增减挂钩，上级政府拨款获得，通过这种方式取得的用地指标会延缓小镇建设进度；拆迁安置政策方面，农民安置点用地征用等问题延缓了土地供给的推进工作；评价标准方面，目前灵山特色小镇规划建设评选标准不完善，未安排好合适的时间顺序，存在成果收益和效果差等问题，尚未建立优劣淘汰评选制度，无法对小镇建设发展进行有效管理和监督。

（二）产业功能叠加力度不足

产业功能叠加力度不足主要体现在产业与旅游、文化、社区三方面的融合

上。例如，以生态农业、生态旅游为主的特色小镇的建设思维，均为荔乡特色小镇，但缺乏配套的基础设施，难以吸引游客，就不切合实际地、生硬地将周围拥有成熟运营体系的旅游区纳入规划范围。另外，产业与社区融合性差，特色小镇的主要从业人员是留守居民，且大部分是老人和小孩，无法实现对园区的有效管理，并且很多小镇社区建设水平低，缺乏完整的社区生态系统和安全保障体系。

五、灵山加快特色小镇发展的策略

（一）加强特色小镇建设规划引导

将灵山当地优势农产品做成特色产业，利用秀丽山水资源开发观光生态农业，灵活运用试点政策解决旅游用地问题。坚持规划引导，聘请国内外一流规划团队，科学布局，合理定位，明确特色小镇的选址，发展总体规划，确保规划具有科学性；统筹规划好空间组织形式、土地用地布局、环境风貌建设，加快与周边城镇、乡村规划的衔接，确保规划的可实施性；系统规划公路交通基础设施、各个产业链相互承接、公共配套服务设施建设，确保规划的可操作性；体现特色，打造亮点，展现蕴含特色的乡土风貌，有针对性地开发和宣传，通过具体的项目建设将少数民族特色和民俗文化深入传承和展现，确保规划具有特色；凸显生态性，将生态文明作为一条主线，引领并贯穿开发建设的始终，将绿色发展作为灵魂和核心，融合和体现在具体项目建设中，打造便捷高效、低碳循环、紧凑集约的生态区域，确保规划的可持续性。

（二）给予政策扶持和财政支持

制定完善相关政策措施，扶持发展特色小镇建设，进一步扩大资源整合，集中财力支持特色小镇的结构调整、创新创业、基础设施和社会化服务体系建设；设立特色小镇战略性发展专项资金，加大扶持力度，创新财政资金管理机制，提高资金使用效率，鼓励和引导社会投资者，着力支持基础设施配套、公共服务提供、生态环境保护等资源配置；完善特色小镇用地保障，保障新兴规划项目落地需求，采取节约集约用地、倾斜用地指标等措施，充分利用滩涂资源、低丘缓坡和存量建设用地，灵活运用征用、出让、流转、租用等方式，优先建设特色小镇发展用地，确保形成有效的土地解决利用机制；落实好配套激励性财政体制，加快形成科学发展的财政政策，鼓励实现规划目标的奖励措施，以促进特色小镇快速发展和经济加速发展为目的转变财政机制和完善政策措施。

（三）明确特色定位，完善设施建设

重点围绕特色功能定位，发掘开拓适合特色小镇发展的主题和模式，充分发挥民族风情多样的独特优势，将独有的自然风貌、乡土气息和民族习俗相互融

合，保持独特的地域特色；从当地农业、服务业和商贸业等产业中深挖特色产业，着力培植支柱产业，与特色小镇的发展融合在一起，凸显优质的产业特色；以打造绿色生态为目标，在建筑设计、环境规划，资源整合和利用、循环经济方面均体现生态元素，保留鲜活的生态特色。着力完善城镇各项功能，健全城镇服务体系，加强城镇公共文化建设，推进城镇基础设施建设，不断满足发展特色小镇的需求；提升城镇的市政设施、交通设施建设和管理服务水平，增进特色小镇的综合配套服务能力；努力形成休闲、贸易、工业、旅游、服务业、食品等功能完备、特色鲜明、科学布局、宜人宜居的特色小镇发展格局。

六、结语

灵山加快建设特色小镇既能助推地方经济发展，繁荣当地服务业、旅游业、商贸业，丰富当地民族文化内涵，传承民俗特色瑰宝，又能充分满足人民的消费要求，提高当地百姓的生活水平。因此应落实并加快建设特色小镇，促进灵山经济发展和推动城乡建设可持续发展。

参考文献

［1］王俊超．广西特色县城和小城镇建设研究［J］．经济论坛，2017（3）：45-46.

［2］吴丽萍．广西总投资 496.926 亿元重点推出 23 个康养小镇和特色小镇［EB/OL］．http：//news.sina.com.cn/c/2017-04-11/doc-ifyecfnu8022264.shtml，2017-04.

［3］白雪．惠州市特色小镇建设现状及发展策略研究［J］．特区经济，2018（5）：27-30.

［4］吴伟权．关于创建广西特色小镇的几点思考［J］．广西城镇建设，2016（10）：12-27.

［5］邵雷鹏．广西特色小镇建设过程中存在的主要问题和对策建议［J］．沿海企业与科技，2018（1）：27-29.

［6］石鞲韬等．广西加快建设特色小镇的发展思路探讨［J］．绿色科技，2017（12）：204-206.

坭兴陶特色小镇品牌化建设刍议

钦州发展研究院，北部湾大学陶瓷与设计学院　黄叔界

摘要：本文分析了坭兴陶特色小镇特色的主要内容，说明坭兴陶特色小镇的产业、人才、位置、功能四个内容之“特”，阐述坭兴陶特色小镇的生态、文化、管理、身份认同度之“色”，对于坭兴陶特色小镇的品牌化发展发表一些见解。研究特色小镇构建相关内容，以品牌效应的视角来谋划特色小镇的建设，为坭兴陶特色小镇构建和研究提供一些思路和看法，对坭兴陶特色小镇未来建设发展有一定作用。

关键词：特色小镇；坭兴陶；品牌；建设

一、关于品牌

品牌，现已经被广泛应用于各行各业，大到国家品牌形象，小到个人品牌建立，是一个重要的符号化的集成。品牌是品牌自身无形资产的集中体现，它集中以特定的形象及其个性化的“符号”或“信息”来识别。在标赋与品牌的产品中，品牌能对经营者和商品使用者产生超过实用价值的非功能性效益和影响，它立足于产品功能本身，却又超越其商品的价值。在工业大生产阶段，产品同质化倾向严重，需要区别化对待产品，把商品赋予“人”一般的个性化特征，只有在商品经济高度发达时才有可能建立起品牌的差异化，而这个差异化，是品牌得以壮大和发展的主要原因。而品牌一旦确立，并深入消费者心中，就形成稳定的品牌形象，在使用习惯和使用心理上产生惯性的依赖作用，这是重要的无形资产，能产生巨大的经济效益以及社会推动力。

在科技全球化、同质化的商品经济时代，企业的核心竞争力的提升在产品制造层面难以为继，很难开发设计出独一无二，并能拥有持续垄断竞争力的产品，而建立起品牌差别化，让同质的产品与其他相关产品区别开来，以期在消费者心

作者简介：黄叔界（1984—），男，壮族，广西上思人，钦州发展研究院兼职研究员，北部湾大学陶瓷与设计学院教师，高级工艺美术师。主要研究方向：品牌传播、工艺美术设计。

中获得更大的竞争力度，就需要实施品牌化战略。在国家层面，国家实施的“国家品牌计划”，是事关国家发展和兴旺的重要战略决策和长远部署，这是经济全球化以及日趋激烈的国内外市场竞争的需要。无论是小到日常用品，还是国家高端科技攻关计划；无论是有具体物象的企业产品，还是抽象化的文化符号；无论是上升到国家、团体组织还是个人一个小单元，对于品牌这一无形资产的培育和保护都显得尤为重要。在全球化的时代，世界各主要国家都对品牌发展战略做出相关部署，尤其重视与技术集约型、高科技行业、独特文化遗产、文化知识产权相关的且具有成长空间的相关行业的品牌的构建。而文化产业是第三产业的重要组成部分，是商品经济高端化的产物，是社会繁荣与发展的重要表现。文化产业作为一个有形与无形资产相互结合的一个产业，其产品的功能竞争力日渐式微，在使用功能上难以产生核心竞争力，要想应对国内外市场的激烈竞争，力求立于不败之地，就必须打造难以复制的品牌核心竞争力，这样才可以有强大的市场感召力，才能占有市场先机，并能不断延续和蓬勃发展。

打造坭兴陶小镇的品牌对钦州市的发展具有重要意义：首先是文化建设需要。坭兴陶作为钦州的文化支柱产业，其相关文化产品文化底蕴深厚，有千年的陶文化，是开发传播钦州乃至广西的民族文化、创意文化特色的需要。其次是城市形象传播的需要。坭兴陶作为重要的文化创意产品，其有特色的工艺传承、独特的表现技巧，蕴含有众多文化传承，是国家非物质文化遗产，钦州的城市形象就蕴含在坭兴陶的创作作品中，钦州的各种元素都可以通过坭兴陶广泛传播并根植于人民心里，就好比国画之于桂林山水。最后是旅游发展的需要。坭兴陶特色小镇的品牌建立，有助于为钦州的旅游添砖加瓦，一方面可以作为旅游集散地，另一方面坭兴陶产品可作为重要的旅游工艺品。

二、坭兴陶特色小镇

特色小镇是指相对独立于城市城区，具有鲜明特色的文化、产业、旅游以及社区功能特征的区域空间，特色小镇有别于传统意义上的行政村镇，是指以特色的产业或者文化氛围作为核心的，以某一种经济或者文化元素为主，聚合有多种经济文化形态的一个区间，可以上升到完整的产业链融合，可以形成各种商业文化要素集合的经济平台。

具有鲜明特色的产业是特色小镇得以存在和发展的根本，对独特产业的培育与发展，是特色小镇的重要任务。特色产业是指根据独特的生产技术、生产工艺、生产工具、生产流程和管理组织方式，在一国或区域范围内，以独特的资源为基础，生产或提供特色产品与特色服务的部门或行业。特色产业的核心是具有地方特色的产品与服务，其形成的基础是区域内独具特色的资源，其形成和发展的重要条件是区域所特有的生产技术、生产工艺、生产工具、生产流程和管理组织方式。

特色产业是特色小镇发展的核心要素，只有坚持“以产立镇、以产带镇、以产兴镇”，才能促进特色小镇经济的发展，也是特色小镇成立并持续发展的唯一途径。但特色小镇追求的不是“全能”的产业体系，而是能够支撑小镇发展的独特且能够主导小镇发展的产业。因此，特色小镇发展中重点谋划的是特色产业，而不是面面俱到的罗列式产业体系。

地域性自然资源越强，区域独占优势越强，地域性分工越容易形成。资源的地域专属性越强，稀缺程度越高，形成的主导产业越具优势，其产业特色也越为突出。生产或提供特色产品与特色服务是特色产业的核心。特色产品与特色服务的“特”体现在具有与同类产品及服务相区别或不可替代的某种使用价值或服务内容，能够满足消费者的特殊需求。但一个地区即便能够提供特色产品与特色服务，也并不代表其特色产业的形成。只有具有一定规模的生产经营，在地区国民经济活动中占有相当大的比重，拥有专门的生产技术人员和专门的生产技术设备与技术经济特点，具有一定的市场规模，才标志着特色产业的形成。

钦州坭兴陶是中国四大名陶之一，与“壮锦”同为广西的两件宝之一，拥有 1300 多年的历史，是历经千年传承下来的重要文化瑰宝。坭兴陶文化产业发展是钦州一张重要的名片，是钦州文化产业的支柱产业，是“文化钦州”建设的重头戏。钦州市倾力打造全国首个融城市景观、文化、旅游、物流为一体的坭兴陶文化创意产业园，作为坭兴陶特色小镇的核心部分。钦州市政府现今规划有约 1440 亩的钦州坭兴陶文化创意产业园，目前，一期面积 800 亩已建成并投入使用，已累计完成投资 78300 万元，建成了博物馆、大师工作室、标准厂房、院落式厂房、商业街、体验中心等。目前，坭兴陶特色小镇已有 40 多家坭兴陶经营店铺和 10 多间工艺美术大师工作室进驻。下一步，将利用国家、自治区扶持资金，建设坭兴陶研发设计公共服务平台，并吸引全国各地创客孵化机构落户坭兴陶产业园，通过智能制造，推动坭兴陶产品研发、设计、生产、销售等智能化，推动特色小镇智能化与“互联网+”文化创意产业比翼齐飞。

三、坭兴陶特色小镇的品牌建设

特色小镇得以存在和生长的核心在于“特”以及“色”，其聚合力也在于“特”和“色”，其不断生长和发展也在于“特”和“色”。由此可见，不断挖掘与发现坭兴陶小镇之“特”，是构建坭兴陶特色小镇品牌的核心要义。应保持鲜明的地域特色、生态特色、产业特色、历史人文特色。

（一）坭兴陶特色小镇的“特”

（1）产业“特”。坭兴陶作为中国四大名陶之一，是广西钦州特有的陶瓷产品，其名称中所蕴含的相关信息足够支持起坭兴陶特色小镇之“特”。坭兴陶特色小镇需培育发展的主要为陶瓷行业及其相关的各个环节，但是又不能完全拘泥于坭兴陶行业，而是要追求其产业发展的系统性和延接性。要构建坭兴陶特色小镇的“特”，理应在规划建设中充分、准确地挖掘出“千年古陶城”的历史、文化和艺术等底蕴，根植历史，面向未来；对坭兴陶文化创意产业园的各种产业规划设计布局，不要仅限于坭兴陶，而是要让更多相关文化创意类公司参与进来，形成浓重的文化氛围。正如钦州市领导所期望的，要把坭兴陶和其他文化产业相互结合：把坭兴陶和公园结合，形成具有钦州坭兴陶特色的主题公园；把坭兴陶和产业结合，发挥坭兴陶创意产业文化；把坭兴陶和市场经营结合，提升坭兴陶小镇的综合效益，为钦州乃至广西的经济文化做出相应的贡献。

钦州市积极推进坭兴古陶街区的建设，拟将坭兴陶悠久历史与陶艺文化与旅游结合，建设坭兴陶博物馆、陶艺演示区、产品销售和展示街、陶艺风情主题公园、古窑址浏览区，以坭兴陶为主体，融合茶艺、古玩、书画、花鸟、根艺、奇石等高端文化艺术产品为一体的钦州乃至广西的高端文化工艺品聚集地。

（2）人群“特”。坭兴陶特色小镇的从业人员以传统的老工艺人员为主，如国家级非物质文化遗产传承人李人帡是非物质文化遗产传承人的典范。在广西特有的民族文化和深谙广西文化精髓的老师们，主要有颜干卿、潘建三、颜钊明、帅立志、颜振、邓敦伟等的帮助下，他获得了成功。他学成之后又培养了一大批坭兴陶行业精英，分别是陆景平、黄海基、李燕、黄明海、施国材等。20 世纪后期，李人帡及坭兴陶的行业精英们对坭兴陶工艺的传承起到了承上启下的巨大作用，也为工艺文化融入坭兴陶做出了突出贡献。同时，也吸引了一大批青年陶艺家以及全广西乃至全国各个高校的陶艺类专业毕业生。一方面，传统的老一辈陶艺家们传承着坭兴陶的传统技艺，让坭兴陶小镇呈现出古老的历史文化传统；另一方面，年轻的陶艺人带来的新思想、新观念，为坭兴陶小镇带来了活力和生机。传统的技艺和现代的观念不断交织碰撞，一起赋予坭兴陶小镇鲜活的生命力，推动坭兴陶在传承的基础上不断生长。

同时，钦州市政府不断加强坭兴陶人才培养和引进工作，壮大产业人才队伍，以多种渠道、多种形式培养坭兴陶高级技术人才和专业技术人才，重点培养坭兴陶产业领军人物，形成“金字塔”人才结构格局。

此外，应适当考虑建设大学生创新创业园，提供更加便利、自由的大学生创新创业准入制度，让众多陶艺相关专业大学生集中会聚到坭兴陶特色小镇来。如此一来，坭兴陶就能形成良好的人才成长氛围和人才梯队，为坭兴陶产业的创新发展提供源源不断的人才。

（3）位置“特”。坭兴陶小镇处于钦州市周边，是钦州市连接钦州港，以及灵山县、浦北县的交通要道，其位置四通八达，路程通途。周边建设有千年古陶城和坭兴陶文化创意产业园，以及钦州园博园，依山傍水，是一个集旅游、观赏购物、休闲体验、陶艺交流、文化宣传为一体的旅游景点，可以全方位展示坭兴陶文化。

（4）功能“特”。坭兴陶特色小镇主要功能立足于为人民提供创业创新所需办公场所及必要的公共重大装备等，以及为相关工作者提供舒服、自在、便捷的工作和生活环境。其他商业以及服务功能都应当有所配套。同时，坭兴陶小镇汇聚全市各类传统特色文化，建设成为一个以坭兴陶文化为主要特色，集科研、生产、教育、旅游休闲于一体的智慧型特色小镇。“特色小镇的主要特色在于立足坭兴陶千年文化，以钦州坭兴陶文化创意产业园为重要载体。”钦州市工信委表示，“坭兴陶小镇建成后，借助互联网，创客间的沟通交流更频繁便捷，导入‘互联网+’‘旅游+’‘生态+’等时尚元素，每个精彩创意都有可能变成现实，每个想法都可能挣钱。”钦州市工信委表示，“通过不断加强从创业教育、创业组织、创业活动，到孵化器、加速器等配套创新创业服务基地建设，小镇的创业环境会越来越好。”

（二）坭兴陶特色小镇之“色”

（1）生态环境优美。坭兴陶特色小镇建设有坭兴陶产业园以及千年古陶城步行街，同时钦州市园博园就建在周边。不单单对平时镇民休闲娱乐有非常强的吸引力，同时也是市民日常散步散心的好地方，同时还吸引广西区内外的游客。古陶城步行街建设得优雅古朴，建设有沿街小溪流，周边种植了各种景观树，是不少婚纱摄影公司的取景地之一。

（2）文化底蕴丰厚。坭兴陶特色小镇十分注重文化建设，以助于增强对企业的文化认同感或心灵归属感，也将积累、形成新的文化特质或亮色。目前，在市政府相关部门的指导和支持下，市工信委、开投集团以及钦州市坭兴陶行业协会等部门和组织各个节日积极在古陶城步行街开展丰富的文艺会演、各种展览展示以及坭兴陶体验等活动，都取得了良好的效果，久而久之，这将形成一个特色的文化品牌，形成文化辐射力。

（3）管理自治水平高。依托政府及其相关的机构负责行政管理和外围环境配套，同时也因为小镇居民的配合和参与，整个小镇的管理和各项事务的运行都颇为顺畅，受到大家的认同。这将吸引更多的商家和创业者进驻，促进各项事业的发展。

（4）身份认同度高。坭兴陶特色小镇有着区别于各个城市的环境，也区别于钦州市区的各个商业街区的氛围，是集生活、创业、休闲、艺术创作于一体的小镇，可以考虑在小镇举办相关活动，以让小镇的居民和商户增强对坭兴陶小镇的认同度，为生活、工作在这里而感到骄傲。

四、结语

坭兴陶历经1000多年的发展，目前又掀起一波新的发展高潮，坭兴陶文化产业是钦州文化产业的支柱产业，是“文化钦州”建设的重头戏。坭兴陶特色小镇理应在坭兴陶产业的发展中发挥重要的、不可替代的作用。努力打造坭兴陶品牌的重要内容之一就是建设坭兴陶特色小镇的品牌，加快发展坭兴陶产业，树立起产业、人才、功能、位置的声誉，吸引更多的产业和人才，形成旅游、休闲、陶艺、创业的氛围，使之成为钦州的一个重要文化氛围圈。此外，要不断扩大坭兴陶特色小镇品牌的对外交流，以小镇的形态举办各种陶艺文化活动，探索开展以坭兴陶文化艺术为载体的相关活动，提高坭兴陶特色小镇对外交流合作规模和水平，挖掘出坭兴陶特色小镇的核心形象符号，形成强有力的坭兴陶传播文化。

参考文献

[1] 郑建鹏. 我国中小城市品牌化的策略与方法 [J]. 中国包装，2012 (3).

[2] 张登国，孙晓岩. 城市定位塑造城市品牌 [J]. 经济研究导刊，2007 (9).

[3] 陈建新，姜海. 试论城市品牌 [J]. 宁波大学学报 (人文科学版)，2004，17 (2).

[4] 马玉山. 坭兴陶艺术 [M]. 南宁：广西美术出版社，2013.

[5] 张夫也. 钦州坭兴陶审美探议 [J]. 陶瓷科学与艺术，2012 (11).

[6] 吴小玲. 论钦州坭兴陶的文化内涵、特点及发展 [J]. 广西地方志，2007 (4).

第二篇

新时代乡村振兴战略

土地、社会与人口：新时代中国城乡劳动力转移及其后果

北部湾大学钦州发展研究院　冯海英

摘要：在中国各地区域经济快速发展的过程中，社会经济不平等、环境退化（空气、水和土壤等）等问题日益显现，进而影响到社会的稳定与和谐，并阻碍可持续城镇化发展进程。城乡劳动力转移是推动城市人口增长的主要因素，城市的经济发展机遇是主要“拉力因素”，政府的政策法规则是主要“推力因素”。本文以位于中国西南地区的广西壮族自治区下辖307万人口的钦州市所形成的三种城乡发展类型为例，对城乡关系特别是两者在制造和服务行业领域的关系，进行了讨论和分析。本文分析了该市基础设施建设和土地利用对劳动力、投资和城市扩张等方面所产生的影响。

关键词：城镇化；职业培训；铁路港口；交通枢纽；智能制造；整合治理

一、中国人口城市化发展与城乡关系变化

习近平总书记于2017年10月在北京召开的党的十九大上阐述了“新时代中国特色社会主义”的新思想。新时代标志着中国的发展方向由唯GDP论向绿色发展和创建“生态文明”社会转变。这并不是说未来将放弃GDP，而是将其放在国家和人民利益的整体框架下来考量。诸如铁路，特别是高铁，以及港口、交通枢纽和交通网络、船舶制造、装备制造等基础设施领域的庞大投资拉动了经济的高速增长。而大量农民工就业于基础设施建设领域。数十年来，大部分劳动者被划归分为外来务工人员，他们在项目建设完成后又返回家乡，部分务工人员掌握了一定技能后作为工程维护人员留在原地。过去外来务工人员在大城市定居存在诸多障碍。如孩子因为户口在外省而不能在父母务工的市区入学，无法享受当地的健康服务。这种不公正的体制在数十年后才引起足够重视。

1949年以来，政府如何处理城乡关系是由中国社会的不同发展阶段决定的。20世纪50年代，“新中国社会主义建设”时期开始实施户口制度，陆续出台一系列具体政策并逐渐成形。户籍制度实施的目的是防止那些缺乏技能的、受教育

程度低的人口离开农村，给社会秩序造成冲击，同时保证不因劳动力短缺而影响农业增产。从21世纪初开始，政府已经着手将移民作为农村发展战略的重要组成部分加以引导，达到推进农业集约化和促进农村发展的目的。当下政府正在大力实施乡村振兴战略，促进城乡均衡发展，缩小城乡收入差距。城乡居民差距逐渐扩大，以可支配收入比较，这种差异程度更加明显（见图1）。

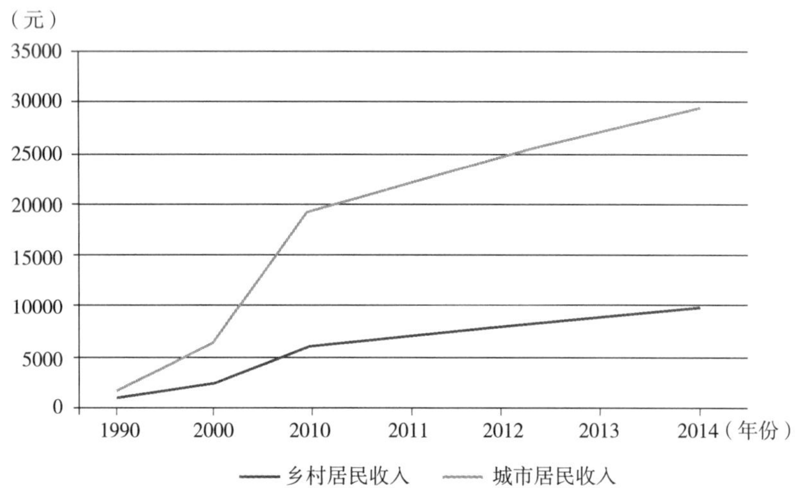

图1　城乡居民收入差距持续扩大

中国已经消除了绝对贫困，但相对贫困群体的生活距离中等生活标准的差距还是非常显著的。国家“十三五”规划重点内容之一是城镇化建设。城镇化目标是到2020年实现8000万农村人口迁入城镇，2025年实现2亿人口迁入城镇，到2030年中国人口城镇化率达到总人口的2/3以上（见图2）。2018年将有超过1亿人口获得城市户口。中国将限制500万以上人口城市的土地利用规模，防止城市扩张侵占农田。

20世纪50年代人口城市化率不足12%，到2030年人口城镇化率达到60%以上，从21世纪初叶开始人口城市化率大幅攀升。吸引人口迁往城市的“拉力因素”有很多，如政府在城市的更多投资、住房条件的改善、更多的工作机会和更好的生活标准、城市更好的教育、医疗和交通等公共服务等，同时政策“推力因素”也在不断出台。这种大规模的移民不会导致所有人都前往已经人满为患的北京、天津、上海、广州或者深圳等“一线”城市。取而代之的是三线、四线城市及地区级的枢纽城市甚至是较大的县级市，由这些城市来吸纳转移人口。外来移民需要工作和住所，一些人要购置房产，另一些人希望租赁房产，还有一部

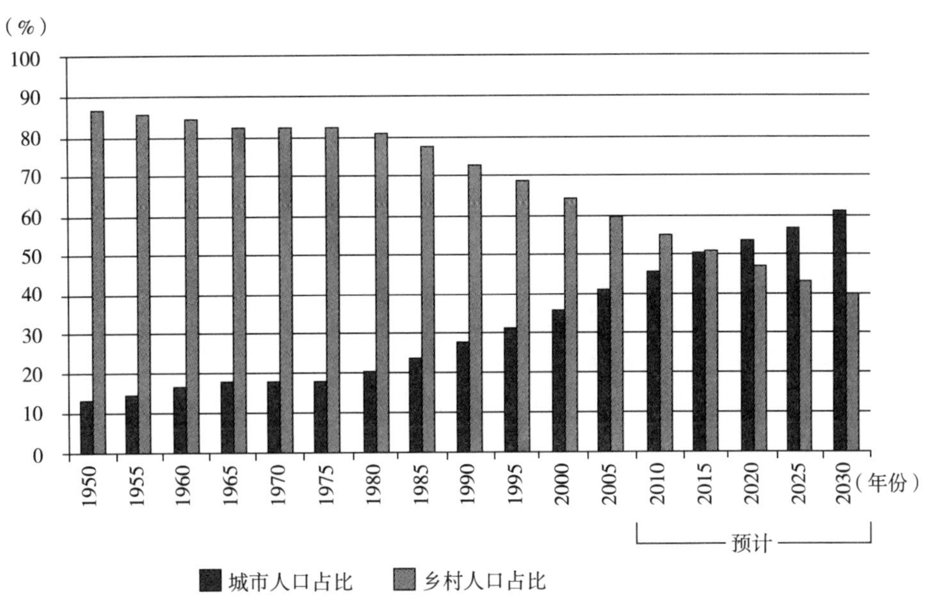

图 2　1950~2030 年中国城乡人口增长变化及其趋势

分人选择在生活环境较差的，也就是大家熟知的“城中村”居住。一部分外来务工人员在城市里找到了工作，购置了房产，同时他们在村子里还有土地，这些人被认为是“双重身份人员”（既是农民又是市民），对于这些人来说，社会融合的难度较大。很多潜在的移民可以在城市找到工作，但却因为无法在城市定居或者他们的孩子无法享受市区的教育而不得不季节性地往返城市和乡村。最后，大部分人不得不返回农村社会。如果没有相应的乡村振兴等靶向政策的支持，他们的新技能施展不开，也很难转型为创业者。

城中村存在于 CBD（市中心）边缘及其外部区域。征地建房、建学校、建医院、建基础设施（改善道路和提升综合性交通枢纽）以及建设生产基地在各地普遍存在。新时代要求突出“生态文明”的重要性，为了保障足够的绿化空间，城市绿化和景观美化是城市发展和规划中的一个重要考量因素。在各座城市的边缘地带，工业化和城镇化对土地的强烈需求导致农民不得不另谋生路，农田被用来建设工业项目、开发城市房地产等。随着时间的推移，城乡关系并不是一成不变的。城乡之间互为市场，两者的发展都有投资需求，但性质完全不同。城乡融合呈现出“S”形曲线。需要安排合理的投资和设置合理的政策提升城市生产力，以刺激和支持现代农业的发展以及为离开土地的农民创造就业机会，这是当下的需求。中国的工业和农业关系正处在转型期，转型的差异因地域和发展阶段的不同而不同。许多沿海地区正经历着快速变革而内陆地区及西部地区进展则较慢。中国农村发展和城镇化新战略突出了小城镇的发展。从城乡统筹发展的角度看，缩小工业化城市和农村腹地差距的需求是城乡统筹发展的巨大推动因素。

二、基于钦州地区发展的观察

关键问题是经济结构骤然变化导致农村劳力供大于求的情况下会发生什么？技能匮乏的农村劳动力如何转型为受到良好培训的技术员或掌握一定技能的经贸人员？职业培训学院在应对激增的青年人希望从事贸易、水电维修、砌砖、电子技术、理发、销售、医护和健康服务等行业的需求时发挥什么作用？

尽管诸如此类的问题和挑战有很多也是发达国家过去经历过的，但是它们转型的步伐远没有这么快。而今天的中国经济社会正在急速向前，处在后工业时代的中国是通信、金融和以机器人为特征的装备制造等电子高新技术体系的主要推动者，在无人驾驶汽车、电动汽车和智能制造等高新技术的前沿。

（一）多层级的城市管理

领导层对特大城市极为关注。国家发改委和诸如中国社科院等政府智囊机构、民间研究机构以及其他科研院所都对中国的特大城市表示忧虑。引起高层关注的直接原因有三个方面：①城市中心和其外延居民点的社会经济和财政差异已到了关键点，当前国内人口趋势预示着经济资源包括水资源及新鲜食物资源的缺口不断扩大。废物处置问题突出。汽车数量激增产生的各种污染物严重污染空气，导致这一局面日趋恶化。②竞争激烈的全球经济日益威胁某些以落后的制造产业（钢铁水泥等）为基础的核心城市区及其毗邻郊区的经济基础。新的生产性投资和新兴产业的增长占据了城市的外缘郊县区域。③城市蔓延—无节制的土地开发及“跨越式”发展对大型城市社区自然环境的可持续性威胁明显。

有观点认为分片化城市管理是引发城市问题的主因，采取某种形式的区域化管理是解决问题的第一步。自上而下的指令式管理，尽管不受欢迎，但对于管理都市化发展和确保财政公平分配却是必要的。另外，当前治理体制极为复杂，需要多级干预，力促地区发展向区域化整合及合作的方向迈进。在促进城市间收益分享、“理性发展”、“新型城镇化”、技能培训目标瞄准、住房和交通规划建设以适应因就业需求而不断变化的城市内外部空间格局等方面，地方政府间实现战略合作是关键。在中央和地方财政收入体系里，收入在中央一级转移支付。区域间建立支持机制，在这一机制内发达地区向欠发达地区提供资金和智力支持。中国的实际情况是，在东部沿海发达城市和西部内陆欠发达城乡社区收入分享欠缺的地区建立支持机制。

得益于国家经济的高速增长，中国大部分城市财政和经济增长强劲。亟须靠前谋划的事项包括：①促进自有住房和保障性租赁房发展。虽然自有住房业主间可建立起稳固的邻里关系，但更为主要的是扶持保障性租赁住房以照顾低收入和无住所人群的住房需求（最糟糕住房需求案例），解决都市发展带来的“居住与就业空间不匹配的问题”，为外来务工家庭提供支持和保障。②促进理性发展和建设宜居社区。依托成熟社区实施建设宜居社区工程，加强公共安全、校舍改造、自然资源和历史文化设施保护等，可节省数十亿元。通过增强社区应对挑战的能力，这一工程有助于增强新老社区吸引力，改善居民、商业人士和投资者间的邻里关系。

中国正在有意识地吸引国内和国际诸如汽车和飞机组装工厂、电子产品生产、生物医药产业、化工原料生产、智能产业、物流中新和云计算中心等大型企业在城市边缘地带（见图3）和农村未开发土地上投资建设，创造就业机会。我们需要创新理论基础，梳理我们对城市和区域经济的认识，更好地理解快速变革中的城乡社会特征。政府层面应该坚持以人为本，在土地权属、户口制度、劳动力流转、农作物品种选择决定权等方面出台支持政策，改革城乡管理体制，最大限度提高农产品收入。

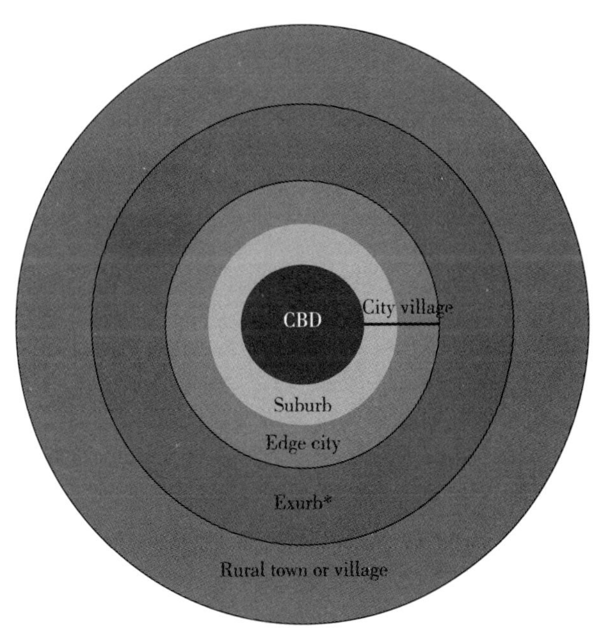

图3　城乡发展的典型布局

注：“＊”表示外延地区也可能包含有村庄和小城镇。

（二）钦州地区——新时代中国的微缩版

本文选择中国南部广西壮族自治区钦州地区作为研究样本，通过下面的几个缩影片段对正在进行的或者近期规划的区域发展形态予以解释和说明。钦州地区人口总量超过400万，以汉族人口为主，含县区市总面积10843平方公里。钦州市位于北部湾，市区人口超过60万。当地政府制定了部分前瞻性规划，计划将这个沿海战略地区及其港口城市建设成为现代化大都市和未来几十年经济发展的引擎。该战略涵盖了海滩、近海和内陆地区，既有利于发展综合性工业基地，也兼顾了未来发展生态旅游、观光、休闲和度假等产业。

1. 缩影1：铁路和港口一体化

钦州位于北部湾的核心，是中国“一带一路”倡议复兴“21世纪海上丝绸之路”极为重要的港口，是通向南中国海东亚国家的起点和交通枢纽，是连接兰州与钦州高速货运铁路的终点。兰州—钦州港铁海南向通道，铁路全长1650公里，双向货运时间由原线路27小时运行时间缩减到7小时。能够将新鲜海产品和日用消费品及时运输到消费地或者作为“一带一路”倡议的环节之一，通过升级后的铁路网络中转至中亚和欧洲国家。这条铁路也可用来运输包括军用装备等重要战略物资。钦州还是广州—钦州高速客运铁路（300公里/小时）的终点。广州是中国最富有省份的省会城市，联系我国香港特别行政区和澳门特别行政区。钦州港将进一步加大港口基础设施建设，提高港口货船装卸能力和效率，同时满足海洋高新技术水产养殖规划（参见缩影3）支持振兴水产渔业的需求。2008年3月，经国务院批复，钦州自贸区正式成立，钦州国家级自贸区作为钦州港一部分，占地10平方公里，年吞吐货物能力1亿吨。

钦州港还将重点打造船舶制造业，尽管后期所需特种技能人员（电焊、铆接、机械师、船舶设计师、船舶柴油机技术员）可能来自中国其他地区，造船厂建设期及建成投运后仍可吸纳数以千计的劳动力。

2. 缩影2：智能生产和基础设施建设

新建设施规划下的巨大建筑群项目占地7.5公顷，此前是林地或者农用地，包括农田。拆迁农户7户，占地补偿措施包括在钦州市区为拆迁户提供与县城房舍大体相当的住宅以及为拆迁户安排就业。项目完工后将成为智能制造基地的样本。智能制造是在新一代信息技术推动下，基于网络互联，利用互联网设备对生产过程进行监测，精准控制自执行。智能制造的目标是推动生产自动化，利用数据分析提高生产效益，它包括大数据、预测分析和计算以及人工智能。智能生产将人工智能融入决策，从而能够做出实时智能决策——往往远超人的能力范围。廉价互联设施的普及，加之具备大型计算能力，是智能生产最大的推动因素。根据《北部湾发展纲要》，钦州地区确定了综合产业基地位置并与建设中的跨区域交通干线网络相衔接。

3. 缩影 3：海洋水产养殖业及附属包装、装运一体化设施的复兴

小规模海洋水产养殖及人工捕鱼（主要是贝类和虾类）是北部湾海岸沿线特色产业，已经延续数百年。近来海洋渔业发展迅速（包括鱼翅、贝类、蟹类及诸如鱿鱼、八爪鱼和海参等特色养殖），使得依靠沿岸地区高产养殖提高渔民收入成为可能。自治区和地区两级政府和商业公司正在通力合作制定规划，利用北部湾水域和毗邻内陆地区建立先进的海洋水产养殖产业。古老的捕鱼业还将持续存在，但可以预见很多本地人将在新企业中获得就业机会。初步计划在海洋水域建设养殖产业，在港口和内陆建设加工、包装和运输产业链条。

现代海洋水产蓬勃发展，从一条海岸线延伸到另外一条，笔直排列犹如道道霞光。支撑半潜平台和厚厚的渔网的浮标，里面生长着扇贝、花蛤、牡蛎、贻贝等。浮标由渔民乘木舟放置，历经数十载渐呈灰色，是水产养殖场的最明显标志。一座水产养殖场可以吸纳数以百计的劳动力，为这些人提供生计来源。

钦州海洋水产养殖业引入了生态友好型可持续和安全食品生产技术，确保成为当地食品加工业的典范。养殖贝类的北部湾水域水质清澈，贝类从自然潮汐中获取天然食物，不人工喂饲，不添加抗生素或其他药品。海洋水产养殖业只是钦州港跨入自贸区行列开展广泛投资所涉行业之一（参见缩影 2）。

三、结论与讨论

这三个例子是中国众多在建基础设施的微缩。基础设施建设雇用了成千上万的农村劳动力。仅钦州市技能缺乏的劳动力就超过了 15000 人。在“一带一路”倡议这个巨大经济引擎的带动下，上述缩影在中国各地极为普遍，规模不断扩大，中国政府选择了这个恰当的时机来提升人口城镇化率。基础设施如铁路、海运、制造业、加工业和包装业以及统筹协调方面等面临诸多挑战，如若缺乏高端管理人才，廉价土地和劳动力还不足以应对这一挑战。

有必要在对变化中的城乡定居模式充分认识的情况下对地区和区域性规划展开辩论，有许多问题亟待研究。更大力度协调不同层级政府以利于实现更好的发展。我们需要建立一个新的理论基础，围绕土地和劳动力这两个事关新时代城镇化建设和农村振兴的主要因素，完善我们对城市和区域经济的认识。与城乡互动有关的社会学知识和视角在激进的开发建设过程中常被忽略。我们希望本文的观察结论有助于在中国向城镇化社会转型的过程中加强相关的研究和调查工作。

参考文献

[1] Knight J., Q. Deng and S. Li. The Puzzle of Migrant Labour Shortage and Rural Labour Surplus in China [J]. China Economic Review, 2011, 22 (4).

[2] Li S., C. Luo and T. Sicular. Overview: Income Inequality in China: The Intergenerational Dimension [Z]. CIBC Centre for Human Capital and Productivity Working Paper No. 201113. Ontario: University of Western Ontario.

[3] Li S. and H. Wan. Evolution of Wealth Inequality in China [J]. China Economic Journal, 2015, 8 (3).

[4] Wan G. H. and J. Zhuang. Making Growth More Inclusive [Z]//J. Zhuang, P. Vandenberg and Y. Huang, eds. Managing the Middle Income Transition-Challenges Facing the People's Republic of China. UK: Edward Elgar, 2015.

[5] Xie Y. and Zhou X. Income Inequality in Today's China [J]. Proceedings of the National Academy of Sciences of the United States of America, 2014, 111 (19).

[6] Zhuang J. and Shi L. Understanding Recent Trends in Income Inequality in the People's Republic of China [Z]. ADB Economics Working Paper Series, 2016.

乡村振兴视域下草原牧区生态经济模式实现路径研究

——以内蒙古锡林郭勒盟牧区为例

内蒙古财经大学资源与环境经济学院　张文娟　金良

摘要：2017年党的十九大报告提出乡村振兴战略，按照产业兴旺、生态宜居、乡风文明、治理有效、生活富裕的总要求，建立健全城乡融合发展体制机制和政策体系，加快推进农业农村现代化。锡林郭勒盟作为西部民族地区的典型牧区，更要以此为契机，进行草原牧区生态经济的协调发展，因此，本文通过分析锡林郭勒盟近年来的发展现状，找出了制约其生态经济协调发展的因素，提出促进草原牧区生态经济协调发展的实现途径及其保障措施。同时也为我国西部典型牧区共同富裕提供借鉴。

关键词：乡村振兴；生态经济；锡林郭勒盟

习近平同志在党的十九大报告中提出要实施乡村振兴战略，按照“产业兴旺、生态宜居、乡村文明、治理有效、生活富裕”的总要求，建立健全城乡融合发展体制机制和政策体系，加快推进农业农村现代化。从党的十九大报告对乡村振兴提出的要求可以发现，乡村的振兴是全方位、全领域的振兴，并不是局限于经济领域，还包括生态的振兴，文化、教育的振兴；其中，努力实现乡村振兴战略中的生态振兴，需要以新的发展理念作为根本指导思想，将农牧民作为生态振兴的主体；在实现路径上要加强农村牧区的生态保护，改善人居环境和努力构建美丽乡村、美丽牧区；只有这样才能在实行乡村振兴战略过程中真正实现乡村、牧区在生态领域的振兴。

内蒙古锡林郭勒盟作为西部民族地区典型的牧区，其生态经济的发展关乎我国民族团结、社会稳定、生态保护及边疆安全，因此，如何在乡村振兴的战略下实现典型牧区全面建成小康社会，是当前的重要研究方向。

作者简介：张文娟（1981—），女，蒙古族，内蒙古呼和浩特人，副教授，博士。研究方向：生态经济。金良（1974—）女，蒙古族，内蒙古呼和浩特人，教授，博士。研究方向：环境经济。

一、锡林郭勒盟牧区建设发展现状

（一）草场资源丰富，但生态环境脆弱

锡林郭勒盟拥有天然草地面积1878.41万公顷，是内蒙古最大的天然草原，锡林郭勒草原物种丰富，生态系统多样，是干旱牧区生态典型代表；该地区具有丰富的太阳能、风能、矿产资源等自然资源；其地理位置决定其大陆性半干旱气候的特性，当地日照时间长（全年日照时间长达2088~3290小时），年辐射总量大（年辐射总量平均达到143.3千卡/平方厘米），同时地域辽阔，大风日数多，风大稳定、连续性强；截至2016年锡林郭勒盟已发现矿种80余种，探明储量的有30余种，其中煤炭、石油、天然碱探明储量分别为1393亿吨、1.8亿吨和4500万吨。

锡林郭勒盟天然的草场资源对当地畜牧业发展有着积极的影响，是当地主打畜产品的基石，要实现牧民增收必须加大草原生态环境的保护和建设，但是1990年以来，在区域气候暖干化的大背景下，加之人类不合理的、高强度的土地利用等活动，如草地的盲目开垦以及草场过牧等，锡林郭勒盟生态系统遭到严重破坏，该区典型草地资源呈现面积萎缩、退化和沙化态势，而沙地与荒漠化区域呈现大举扩张和向南推进态势；区域生态系统的破坏不仅影响锡林郭勒盟区域经济的稳定发展，也严重影响锡林郭勒盟及其周边地区生态环境以及人民日常生活。1990~2015年，锡林郭勒盟草地退化面积主要集中于南部地区，主要表现为草地资源与农田和沙地与荒漠化区域之间的转化；1990~2000年，草地资源变动面积最大，生态系统空间格局变动与1990~2015年整体趋势相同；2000~2010年，西乌珠穆沁旗草地退化面积最大为91.32平方公里，占全盟变化面积的17.35%，草地退化面积转变以聚落生态系统面积的增加为主，荒漠和林地生态系统面积的增加为辅，由此可知，锡林郭勒盟草地环境脆弱，在自然条件和人为因素的作用下，局部地区草场退化仍然十分严重，给人们的生产、生活带来了极大的影响，当前，在乡村振兴生态宜居的要求下，加强草原牧区生态环境治理工作显得更加艰巨。

（二）经济稳定增长，但产业结构不平衡

如图1所示，2010~2016年，锡林郭勒盟GDP从592亿元增加到1045亿元，年平均增长率9.94%，略低于全国平均水平10.67%。2016年末城镇化率达到了67.57%，高于57.35%的全国城镇化率。

三次产业结构是否合理是衡量一个地区经济发展质量的重要指标。根据世界经济发展一般规律，一个国家的产业结构的变化随着经济发展依次呈现“一二三”“二一三”“二三一”“三二一”的发展阶段。

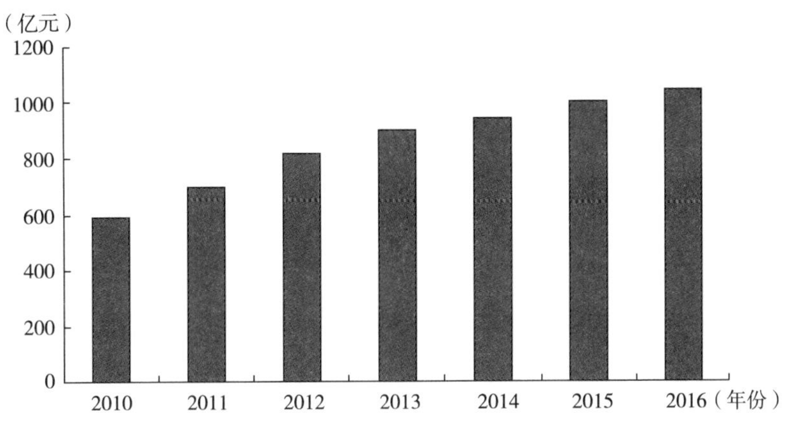

图 1 2010~2016 年锡林郭勒盟 GDP 变化

资料来源：《内蒙古统计年鉴》（2011~2017）。

表 1 2016 年锡林郭勒盟生产总值三次产业比重

地区	第一产业		第二产业		第三产业		生产总值（万元）
	产值（万元）	比重（%）	产值（万元）	比重（%）	产值（万元）	比重（%）	
二连浩特市	7054	0.64	381770	34.81	707751	64.54	1096575
锡林浩特市	180001	7.89	1101133	48.27	1000275	43.84	2281409
阿巴嘎旗	82994	12.91	444024	69.05	115998	18.04	643017
苏尼特左旗	64174	12.89	320375	64.36	113260	22.75	497809
苏尼特右旗	56760	8.73	428902	65.98	164375	25.29	650036
东乌珠穆沁旗	220341	16.01	874774	63.56	281163	20.43	1376278
西乌珠穆沁旗	165340	13.95	836046	70.53	184034	15.52	1185420
太卜寺旗	134074	24.82	209471	38.77	196718	36.41	540263
镶黄旗	36048	6.67	394380	72.92	110381	20.41	540809
镶白旗	52924	15.52	167759	49.19	120329	35.29	341012
正蓝旗	75961	11.25	424700	62.90	174533	25.85	675194
多伦县	95044	11.35	556909	66.53	158188	18.90	837141

资料来源：《内蒙古统计年鉴》（2016）。

由表 1 可知，2016 年锡林郭勒全盟只有二连浩特市产业结构呈现“三二一”趋势，其余的旗县产业结构呈现出“二三一”趋势，产业结构明显落后于发达地区平均水平。锡林郭勒盟牧区主要生产方式以第一产业畜牧业为主，生产经营投入大，产量低，第二、第三产业发展不足。

（三）收入水平提高，但收入结构单一

牧民收入主要有四大部分：一是经营性收入；二是工资收入；三是转移性收入；四是财产性收入。2016 年锡林郭勒盟牧区牧民人均收入 13188 元，其中经营性收入 7882 元，占全部收入的 59.77%；以乡镇企业劳动和外出打工报酬为主的工资性收入 2047 元，占全部收入的 15.52%，有同比迅速增长的态势；转移性净收入 2824 元，占全部收入的 21.41%；财产性收入 435 元，占全部收入的 3.30%。

牧民主要收入来源为畜牧业收入，不稳定且风险大。畜牧业收入主要取决于畜牧产品的市场价格和数量，而畜牧产品的数量和价格受自然灾害和市场价格双重因素影响，其中任何一个因素的变动都会引起牧民收入的很大波动，从而影响牧民家庭生活状况。不完善的牧区基础设施供给也阻碍了牧民收入来源的多样化。

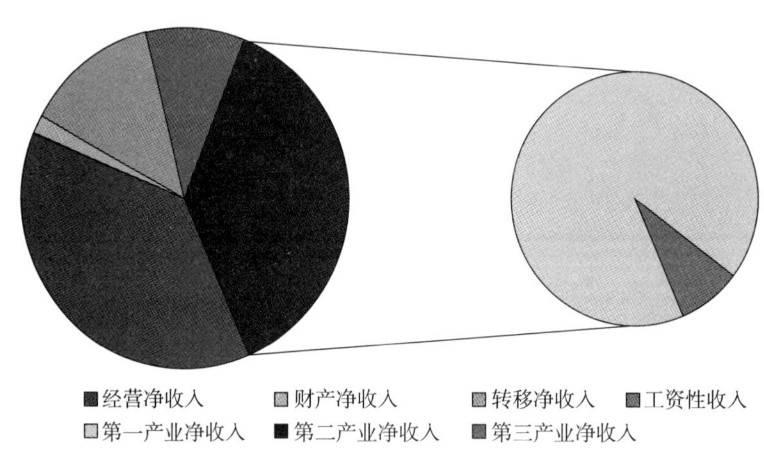

图 2　2016 年牧民人均收入构成

从图 2 发现，2016 年该地区牧民收入主要来自于家庭经营畜牧业的收入即第一产业收入，经营第二产业和第三产业收入所占比重非常低，有保障、稳定持续的工资性收入很少，财政性收入和转移性收入所占牧民收入比重也非常低。

二、锡林郭勒盟牧区发展生态经济的制约因素

（一）畜牧业发展不稳定影响牧民增收

1. 畜牧业存在脆弱性和季节性

通过十几年的建设和改革，干旱牧区传统畜牧业在很多方面取得了创造性的进步，为现代化牧业奠定了基础；但是从整体发展水平上看，干旱牧区畜牧业还

处在传统畜牧业过渡到现代化畜牧业的初级阶段，尤其畜牧业脆弱性、季节性依然存在，草畜矛盾日益加剧，加上人口持续增长、资源过度消耗、环境破坏严重等日益突出的问题严重影响了牧民收入。

畜牧业生产是在天然草场的基础上，以第一产业为基础建立的第二产业，牲畜是该特殊生产的劳动对象，因此很容易受自然条件和生产环境的影响，并呈现出明显的脆弱性，也就是不稳定性或风险性。干旱牧区基本上全年利用自然草场，依附于自然条件，牲畜跟随四季“夏壮、秋肥、冬瘦、春乏”的变化情况增加了畜牧业发展的不稳定性，从而影响牧民增收。

2. 生产周期长，生产经营成本高

锡林郭勒盟畜牧业在养殖过程中，生产周期比较长，如肉牛的生产周期在7~10 年，羊的生产周期在 2~3 年，由于常年投入，使得畜牧业生产资金占用时间较长，资金周转缓慢，尤其改良后的牲畜养殖，生产投入更大。一是改良后的牲畜需要更多的悉心照料，增加了牧民劳动强度；二是改良后的牲畜耐寒能力下降，需要更完善的基础设施才能带来经济效益。所以畜牧业经营需要大量的资金投入、人力投入、物力投入才能实现持续增收。

3. 产业结构单一，发展后劲不足

锡林郭勒盟牧区主要生产方式以第一产业畜牧业为主，生产经营投入大，产量低，第二、第三产业发展不足；此外，不完善的牧区基础设施供给也阻碍了牧民收入来源的多样化。统计资料显示，该地区牧民收入主要来自家庭经营畜牧业的收入，经营第二产业和第三产业收入所占比重非常低，有保障、稳定持续的工资性收入很少，财政性收入和转移性收入所占牧民收入比重也非常低。

（二）自然灾害多、危害大

1. 四季灾情频繁

草原火灾一般发生在春秋两季，没有水分的枯草容易引发火灾，一般有以下几个特点：速度快、火势猛、面积大。草原面积宽广，一旦起火受阻碍少，火势蔓延速度非常迅速，面积又大。一方面，火灾是造成森林和草原资源毁损的直接原因，与此同时会引发水土流失、土壤干旱化等一系列后续生态问题；另一方面，火灾也会造成畜牧业经济损失，甚至危害到牧民生命、财产安全。

干旱一般发生在夏季。干旱通常是指牧区在无灌溉条件下的地区降水量少，使得空气干燥、土壤干旱，造成牲口饮水困难，牧草无法正常生长的现象。从人口密度、牲畜数量、农牧业人口比例、耕地面积、农牧民人均收入等指标区分锡林郭勒盟，可以化分成五个干旱脆弱区。

表 2　锡林郭勒盟干旱脆弱分区

	地区	区域特点
微脆弱性区	东乌珠穆沁旗	人口密度小、降雨量和植被覆盖度较高、地表水可利用量全盟最高
轻脆弱性区	西乌珠穆沁旗、锡林浩特市	人均收入较高及地表水开采量较大
一般脆弱性区	阿巴嘎旗、正蓝旗	地下水可采用量较大、地表水可用量少、农牧业人口比例较大
严重脆弱性区	多伦县、镶黄旗、苏尼特右旗	植被覆盖率低，地表水可利用量与地下水可采量少。旱灾发生概率大，区域的抗旱能力较差
极重脆弱性区	二连浩特、苏尼特左旗、正镶白旗、太卜寺旗	农牧业人口比例高，植被覆盖度低，地表水可利用量和地下水可开采量少

资料来源：内蒙古草原勘察设计院。

如表 2 所示，锡林郭勒盟干旱脆弱区分区分别是微脆弱区、轻脆弱区、一般脆弱区、严重脆弱区、极重脆弱区。

雪灾是内蒙古牧区冬春季的重大自然灾害，其形成是由于长时间大量降雪造成的大面积积雪，其积雪厚、雪层维持时间长，掩埋了牧草，导致草场长时间被掩盖，使家畜失去食物，进而造成“饿灾”的局面。

2. 沙尘暴危害严重

沙尘暴导致自然环境受到污染、作物生长环境受到破坏，严重时还会造成房屋倒塌，交通供电受阻或中断，甚至造成人畜伤亡等，给环境造成严重损失和破坏的同时，还对人民生命财产安全造成严重的威胁。锡林郭勒盟脆弱的生态环境，干旱缺水、自然条件恶劣，加重了其沙漠化、风阻沙化、水土流失和草原退化的程度，加上近年来人类过度使用草场，使得草场日益超载，丧失了自身调节能力，陷入了恶性循环之中，草原荒漠化日益加深，沙尘暴发生频次明显增加，风力逐步加大，严重危害着当地的正常生活和生产发展。

3. 虫害时有发生

锡林郭勒草原因气候干旱与超载放牧导致严重的退化现象，2002~2005 年连续爆发草原蝗虫灾害，而且受灾面积不断扩大，危害不断增加。因为防治面积有限再加上大面积受灾，使得以亚洲小车蝗为优势的草原蝗虫种群在正镶白旗大肆爆发，2/3 以上可利用草场受到蝗虫侵害，甚至有些地区蝗虫成片，成为不毛之地。进而导致草场的沙化、退化更加严重。不仅影响畜牧业的生产，而且给牧民生活带来严重损失。

（三）居住分散，生活成本高

锡林郭勒盟牧区地处偏远地带，交通不便，信息渠道比较闭塞，牧民居住分散，生活成本高。锡林郭勒盟草原显著特点是辽阔无际，牧户在自己承包的草场上一户、两户地分散居住，这样不利于牧民之间的贸易活动，大大提高了牧户生活成本。因牧区居住分散且偏远，公共设施建设难度大，很难覆盖到偏远的牧区。如全盟很多旗县没有公共交通设施，牧民交通工具主要是汽车，加大了牧区交通成本。另外，日常生活中的必需品，如粮油、蔬菜、水果以及生活用品都要从小商贩手中购买，这会使牧民购买成本加大，加重了牧区牧民生活负担。

表3　牧民支出与农民支出比较　　单位：倍

支出项目	牧民支出是农民支出的倍数
食品类	2.5
衣着类	3.6
居住类	2.8
医疗类	2.9
教育类	5.0
交通、通信类	5.9
饲草料基地建设费比农田基本建设费	9.0

资料来源：根据《内蒙古统计年鉴》整理。

从表3可以看出，牧民除了交通还有其他生活必需支出，衣、食、住、行、教育、医疗方面支出都高于农民；其中饲料基地建设费比农田基本建设费要高9倍，交通、通信类高出5.9倍，教育类高5倍，衣着类高3.6倍，医疗类高2.9倍，居住类高2.8倍，食品类高2.5倍。

（四）市场化程度低

由于地理条件的限制，降低了整个牧区发展中心的吸引力和辐射力，而当地生产的产品结构单一，在深加工农牧产品方面后劲不足，所以很难在市场经济条件下吸引外资和先进技术，导致经济发育不良，循环生产能力变弱；加之缺乏龙头企业的带动，牧民增收困难，市场发育程度更加低下。而受市场发育不成熟限制的同时，锡林郭勒盟牧区还没有统一的市场法规来规范中间商贩的行为和畜牧业产品的收购价格，导致牛羊肉价格长期走低，牧民存在买难卖难（高买低卖）情况，在市场竞争中处于明显弱势地位，即使增产也很难增收。

三、锡林郭勒盟牧区发展生态经济的路径选择

（一）家庭牧场模式

以往的牧民大都采用粗放式经营方式，时常遇到饲草料短缺、草场面积不够利用等困难，而且每年的畜牧业收入很低，对草场破坏也十分严重，因此可以通过租赁方式扩大草场经营面积，统一规划利用草场，对草场进行合理布局。保护草场生态优先原则，采用放养结合模式合理利用草牧场，如扩大草场规模后可以根据草场的牧草类型和牧草质量情况划分成五个作业区，四块草场用于春夏秋冬分季轮牧，剩下的一块草场可以专门进行打草，满足一年的草料需求，同时在注重草场恢复与草场改良的同时引进名牌绒山羊种公畜进行牲畜品杂交改良，调整畜群结构，提高绒山羊的产绒量。

该模式的生态效益表现在，经过一段时间的生态建设与科学利用，草场整体情况得到了改善，牧草质量得到改善，牧草种类变多，草场植被覆盖度明显增加，草场的风蚀化程度得到有效遏制，草护土，土养草，草场生态环境恢复得很好。

其经济效益也有所体现，因为有足够的草料及改良后的牲畜结构，可以适当扩大规模，获得较高的经济效益。

（二）“合作社+牧户”模式

合作社一般由牧户联合成立，主要通过融资的方式，进行前期建设，如建立打草厂、暖棚、青储窖等，并通过聘请相关技术人员，对牲畜进行品种改良，随着知名度及信誉的增加，会吸引其他牧户加入合作社，从而扩大经营，如哈日高毕畜牧业专业合作社主要从事乌珠穆沁种公羊的繁育，该合作社每年选育出420只优质种公畜，用于乌珠穆沁羊的改良，其中300只优质的公畜以优惠的价格租给合作社成员和周边牧户，提高牧户牲畜质量；现在乌珠穆沁羊的冷配工作的辐射范围达到了200多户收益；以每只1500元的价格出售120只优质种公畜，两项做法为合作社创收了28万元；近年来合作社大力开展多肋骨标准化乌珠穆沁种公畜冷配繁殖工作，取得了显著成绩，在繁育的种公畜总数中多肋骨种公畜比例达到了65%；2011~2014年，组织实施了三年的禁牧工作，实施草场面积达到了50万亩，不仅有效保护了草场生态，还推动了牧户的联户经营，提高了科学利用草场水平。

该模式的生态效益：草原是牧民生存之本，牧民在草场生态保护方面的自觉性很高。游牧经营时代牧民是随水草而落，一年四季轮牧，使草原有休养生息的时间，草原生态不会遭到破坏。“草畜双承包制”实行后，牧户的放牧范围就局

限在自家承包的草场面积内，由于长时间在同一块草场踩踏和觅食，导致草场产草量和牧草质量退化。通过合作社可整合社员的草场，统一规划利用，扩大草场利用面积，根据草牧场的可支配水、草情况，因地制宜地进行划区轮牧和对草场质量下降严重地区进行重点保护，有助于草场生态恢复。

其经济效益表现也非常显著，如哈日高毕畜牧业合作社有 50 万亩草场，种公羊 1000 多只，流动资金达到了几十万元；建设乌珠穆沁种公羊基地和饲料基地分别花了 82.59 万元和 46 万元；协会及合作社成立以来，带领牧户成功应对了多次自然灾害，顺利进行了生产，经济效益增加明显；2013 年，合作社每户分红 4500 元，2014 年每户分红 600 元；合作社成员牧户的年均收入超过了 15 万元。

（三）"公司+合作社+牧户"模式

为了保证企业与牧户之间的利益联结稳定性，畜牧业龙头企业有必要借助合作社把分散的牧户集中起来，形成"公司+合作社+牧户"的经营模式（见图 3）。这种经营模式的运作方式一般是企业与合作社和牧户分别签订相关合同，牧户主要负责按合同要求提供畜产品，生产经营中企业通过合作社为牧户提供必要的生产资料与技术服务支持；牧户按照合同完成生产任务后，合作社根据当初的合同内容进行畜产品的收购，然后将收购的畜产品交给畜牧业生产企业，由企业统一负责畜产品的分类、加工和市场营销业务，从而完成整个畜牧业生产经营流程。这种组织模式提高了牧户的组织化程度，避免了单户分散的弊端，降低了牧民的生产经营成本和风险；降低了牧户与畜牧业企业直接签订合同的风险，有效抑制畜牧企业与牧户直接签订合同时双方都可能存在一定的投机行为。更重要的是，"公司+合作社+牧户"的经营模式比基本的"公司+牧户"有效避免了企业在追求利益最大化时对牧户正当利益的损害。同时也能改善经营管理落后、生产技术较差的状况，能使牧民快速实现增收，因此是牧户选择的有效经营模式之一。

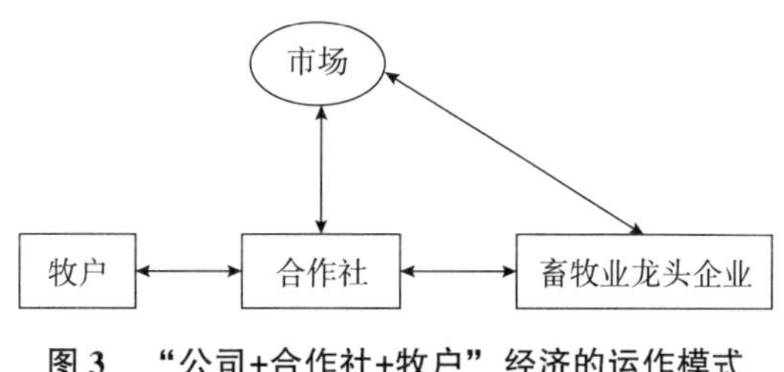

图 3　"公司+合作社+牧户"经济的运作模式

上述有些路径虽然并不是新的模式，但是在我国当前的发展条件下，却是最实用、最适用的发展模式，目前一些模式在很多牧区也在积极使用，而且对于牧区经济的发展及生态环境的改善也起到了积极的作用，但是由于很多牧民受到自身的文化水平及技术水平的限制，对一些经营模式不能很好地掌握，因此，在未来的发展中，还需要政府和企业在不同的层面加以引导、培训及帮扶，才能真正实现全牧区的共同富裕。

四、锡林郭勒盟牧区发展生态经济的保障措施

（一）加强草原牧区生态保护

加强草原牧区的生态保护，需要从环境与资源两个方面着手。环境方面主要是保护牧区的空气、土壤、河流免受污染；资源方面主要是节约土地资源，防止在耕地、草地区域建设工业企业。从实施主体来看，政府要在牧区生态保护上主动承担起政策支撑与财政支持的重任；基层党组织要积极开展环保宣传，对牧户的生产生活进行必要的环保监督；牧民需要自觉树立环保意识，积极主动担起保护牧区生态的重任；企业是牧区生态保护的推动力量，要承担起牧区生态保护的社会责任，利用科技走绿色发展之路。

从制度建设来看，牧区生态保护也要通过建立相应的法律法规来对牧业生产者进行规范和约束。更重要的是建立健全激励机制，使牧民从绿色发展中得到真金白银，进而使绿色生产转化为牧民的自觉行动。针对农村牧区中的环境问题，环保部也制定了《关于加强“以奖促治”农村环境基础设施运行管理的意见》《中央农村节能减排资金使用管理办法》等相关方案。在技术指南和规范方面也发布了有关农村、牧区生活污染防治、饮用水水源地环境保护的相关文件。这些无疑是从制度上为农村、牧区的生态保护提供支持。

（二）加大政策扶持力度

积极发展畜牧业专业大户、生态家庭场、畜牧业合作社等新型经营主体，进一步推进牧户适度规模经营。一是鼓励和支持草场向专业大户家庭牧场的流转，为规模化经营创造有利环境，建立健全草牧场服务平台与监管平台，强化草牧场流转服务体系，创建草场流转奖励机制。二是对转出草场的牧户给予适当的财政奖励，鼓励小规模兼业化经营牧户长期流转草场，激励专业大户与家庭牧场加大对草牧场的投入；创新完善金融服务体系，优先解决牧户的贷款需求，进一步加大牧业新型经营主体的信贷支持力度；目前的惠牧政策大多是惠普性政策，补贴金额较少；今后应秉持增加总量、优化存量、用好增量的原则，在增加畜牧业生产补贴资金的基础上新增一些补贴种类，将补贴资金向新型经营主体倾斜，提高补贴额度；运用以奖代补的方式，对牧业经营达到一定规模的专业大户、家庭牧

场予以奖励。三是全力发展畜牧业保险，在政府引导、牧民自愿参保的原则下逐步建立家畜参保机制，降低畜牧业生产风险。四是尽快建立并完善家庭牧场及合作社的注册登记制度，制定鼓励扶持政策，制定管理办法，明确认定标准。

（三）加大对新型经营主体的经济扶持与资金监管

政府应当完善财政政策，设立专项资金，扶持建立新型畜牧业经营体系；支持畜牧业品牌建设；把畜牧业新型经营主体纳入财政贴息贷款对象；实行项目支持，新的畜牧业经营方式及相关技术推广等与牧业相关的项目优先让新型经营主体来承担；简化畜牧业信贷手续，建立畜牧业新型经营主体的抵押、担保、信用体系，金融部门应该加强对新型经营主体的信贷支持，每年应安排定额信贷资金，保障经营主体的资金运转，避免季节性或临时性的畜牧业生产经营资金短缺。对新型经营主体给予一定的信贷授信额度，允许新型畜牧业经营主体以联保等形式办理贷款手续，对种养大户、家庭牧场和合作社购买大中型农机具的，贷款期限可适当延长。实现新型经营主体的融资创新，在保证牧区金融市场平稳的同时鼓励金融机构进驻牧区。畜牧主管部门应联合财政、农业、发改、监察、纪委等部门，开展新型牧业经营主体扶持资金的监管工作，防止一些人套取国家政策性扶持资金，对于不按规定、不能良好发展的新型经营主体就停拨资金，严重的追究相关法律责任，对一些没有享受到资金扶持的有发展潜力的新型经营主体给予鼓励和支持。

（四）提高牧民素质，培养新型职业牧民

构建新型牧业经营主体的关键在于人才，就是新型职业牧民。新牧民的特点是既保留了传统畜牧业经营的优势，又避免了单户经营的弊端，既能发挥家庭经营的优点，又能融入现代牧业要素；新牧民需要政府扶持和教育培养，让他们接受系统的畜牧业经营技术培训。政府进一步加大对牧区文化教育投入，提高牧民的基础学历；同时宣传普及畜牧业生产的科学技术，以苏木、嘎查或浩特为基本单位定期开展畜牧业生产知识培训会；加大对家庭牧场成员、合作社成员的教育培训力度，逐步培养一批有文化、懂技术、善经营、会管理的高素质的新牧民；积极引导高校毕业生回乡创业，鼓励农业院校毕业的学生加入农牧业经营新型经营主体，形成一批新型职业农牧民，为农牧业发展提供人才支撑，尤其要鼓励大学生村官在农村牧区创业和就业。牧民应改变传统思想，与时俱进，积极学习现代科学技术，并应用于畜牧业经营。

（五）继续鼓励牧户联户经营，提高规模能力

联户经营能否持续的关键在于牧户的生产能力的均衡性、生产发展目标的一致性。只有能力相当，目标一致的牧户联户经营才能达到长久效果；稳定现有的

联户经营，发展新的联户经营模式；从单一的生产联户到生产、销售、服务的多方面联合，在亲属或近邻联户的基础上进一步扩大规模，建立区域性联户经营。

（六）促进新型经营主体增量提高

构建新型经营主体的重点是积极培育和大力发展专业大户、家庭牧场、牧民合作社和畜牧业生产龙头企业，然而这些经营主体的发展方式各不相同，在畜牧业现代化发展中的作用也有所不同，所以发展新型经营主体时一定要注意发挥各自的比较优势。专业大户和家庭牧场作为规模化经营生产的家庭主体，对小牧户有着很好的示范带动作用，还能承担畜产品商品化的功能，因此要积极引导其采用先进的科学技术和科学养殖方法，实现现代化生产方式，提高集约化经营水平。牧民合作社能组织小牧户、带动专业大户和家庭牧场、对接企业、联结市场，在市场和经营主体之间起到纽带作用，是引领牧户进入市场的最佳承载体，所以要积极发挥提高牧民组织化程度的功能。农牧业龙头企业有雄厚的资金实力、高端的技术人才、优越的生产条件，要积极发挥它在畜牧业产业链中畜产品加工和销售等方面的社会化服务功能，为牧户的生产提供更多生产经营性服务。各类经营主体除发展比较优势外，还要进一步加强经营主体之间协同发展的新型经营模式，完善不同经营主体之间的利益统一机制，保证数量的同时抓质量。

（七）完善相关法律

应进一步完善新型经营主体相关的法律法规，对于新生的农牧业经营主体，国家和地方政府需积极出台统一、因地制宜的法律法规和相关配套政策，使农牧业新型经营主体“有户口”“有话语权”，使合作社、家庭牧场等经营主体利益有法律保障，使其运营更加规范化、制度化、科学化。

参考文献

［1］包青海．牧户家庭经营可持续发展路径选择——以锡林郭勒盟为例［D］．内蒙古农业大学硕士学位论文，2016.

［2］查干．牧区贫困原因分析——以锡林郭勒盟苏尼特右旗为例［J］．青年文学家，2013（33）：20-22.

［3］陈全功．少数民族山区长期贫困与发展型减贫政策研究［M］．北京：科学出版社，2014.

［4］丁生忠．从“碎片化”到“整体性”：生态治理的机制转向［J］．青海师范大学学报（哲学社会科学版），2014（11）：55-56.

［5］高晓博．内蒙古农村牧区贫困问题及治理［D］．重庆大学硕士学位论文，2013.

［6］盖志毅．《半半歌》对实施乡村振兴战略的启示［J］．内蒙古社会科学（汉文版），2018（39）：119-124.

［7］雷振扬．中国民族自治地方发展评估报告［M］．北京：民族出版社，2006.

［8］达林太，郑易生．牧区与市场——牧民经济学［M］．北京：社会科学文献出版社，2010.

［9］刘勇．构建新型农业经营体系的现实困境与路径选择［J］．内蒙古农业大学学报（社会科学版），2014（3）：23-26.

［10］乔光华，马志艳．关于内蒙古自治区实施乡村振兴战略的一些思考［J］．北方经济，2018（6）：20-21.

［11］其乐木格．干旱牧区特殊性类型贫困治理研究——以锡林郭勒盟牧区为例［D］．中南民族大学硕士学位论文，2015.

［12］沈佳文．公共参与视角下的生态治理现代化转型［J］．宁夏社会科学，2015（5）：47-48.

［13］王艳．中国牧区贫困问题研究［D］．吉林大学博士学位论文，2014.

［14］王关区．草原生态建设保护中存在的问题［J］．内蒙古社会科学，2013（4）：13-16.

［15］吴群，张艾丽．内蒙古牧区贫困牧民的心理因素分析［J］．黑龙江民族丛刊，2014（1）：33-35.

［16］张滢．“家庭农场+合作社”的农业产业化经营模式：制度特性、生发机制和效益分析［J］．农村经济，2015（6）：3-7.

乡村振兴战略背景下的乡村旅游区规划研究

——以广西钦州市久隆镇松山乡村世界为例

广西大学土木建筑工程学院　　黄汉山
广西大学土木建筑工程学院　陈筠婷
钦州市财政局　宁宁

摘要：党的十九大报告提出的乡村振兴战略成为乡村旅游区发展的“催化剂”，乡村旅游业的发展将迎来更大的机会。近年来广西掀起了一股乡村旅游区的建设热潮，每年都有一批乡村旅游区通过自治区组织的星级评定。要建设好乡村旅游区，必须得规划先行，以规划引导建设，才能更好地贯彻实施乡村振兴战略。本文通过分解乡村振兴战略的具体要求，以及解读乡村旅游及乡村旅游区，研究探索乡村振兴战略背景下的乡村旅游区规划策略及规划方法。

关键词：乡村振兴战略；乡村旅游区；规划；松山乡村世界

近年来，全国各省的乡村旅游区建设如火如荼，乡村旅游发展已经成为农村发展、农业转型、农民致富、乡风建设的重要渠道，党的十九大报告提出的乡村振兴战略成为乡村旅游区发展的“催化剂”，乡村旅游业的发展将迎来更大的机会。乡村旅游区作为现代农村发展中的新兴模式，其发展能够促进乡村振兴、丰富农村产业结构，同时带动乡村文明建设、增加农民收入。本文以广西钦州久隆镇松山乡村世界为例，从乡村振兴战略中的“产业兴旺、生态宜居、乡村文明、生活富裕”等要求入手研究如何编制乡村旅游区规划，以期探索乡村振兴战略下的乡村旅游区的规划策略及规划方法。

一、乡村振兴战略的解读

（一）乡村振兴战略的主要思想

习近平同志在党的十九大报告中提出要实施乡村振兴战略，“按照产业兴旺、生态宜居、乡村文明、治理有效、生活富裕的总要求，建立健全城乡融合发展体制机制和政策体系，加快推进农业农村现代化”。报告中提出构建现代农业产业、生产及经营体系，发展多种形式的规模经营，培育新型农业经营主体，实现小农户和现代农业发展的有机衔接，促进农村一二三产业的融合发展，通过鼓励农民创业，拓宽增收渠道。

乡村振兴必须确保经济的发展，这就要求产业兴旺。只有丰富农村产业类型、挖掘新产业新业态，才能提升农业的附加值。因此支持农民依托农业资源进行创业就业，融合发展一二三产业，是实施乡村振兴战略的重要路径。乡村振兴还必须留住乡村的青山绿水，要求生态宜居，要求在追求美好生活及生产效益的同时进行生态保护。要把生态宜居作为实施乡村振兴战略的重要目标及路径，这就需要尊重自然，人与自然共生。乡村振兴必须让社会主义核心价值观成为村民的主流意识，要求乡风文明。文明的乡风可使农村社会和谐，也可为乡村发展提供动力，从而实现乡村振兴。乡村振兴还必须要有健全的乡村治理体系，这就要求治理有效。村民自治，在很大程度上能够保障村民的民主权利，但传统愚昧思维及观念不利于乡风文明的建设。因此需要将自治、法治与德治相结合，建立有效的治理体系。乡村振兴必须使农民享受到社会经济改革发展成果，这就要求生活富裕。当前我国城乡居民的收入虽然呈现缩小态势，但总体上城乡贫富差距还是很大。因此，应将建立各种农民增收的长效机制，从而确保农民收入持续增长作为乡村振兴战略的首要目标。

（二）乡村旅游在乡村振兴战略中发挥的作用

乡村振兴战略提出坚持农业农村优先发展，建立城乡融合发展体制机制和政策体系。乡村振兴战略中的一条路就是通过发展乡村旅游业，建设乡村旅游区，通过旅游资源的要素配置向“农村、农民、农业”靠拢，通过城乡融合、乡村旅游融合，为新时代推动农业农村现代化做出新贡献，同时实施乡村振兴战略。

乡村旅游区的建设作为立足乡村发展的旅游区，能够有效带动乡村的服务业，丰富乡村的产业类型；保护乡村青山绿水的同时产生经济效益；能够促进建设文明的乡风及有效治理乡村，从而间接产生经济效益；能够带来就业，拉动乡村的经济，为村民增收。因此乡村旅游区的发展可称为实施乡村振兴战略的重要路径及突破口。

二、乡村旅游区的相关研究

（一）乡村旅游及乡村旅游区的相关概念

当前学术界对于乡村旅游概念的研究很多，但是没有一个统一的定义，比较主流的看法是乡村旅游是发生在乡村环境中的各类“以农业文化景观、农业生态环境、农事生产活动以及传统的民族习俗为资源”的旅游活动，很多人认为乡村旅游是一种“对于大自然的追求，对融入自然并与之和谐共存的人文环境和人类活动的追求”。在众多概念之中,《广西乡村旅游区质量等级划分与评定》对乡村旅游的定义较为全面系统,乡村旅游是依托乡村自然生态环境,以独特的农业生产形态、社会生活方式,民俗风情,传统的乡村文化,优美的田园风光和乡村聚落景观等为主要旅游吸引物,进行观光、游览、学习、体验、娱乐、餐饮、购物、休闲度假等形式的旅游活动。《广西乡村旅游区质量等级划分与评定》中,乡村旅游区是指以田园风光、自然生态、特色景观、历史民俗、农耕文化、休闲农业、名村名镇等乡村旅游资源为主要吸引物,具有观光、游览、餐饮、体验、娱乐、学习、购物、休闲、度假等多种功能的从事乡村旅游经营活动的区域,包括以农民家庭经营为主体的特色旅游村和以企业、机构、组织投资经营为主体的农业观光产业园、度假村和特色旅游农庄等类型。

(二)国外乡村旅游区的发展状况

19 世纪国外乡村旅游最早开始于欧洲,早期的乡村旅游为少数上层人群到乡村进行度假,随着社会的发展,逐渐在欧美等发达国家兴起,乡村旅游也随之大众化,对乡村旅游的相关研究也随之增多。国外对乡村旅游的研究从早期开发策略研究及乡村旅游对乡村经济的影响研究发展到乡村旅游对村民的影响研究、乡村旅游引起的效应研究以及可持续发展等方面的研究,近年来拓展至乡村景观、村庄更新、乡村遗产保护等方面的规划研究。

(三)国内乡村旅游区的发展状况

我国的乡村旅游出现于 20 世纪 90 年代,随着近几年来国家大力推广全域旅游,乡村旅旅游得到了快速发展,出现了很多农业观光园、民宿等形式多样的乡村旅游区。然而我国关于乡村旅游方面的研究起步相对国外比较晚,但伴随着乡村旅游区的建设热潮,与乡村旅游相关的研究也随之增多,并得到快速发展,设计单位、科研机构、高校等相关人士从社会、经济、地理人文、民俗传承以及规划建筑景观等方面对乡村旅游进行研究。随着国家旅游局大力推进全域旅游以及住建部深入开展新农村建设等,将乡村旅游的开发建设与美丽乡村建设相结合成为乡村旅游相关研究的新动向。

随着乡村旅游的兴起,全国各地的乡村旅游区开发建设也随之增加,从国家层面相继出台了相关政策,到地方各省、自治区都相继发布了关于乡村旅游区的一系列标准。其中,广西于 2008 年发布了《广西乡村旅游区质量等级划分与评定》,并于 2018 年进行修订,加强对广西乡村旅游区的管理,提高广西乡村旅游服务质量,维护乡村旅游区和旅游者的合法权益,促进广西旅游产业发展。除了发布标准,广西还通过财政手段鼓励乡村旅游区开发建设,为不同星级的乡村旅游区提供不同等级的奖励,促进了乡村旅游区的发展。

（四）小结

通过对乡村旅游及国内外乡村旅游区的研究，可以看出目前国内外关于乡村旅游区的研究偏重于旅游本身，对于乡村的振兴方面研究得比较少。

三、乡村振兴战略下的乡村旅游区规划理念及策略

（一）乡村振兴战略下乡村旅游区规划设计理念

（1）注重乡村产业多元化。乡村旅游区作为新兴的旅游区，应该整合农村的各项资源，除了旅游业，还要融合农业种植、餐饮业、养殖业等产业，走产业多元化的道路，从而达到产业兴旺。

（2）谋求可持续发展。乡村旅游区要建立在可持续发展的基础上，保护乡村生态环境，实现人与自然和谐共处，只有留下天蓝、地绿、山清、水秀的乡村，才能把绿水青山变成金山银山，才能“看得见山、望得见水、记得住乡愁”。

（3）创造优美的生活环境及良好的社会秩序。乡村旅游区的建设要避免脏乱差的生活环境及无序的社会秩序。以乡村旅游区的规划建设为契机，有效治理生活环境，实现村容整洁，为农民创造美好的生活环境。乡村旅游区的规划建设能够促进农民群众就地勤劳致富，形成井然有序的良好的社会秩序，能够解决留守儿童教育、留守夫妻交流、留守老人养老等社会问题，让人民群众在家门口拥有更加充实、更有保障、更可持续的获得感、幸福感、安全感。

（4）拉动周边村民共同富裕。通过乡村旅游区的规划建设，可以解决周边村民的就业问题，可以增加农民收入，可以带领农村居民迈向富裕生活。同时能够进一步提升农村居民生活水平、生活质量，更好地满足农民群众日益增长的美好生活需要。

（二）乡村振兴战略下乡村旅游区规划策略

（1）以产业兴旺为前提的规划策略。乡村旅游区的产业规划应以产业兴旺为前提，充分利用现有的农业，在丰富农业类型的基础上，带动第二产业及第三产业的发展。乡村旅游区的规划应以种植业、养殖业、餐饮业、旅游业、电商业等产业的蓬勃发展来实现产业的兴旺繁荣。

（2）以生态宜居为基础的规划策略。乡村旅游区的规划应要有利于保护乡村生态环境，有利于人与自然和谐共处，让农村环境更加优美，空气更加新鲜、水源更加洁净、食物更加安全。乡村旅游区规划应该要留下天蓝、地绿、山清、水秀的乡村，以生态宜居为基础，为乡村创造与自然共生的独特的生态环境。

（3）以乡风文明为保障的规划策略。乡村旅游区的规划要以乡风文明的建设为保障，通过改变村民传统的思维观念、规范村民的行为方式、传承生活习俗

及建设良好社会风气来推动旅游区的规划建设。

（4）以治理有效为根本的规划策略。乡村旅游区的规划坚持以治理有效为根本，通过旅游促进当地人民群众就地勤劳致富，建设良好的社会秩序，解决各类乡村社会问题，为村民提供更加充实、更有保障、更可持续的获得感、幸福感、安全感。

（5）以生活富裕为目的的规划策略。乡村旅游区的规划应该以带动农民共同富裕为目的，通过产业规划，为当地村民创造就业机会，将农民的收入与旅游区的经济效益绑定在一起，成为农民生活富裕的重要路径。

四、理论实践——广西钦州久隆镇松山乡村世界乡村旅游区总体规划

（一）区域位置

久隆镇位于钦州城区东北部，距市区 21 公里，东接那彭镇，西邻大垌镇，南近沙埠镇，北邻北区平吉、灵山陆屋两镇，钦（州）陆（屋）一级公路路过镇区。钦州市松山乡村世界始建于 2012 年 5 月，位于钦州市久隆镇平新村委松木山村，距钦陆一级公路及六景至钦州港高速公路久隆出口处 1 公里，毗邻 2 公里处有花海世界及中国龟谷旅游景点，距市区中心 12 公里，位于市区半小时经济圈内。

（二）现状概况

松山乡村世界位于久隆镇南部镇的北部，交通便利、位置优越，位于六景至钦州港高速公路及钦陆公路东侧，距高速公路出入口及钦陆公路约 1 公里，距离钦州市区约 12 公里。钦州松山乡村世界是集现代农业观光、城郊休闲娱乐、生态乡村体验于一身的新型生态旅游乡村度假区，景区功能齐全，设有种植区、采摘区、养殖区、烧烤区、垂钓区等多种休闲娱乐功能设施，是大型综合性城郊休闲娱乐生态旅游区。松山乡村世界内目前打造有番石榴采摘园、百香果采摘园、葡萄采摘园、橘子采摘园、蔬菜采摘园、蜜蜂园、动物喂养园并已经对外营业。整个旅游区土地资源和旅游资源较为丰富，更拥有钦州市内特有的红椎树林，高大的树干和美味的果实都是旅游区的特色旅游资源之一。

（三）旅游资源分析

1. 乡村旅游资源构成

久隆镇松山乡村世界旅游资源总体可概况为：“花果飘香、江景环绕、生鲜琳琅、红椎点缀、乡情民宿”，以“果、江、生禽、红椎、民宿”为五大特色资源。

生态水果果园：果园内种植有 5.5 公顷（82.5 亩）常规生态水果，有百香果、番石榴、橘子、葡萄、大青枣等，品种丰富，味美汁甜。

原生态红椎树林：钦州市规模最多最古老的红椎树，占地约 0.8 公顷（12 亩）。红椎，别称锥栗、椎丝栗，树枝枝干色泽和纹理美观，果实与板栗相近，每年立春百里飘香，令人心驰神往，秋冬季可让游客体验采摘野果的乐趣。

垂钓：松山乡村世界有江水环绕，湖水成片，水资源丰富，水产品营养高，适合建设野生河钓和养殖塘钓，提供罗非鱼、草鱼、鲤鱼、鲇鱼等优质鱼类供游客垂钓。

农家菜园：松山乡村世界土壤较肥沃，适合建设耕作体验园，提供无公害蔬菜供游客自行采摘，让游客吃到放心的绿色蔬菜。

生态竹林：松山乡村世界滨江有大片竹林环绕，微风拂过，枝叶作响，搭配江中落日余晖更是美不胜收，令人流连忘返。可作为临时休憩场地供游客小憩。

江中竹排：松山乡村世界竹林与江水的结合构成自然独特的美景，可提供各类竹排供游客入江游玩，为游客打造身临其境的感官享受。

乡村民宿：松山乡村世界内有当地村民提供民宿，淳朴的民风以及当地村民自家的民房能为留宿的游客提供与其他旅馆不一样的居住感受。

农家乐美食：结合周边情况，使用自产的无公害果树、纯正农家家禽、河鲜等食材，为游客提供当地的美食，松山乡村世界可为游客提供相应的服务，让游客体验真正的原生态乡村食物文化。

自行车：松山乡村世界规划面积较大，地势相对平坦，各个体验园之间的距离较长，适合构建环绕乡村道路（环村路）一周约 5 公里的骑行道路。

2. 乡村旅游资源评价

（1）敦实淳朴的乡土风情。松山乡村世界作为生态旅游乡村度假区，四周山水环绕，大片花果园圃层层叠进。整个旅游区与周围环境融为一体，阡陌交通，良田美池，鸟语花香，民风淳厚，怡然自乐，构成人与自然和谐的生活美景。这里远离城市的喧嚣与忙乱的快节奏，只要适当添置现代生活设施略加整理，将成为都市人返璞归真、回归自然的好去处。

（2）舒适怡人的环境与气候。松山乡村世界地处湿润的海洋性南亚热带季风气候，季相景观变化明显，一年四季可游。一天中也可以感受乡野及生态景观的变化：白天，登高远眺，一江围绕，满目青翠，花繁叶盛，瓜果飘香，穿行其间，落英缤纷，纵享世外桃源；夜晚，仰望天幕，月清星亮，远离尘嚣，三五好友，围炉夜话，悟生命起伏，善养浩然之气。松山乡村世界青山绿水，处处生机，生态环境优异，在这里可以呼吸到清新的空气，感受到恬静的乡村及生态野趣氛围，体验到与城市不同的农家生活。

（四）客源市场分析及游客容量预测

（1）客源市场分析。松山乡村世界位于钦州市久隆镇平新村委松木山村，距离钦灵公路及六景至钦州港高速公路久隆出口处仅 1 公里，交通方便，毗邻 2 公里处有花海世界及中国龟谷旅游景点，与旅游区形成连带关系，有利于游客聚集，位于市区半小时经济圈内，可吸引大批游客以及野外生存、骑行爱好者。核心客源市场：以钦州市及钦州市周边的南宁市、北海市、防城港市为主（地理距离近，旅游机会大）。钦州市居民主要以周末休闲、体验乡野、养心休憩、娱乐以及参加旅游节庆活动为主。外地游客主要以周末休闲、养心休憩、娱乐、观光、生态旅游及喜好民俗特征的旅游产品为主。

（2）游客容量分析。游客日容量是指在特定条件下，游客一天最佳游览时间内，游览区所能容纳旅游者的能力。它一般小于等于游览区的日环境容量，是规划设计的重要依据。根据《风景名胜区规划规范》（GB 50298-1999）要求，综合分析并满足该游览区生态允许标准等因素的前提下，对松山乡村世界的游人容量采取线路法、面积法进行预测。通过预测，并与旅游区的用地和相关设施的容量分析，经综合平衡后，确定游览区的游客容量为 1100 人次/日。根据景区的气候条件，同时考虑雨季等因素的影响，年可游览天数按 250 天计，则景区年游客容量约为 27.5 万人次。

（五）规划策略

（1）以产业兴旺为前提的规划策略。规划以产业兴旺为前提，依托松山乡村世界乡村旅游区现有的农业种植及农业采摘，多方向多维度挖掘其他相关的产业。根据松山乡村世界的实际情况，规划丰富种植业的种类，如沙糖橘、葡萄、大青枣、蔬菜等，为采摘提供更多空间；增加家鸡、水塘鱼、蜜蜂等养殖业；布局餐饮业、住宿业、素质拓展培训、野外垂钓、户外赛车、会议接待等服务业。

（2）以生态宜居为基础的规划策略。规划以生态宜居为基础，保留现状的农业资源、生态资源，其中农业资源主要有已经种植的各类水果、蔬菜以及野生的椎果，生态资源主要为现状的水系、山体以及村庄和河流旁的乔灌木等生态植被。通过保留及梳理，使得松山乡村世界更加宜居，以此吸引游客。

（3）以乡风文明为保障的规划策略。松山乡村世界保留有村庄，有原住民，因此规划应要以乡风文明为保障，转变村民的观念，树立绿水青山就是金山银山的观念。规划要规范村民的行为方式及建设良好的社会风气，同时要保留传统的生活习俗，吸引更多的游客。

（4）以治理有效为根本的规划策略。松山乡村世界的规划应以治理有效为根本，旅游区的发展要与原住民原村庄相结合，通过旅游提高村民的大局观，有效的治理可促使松山村建设良好的社会秩序，为原住民提供获得感、幸福感及安全感，从而共同维护景区的形象，吸引游客。

（5）以生活富裕为目的的规划策略。松山乡村世界的规划应该以带动原住民共同富裕为目的，结合产业规划让原住民就近就业，同时带动原住民发展农家乐及农家住宿，增加农民的收入，真正让原住民生活富裕。

（六）规划布局结构

将松山乡村世界旅游区发展布局定位为“一核”“多区”的空间布局结构：“一核”：松山乡村世界游客服务中心；“多区”：包括花卉观赏区、农家养殖体验区、垂钓区、民宿体验区、耕作体验区、烧烤区、餐饮区、体育运动休闲区、儿童游乐区、露营区、素质拓展区、越野赛道区、滨江生态游览区及生态果园采摘区。

（七）规划功能分区

松山乡村世界四星级乡村旅游区规划定位为集“农业体验”“乡村娱乐”“自然观光”“露天野营”“运动休闲”为一体，以“原生态乡村生活体验”为理念，根据现状区域环境条件，松山乡村世界划分为生态果园采摘区（大青枣采摘区、百香果采摘区、橘子采摘区、番石榴采摘区、葡萄采摘区、椎果采摘区）、花卉观赏区、农家养殖体验区、垂钓区、民宿体验区、耕作体验区、露营区、烧烤区、餐饮区、体育运动休闲区、儿童游乐区、素质拓展区、越野赛道区、滨江生态游览区等多个区域。整个旅游区装修风格以“生态、自然”为主题，建筑材料以金属、水泥砖块为骨架，茅草、竹子、木板为修饰，竭力打造一个与周边山水环境相融合、与生态环境相贴近的四星级乡村旅游区。

（八）旅游基础服务设施规划

1. 道路交通规划

松山乡村世界所在的久隆镇平新村委木山村，距离钦灵一级公路及六景至钦州港高速公路久隆出口处仅1公里，其乡道与六钦高速和钦陆公路交会。

松山乡村世界内道路系统分为四类：机动车道、步行道、自行车环道、越野赛道。

规划在松山乡村世界西北面平坦用地上建设小汽车生态停车场，停车场与环境相融，规划有停车位325个，占地1.6公顷。

2. 旅游设施规划

（1）标识系统规划。标识系统包括信息标志、指路标志、警示标志、安全标志和教育标志五大类。

各类标志牌必须按统一规范的要求清晰、简洁地设置，从而实现对游客的指引功能。

各种标志牌一般应设置在游客行进方向道路右侧或分隔带上，牌面下缘至地面高度宜为 1.8~2.5 米。

同一地点需设两种以上标志时，可合并安装在一根标志柱上，但最多不应超过四种，标志内容不应矛盾、重复。

区域标志要在统一规格的基础上，具有地方特色，应能明显区别于道路交通及其他标识。

（2）旅游卫生规划。在主要游览区每隔 100 米设置一个双桶垃圾回收箱，对垃圾进行分类处理。可转化为有机物的，引入沼气池加以利用并转化为农家肥；属于无机物的，统一收集后移出村外集中处理。垃圾桶由专职保洁员负责收集，再由专职保洁员运到镇垃圾处理站处理。

在游客服务中心和主要游览点布置旅游厕所。厕所应考虑客流量，适当放宽厕位数；并考虑盛行风向和地势高低等情况，安排旅游厕所的具体建设位置。规划设置 7 座独立的旅游厕所，游客服务中心周边的两个公共厕所要求搭三星级以上，其他 5 处联系各个游览点，以确保服务半径能够满足游客的需求。

（3）旅游安全规划。在松山乡村世界游客服务中心处设置一个医疗室，配备专业的医务人员和相应的医疗设施，对游客的突发疾病、意外伤害等事件进行紧急处理。同时与久隆镇卫生机构建立联系，以便对病情危急的游客进行及时救助。

在有危险隐患的地段，如滨江地带、地势高处设置围栏或防护绳，并树立警示标牌，防止游客不慎遇险。

（4）管线工程规划。目前，松山乡村世界生活用电是 220 伏居民用电，接至久隆镇变电站。乡村旅游开发后期，随着游客接待量的增加，变压设备等供电设施需要适当扩容，或按建设部门的设计进行建设。

目前，松山乡村世界给水设施主要为来自村庄管网的自来水，经相关部门检测稍作处理即可达到饮用标准。松山乡村世界目前的排水为自然排放，规划将生活污水通过排水管收集排至简易处理池，经处理后方可排至自然排放系统。

目前，松山乡村世界基本已实现电信网络全覆盖，电话功能完备。规划在主要游览点适当增加 Wi-Fi 供应和公用电话服务。

（九）植物景观规划

（1）植物配置原则。绿化种植规划以丰富植物品种数量和特色的植物选择相结合，松山乡村世界内植物相对丰富，以乔灌草相搭配的自然式植物配置以及流畅的曲线式的植物造景模式为宗旨，主要遵循多树种、多色彩、多层次组合及生态与艺术相结合的原则。

（2）植物配置。植物配置总体思路为，保护好现有林木，以原生态为基础，在不破坏生态平衡的情况下，将杂草、杂林除去，增加彩叶、花香植物，适量改变林相，以丰富景观层次，提高松山乡村世界植被的观赏性。

首先，力求多样化，可选择块状、团状、株间、行间等混交方式，密集型、稀疏型、园林型、空旷型和草坪型等不同类型景观交替出现，给人以“步移景异”的感觉。其次，要保持一定的透视景深。最后，要合理安排对景、透景、障景、隔景等丰富村庄的景观层次。主要是通过带植、群植、丛植、孤植、水体景观手法。

（十）乡村振兴规划

松山乡村世界乡村旅游区内有松木山村，应以乡村旅游区的规划来带动松木山村的发展，实施乡村振兴战略，达到“产业兴旺、生态宜居、乡村文明、治理有效、生活富裕”的要求。

规划以松山乡村世界为依托，丰富松木山村的产业结构，使得产业多元化，主要是带动松木山村的种植业、养殖业、餐饮业、住宿业等农业及农村第三产业的发展，从而达到产业兴旺。规划将旅游区的就业岗位优先为松木山村的村民提供，提高村民的经济收入，使村民走上生活富裕的道路。

规划保留乡村世界现状的山林、水系以及村庄房前屋后的灌木林，并通过有效的治理、清洁以及整理，为村庄创造生态宜居的环境。同时要求松木山与旅游区共同制定乡村清洁办法、生态环境保护办法等一系列有效的治理办法，从而保障生态宜居的环境。

为了更好地吸引游客，规划要求旅游区要加强乡风文明知识的宣传，为松木山村的村民灌输“只有文明的乡风可以吸引更多的游客，才能带来更多的财富”的思想，从本质上改变松木山村的乡风，建设乡风文明的乡村及乡村旅游区。

五、结语

本文通过对党的十九大报告中提出要实施乡村振兴战略与国内外乡村旅游及乡村旅游区的相关理论进行研究总结，提出基于乡村振兴战略乡村旅游区的规划策略，并以广西钦州市久隆镇松山乡村世界为例，详细介绍了基于乡村振兴战略的乡村旅游区规划方法，为乡村旅游区的规划提供一些参考。

参考文献

［1］李国祥．专家解读：十九大“乡村振兴战略”［J］．农经，2017（11）：28-35.

［2］何景明，李立华．关于“乡村旅游”概念的探讨［J］．西南师范大学学报（人文社会科学版），2002，28（5）：125-128.

[3] DB 45/ T900-2013，广西乡村旅游区质量等级划分与评定 [S].

[4] 段怡敏．乡村旅游区乡村性设计研究 [D]. 西安建筑科技大学硕士学位论文，2017.

[5] 习近平．决胜全面建成小康社会　夺取新时代中国特色社会主义伟大胜利——在中国共产党第十九次全国代表大会上的报告 [M]. 北京：人民出版社，2017.

[6] 闫见英，顾颖枫，余沙，吴恒．乡村振兴战略下村庄美丽田园建设浅析——以佛山市顺德区勒流街道江义村美丽田园发展规划为例 [J]. 智能城市，2018，4（8）：15-17.

[7] 杨苹苹．乡村振兴视域下生态宜居乡村的实现路径 [J]. 贵阳市委党校学报，2017（6）：59-62.

[8] 张鑫佳．实施乡村振兴战略建设生态宜居乡村——以莱阳市为例 [J]. 烟台职业学院学报，2017，23（4）：1-4.

[9] 袁媛．田园综合体目标导向下乡村旅游区规划建设——以思良江乡村旅游区规划（2017~2021）为例 [J]. 规划师，2017，33（12）：136-143.

新时代云南乡村振兴战略实施策略研究

——以云南元江哈尼族彝族傣族自治县为例

云南省委党校　刘小龙　李鹏飞

摘要：务农重本，国之大纲。“三农”问题是关系国计民生的根本性问题。农业强不强、农村美不美、农民富不富，决定着亿万农民的获得感和幸福感，决定着我国全面小康社会的底色和社会主义现代化的质量。实施乡村振兴战略，是党的十九大作出的重大决策部署，是决胜全面建成小康社会、全面建设社会主义现代化国家的重大历史任务，是新时代“三农”工作的总抓手。本文以云南元江哈尼族彝族傣族自治县（以下简称元江县）为例，系统阐述了新时代西部农村地区实施乡村振兴战略的思路、策略及政策建议，以期为新时代乡村振兴战略研究提供参考。

关键词：新时代；乡村振兴；策略

一、研究背景

2018年1月，中共中央、国务院出台了《关于实施乡村振兴战略的意见》，提出“提升农业发展质量，培育乡村发展新动能”“推进乡村绿色发展，打造人与自然和谐共生发展新格局”“繁荣兴盛农村文化，焕发乡风文明新气象”“加强农村基层基础工作，构建乡村治理新体系”“提高农村民生保障水平，塑造美丽乡村新风貌”“打好精准脱贫攻坚战，增强贫困群众获得感”“推进体制机制创新，强化乡村振兴制度性供给”“汇聚全社会力量，强化乡村振兴人才支撑”“开拓投融资渠道，强化乡村振兴投入保障”“坚持和完善党对‘三农’工作的领导”。可以说，实施乡村振兴战略，是决胜全面建成小康社会、全面建设社会主义现代化国家的重大历史任务，也是新时代“三农”工作的总抓手。

2018年5月，云南省委、省政府制定了《关于贯彻乡村振兴战略的实施意

作者简介：刘小龙（1962—），男，江西安义人，中共云南省委党校省情与政策研究所所长，二级教授。研究方向：区域经济、产业经济。李鹏飞（1987—），男，云南昆明人，中共云南省委党校省情与政策研究所讲师，经济学博士。研究方向：产业经济。

见》，从“推进高原特色农业现代化”“促进乡村绿色发展”“提高乡村社会文明程度”“构建乡村治理新体系”“提高农村民生保障水平”“打好精准脱贫攻坚战”“强化乡村振兴支撑保障”“坚持和完善党对‘三农’工作的领导”八个方面提出了36条要求。此外，玉溪市委、市政府在《关于实施乡村振兴战略走在全省前列的实施意见》中提出培育乡村发展新动能、打造绿色发展新格局、焕发乡风文明新气象、构建乡村治理新体系、建设美丽幸福新家园、打好精准脱贫攻坚战，确保玉溪实施乡村振兴战略走在全省前列；元江县委、县政府出台了《关于实施乡村振兴战略的实施意见》，要求切实增强实施乡村振兴战略的紧迫感和使命感，围绕二十字方针，精准施策，集中发力，推动农业农村全面发展，奋力走出一条具有元江特色的乡村振兴路子。

2018年6月上旬，课题组赴元江县进行了调研，听取了县委、县政府领导的要求和意见，召开了相关部门参加的专题座谈会，赴各乡镇（街道）进行了实地考察，收集了相关材料。经过课题组集体讨论和分头工作，形成了本文。

二、基本情况

元江哈尼族彝族傣族自治县，位于云南省中南部，地处元江中上游，东与石屏县接壤，南与红河县相连，西与墨江县毗邻，北紧靠新平县。县人民政府驻澧江镇，距玉溪市所在地130公里，距省会昆明210公里。县国土面积2858平方公里。近年来，元江实施“生态立县、产业富县、创新强县、开放兴县、共享和县”发展战略，坚持“全力转方式，调结构，提升一产，促进二产，强推三产，实现产业融合发展”基本思路，跻身全省县域经济发展农产品主产区和特色产业发展先进县。

但目前元江县乡村发展仍存在一系列深层次矛盾和问题，主要表现在：

第一，现代高原特色农业发展不充分。全县农业产业化程度低、规模小、链条短，结构不够合理，缺少大项目和大型龙头企业带动，糖料甘蔗、烤烟和畜牧等传统产业支撑乏力，农产品精深加工能力不足，加工营销流通发展滞后，组织化、市场化、品牌化程度不高，农业供给质量亟待提升。

第二，基础设施和公共服务比较薄弱。全县城乡发展不均衡，城乡一体化发展步伐不快。农村农田、水利、交通、通信等基础设施仍较薄弱，教育、卫生等公共服务供给水平不高，农业生产条件差、抗风险能力低，农村垃圾、污水缺乏有效整治，人居环境有待进一步改善。

第三，农村缺乏生机与发展活力。全县农村居民精神文化生活相对缺乏，村规民约贯彻落实效果不明显，村落的民族文化、历史文化传承保护不够，村庄“空心化”、农民“老龄化”问题日益突出，大量年轻人进城务工，乡村发展缺乏活力，农民适应生产力发展和市场竞争的能力不足，新型职业农民队伍建设成效不够明显。

第四，基层组织建设和治理能力需要加强。全县农村基层党建还存在一些值得重视的薄弱环节，农村党员“老龄化”严重，部分农业农村干部工作作风有待转变，基层党员作用发挥不明显，党组织的创造力、凝聚力和战斗力不够强。乡风民风文明转化不够快，乡村治理体系和治理能力亟待强化。

第五，脱贫攻坚任务仍然艰巨。在云南属贫困人口面大、贫困程度较深的县份，2017 年尚有建档立卡贫困人口 6114 户 24229 人。同时，又是非国家和省级贫困县、非国家重点扶持县、非省级连片扶贫开发县和非边疆少数民族建设县，在争取扶贫项目和资金方面困难大，在易地扶贫搬迁、村产业培育和群众增收方面问题多。

三、基本思路

全面贯彻党的十九大精神，以习近平新时代中国特色社会主义思想为指导，紧紧围绕全省打造“三张牌”部署、玉溪市“5577”总体思路和元江“三区一胜地”建设目标，突出元江交通区位、立体气候、绿色产品优势，统筹推进“五位一体”总体布局和协调推进“四个全面”战略布局，坚持把解决好“三农”问题作为全党工作重中之重，坚持农业农村优先发展，按照产业兴旺、生态宜居、乡风文明、治理有效、生活富裕的总要求，建立健全城乡融合发展体制机制和政策体系，全力推动乡村产业振兴、人才振兴、文化振兴、生态振兴、组织振兴，高标准、高水平、高质量推进农业现代化、农村现代化、乡村治理体系和治理能力现代化建设，奋力走出具有元江特色的乡村振兴路子，努力打造全省乡村全面振兴先行区，绘就“热情元江、生态家园”乡村美景图。

到 2022 年，全县乡村振兴取得重要进展，党的农村工作领导体制机制进一步健全，制度框架和政策体系基本形成。农业供给侧改革深入推进，高原特色现代农业提质增效迈出重要步伐，农村一二三产业融合发展水平进一步提升，综合生产能力稳步提升，供给体系质量明显提高；农民增收渠道进一步拓宽，农村居民收入增幅高于城镇居民收入增幅，农村居民人均可支配收入达到 17000 元以上，年递增 7.8%，城乡收入差距持续缩小，现行标准下农村贫困人口实现脱贫，脱贫成果进一步巩固提升；农村人居环境明显改善，美丽宜居乡村建设扎实推进，农村基础设施建设得到较大改善，60%以上的村庄村容村貌得到有效治理，建成一批引领乡村振兴的“五美”示范村；农村社会事业发展加快推进，城乡基本公共服务均等化水平进一步提高，城乡融合发展体制机制初步建立；生态建设持续加强，农村生态环境明显好转，农业生态服务能力进一步提高，生态产品和服务供给能力进一步提高，以热带水果为代表的“绿色食品”品牌打造初见成效；以党组织为核心的农村基层党组织战斗堡垒作用进一步加强，乡风文明达到新高度，民族团结进步全面加强，乡村治理体系进一步完善。

到 2035 年，全县乡村振兴取得决定性进展，农业现代化、农村现代化、乡村治理体系和治理能力现代化基本实现。现代农业发展更为充分，“绿色食品”品牌全面建成，农民就业质量显著提高，生活更为宽裕；城乡基本公共服务均等化基本实现，城乡融合发展体制机制更加完善；乡风文明达到新高度，乡村治理体系更加完善；农村生态环境根本好转，美丽宜居乡村基本实现。

到 2050 年，全县乡村全面振兴，农业强、农村美、农民富的目标全面实现。

四、主要任务

（一）加快动能转换，推动乡村产业振兴

坚持绿色兴农、质量兴农、特色助农、品牌强农、融合富农，进一步深入推进农业供给侧结构性改革，加快构建元江县现代农业政策支持体系、产业体系、生产体系、经营体系，打造“绿色食品”品牌，提高农业创新力、竞争力和全要素生产率，推动乡村产业振兴。

第一，提高农业综合生产能力。按照区域化布局、规模化经营、标准化生产、生态化发展、一体化推进的要求，紧扣红河谷—绿汁江热区产业经济带、昆玉—玉元经济带建设，深入推进农业绿色化、优质化、特色化、品牌化，全力打好“绿色牌”，推动农业产业转型升级。在保护永久基本农田、提高高稳产农田比例、稳定粮食生产的基础上，优化山区热坝区种植结构，调优山区烟果品种，大力发展热带优势经作、特色畜禽养殖、特色水产养殖、热带花卉，打造特色生物资源创新产业基地，拓展农产品保障、原料供给、就业增收、生态保护、观光休闲、文化传承等农业多种功能，构建有元江特色、有品牌的优质高效现代农业。

第二，推进农业示范园区建设。依托元江热区资源和区位优势，积极发展资源在外、市场在外的外向型农业；推进农业标准化、品牌化建设，加快发展绿色生态优质农产品生产；重点打造“元江芦荟、元江金芒果、钰钿火龙果、果落垤油桃、元江辣木、万象牛肉”等一批特色鲜明、规模集中、与国际标准接轨的出口农产品生产基地。加大农业招商引资力度，引导外资、工商资本、民营资本等投向农业服务业、休闲观光农业、农业庄园等新兴领域。

第三，构建外向型农业开放格局。坚持质量第一，推进质量兴农、品牌强农，大力开拓县内外市场，加快发展开放型特色农业，抢占农产品市场份额。开展农民专业合作社信息化示范，建立农民专业合作社信息管理平台，为合作社提

供农产品批发市场价格信息、农资市场价格和质量信息；开展农产品批发市场信息化示范，重点支持水果、蔬菜、禽、肉、蛋、水产、花卉等重点农产品批发市场的信息化建设，加强农产品物流配送、市场、管理、交易等方面的信息化建设，减少交易中间环节，提高交易效率，降低交易成本；引入合作伙伴，建立农产品电子商务平台，提供生产、流通、交易、竞价等服务。

第四，狠抓绿色有机食品生产。加快建设绿色优质农产品生产区，推广“大产业+新主体+新平台”发展模式，扩大绿色有机食品原料种植面积，推进标准化生产示范基地建设，积极开展国际有机食品认证，促进农业绿色化、有机化、优质化、品牌化、特色化发展，将元江县打造成为“绿色食品”品牌先行示范区、云南热区果蔬有机食品重要生产基地。

第五，加快农业产业融合发展。坚持以市场为导向，以完善利益联结机制为纽带，在“种养加”“贸工农”“产加销”的基础上，大力开发农业多种功能，推动产业链延伸、价值链提升、利益链完善、供应链紧密，采取就业带动、保底分红、股份合作、利润返还等多种形式，促进农林畜渔业与加工、流通、旅游、文化、康养等产业深度融合，让农民分享全产业链增值收益。

（二）建设美丽家园，推动乡村生态振兴

坚持绿色发展引领乡村振兴，充分发挥生态环保促进经济发展的作用，以环保推动产业转型升级，坚决打好功能区建设与污染防治攻坚战，推进乡村绿化，提升人居环境，建设优美乡村。

第一，统筹山水林田湖草系统治理。坚持环境保护与经济社会协调发展、产业和生态同步发展、环境保护和生态建设并重，落实节约优先、保护优先、自然恢复为主的方针，统筹山水林田草系统治理，全面提升生态环境质量，建立起保障经济社会综合开发可持续发展的环境支撑体系。围绕优化格局、提升功能，在重要生态区域内开展沟坡丘壑综合整治，平整破损土地，实施土地石漠化治理、耕地坡改梯、历史遗留工矿废弃地复垦利用等工程。以红河谷—绿汁江河谷两岸地区为重点，大力推动石漠化治理工程。严格划定饮用水源地保护区，以生态红线强力监管。全面开展城镇集中式饮用水源地核查，科学划定和调整各水源地保护区范围。建立饮用水源保护应急预案，健全饮用水源监控制度，定期发布饮用水源地水质监测信息。

第二，建立市场化多元化生态补偿机制。根据国家、省、市政府的统一部署，落实农业功能区制度，加大重点生态功能区转移支付力度，完善生态保护成效与资金分配挂钩的激励约束机制。完善政策立法，建立健全生态补偿长效机制，明确生态补偿的基本原则、补偿范围、资金来源、补偿标准等，推进生态补偿制度化和法制化。加快建立生态补偿标准体系，根据各领域的类型和特点，完

善测算方法，分别制定生态补偿标准，加大补偿力度。鼓励地方在重点生态区位推行商品林赎买制度。健全地区间、流域上下游之间横向生态保护补偿机制，探索建立生态产品购买、森林碳汇等市场化补偿制度。推行生态建设和保护以工代赈，提供更多生态公益岗位，加强专业培训，提高基层生态岗位工作人员履职能力。

第三，大力发展绿色生态循环产业。践行“绿水青山就是金山银山”的绿色发展理念，探索循环经济模式，发展资源节约和环境友好型产业，将乡村生态优势转化为发展生态经济的优势，提供更多更好的绿色生态产品和服务，实现百姓富、生态美的统一。深入推进主要农作物化肥、农药使用量零增长行动，加大化肥、农药减量增效试验示范。扩大病虫草害综合防治覆盖面积，综合运用农业防治、生物防治、物理防治和生态控制技术。建立健全农作物病虫草害的预警体系。推广使用新筛选出的高效、低毒、低残留农药，减少化学农药使用量。推行病虫草害综合防治。加强农膜回收，推广可降解地膜，减少农膜残留。加强农村水环境治理，实施农村生态清洁小流域建设。合理布局畜禽养殖场，合理划定禁养区，规划期内继续加大环境执法力度，杜绝在禁养区建设畜禽养殖场。加强畜禽养殖废弃物处理和资源化利用，改善粪尿收集方式。大力推行雨污分离、干湿分离、饮排分离等粪尿收集方式，降低污水有机污染浓度。

第四，扎实推进农村人居环境综合整治。持续推进农村人居环境提升行动，开展农村环境脏乱差综合治理，严防工业和城镇综合污染向农业转移，建立健全农村卫生保洁制度和垃圾清运制度，推进农村生活垃圾无害化处理和资源化利用，梯次推进农村生活污水治理。加强对农村工业企业的监督管理，严格执行企业污染物达标排放和污染物排放总量控制制度，防治农村地区的工业污染。综合采取技术、工程措施，控制农业面源污染。加强农村环境监管能力建设，落实县乡两级农村环境保护主体责任。大力推进“厕所革命”和“人畜分离”，延伸开展农村户用卫生厕所建设和改造，实现人畜尿粪的无害化、减量化和资源化。加强农村清洁能源建设。推广以天然气能源为主、太阳能综合利用为辅的新型清洁能源，借生态乡镇建设、城乡一体化及新农村“示范村”建设为契机，建设沼气、节柴改灶、太阳能，推进“以电代柴、以气代柴”，大力提高市域内农村生活用能中清洁能源所占比例。

第五，打造美丽乡村建设范例。突出元江民族和历史文化特色，注重生态建设、因地制宜、因村施策，适应农民生产生活方式，保持田园风貌，注重民族民间传统文化的保护、传承与创新，以“百村示范、千村整治”行动为抓手，统筹推进各级各类示范村建设，支持乡镇（街道）积极开展美丽宜居乡村创建活动，重点打造一村一景、独具魅力的美丽乡村建设范例。抓好邑慈碑村、二掌村等国家传统村落以及省级示范村、市级美丽宜居乡村、易地扶贫搬迁村等规划编制工作，提升村寨规划的编制质量和覆盖率。坚持以旧村改造为主、集中新建为辅，不搞大拆大建，实行最严格的耕地保护制度，尽量避让耕地，禁止中心村建设占用基本农田。建立有制度、有标准、有队伍、有经费、有督查的村庄人居环境长效管护机制，共同建设美丽和谐家园。

（三）培育文明乡风，推动乡村文化振兴

坚持物质文明和精神文明一起抓，以培育和践行社会主义核心价值观为重点，繁荣农村文化，推动移风易俗，通过树立良好乡风、家风、民风，提振农民的精气神，培育乡村文化精神，调动农民实施乡村振兴战略的积极性、主动性和创造性。

第一，传承发展农村优秀传统民族文化。加快推进“历史文化名镇名村”“传统村落民族特色村寨”“民族文化生态旅游村”“生态文化村”建设，积极推动非物质文化遗产传习馆文化载体建设，大力保护、传承和弘扬国家级非物质文化遗产，充分挖掘和传承发展农村优秀传统技艺、传统美术、民族节庆、民族体育、民间文化，开展民族艺术之乡创建。完善群众文艺扶持机制，鼓励农村自办文化活动，鼓励离退休干部、志愿者、新乡贤投身农村优秀传统民族文化建设，丰富农村文化业态。传承发展国家级非物质文化遗产哈尼“粽扇舞”及彝族“阿哩”、傣族“狮子舞”等少数民族文化，提档升级哈尼十月年、彝族火把节、傣族蒙面情歌节等民族节庆节事活动。加强对农村地区优秀传统文化、农耕文化的保护和传承发展，坚持“见人见物见生活”保护建设理念，划定乡村建设的历史文化保护线，积极申报中国传统村落并完成保护发展规划编制，完成县内历史街区和历史建筑的普查划定保护工作，保护好文物古迹、古树名木、民族村寨、传统建筑、农业遗迹、灌溉工程等遗产。完善县、乡（镇、街道）、村三级非物质文化遗产传承保护机制，对农村非物质文化遗产代表性传承人给予经费补助，让优秀文化遗产得到传承发展。实施乡村经济社会变迁物证征藏工程，鼓励乡村史志修编。

第二，加强农村公共文化基础设施建设。大力推进城乡基本公共文化服务标准化、均等化，加快建设覆盖全县的公共文化设施服务网络。加快乡镇街道公共文化场所（馆、站）建设，进一步整合农村宣传文化、科普教育、体育健身等各类资源，打造农村综合性文化服务中心。提高农村文化自我发展能力，促进城乡文化资源互动共享。深入实施文化惠民工程，开展村组活动场所提升行动，建设一批村级文化活动室、文化广场、特色农家书屋、农村固定电影放映点等基层文化阵地建设，推进数字广播电视户户通，推进农家书屋延伸服务和提质增效，鼓励建设世居少数民族博物馆、文化传习馆，构建保障基本、全面覆盖、使用高

效、促进公平的文化设施网络。推进数字广播电视户户通，探索农村电影放映新模式，推进农家书屋延伸服务和提质增效。丰富文化活动载体，大力开展文化、科技、卫生“三下乡”活动和群众性文化体育活动。提升农村公共文化服务，广泛开展“种文化”、“送文化”、送戏下乡、村歌比赛、文化走亲等活动，丰富群众精神生活。

第三，不断提高农民思想道德水平。坚持全民行动、干部带头，从家庭抓起，从娃娃抓起，大力弘扬社会主义核心价值观，以中国梦和“玉汝于成·溪达四海”的玉溪精神凝聚共识、汇聚力量，繁荣农村文化，培育乡村文化精神。广泛开展理想信念教育，深化中国特色社会主义和中国梦宣传教育，弘扬民族精神和时代精神。大力加强社会公德、职业道德、家庭美德和个人品德建设。深入开展文明村镇、文明家庭等创建活动，深化先进典型的选、树、育、学，加快形成文明健康的农村社会风尚。依托乡镇（街道）文化站和村级活动室，培养农村文化艺人，发挥农村文艺队文化先锋作用，运用新媒体、农家书屋、村文化活动室（中心）等各类教育阵地，深入开展爱国主义、集体主义、社会主义教育，深化民族团结进步教育，弘扬民族精神和时代精神，提升农民思想道德和科学文化素质。开展农村诚信建设专项治理，不断强化和提升农民的社会责任意识、规则意识、集体意识、主人翁意识。

第四，确保村规民约有效运行。加强社会管理创新，增强基层民主自治活力，提升基层自治能力，指导村（社区）制定出符合本村（社区）的具有全面性、可操作性的《村规民约》和《居民公约》管理办法，做到有规可依，不断规范村民行为，促进乡风文明建设。结合村（社区）实际情况，制定科学合理的监管制度，成立村（社区）或村（居）民小组村规民约监督小组，定期不定期地检查村规民约的落实情况，发现违规行为的，给予及时处理，确保《村规民约》和《居民公约》有效运行。将村规民约制成文化墙，发挥其宣传引导、美化环境的功效。

第五，积极开展移风易俗行动。大力开展历史文化村落保护建设，挖掘乡村故事，整理乡村档案，传承乡村优秀文化，广泛开展“传家训、立家规、扬家风”活动。进一步弘扬本土乡贤文化，深入开展道德模范与身边好人评选活动，发挥乡村精英的示范引领作用，调动各界成功人士回乡支持美丽乡村建设的积极性，以嘉言懿行垂范乡里。广泛开展文明家庭、文明村镇、星级文明户等群众性精神文明创建活动，普遍建立村民议事会、道德评议会、禁毒禁赌会、红白理事会，推广移风易俗“那诺”经验，坚决遏制大操大办、厚葬薄养、人情攀比、封建迷信等陈规陋习。以党风带动民风、淳化乡风，通过党员干部亮身份、树旗帜，做表率，教育、引导亲属、朋友及身边群众反对铺张浪费，形成人人抵制陈规陋习的广泛共识和强大合力。巩固提升殡葬改革成果，推进农村公益性公墓等殡葬服务设施建设，积极推广绿色节地生态安葬方式，节约土地资源、保护生态环境。

（四）加强农村基层党组织建设，推动乡村组织振兴

实现乡村振兴，治理有效是基础。坚持自治、法治、德治相结合，以农村基层党组织建设为主线，建立健全党委领导、政府负责、社会协同、公众参与、法治保障的现代乡村社会治理体制，实现政府治理和社会调节、村民自治良性互动，建设充满活力、和谐安定、民族团结的乡村社会。

第一，强化农村基层党组织领导核心地位。发挥农村基层党组织的“神经末梢”作用，以政治建设统领农村基层党建工作。落实好全面从严治党要求，严肃党内组织生活，深入开展“不忘初心、牢记使命”主题教育，推动“两学一做”学习教育常态化制度化，打造坚强的农村基层党组织，为乡村振兴提供坚强的政治保证和组织保证。坚持县、乡、村、组四级联动，持续整顿软弱涣散村党组织，每年按照一定比例倒排整顿对象，建立工作台账，逐一制定整顿措施，开展集中整顿，稳妥有序开展不合格党员处置工作，着力引导农村党员发挥先锋模范作用，推动农村基层党组织规范化建设。积极适应农业农村现代化要求，加大在农民合作社、农村企业、农村社会化服务组织、农民工聚居地建立党组织力度，及时调整优化合并村组、村改社区、跨村经济联合体党组织设置和隶属关系，切实加强党组织对农村各类组织的领导，调整优化党组织设置。

第二，加强基层党员队伍建设。坚持把政治标准放在首位，强化“从好人中选能人”导向，选优配强村“两委”班子特别是党组织书记，鼓励政治性、组织性、纪律性强的退伍军人进入村“两委”班子。统筹城乡人才资源，拓宽选人视野，积极探索优秀书记跨村兼职、机关干部脱产任职等方式，推动村党组织书记队伍整体优化提升。强化党员意识，推进“两学一做”学习教育常态化制度化，严格党的组织生活，全面落实“三会一课”、主题党日、谈心谈话、民主评议党员、党员联系农户等制度，培养一批政治过硬、实绩突出的农村基层干部。实施村级后备干部“金种子”培养工程，选拔一批德才兼备的优秀人才进入村级后备干部队伍，推动农村基层党员干部素质提升长效化，提高村干部综合素质和致富带富能力。

第三，完善村级组织运转经费保障机制。建立村级组织运转经费正常增长机制，加大财政保障力度，逐步提高基层党组织工作经费和村组干部基本报酬标准，对集体经济薄弱村、空壳村村级组织运转经费，县级财政应加大倾斜力度。加大抓党建促村级集体经济发展工作力度，以镇为单位逐村分析研究，制定发展村级集体经济的实施方案。鼓励村党支部领办合作社，统筹整合资金重点扶持集

体经济薄弱村、空壳村，总结推广先进典型，对有贡献的村干部可以进行物质奖励。探索建立社区事权与财力相统一的专项经费拨付制度，政府各职能部门在事权明确、责任清晰的基础上，按“权责利”相统一和“费随事转”的原则，根据社区所承担的具体事项和专项职能，将有关专项经费直接下拨给社区。

第四，推进基层党组织作风建设。严格党内政治生活，以“主题党日”为载体，认真落实《中国共产党党务公开条例（试行）》，积极推进党务村务财务公开，及时回应党员和群众关切，以公开促落实、促监督、促改进，不断增强基层党员自我净化、自我完善、自我革新、自我提高能力。严格落实按“四议两公开”程序决策村级重大事项制度，促进村级事务运行健康有序。认真落实村干部小微权力清单、坐班值班、岗位目标责任制等制度，建立村党组织书记履职尽责清单，加强日常管理和年度目标考核。坚决整治“村霸”和慵懒滑贪“四类村干部”，督促村干部履职尽责、为民服务。建立健全村干部经济责任审计、任期述职、责任追究等制度，规范村级事务运行。严厉整治惠农补贴、集体资产管理、土地征收等领域侵害农民利益的不正之风和腐败问题。

五、政策建议

实施乡村振兴战略，必须完善保障体系，推进体制机制创新，把制度建设贯穿其中，完善产权制度和要素市场化配置，激活主体、激活要素、激活市场，着力增强改革的系统性、整体性、协同性，推动规划落地实施。

（一）优化政策环境

广泛宣传解读党的“三农”政策和乡村振兴战略。强化组织动员和宣传发动，尊重群众和基层首创精神，鼓励先行先试、开拓创新，形成实施乡村振兴战略的强大合力。营造良好创新创业环境，鼓励建立返乡创业园、创业孵化基地、创客服务平台，吸引各类资源要素向乡村集聚。本着为民、便民、利民、亲民原则，强化服务意识，提高行政效能，为农业农村发展营造更优环境。

（二）加大财政支农投入

继续加大对农村基础设施的投入，不断加大对各种支农项目资金的投入，同时采取有效措施鼓励引导城市资本和社会资本投入，对各村寨基础设施项目建设进行全覆盖，使农村基础设施全面改观。坚持农业农村优先发展，进一步优化财政供给结构，创新财政投入方式，建立健全实施乡村振兴战略财政投入保障制度，公共财政更大力度向“三农”倾斜。

（三）完善评价考核机制

建立乡村振兴战略实施监测评价指标体系，分级评价各地实施情况，加强规划实施动态监测，努力建立一套科学、可操作、尊重差异、体现侧重的考核指标体系。丰富评估考核方式，实行定性考核与定量考核相结合，基础考核与重点考核并重，定期考核与日常督查相结合，优化考核方法与程序，提高考评绩效。

（四）有序实现乡村振兴

乡村振兴战略具有长远性和全局性，必须坚持规划先行，把规划放在首要位置，科学规划、注重质量、从容建设。统筹乡镇和村组，制定与国民经济社会发展规划相对应的县域乡村振兴规划；乡镇按照因地制宜、宜聚则聚、宜散则散的规划理念，坚持“小而美”的空间格局，维系小城镇宜居尺度，及时更新、完善镇村规划体系。加强各类规划的统筹管理和系统衔接，推进城乡规划、土地利用总体规划、产业发展规划、环境保护规划、经济和社会发展规划等有机衔接，促进城乡功能和空间融合发展。

（五）强化典型带动

以先进村寨、先进人物的生动实践引领带动乡村振兴战略的深入实施。做到进村入户、科学可做，推出一批特色突出、具有较高标准和较强示范作用的先进典型的宣传报道，振奋基层干部群众精神。立足各地实际，探索创新多元模式，以点带面、点面结合，推动元江乡村振兴健康有序进行。

参考文献

[1] 陈龙．新时代中国特色乡村振兴战略探究［J］．西北农林科技大学学报（社会科学版），2018，18（3）：55-62.

[2] 郭晓鸣，张克俊，虞洪，高杰，周小娟，苏艺．实施乡村振兴战略的系统认识与道路选择［J］．农村经济，2018（1）：11-20.

[3] 叶兴庆．新时代中国乡村振兴战略论纲［J］．改革，2018（1）：65-73.

[4] 刘合光．乡村振兴战略的关键点、发展路径与风险规避［J］．新疆师范大学学报（哲学社会科学版），2018，39（3）：25-33.

[5] 王亚华，苏毅清．乡村振兴——中国农村发展新战略［J］．中央社会主义学院学报，2017（6）：49-55.

[6] 朱泽．大力实施乡村振兴战略［J］．中国党政干部论坛，2017（12）：32-36.

广西贫困山区乡村振兴研究

广西社会科学院副研究员　周明钧

摘要：广西是集中连片贫困山区，农业生产基础脆弱，农村发展环境落后，农民生活水平滞后，贫困点多面广程度深，脱贫致富、乡村振兴任务艰巨。广西贫困山区乡村振兴必须从其特有的环境、特点和要求出发，按照“产业兴旺、生态宜居、乡风文明、治理有效、生活富裕”的总体要求，探索“挖掘地方特色优势—摆脱贫困落后面貌—全力增收脱贫—致力乡村振兴”模式，在摆脱贫困落后面貌中致力于建设具有贫困山区特色的美丽乡村和幸福家园。

关键词：广西；贫困农村；乡村振兴；对策研究

实施乡村振兴战略是党的十九大对解决“三农”问题提出的新举措，是贫困山区摆脱贫困落后面貌的助推器。广西是集“老、少、边、山、库”于一体的集中连片贫困山区，农业生产基础脆弱，农村发展环境落后，农民生活水平滞后，贫困点多面广程度深，脱贫致富、乡村振兴任务艰巨，摆脱贫困落后面貌与建设美好幸福家园压力大、困难重。广西贫困山区实施乡村振兴战略必须从其特有的环境、特点和要求出发，因地制宜、因点施策、以点带面，按照“产业兴旺、生态宜居、乡风文明、治理有效、生活富裕”的总体要求，探索“挖掘地方特色优势—摆脱贫困落后面貌—全力增收脱贫—致力乡村振兴”的模式，同步推进、同层治理、良性循环，在摆脱贫困落后面貌中致力于建设具有贫困山区特色的美丽乡村和幸福家园。

一、广西贫困山区的贫困现状及其成因

（一）贫困点多面广程度深，脱贫任务艰巨

据2016年10月数据显示，广西农村精准识别贫困分数在59分及以下的有41个县，其贫困人口达157万人；到2016年底，广西百色市农村仍有贫困户13万多户，贫困人口51.4万人，贫困发生率15.04%。这些贫困人口主要集中分布在“老、少、边、山、库”地区，都是最难啃的“硬骨头”、最难攻的“硬堡

垒”。在广西452万建档立卡贫困人口中，85.6%分布在革命老区，21.4%在少数民族聚居区，49.6%在大石山区，8.7%在边境地区，6%在水库移民区，这些地区生存条件恶劣、基础设施脆弱、自然灾害频发、收入水平和其他设施水平很低，致贫原因多样复杂、相互交织，因病、因学、因残和缺资金、缺技术、缺劳动力成为全区六大致贫原因。其中，缺资金占31.58%，因病占18.77%，因学占15.64%，缺劳动力占9.2%，因残占7.38%，缺技术占6.7%，同时具备三个因素的占23.54%，都是贫中之贫、困中之困的深度贫困对象，减贫成本更高、脱贫难度更大。在一些边远少数民族山区，仍有贫困户居住在简易草木房中，部分甚至人畜混居，全家财产不足100元。每年因灾、因病、因学、因人情关系而返贫、深贫的现象时有发生。

（二）劳动力文化程度偏低，自我脱贫意识不强，脱贫内生动力不足

从调研情况来看，个别贫困乡村、贫困户、贫困劳动者由于接受文化教育机会较少，文盲率较高，接受现代信息和科技知识困难，接受先进生产生活方式落差较大，文化落后，观念保守，打工无路，致富无门，谋生能力差；“等、靠、要”思想依然严重，不愿外出务工，也不愿易地扶贫搬迁，得过且过，安于现状，宁愿苦熬，不愿苦干，靠天吃饭、靠政府吃饭的想法尤为突出；有些贫困户对政府上门帮扶态度冷淡、挑三拣四，甚至宁愿在家等待救助，也不愿外出务工，有些贫困户不思进取，故意隐瞒收入，宁愿躺在贫困户的名单上依赖帮扶，对扶贫开发、脱贫攻坚、摆脱贫困落后面貌不闻不问、不急不理，不参与、不配合。很多贫困群众没有树立脱贫观念，部分群众缺乏脱贫信心和勇气，自立、自强、自我脱贫意识和勤劳致富观念淡薄，言必称贫，以贫为乐，不愿脱贫、不想脱帽，习惯于享受国家民政的扶持扶助，自我脱贫内生动力严重不足；部分贫困群众因操办红白喜事、互相攀比而导致欠债返贫、加深贫困，脱贫压力更大。根据建档立卡资料统计，在识别的贫困人口中，深度贫困地区贫困人口中初中以下文化程度占贫困人口的92.46%。

（三）基础设施建设落后，社会事业发展滞后

广西贫困山区通村通屯道路里程短，等级低，通达能力差，出行水平落后，农田水利灌溉能力有限，安全饮水普及率低；农村教学环境和办学条件困难，贫困家庭子女辍学现象普遍存在，乡村卫生院、医务站设备简陋、缺医少药，贫困群众看病难仍很突出。到2016年，广西贫困村20户以上自然村（屯）道路仍未达到通砂石路以上标准，全区54个贫困县农村集中供水率仍未达到78%，自来水普及率仍未达到76%，许多贫困村屯仍未实现通动力电，还有7万多户贫困户危房改造任务尚未完成。广西百色市20户以上自然屯还有近8000公里尚未通

路，需要建设硬化道路2万多公里。还有1000多个自然屯需要解决通电或农网改造，还有部分贫困人口生活饮用水以家庭水柜为主，主要依靠集雨水柜解决饮水问题。

（四）生态环境脆弱，发展环境恶劣，生产方式落后

广西是全国岩溶土地和石漠化分布较广区域之一，百色市石漠化程度严重，重度石漠化44.5万公顷，占石漠化土地的81.7%。这些区域自然条件恶劣，生态退化严重，抵御自然灾害能力极弱，土地稀缺贫瘠，水土流失严重，旱涝灾害频繁发生，人地矛盾突出，耕种收益低下。由于受自然环境条件的限制和影响，贫困乡村青壮年绝大多数外出务工，留守村屯的基本是老人、儿童、妇女和患病、残疾人群体，这些留守人员文化水平、生产能力低下，缺乏劳动力、缺乏资金、缺乏技术，田地以“望天田”为主，靠天吃饭的局面还未彻底改变，家庭收入主要依赖粗放的种养业，产业发展困难，增收脱贫困难，面临生态环境退化与生活贫困化的双重困境，直接影响和阻碍当地资源开发和产业发展。

（五）贫困劳动力大批外出务工，农村“三留守”问题比较突出

由于生产生活环境恶劣，一方水土养活不了一方人，贫困农村人口普遍向外流动，贫困劳动力普遍外出务工，有的村屯可用劳动力几乎都走完，留下的都是留守老人、妇女和儿童“三留守”人员。这些“三留守”家庭本来就属于贫困户，家中只剩下孤寡老人、妇女、小孩，相依为命，“有气无力”，只能简单维持生活，无能力摆脱贫困面貌。由于“三留守”人员普遍缺乏文化技术，缺乏劳动能力，缺乏资金，“三留守”加上“三缺乏”，造成贫困农村的田地没人耕种、公共事业没人管理、产业发展没法推动，“有地无力”“有人无钱”，脱贫无门路、无条件、无能力，脱贫更加困难，贫困程度加深。

（六）贫困村村级集体经济软弱无力，组织带动能力乏力，脱贫难度加大

由于受资源环境、发展条件、体制变更等因素的制约，广西贫困山区农村村级集体经济发展空间小，绝大多数村集体没有经济收入。百色市754个贫困村，有331个属于“空壳村”（即村级集体经济年收入为零），占43.9%；村集体经济年收入2万元以下（含2万元）的有313个，占41.5%；年收入2万~5万元的50个，占6.6%；年收入5万元（含5万元）以上的60个，占8.0%。而且各村级收入来源单一，大部分村主要是依靠现有资产房产出租收入，或依靠政府财政扶持资金入股分红获得收入，真正依靠集体经济实体收入的很少；发展极不平衡，全市村级集体经济年收入低于2万元的贫困村达85%，地处大石山区、位置偏远、交通不便、资源缺乏的贫困村，村集体经济几乎为零，表现为无资产、无

资源、无资金的“三无”状态。

（七）扶持政策力度不强、执行不到位，效果不明显

贫困山区地处偏僻、交通不便、环境恶劣，迫切需要扶持政策、惠民政策精准到位，倾斜支持，随着精准脱贫广度和深度的增加，部分扶持政策落实不到位、执行不紧凑，缺少整体性和系统性，造成部分扶贫、惠民政策支持力度和实施效果有限。例如，受到农村信用社有关贷款程序和授信程度的限定审批环节的影响，农村贷款门槛高、手续繁，很多农户贷款的积极性不高，农民资金紧缺贷款难、融资难难以解决。广西贫困山区地理环境特殊，交通不便，运输困难，拉一包 20 元的水泥、沙子进村子要比外村多付出 6 元多，增加了建设成本，加重了农户负担，但农村屯级公路建设却“一刀切”，补助标准过低，2012 年新建屯级砂石路每公里补助标准 12 万元，道路硬化每公里 26 万元，到 2013 年建设补助标准有所提高，新建屯级砂石路每公里补助标准 15 万元，道路硬化每公里 30 万元，但与实际需求仍差距甚大，难以保证项目建设的质量和效果。广西边境地区的边贸政策要求人到、证到、货到“三到位”，对于居住边远、身体病残、行动不便、资金周转困难的贫困边民参加边贸脱贫影响很大，而且联检部门之间尚未形成融通、协同机制，执行合力不强，造成耗时过长，交易成本过高，边民收益较低，致使贫困边民参与边贸脱贫积极性不高。

二、广西贫困山区乡村振兴的思路和实践

（一）产业兴旺是贫困山区乡村振兴的基础

必须围绕农民增收脱贫致富的核心，充分挖掘当地特色优势资源，发动当地农民积极投入参与，集中力量培育成为支柱产业，推进产业“接二连三”，将产业开发与乡村建设有机结合，带动优势产业兴旺发展，依托优势产业增收脱贫，促进乡村振兴建设。

广西田东县作登乡梅林村在脱贫攻坚中发现利用当地荒山坡地种植猫豆是一项既能绿化生态环境又能助农增收的特色优势产业。猫豆是一种耐旱、耐瘦、适应性很强的农作物，可以在石头缝中生长，不需日常浇水、施肥、管护，平均亩产可达 250 公斤左右。猫豆全身都是宝，豆壳、豆叶和豆籽含有丰富的粗脂肪和粗蛋白，是上乘的养猪饲料；豆籽还是治疗“帕金森”氏症的特效药——“左旋多巴”的主要原料，发展前途非常广阔。2012 年，梅林村探索种植猫豆 2000 亩，广西邦尔药业有限公司采用“公司+基地+农户+市场”的模式就地收购、加工猫豆，不少农民种植猫豆增加了收入，纷纷扩大种植面积，续签合同，保供包销，当地农民从此在家门口有了比较稳定的增收渠道，种植猫豆成为了促进农民

增收脱贫的兴旺产业。近年来，梅林村广大农户通过发展猫豆产业增收脱贫，更加积极投资投劳，逐步解决了村庄用水、用电、道路等基础设施建设，梅林村更趋美丽化、生态化，成为周围有名的猫豆致富村。

（二）生态宜居是贫困山区乡村振兴的关键

必须立足乡村生态系统的保护、管控和修复，把村庄建设与周围生态环境融为一体，植树造林，封山育林，统筹山水林田路综合治理，修复四季常青、五谷丰登、六畜兴旺的绿色生态系统，促进人与自然和谐共生，构建生态宜居环境空间，建设生态宜居家园。

广西马山县古零镇弄拉屯此前“靠山吃山”，山林树木被砍伐一空，旱涝灾害频繁，缺水缺土缺粮，温饱问题难以解决。从 20 世纪 80 年代开始，弄拉村民认清形势，痛定思痛，提高生态保护意识，爱山护林，封山育林，保护植被，修建沼气池，逐渐形成“山顶林，山腰竹，山脚种药果，洼地种粮桑”的立体生态发展模式，石头山变成树木覆盖的“绿洲”，全屯森林覆盖率达 79.6%，空气负氧离子含量比城市高 10 多倍，成为城市后花园的休闲避暑胜地。2008 年，弄拉村民自发成立弄拉旅游专业合作社，合力发展特色生态旅游，变“贩卖木材”为“贩卖风景”，生态治理和脱贫致富同治共赢，成为了贫困山区生态宜居的“弄拉样本”。

（三）乡风文明是贫困山区乡村振兴的保障

要求在乡村治理建设中充分注重结合乡村的传统历史文化特点，将乡村传统历史底蕴与现代文明价值融合重塑，积极倡导、传承村规民约、乡土文化、淳朴民风、传统习俗等良好风尚和传统乡风，建设具有乡风文明风貌特色的乡村家园。

广西凤山县乔音乡久隆村巴腊屯的野生猕猴和野生兰花资源丰富独特。近年来，为了重现家乡野生猕猴、野生兰花的独特魅力，重塑巴腊屯历史文化家园风貌，巴腊人先恢复族规戒律，恢复山歌民谣传唱，制定村规民约，强制收刀禁伐、封山育林等，规定每户每个劳动力每年要种植竹子 10 蔸，多种不限；如果发现哪一家砍伐一棵树木，就要被宰杀一头生猪分发给全屯其他农户享用，以示处罚，不留情面。经过多年的传承坚守，“爱猴护花”成为了巴腊人邻里传承的自觉行动和良好风尚，如今巴腊屯野生猕猴发展到 500 多只，建立 15000 亩野生猕猴生态保护区，年接待游客 10 多万人次。“巴腊猴人”成为当地的旅游文化文明品牌，巴腊屯成为乡村文化与生态文明融合的典范。

（四）治理有效是贫困山区乡村振兴的基石

要求通过多种途径、多元参与、多方治理，把乡村社会分散零乱的资源整合起来，探索建立实施具有贫困山区特点的乡村治理体系，通过村民自治和治理，实行自治、德治、法治相结合，为建设和谐幸福家园提供治理保障。

近年来，广西凤山县乔音乡以建立乡村屯级党群理事会为突破口，对有 2 名及以上党员的自然屯全部成立党群理事会，对党员人数少、屯与屯之间工作联系多、群众来往密切的村屯，成立片区党群理事会，统一对乡村建设和脱贫攻坚综合治理，进一步提振村民热爱家乡、立志脱贫、建设家园的凝聚力和向心力。党群理事会成员自愿与群众结成帮扶对子，引导帮助群众因地制宜发展特色产业，逐渐形成石山地区养殖山羊、种植核桃，土山地区种植生姜、珍珠李，林下放养黑山猪、山鸡等立体产业新格局，家园建设焕然一新。广西马山县加方乡注重组织成立农民专业合作社，重点在专业合作社、专业协会等建立党组织，开展党员与贫困户“结对帮扶”，带领引导群众种植金银花、百香果，养殖黑山羊等，凝聚力量参与乡村治理，广泛筹集资金建设村屯绿化、饮水净化、道路硬化，集中培育建设精品示范村屯，形成具有山区特色的生态宜居村屯。

（五）生活富裕是贫困山区乡村振兴的根本

主要是千方百计挖掘贫困山区特色和优势，依托国家支农惠农政策，构建长效助农惠农机制，鼓励引导农民通过多途径增收致富，保障农民持续稳定的收入来源，提高农村民生保障水平，多形式参与投入生态宜居家园建设之中，推动特色乡村治理建设。

广西东兰县、凌云县、天峨县等石山区乡村，远离城市，与石为伴，山多人少，近年来，这些石山区乡村充分利用山区空气清新、水质洁净、生态自然的特点，谋划种桑养蚕、种竹种豆，在林下养鸡、养猪、养羊、养兔，发展山鸡、竹鼠、果子狸等特色养殖业，野外放养，生态饲养，培育绿色、生态食品，小有名气，大有作为，深受城市市民青睐，价格高攀，成为当地群众增收致富的朝阳产业，从此走上了特色种养致富之路，不少家庭建起了“山鸡楼”“竹鼠院”，成为周围乡村知名的富裕村屯。致富后的村民通过一帮一、一带一，联合起来开展特色旅游、农家乐、生态养老等项目，筹划投资投劳、出资出力，为村里修路、接水、通电，建设绿色生态家园，整体谋划新村新貌建设，深居山区的乡村同样焕发出富裕、和谐、幸福的活力。

三、促进广西贫困山区乡村振兴对策研究

（一）组织实施脱贫攻坚、乡村振兴大会战

由于自然、历史、社会等原因，广西贫困山区生产生活环境恶劣，产业发展落后，贫困面广、程度深，增收脱贫压力大、任务重，乡村建设基础薄弱、发展

建设滞后，脱贫攻坚与乡村振兴必须同步推进，同步实施。因此，从广西贫困山区扶贫开发、乡村振兴的实际出发，按照“产业兴旺、生态宜居、乡风文明、治理有效、生活富裕”的总体要求，深化对广西贫困山区扶贫开发、乡村治理的认识，营造社会舆论氛围，科学制定“广西贫困山区脱贫攻坚、乡村振兴行动计划”，组织实施广西贫困山区脱贫攻坚、乡村振兴系列大会战，配套落实对应的脱贫攻坚、乡村治理生产建设项目，汇集动员组织更大更多的人财物力参与投入参与到扶贫开发、乡村振兴建设之中，借助国家优惠扶持补偿政策，加强对水电路网、特色产业、生态环境、乡村文化、基层政权组织的建设，实现“治贫致富、建设家园”的目的。

（二）大力实施产业化乡村建设

从贫困山区的资源和特点出发，广泛开展“贫困山区乡村振兴产业革命”，组织动员社会力量，挖掘乡村产业资源，加入参与到产业开发建设行列，形成轰轰烈烈的乡村产业开发运动。积极实施“扶贫龙头企业+农民合作组织+产业基地+农户+市场”和“龙头企业+产业项目+经济能人+分户治理+乡村建设”的产业化扶贫+产业化乡村建设模式，鼓励扶持龙头企业、合作组织带动农户参与当地资源型的产业开发，立足当地资源优势，大力发展特色种植养殖、特色旅游等资源型产业，拉长扶贫产业链，带动贫困农户就近就地就业，增收脱贫，重建家园。引导龙头企业及经济能人带头参与、积极投入当地乡村家园规划和建设，通过特色资源产业链辐射牵引效应，发动引导各家各户分户治理，共同融合建设美丽家园。建立激励引导机制，把产业发展项目、基础设施项目、社会事业项目、生态能源建设项目等重叠实施、整体推进，鼓励贫困山区跨区域整合资源，与中心城区共建非资源型的特色产业园区，发展“飞地经济”，构建异地产业新基地。探索贫困乡村（家庭）异地（借地）互助开发经营，鼓励引导深度贫困乡村与生产环境较好的异地乡村互结对子，以承包、租赁、联营、务工投劳入股等形式，双方自由组合帮扶，离乡不离土，利益分成共享，因地制宜在异地发展特色种养业、旅游业及其他第三产业，实现异地脱贫致富，易地建设新型家园。

（三）重点实施生态宜居乡村建设

将生态宜居乡村建设作为乡村振兴的主攻方向，用足用活国家生态环境建设补偿政策，强化生态宜居—幸福乡村理念，深入乡村振兴每一个环节。对于生态脆弱的贫困乡村，以改善生态宜居环境为突破口，重点加强退耕还林、封山育林、植树造林，继续推广种植核桃、任豆树、山葡萄、金银花等生态品种，引导应用“核桃+猫豆”“任豆树+金银花”“吊丝竹+山葡萄”等混合搭配种植模式，科学营造水土保持林和水源涵养林，促进生态环境恢复建设，恢复和重建石山区生态系统。重点应用农村生态能源沼气池，推广“养殖—沼气—种植”三位一体生态循环农业模式，探索实践“一池三改”、地头水柜、砌墙保土、坡耕地治理等生态治理途径，逐步推进生态宜居家园建设。坚持“生态产业化，产业生态化”发展模式，鼓励支持贫困群众在林下及闲置坡地发展特色种养、特色旅游等副余业，既拓宽增收脱贫渠道，又改善生态宜居乡村环境。对于生存条件特别恶劣的贫困山区乡村，引导实施易地移民搬迁，因地制宜安置于水、电、路条件较好和产业园区、贸易市场、旅游景区附近的村屯或圩镇，易地转移建设新兴宜居家园。

（四）推动实施乡风文明传承建设

坚持传递“乡情牌”“乡愁牌”“石山记忆”“脱贫痕迹”“失落的村庄”等，唤醒引导广大村民、家庭、邻里在脱贫攻坚、增收致富中自觉参与乡风文明建设行动，构建乡村、邻里的乡风文明精神家园。通过组建红白理事会、垃圾治理协会以及行之有效的村规民约等，汇聚农村群众热爱家乡、邻里友爱、团结互助、脱贫致富的内生力量。注重传承和弘扬贫困乡村传统优秀的农耕文化、民俗文化、非物质文化遗产等，充分展示传统优秀乡风文化的精髓内涵，以传统优秀乡村文化为引领，用传统优秀文化滋养重塑乡风文明，注入现代文明因素，让农民感受到优秀传统文化的魅力，推进乡风文明进农村、传统美德进农家、优秀文化进农心，提高农民道德素养、文化素质、增收致富品质。发挥乡贤文化的言传身教、现身说法、引领启智的作用，从本地资源优势特点、乡村传统优秀遗产故事、邻里团结互助典例、惩恶扬善案例等入手，塑造乡风文明，推动移风易俗，树立文明乡风，开展扶贫互助模范、邻里团结好人好事评选表彰活动，提升乡村文化、文明乡风的自觉自信，助力乡村振兴战略。

（五）统筹实施乡村治理有效建设

坚持以自治为基础，德治为灵魂，法治为基本准则，建立健全贫困山区自治、法治、德治相结合的乡村治理体系。结合脱贫致富、建设家园实际，指导引导村民制定“村规民约”“民俗告示”“一事一议”等，实现自我约束、自我管理，引导村民参与能力，维护乡村产业发展、生态宜居、增收致富的共同利益。探索设立山区乡村邻里调解员和“说事评理中心”，形成乡村邻里矛盾自我化解、自我明辨是非制度；恢复重建山区乡村邻里互助组、共同体，引导村民之间经济互助、生产互帮、困难互解。充分利用山区民族传统节庆、习俗礼仪和乡村文化娱乐活动，将个人品德修养、家庭美德、乡村公德培养传播、灌输、教化到每一个村民。指导帮助山区乡村恢复整理传统家训、家规，将本村屯的传统优秀家训、家规和故事传递、传承到每一个家庭，促进家庭和睦，邻里友爱，净化社会风气，提升村民精神文明素质。将贫困乡村中属于救济、五保、残疾、孤寡、久病不起、丧失劳动能力等优抚救助安置对象列为特殊贫困群体，重新单列造册，统一纳入到当地"低保、五保"的救助保障范围，逐步提高救济标准，保障其"贫而不困，贫有所助，应保尽保，兜底统保"。探索实行"网格化管理、组团式服务"，成立乡村民情工作中心等，切实维护山区村民公共利益和公平正义。

（六）全面实施增收致富乡村建设

在贫困山区乡村掀起增收致富、富裕光荣运动，深入开展美丽乡村、富裕乡村建设活动，注入增收致富、生活富裕因素，千方百计提升农民增收致富的意愿，拓展贫困山区农民增收致富的渠道，引导鼓励山区农民多渠道多途径增收快富、走向富裕。结合山区乡村自然环境实际，突出"原始、生态、清新、纯净"要素，因地制宜开发高山茶、旱地谷、中草药、山地鸡、高山牛羊、农家乐、氧吧源、探险旅游、科普考察、生态写生、高山民宿等特色产业项目，吸引城乡居民下乡返乡踊跃参与，多层面、多形式、多元素增加收入、实现富裕。依托国家支持扶持政策。引导山区乡村将优势特色资源融入农业开发全产业链，发动农民参与，分享资源产业增值收益，提高农民经营性收入。支持鼓励农民走出大山，通过技能培训提高就业能力，进入城市工厂打工就业，增加劳动报酬，提高农民工资性收入。鼓励支持农民以土地、山林承包权以及宅基地等不动资产，折价入股企业和合作社，收获分配红利，提高农民财产性收入。以资源、政策、市场为导向，引导山区乡村资源向非农化产业转移，向二、三产业融入，注入"互联网+"等现代科技因素，构建长效紧密的增收致富机制，分享产业融合发展成果，保障农民持续稳定的收入来源，实现资源开发、增收致富、生活富裕、建设幸福家园的目标。

参考文献

[1] 中共中央国务院．左右江革命老区振兴规划［Z］. 2016.

[2] 古俊彦．百色深度贫困地区脱贫攻坚探讨［N］. 右江日报，2017-09-05.

[3] 国家发展和改革委员会经济体制研究所．精准扶贫何以精准？——广西脱贫攻坚推进情况调研报告［Z］. 2017.

第三篇

区域协调发展与镇域经济建设

乡村振兴战略背景下推进广西蔗糖产业二次创业研究

广西社会科学院农村发展研究所　程启原　蒲林玲　张军威

摘要：党的十九大报告提出实施乡村振兴战略，其中“产业兴旺”排在总要求首位。蔗糖产业是广西重要的特色农业支柱产业，广西许多农民通过种植糖料蔗实现了奔小康，为广西新农村建设做出了巨大贡献，但近年来受国内外发展形势影响，全区蔗糖产业举步维艰。研究报告通过分析广西蔗糖产业二次创业面临的主要挑战、存在问题和制约因素，提出推进广西蔗糖产业二次创业助推乡村振兴建设的对策建议。

关键词：乡村振兴战略；广西蔗糖产业；二次创业

党的十九大报告提出“实施乡村振兴战略”，其中“产业兴旺”排在总要求五大方面之首。产业兴旺是乡村振兴的重点、基础、核心和关键，没有产业的兴旺就没有乡村的振兴。产业薄弱一直以来是我国乡村发展的“软肋”，是实现工业化、信息化、城镇化、农业现代化同步发展的“短板”。蔗糖产业是事关国计民生、涉及国家安全的重要产业，是广西重要的特色农业支柱产业。广西蔗糖产量连续多年占全国食糖总产量60%左右，涉农人口达2000多万、糖厂职工近20万，许多农民通过种植糖料蔗实现了奔小康，为广西新农村建设做出了巨大贡献，蔗糖产业因此被誉为“甜蜜产业”。但近年来受国内外发展形势影响，广西蔗糖产业发展面临诸多困难，整个产业发展举步维艰。2017年4月习近平总书记在广西考察时强调，要推动蔗糖产业转型升级实现二次创业。加快推进广西蔗糖产业二次创业，对贯彻落实习近平总书记指示精神，切实推动广西乡村振兴战略实施，积极维护国家食糖战略安全，促进民族地区发展、民族团结和谐、国家边疆安全、农村社会稳定、脱贫攻坚实现等具有重要意义。

一、广西蔗糖产业发展的主要现状

目前，广西共有93个县（市、区）种植糖料蔗，制糖企业集团21户、糖厂102家，全区制糖日榨蔗能力约70万吨，单厂平均日榨能力6700吨。2017～

2018 年榨季，全区糖料蔗种植面积约 1140 万亩，同比增加 19 万亩，增幅 1.7%；入榨糖料蔗 5080 万吨，同比增加 772 万吨，增幅 17.9%；开榨糖厂共 91 家，产糖 604 万吨，同比增加 74.5 万吨，增幅 14.1%；农民种蔗收入 257 亿元，同比增加约 42 亿元，增幅 19.5%；食糖市场价格波动幅度较大，从 7100 元/吨左右下跌到 5700 元/吨左右，截至 2018 年 4 月 20 日全区累计销售蔗糖 258 万吨，同比增加 12 万吨，产销率为 43%，同比下降 3.71 个百分点，而食糖工业库存数量为 346 万吨，同比增加 63 万吨，增幅达 21%。全区糖厂除生产白砂糖、赤砂糖等传统糖类产品外，逐步向上下游产业链延伸，开始生产原糖、红糖、精制糖、绵白糖、异麦芽酮糖、低聚糖等新产品，对蔗渣、糖蜜、滤泥等进行深加工利用率均达 100%，基本做到"吃干榨尽"。整个产业循环经济与综合利用水平居国内行业前列，蔗渣制浆造纸产量居世界第一，蔗渣发电量居全国生物质发电第一，形成了若干条蔗糖产业循环经济产业链，全区蔗糖产业综合利用产值占制糖总产值的 40%以上。广西蔗糖产业科技发展形成了具有自主知识产权的科技创新体系，并积极走出国门参与"一带一路"建设，在东南亚、美洲、非洲等创造了显著成绩。

二、广西蔗糖产业二次创业面临的主要挑战

（1）糖料蔗种植面积被大幅蚕食。近年来，随着糖料蔗种植成本特别是人工成本迅速增加，糖料蔗种植收益越来越差，农民种植糖料蔗的积极性越来越低，纷纷改种百香果、火龙果、柑橘、香蕉和速生桉等水果和经济林，广西糖料蔗种植面积被大幅蚕食，每年减少 100 万亩以上，近年才出现小幅恢复性增加趋势。此外，其他经济作物劳动强度相对糖料蔗较低，更适应农村劳动力缺乏、以中老年为主的人口结构，所以部分地区出现其他经济作物与糖料蔗抢地现象，导致糖料蔗产量和蔗糖产量连年走低。目前，广西水果种植总面积近 2000 万亩，2017 年全区水果种植新增面积达 130 万亩以上，许多县市将百香果、火龙果等作为扶贫开发项目引进种植，扩张速度甚至令农业部门都吃惊。

（2）国外糖业对中国市场虎视眈眈。国际食糖贸易每年总量约 6000 万吨，其中 2000 万吨受政府双边协议支配，4000 万吨在国际市场自由流通，主要出口国有巴西、澳大利亚、泰国、印度等。近年来，中国产糖量持续下滑，而食糖消费需求不断增加，2017~2018 年制糖期全国产糖量虽然有所增加，但也只有 1000 万吨左右，而食糖消费需求却高达 1500 多万吨，食糖消费缺口达 500 多万吨。巴西、澳大利亚、泰国、印度等世界主要产糖国由于食糖生产成本较低，食糖市场竞争力远远强于我国广西蔗糖。据测算，巴西、澳大利亚、泰国、印度等国每吨糖料蔗生产成本在 200 元左右，而我国广西则高达 400 元以上，按照 8 吨糖料

蔗产 1 吨糖计算，广西食糖成本比国外至少高出 1600 元。中国巨大的食糖消费市场，让国外糖业虎视眈眈。

（3）遭受食糖进口和走私严重冲击。近年来，我国大量进口国外食糖，严重影响了国内食糖市场，对广西蔗糖生产销售产生严重冲击。由于我国食糖需求缺口巨大，而且关税与其他国家相比较低，特别是配额外关税只有 50%，而发达国家食糖进口关税平均高达 120%以上，欠发达国家甚至高达 160%以上，最近几年我国食糖进口量都在 300 万吨以上，2015 年甚至超过 480 万吨，创我国食糖进口量新高，而同年广西产糖量只有 600 多万吨。国家虽然从 2015 年开始严格实施了三年行业自律控制配额外食糖进口量，但这只是暂时措施。2017 年 5 月国务院关税税则委员会对我国关税配额外进口食糖征收实施 3 年保障措施，3 年保障措施关税税率为第一年 45%、第二年 40%，第三年 35%。但广西蔗糖产业不可能永远依靠行业自律和保障措施，这只是给广西蔗糖产业二次创业提供短暂的战略机遇期。另外，近年来我国食糖走私非常猖狂，不但使国家关税蒙受巨大损失，广西蔗糖产业发展更是深受其害，每年走私到中国的食糖超过 200 多万吨。

（4）面临国内食糖加工企业激烈竞争。广西蔗糖产业不但受到国外糖业的严重影响，而且面临国内食糖加工企业的激烈竞争。由于国内外食糖价格差距较大，国内原糖加工利润空间很大，配额外进口原糖每吨加工利润 1000 元以上，即使是在征收保障措施关税高达 95%的情况下，配额外进口原糖每吨加工利润也可达到 500 元以上。面对巨额利润，山东、江苏、浙江等我国沿海省份非糖产区建立许多食糖加工企业，它们大量低价进口国外原糖回来加工，然后低价在国内抛售抢占国内市场。中糖协的数据显示，近年来国内原糖加工产能增长迅速，目前国内原糖加工产能在 1000 万吨以上。山东日照凌云海糖业集团有限公司每年进口原糖加工 150 多万吨，约占广西全区蔗糖产量的 1/4。国内非糖产区食糖加工企业已占据我国长江以北食糖市场，造成国产蔗糖难以跨越长江销往我国北方市场。

三、广西蔗糖产业二次创业存在的主要问题

（1）糖料蔗种植品种单一和退化严重。目前，我国糖料蔗种植品种主要是台糖系列品种，占全国糖料蔗种植面积 50%左右，广西则占 70%以上，有“中国糖都”美誉的广西崇左市新台糖 22 号种植面积甚至占比高达 85%以上。广西引入新台糖系列品种已有近 30 年，经过长期反复种植，早以严重老化退化，产量和糖分与世界其他糖料蔗主产区相比差距较大。由于糖料蔗种植品种单一、老化退化严重，糖料蔗成熟期集中，既增加了收割和加工压力，也增加了病虫害大面积传播风险，迫切需要培育出适应广西种植的甘蔗优良新品种。如 2017 年 10

月来宾市糖厂技术人员对该市当家品种新台糖 22 号检测，甘蔗糖分较 2016 年同期低 1.5~2.3 个百分点，呈逐年下降趋势。

（2）糖料蔗机收率低成为制约二次创业的瓶颈。目前，广西糖料蔗机收率不到 10%，绝大部分还是人工砍收，导致糖料蔗种植成本大大提高，严重影响广西蔗糖市场竞争力，成为制约广西蔗糖产业二次创业发展的瓶颈。一是广西蔗田大部分是坡地，不但地块小而且平整度差，而目前广西甘蔗收割机器几乎都是从国外进口的大马力甘蔗收割机，如美国凯斯、迪尔等品牌甘蔗收割机，既不适合广西蔗田的地理特点，而且售后服务水平较差、维修成本较高。二是广西本土甘蔗收割机研发落后。广西目前虽然也研发出一些适合当地蔗田地理特点的中小型甘蔗收割机，但是由于生产技术落后，机器质量较差，很难推广大面积使用。三是目前使用的国外甘蔗收割机收割质量普遍较差，不但剥叶不干净，去尾多损耗大，糖厂定损率较高，对蔗农收入影响较大，而且对糖料蔗宿根损坏率高，普遍达 30%以上，因为国外甘蔗种植一般不留宿根，甘蔗宿根损坏部分只有等到来年长苗时才能确定，但此时补种甘蔗已经延误农时，而且补种部分和宿根生长参差不齐，严重影响当年糖料蔗的生长和收成。

（3）制糖企业产品创新研发能力比较薄弱。由于长期受到政府蔗糖产业发展管理机制的消极影响，广西制糖企业普遍缺乏市场竞争动力，对企业产品创新研发重视不够，目前全区制糖企业很少有产品创新研发专门机构，产品创新研发能力非常薄弱，几十年来制糖企业主要产品除了朗姆酒以外几乎都是白砂糖、赤砂糖和酒精、机制纸等低附加值产品，不但主要产品基本相同，同质竞争市场压力巨大，而且缺乏高附加值的创新产品，几乎都是作为工业原料供应食品工业等“为他人作嫁衣”，直接面向终端消费的高附加值品牌产品很少，产品利润非常低，市场风险高度集中，一旦食糖市场有风吹草动，全区蔗糖产业发展就举步维艰。

（4）糖料蔗价格指数保险试点效果有待提高。2016 年 1 月，广西 2015~2016 年榨季糖料蔗价格指数保险试点工作正式启动，对自治区农垦、扶绥县、武鸣区、武宣县、鹿寨县、融水县 1.13 万户蔗农种植的 40.44 万亩“双高”基地糖料蔗提供 9 亿元的价格保险保障。蔗田每亩保费 180 元，其中财政补贴 80%，糖厂和蔗农各负责 10%。2015~2016 年榨季，全区糖料蔗价格指数保险试点赔款总额不到保费总额的 20%，保险调节预期效果远远没有得到发挥。如，2015~2016 年榨季扶绥县总保费 2000 多万元，才赔付 300 万元左右。价格指数保险试点保险合同由保险公司单方制定，没有充分考虑政府和糖厂、蔗农三方权益，保险合同过分强调和注重保险公司权益，如扶绥县总保费 2000 多万元，但是按照封顶赔付率才赔付 1080 万元，保险公司没有承担任何风险。

（5）“双高”基地建设存在问题亟待解决。一是资金支出缓慢影响实施主体积极性。“双高”基地建设采取“以奖代补”方式，验收合格后实施主体才能获得奖励资金。由于验收内容繁多，验收进度很慢，导致资金支出非常缓慢，对“双高”基地实施主体的积极性影响较大，已出现改种其他经济效益较高作物的现象。二是建设项目手续烦琐。建设项目招投标工作手续繁多，影响了项目招投标工作进度，加上验收环节进度比较缓慢，连锁影响建设资金支出进度。三是糖料蔗种植比较零碎分散。按照《国家糖料蔗主产区生产发展规划（2015～2020年）》标准，广西虽然可以筛选出32个县（市、区）的585万亩蔗田，但是由于受“双高”基地建设标准影响，前期规模化经营地块已经基本完成（多为经营大户和蔗糖企业），剩余面积均为农户种植的零碎分散蔗田。受土地规模经营标准限制，一些县（市）“双高”基地建设任务完成率面临逐年下降趋势。

（6）制糖企业生产设备普遍老化落后。目前，广西共有102家糖厂，但由于设备老化等其他因素，每年开榨糖厂逐渐减少，如南宁市共有糖厂20家，但2011年全市只有17家糖厂开榨生产，2012年减少到16家，2015年减少到15家。与国外蔗糖产业大国相比，广西相当部分制糖企业特别是民营糖厂生产设备还比较落后，有的还在使用20世纪五六十年代的生产设备。一是全区制糖企业生产设备整体生产水平普遍落后世界其他蔗糖产业大国制糖企业20年以上，许多糖厂生产设备技术改造升级缓慢。二是广西糖厂现有生产设备技术标准主要是适应目前人工精细砍收甘蔗水平，很难适应机器收割甘蔗水平，机器收割甘蔗与人工砍收相比剥叶残留多，头尾损耗较大，糖厂因此给机器收割甘蔗定损率高达10%以上，大大影响蔗农的种蔗收入。为了适应未来糖料蔗种植机械化要求、实现二次创业目标，广西制糖企业要加快改造更新落后生产设备，切实提高生产效率和经济效益。

四、制约广西蔗糖产业二次创业的主要因素

（1）糖料蔗种植小农模式已落后于现有生产力发展水平。广西农村全面推行家庭联产承包责任制30多年来，极大地提高了广大农村生产力发展水平。但是随着广西经济社会快速发展，这种分田到户分散的小农经营模式已经落后于现有农村生产力发展水平，这是目前制约广西蔗糖产业转型升级发展、实现二次创业的关键因素。一家一户分散的甘蔗种植小农模式对广西糖料蔗生产标准化、集约化、机械化、良种化的要求，导制糖料蔗种植经济成本很高，从而连锁造成蔗糖成本原料占比过高，导致广西蔗糖市场竞争力不强。糖料蔗种植小农经营模式效益很低，使农民增收难度越来越大，增收空间越来越小，严重影响广大农民种蔗积极性，许多蔗农被迫改种收益较高的其他经济作物，造成广西糖料蔗种植面

积连年减少。

（2）划分蔗区限制糖料蔗自由流通导致各方关系不顺。多年来，广西一直实行划分蔗区限制糖料蔗自由流通的管理机制，这种管理机制有利也有弊，但随着市场经济快速发展其弊端日益凸显。划分蔗区限制糖料蔗自由流通不但违背“市场在资源配置中起决定性作用”的经济发展规律，而且没有任何法律依据，导致政府、蔗农、糖厂之间关系不睦。一是榨季期间蔗区政府每年都要抽调大量工作人员设卡拦截糖料蔗外流，激发了政府与蔗农的矛盾，造成干群关系紧张。二是有的制糖企业长期拖欠蔗款，蔗农为了及时获得蔗款只好千方百计把糖料蔗卖给其他蔗区制糖企业，造成蔗农和蔗区糖厂关系紧张。三是划分蔗区限制糖料蔗流通虽然保证了蔗区制糖企业的糖料蔗供应，但也封死了其他糖料蔗来源渠道，限制了制糖企业投资扩大生产的发展空间，有些实力较强的制糖企业只好暗中提高价格竞争其他蔗区的原料蔗，造成制糖企业之间关系紧张。

（3）糖料蔗政府定价糖—蔗价格联动机制弊端日益凸显。一直以来，广西都是实行糖料蔗政府定价糖—蔗价格联动机制，即自治区政府统一规定糖料蔗收购价格，并根据生产成本测算对应蔗糖价格，蔗糖价格每上涨 100 元/吨，制糖企业榨季结束后结算给蔗农 6 元/吨。这种糖料蔗政府定价糖—蔗价格联动机制，看似既保障了蔗农利益，又实现了糖价上涨时蔗农和制糖企业双方分享机制，但也存在诸多弊端并且日益凸显。一是政府对糖料蔗实行统一定价，制糖企业在糖料蔗市场完全没有任何竞争权利，而蔗糖价格却受市场供需情况影响，既引发“政府蔗”与“市场糖”对峙，又限制糖料蔗供应使制糖企业之间因为失去糖料蔗价格竞争而缺乏发展动力。二是实行糖—蔗价格联动蔗农和制糖企业双方分享机制，对蔗农吸引力不大。蔗农比较看重眼前利益，制糖企业榨季结束后才根据蔗糖上涨情况结算利益分享给蔗农，这部分延后利益对种蔗面积不大的蔗农来说吸引力不大，而且能不能得到还是个未知数，在糖价下跌时不但没有分享到利益，而且有些制糖企业还长期拖欠蔗款，甚至引发社会稳定问题。近年来受国内外发展形势影响，广西绝大部分制糖企业大面积亏损，连锁打击蔗农种蔗积极性。

五、推进广西蔗糖产业二次创业、助推乡村振兴建设的对策建议

（1）积极培育新型糖料蔗种植经营主体。一是大力建立农村糖料蔗种植合作社，按照统一整地、统一耕种、统一管理、统一收割要求，积极发展糖料蔗生产适度规模化经营。二是积极引导农民将撂荒土地和零散蔗田以股份、合作等形式交给农村经济能人规模化种植糖料蔗。三是鼓励制糖企业和农业企业投资种植糖料蔗，并统筹兼顾小农户，把小农生产引入现代农业发展轨道。

（2）改革政府定价糖—蔗价格联动机制。自治区每年根据生产成本测算出台糖料蔗最低收购价格，以保护广大蔗农基本利益，并通过最低收购价格宏观调控全区糖料蔗种植规模。制糖企业可以根据发展需要以不低于最低收购价格自主定价收购糖料蔗，糖料蔗收购价格和食糖市场价格脱钩，自治区通过食糖价格指数保险方式扶持制糖企业，确保国家食糖战略安全。

（3）开放糖料蔗在全区范围内自由流通。十八届三中全会公报指出，市场在资源配置中起决定性作用。开放糖料蔗在全区范围内自由流通，蔗农可以把糖料蔗卖给区内任何一家糖厂，通过市场行为引导并购重组建立"航母型"制糖企业，以增强广西制糖企业市场竞争实力。基于全区蔗糖税收一盘棋考虑，以进厂糖料蔗种植地域统计各个县域糖料蔗产量占全区比例，统筹分配全区整个榨季蔗糖税收。

（4）大力培育广西本土糖料蔗优良品种。培育本土化糖料蔗优良品种，是实现广西蔗糖产业二次创业的前提基础。要统筹利用国家和自治区相关资金，加大广西本土糖料蔗优良品种培育投入力度，整合全区高等院校和科研院所技术力量，建立健全技术人员培育甘蔗优良品种激励机制，在全区糖料蔗主产县（市、区）建立糖料蔗优良品种培育科研基地，大力培育和推广种植本土糖料蔗优良品种。

（5）积极鼓励制糖企业研发高附加值产品。习总书记在广西视察时指出，创新是引领发展的第一动力。广西虽然是糖业大省，但不是糖业强省，制糖企业产品创新研发动力不强，缺乏在全国有名、附加值高的品牌产品。要积极鼓励制糖企业研发高附加值市场终端产品，延伸产业链开拓发展食品加工产业，拓宽企业利润来源渠道，增强企业抵抗市场风险能力，走综合经济和循环经济发展道路。

（6）整合力量研发糖料蔗中小型收割机。糖料蔗机收难问题是目前制约广西蔗糖产业二次创业的一个瓶颈，要整合各方力量联合研发适合广西的糖料蔗中小型收割机。一是在《广西糖业二次创业总体方案（2015～2020 年）》实施中重点倾斜糖料蔗收割机研发项目。二是整合广西产学研等技术研发力量协作攻关研发适合广西的糖料蔗收割机。三是积极扶持广西民营企业和民间力量研发糖料蔗收割机。

（7）加快"双高"基地建设资金支出进度。一是适当简化"双高"基地建设项目招投标工作手续和验收手续，提高工作效率，加快验收工作进度。二是加强与农业开发银行等金融企业合作，市县财政为"双高"基地建设主体贷款补贴利息。三是对已经落实的"双高"基地建设项目，建议自治区先拨付 50% 建设资金，待"双高"基地验收合格后再拨付其余建设资金，减轻实施主体建设资金压力。

（8）深化中越糖业合作，助推“一带一路”建设。习总书记在广西视察时指出，广西有条件在“一带一路”建设中发挥更大作用，要立足独特区位，做足“边”的文章，夯实提升中国—东盟开放平台。2018 年 4 月 20 日，广西壮族自治区政府陈武同志在河内拜会越南总理阮春福时表示，要进一步深化与越南各领域务实合作。越南土地肥沃，气候温和，适宜种植甘蔗，高产高糖显著，目前广西龙州、大新、凭祥等已在越南合作种植糖料蔗几万亩，实现双方互惠互利与合作共赢。

（9）探索“双高基地+”现代生态新模式。按照“循环经济”“共享经济”“绿色生态”原则，探索“双高基地+”现代生态新模式，集成现代化甘蔗高产栽培技术、甘蔗与饲料作物间作套种轮作技术、现代化生态畜牧养殖技术、甘蔗尾叶微生物发酵饲料化技术、沼气厌氧发酵技术、沼气液体有机肥水肥一体化应用技术，将甘蔗产业和畜牧养殖业进行了深度有机融合，形成一条绿色农业经济循环链，并可衍生其他种养循环新模式，实现产业兴旺、生态宜居、农民增收、生活富裕，推动广西乡村振兴。

（10）完善糖料蔗价格指数保险试点做法。一是改革糖料蔗价格指数保险做法，因为糖料蔗由政府定价，现行做法不能很好地处理政府定价和保险价格之间的关系，而价格保险主要是针对市场变化影响价格变动。二是集中资金进行蔗糖价格指数保险试点。因为蔗糖价格变动是市场行为，这正是需要价格指数保险试点发挥作用的地方，可以有效化解“政府蔗”和“市场糖”的矛盾，防止糖价大起大落影响国家食糖战略安全，较好地维护广西制糖企业利益。

（11）建立全区蔗糖产业大数据服务平台。利用信息化技术手段采集涉及蔗糖产业生产经营过程所有数据，将蔗糖产业全链条所涉及的良种繁育推广、糖料蔗种植面积、糖料蔗生产管理、农资和农机服务、农业金融服务、制糖企业生产规模、食糖供需信息、食糖价格变动等要素有机联系起来，通过大数据云平台计算对这些数据进行整合、分析，对广西蔗糖产业全链条数据进行战略性规划与运用，为各级党委政府科学决策提供数据分析参考。

（12）扶持制糖企业大力改造落后生产设备。根据《广西糖业二次创业总体方案（2015~2020 年）》基本思路，围绕蔗糖产业生产全链条机械化目标，大力扶持制糖企业对现有蔗糖生产设备进行技术改造，淘汰落后生产设备，提高企业生产效率；改进蔗糖生产工艺，提高企业产品生产质量，避免出现因为国家有关部门抽检发现不合格产品从而影响整个产业发展现象。

参考文献

［1］沐甜柳州．广西糖协理事长梁咏诚：18/19 榨季广西甘蔗种植面积预计仅增 20 万亩［EB/OL］．http：//www. msweet. com. cn/gxtw/_ 300518/_ 300526/_ 300534/1689553/index. html，2018-04-28.

［2］新浪财经．2018/19 榨季中国食糖生产展望［EB/OL］．新浪网，http：//finance. sina. com. cn/money/future/agri/2018-05-18/doc-ihaturfs0794322. shtml，2018-05-18.

［3］广西糖协．2015/16 榨季预计广西产糖量为 560～600 万吨［EB/OL］．http：//futures. jrj. com. cn/2015/11/02113020012692. shtml，2015-11-02.

［4］张雯．我国对配额外进口食糖加征关税第一年税率为 45%［EB/OL］．http：//finance. sina. com. cn/roll/2017-05-23/doc-ifyfkqwe0665936. shtml？cre=financepagepc&mod=f&loc=1&r=9&doct=0&rfunc=50，2017-05-23.

［5］来宾：甘蔗株高较高，但是含糖分下降［EB/OL］．广西糖网，http：//www. msweet. com. cn/gxtw/xxy/vipxxy/index. html？tmp = 1&pageId = 329300&articleKey = 1006353&columnId = 301483，2017-11-08.

对内蒙古乌兰察布市以皮革业为龙头带动地方经济社会发展的思考

内蒙古财经大学马克思主义学院教授　于贵明
内蒙古财经大学马克思主义学院讲师　赵洁袆

摘要：“一带一路”倡议的提出，对于内蒙古乌兰察布来说是一个极大的机遇，由于乌兰察布地理位置的特殊性以及产业发展的趋同性，使得该地区与“一带一路”沿线国家或地区有着天然的联系。尤其是该地区皮革业的发展将会焕发出新的生机。并以皮革业为龙头带动地方经济社会的良性发展，如今，以传统农牧业为基础的乌兰察布市正在发生着深刻变革，“草原云谷”“中欧班列、现代物流”“避暑之都”……乌兰察布市正以产业升级、产业多元的加速发展之势，全面振兴。

关键词：乌兰察布；皮革业；地区经济社会协调发展

随着“一带一路”倡议的推进，乌兰察布恰好是中国腹地打造“一带一路”最好的地区。乌兰察布市的皮革业具有较久的发展历史，在20世纪的八九十年代，以集宁区为首的皮革业制造业曾兴盛一时。然而，在全国皮革市场的激烈竞争中，乌兰察布市的皮革业一度滑坡。2010年以来，乌兰察布市皮革业逐步复苏，尤以集宁国际皮革城在2010年9月的盛大开业为标志。现今，就中国皮革城的规模而言，浙江海宁首屈一指，而内蒙古乌兰察布市作为北方皮都，对其认真、系统的研究还比较鲜见。其中只有商业部曾在《2009年中国皮衣品牌前十名竞争力研究及2012年产业发展前景预测报告》中对皮衣行业的企业群体进行了深入的调查与研究，对行业发展趋势做出了定性与定量的分析及预测。但遗憾的是，报告中没有提及内蒙古的皮衣品牌，事实上在曾经盛极一时的“熊猫”皮衣衰落后，集宁的皮件从业者虽有千余户，但都是生产皮手套、坎肩、拖鞋、小皮包等小件制品。没有拳头产品，更没有形成产业规模。

进入21世纪以来，乌兰察布市集宁区以“抓项目、促增长”为重点，依托区位、交通和周边丰富的农畜产品等资源优势，打造中国北方皮都基地，为促进集宁区皮革产业转型升级，带动皮革产业形成加工、销售、合作、共进的良性发展模式提供了很多平台。皮革业发展对促进集宁区贸易、物流和服务以及旅游休闲产业发展，带动劳动就业和增加居民收入等都起到了重要作用。同时也为边疆少数民族地区如何利用资源优势发展特色产业提供了可借鉴的理论和实践意义。同时为“促进城乡要素平等交换和公共资源均衡配置，形成以工促农、以城带乡、工农互惠、城乡一体的新型工城乡关系”提供了很好的示范意义。

从 20 世纪 60 年代至今，素有“中国北方皮件城”的集宁经历了皮件产业的辉煌、衰退后再崛起的过程。在集宁皮件产业复苏的今天，当地政府为振兴集宁皮件产业而积极努力，民间皮件作坊也在摸索着自己的发展道路。

一、集宁区皮革产业的现状

（一）区位、交通、资源优势明显

乌兰察布市集宁区地理位置优越，靠近经济发达的京津冀环渤海经济圈，且位于“呼包鄂”经济区资源输出必经之路。乌兰察布是一座四通八达的枢纽之城。位于蒙晋冀三省交界处的乌兰察布，地处环渤海经济圈和呼包银榆经济区接合部，是连接华北、东北、西北三大经济区的交通枢纽。距北京 320 公里，距中蒙最大陆路口岸二连浩特 300 公里，是我国通往蒙古国、俄罗斯和东欧的重要国际陆路通道，西北地区向东南出海的必经之地，同时也是国家“一带一路”发展规划和中蒙俄经济走廊的节点城市。该区是蒙西地区向东和向北的门户，发挥了内蒙古物资向京津冀等地区输出的重要作用。区内有多条铁路纵贯东西南北。公路交通也十分便捷。同时，集宁区周边有察右后旗、化德等皮件交易中心作为皮革资源基地，能够形成集养殖、制革、销售为一体的皮革产业链。

（二）皮革产业的规模和效益

这里曾经是内蒙古最大的皮革生产加工集散地，“熊猫”牌皮衣是 20 世纪内蒙古为数不多的品牌之一。目前，乌兰察布市集宁区的皮件产业正谋划着一场变局。规划后的集宁皮件市场，将以产业化的道路科学发展，实现“集宁皮件”这个大品牌在国内市场上的强悍辐射力。集宁皮件的产业格局是：“一城”：总投资 12 亿元，规划用地 300 余亩，规划建设面积 25 万平方余米。吸纳 600 余家中高档品牌店，预计年销售额达 15 亿元的集宁国际皮革城。集宁国际皮革城全部建成后，将以集宁为中心辐射我国北京、天津、河北、内蒙古和俄罗斯等近 2 亿消费人群。“一园区”：在建的集宁皮件产业园区将成为皮件生产加工再就业基地，集宁区政府吸纳皮鞋、辅料店、汽车革、沙发革等皮革系列和配套产品入驻园区，填补销售额领域空白和规避皮件销售淡季。“一条街”：现有的集宁皮件一条街有 123 家店铺经营全国皮衣皮具，消化小皮件就达 5000 多万件，旺季时，人流如织，车水马龙，形成了集宁皮件风情一条街。

乌兰察布市目前拥有中国华北地区单体量最大的皮革皮草购物广场、国家AAAA级购物景区——集宁国际皮革城。商城年客流量稳定在200万人次左右，商户年营业额达20亿元。在集宁国际皮革城的带动下，集宁皮革产业园区入驻生产企业30多家，年产值约4亿元。此外，利用集宁国际皮革城二期打造的中国·新雅宝路商城承接外贸商户176户，组织订货节15次，实现订单近6亿元。随着“草原皮都”乌兰察布的影响力越来越大，该市正在着力打造“国际时尚创意之都”，乌兰察布集宁国际皮革城总经理徐树峰在此次会议上致辞：“销售板块，集宁国际皮革城年客流量稳定在200万人次左右，商户年营业额达20亿元，直接安排就业近5000人，带动上下游就业10000余人，辐射包括北京、天津、河北、山西、内蒙古等近2亿的消费人群，是中国北方地区最大、最专业的皮革销售集散地之一，是华北地区单体量最大的皮革购物中心。先后被评为‘国家AAAA级旅游景区’‘国家五星级专业市场’‘全国诚信示范市场’等。”作为乌兰察布皮革产业的龙头，集宁国际皮革城围绕“以市场带加工，以加工带鞣制，以鞣制带养殖，以研发促全面发展”的战略目标，形成了前店后厂的模式。与集宁皮件产业园、土牧尔台皮毛绒肉加工基地以及未来开发的研制基地等项目融为一体，形成集销售、加工、制革、养殖为一体的皮革产业链条。发展至今，乌兰察布也成为了皮革业内公认的产业高地、政策洼地。独特的气候条件、丰富的旅游资源再加上有效覆盖京津晋冀四省以及呼包鄂、乌大张两大城市集群近7000万消费群体的广大市场空间，以及明年开通的北京到呼和浩特的高铁，已成功始发几十列的中欧班列，“一带一路”节点城市的获批，让乌兰察布皮革产业的发展壮大拥有无限的可能。

（三）集宁区皮革产业历史悠久，基础较好

作为北方草原上的城市，集宁有着皮件加工的悠久历史，清朝就是连接南方和北方蒙古草原及俄罗斯的重要商路，那时的皮毛业就非常兴盛，依托深厚的人文、商贸及历史底蕴，从明清时期土牧尔台皮革交易创造的繁华盛景，到20世纪六七十年代“熊猫皮件”蜚声全国，再到如今“草原皮都”闻名遐迩。20世纪八九十年代集宁区皮革业曾辉煌一时，当时家庭皮革作坊在集宁区就有1079户，从业人员2.6万人，积蓄着大批技术工人，为集宁区的皮革业重塑辉煌储备了大量人才。所以，重振集宁皮件的产业雄风有着坚实的基础。

二、以皮革业带动地方经济的全面协调发展的思路

（一）以皮革业为抓手，带动乌兰察布市旅游业的发展

集宁素有“山城”之美名，境内有“老虎山”“卧龙山”，并有“霸王河”

等水系环绕城区，文化底蕴也非常深厚，历史上有着“古集宁路”等文化遗存，现代有着著名的“集宁战役”遗址，是重要的爱国主义教育基地。城区周边还有格根塔拉草原旅游区、辉腾锡勒草原旅游区、岱海旅游景区、兴和苏木山森林公园等一批旅游景点。辉腾锡勒草原旅游区位于内蒙古自治区乌兰察布市中部，是世界上保存最完好的高山草甸草原。这里绿草如茵，黄花似锦，湖水如镜，白羊如雪，牧歌悠扬，鸟语花香。

格根塔拉草原旅游中心是内蒙古自治区五大草原旅游景区之一，是全国首批AAAA级旅游景区（点）之一。举世瞩目的“神舟”载人飞船在四子王旗的成功着陆，更使这片美丽的草原如同一颗璀璨的明珠闪耀在祖国正北方。

环岱海旅游区名胜景点不仅有蛮汉山原始次生林、马头山、洞金山卧佛景观，还有5000年前的龙山早期文化遗存，有秦汉古长城遗址和大庙遗址，有厂汉营革命烈士陵园，贺龙革命活动旧地等人文景观。

使往来客人“买皮件，到集宁”的同时，领略内蒙古草原“风吹草低见牛羊”的万种风情，欣赏优美动听的蒙古歌舞，品尝美味的蒙古奶食品，以皮革业为抓手带动餐饮、娱乐、旅游业的大发展。利用好“皮都”这张名片，抓住北京—张家口申冬奥成功的契机发展当地旅游业，同时加强与俄蒙旅游合作，推动中俄蒙三国跨境旅游，对接俄、蒙的皮毛资源，大力发展皮革、绒毛加工业，构造皮革加工、设计、制作、销售全产业链发展格局，这是乌兰察布的一个战略定位。乌兰察布的另一个战略定位是建设区域旅游度假中心。集宁新区的建设对环境的改善加上区位优势，使得乌兰察布真正成为北京的后花园。目前每年到乌兰察布旅游的人数为200万人次。

（二）借助地缘优势与“一带一路”倡议，乌兰察布的物流业发展迅猛

在乌兰察布参与“一带一路”建设过程中，中欧班列是精彩之笔。截至目前，由乌兰察布始发的中欧班列已经开行41列，且已有10列班列载着欧洲的木材和牛皮纸返程，实现重去重回。

作为交通枢纽，乌兰察布不仅在物流上求突破，而且在区域合作上谋发展。该市充分依托交通区位优势，制定了“三大开放战略”，加强“乌（乌兰察布）大（大同）张（张家口）”合作，迅速融入“京津冀”。近年来，乌大张三地从政府到民间掀起了一场声势浩大的合作与融合高潮，仅在工业方面，乌大张以及京津冀合作项目就达256项、1438亿元。交通及物流发展更是令人瞩目，内蒙古自治区境内首条高铁张呼客专（乌兰察布至呼市段）开通运营，待张呼客专全线开通后，呼和浩特至北京的运行时间将缩短至3小时。支线机场被确定为国际货运机场。煤炭、马铃薯、皮革“三个交易中心”建成投运，2012年以来，“三

个交易中心”累计实现营业收入500.9亿元。乌兰察布综合物流园区被列为国家级煤炭物流服务业标准化试点项目，实现了煤炭铁合金物流与港口的联动。曹妃甸港乌兰察布内陆港建成运营，引入张家口市万全县6家选煤企业，近两年煤炭运输量月130万吨。成功承接北京雅宝路服装市场，形成了集皮革加工、研发、销售于一体的完整产业链，年加工皮件达5000万件以上。建成全区首个中国（天津）自贸区直营中心……目前，乌兰察布汇聚国际物流、人流、信息流、资金流的条件已经具备，货通天下、物走四方就是该市发展大物流的最好注脚。

（三）大数据，云计算是乌兰察布腾飞的又一引擎

在大数据的有力驱动下，乌兰察布经济社会发展格局正在发生深刻变化。

据相关资料显示，目前，国家公布了两批大数据综合试验区名单，在地理空间上，形成了“1+7”的大数据产业发展区域格局。1指的是，2015年9月于贵州启动的全国首个大数据综合试验区；7指的是，第二批获批的7个国家级大数据综试区，包括2个跨区域类综合试验区（京津冀、珠江三角洲），4个区域示范类综合试验区（上海市、河南省、重庆市、沈阳市），1个大数据基础设施统筹发展类综合试验区（内蒙古）。

在上述背景下，一个城市如果要在大数据产业领域出位，显然并不是一件容易的事。对此，乌兰察布将打造“草原数都”的底气归结为了以下几个方面：一是借力内蒙古发展大数据综合试验区的产业聚合优势，打出地方的差异牌，充分发挥区位交通便利、气候冷凉干燥、电价便宜等方面的优势。二是利用京蒙对口帮扶资源，与北京在察哈尔工业园区共建乌兰察布中关村科技园，专门用于发展大数据产业。三是围绕云计算和大数据产业，出台了地方性资金奖补、云资源使用、办公场地购置租用以及人才引进等一系列优惠扶持政策及配套服务，为入驻企业发展提供全方位保障。四是与新华网共同打造了中国创业创新博览会，通过每年一次的全国性创博会，聚合全球产业资源，重塑城市名片，构建了城市发展新经济的产业对接平台。2018年内蒙古自治区乌兰察布市政府与阿里巴巴签约，一个投资超百亿元、服务器总量为30万台的超大规模的大数据平台将在这里落地。

按照签约内容，该数据中心定位为乌兰察布城市大数据综合服务平台。项目按照“三点布局、同城互备”的方式，分别在乌兰察布的集宁现代物流园、察哈尔工业园区和察哈尔右翼前旗建设3个数据中心，每个数据中心占地200亩左右、建筑面积10万平方米，共承载30万台服务器。项目一期工程预计在2019年下半年投产。这是继苹果北方iCloud数据中心在这里落地后，乌兰察布在打造大数据产业高地上的又一重要落子。乌兰察布市政府网站公布的数据显示，目前在乌兰察布大数据产业发展品牌榜上，已经形成了华为——云数据中心，苹

果——iCloud 北方大数据中心，软通动力——大数据创新综合体，华唐——大数据外包呼叫基地，优刻得——UCloud 数据中心，以及中信国安、中联利信、同舟汇通等一批数据中心项目。加上新近签约的阿里巴巴大数据项目，围绕大数据产业，乌兰察布已经打造了一个新的产业高地。

当时预计，到 2018 年底，全市数据中心服务器规模将达到 70 万台，到 2020 年超过 100 万台，主营收入超百亿元，形成核心、关联、衍生三类业态协同发展的全产业链，把大数据产业打造成城市经济发展的新引擎。对此，乌兰察布市委书记杜学军表示，近年来乌兰察布正在将云计算、大数据产业作为大力引进和重点支持的战略性产业，并着力将其培育成为全市支柱产业，并计划打造一张新的名片——“草原数都”。

（四）构筑“冷凉经济带”，带动农牧民增产增收

冷凉蔬菜是指冷凉气候条件下生产的蔬菜，具有绿色、优质的特点。地处内蒙古阴山北麓，年平均气温 4.3℃的乌兰察布市，具有典型的冷凉生态环境。

过去，冷凉的自然环境是乌兰察布农业发展的短板，如今却是这里发展冷凉蔬菜的优势特色资源，乌兰察布发展冷凉蔬菜有先天优势。冷凉蔬菜生长的最佳环境要求气温要低于 30 摄氏度，如胡萝卜、土豆、甘蓝等，需要在气候凉一些的地方种植，乌兰察布就是很好的种植地。

2012 年以来，乌兰察布市全力开发冷凉资源，种植适合生长的冷凉蔬菜，打造优质品牌。统计数据显示，乌兰察布市每年种植甘蓝、大白菜、西兰花、胡萝卜、洋葱、南瓜、莴笋、娃娃菜、生菜、芹菜等冷凉蔬菜 60 万亩以上，产品远销全国 20 多个省，出口俄罗斯、蒙古国、日本、韩国等国家，已经成为全国三大冷凉蔬菜基地之一，形成的 8 个产业带涉及贫困人口 30 万人，蔬菜收入占贫困人口总收入的 40%。为了全力开发冷凉资源，为冷凉蔬菜产业发展提供科技支撑，乌兰察布在我国蔬菜遗传育种专家、中国工程院院士方智远的支持下于 2012 年成立中国·乌兰察布冷凉蔬菜院士工作站，这也是我国首个冷凉蔬菜院士工作站。

从成立之初至今，冷凉蔬菜院士工作站在推动乌兰察布冷凉蔬菜发展上起到了至关重要的作用。5 年来，工作站致力于新品种研发、栽培技术、机械化发展、疑难病虫害防治等方面的攻关，取得了良好的成效。5 年来，乌兰察布市冷凉蔬菜良种国产化推广达到 12 万亩，每亩纯增收入 1000 元以上。由此，冷凉蔬菜已经被列为乌兰察布四大农牧业优势产业。

乌兰察布市将“冷”产业延长，“冷凉经济带”的构想正在生成。在这一理念中，除了生态，旅游业等众多产业也囊括其中。近年，“草原避暑之都”的名称不胫而走，越来越多的外地人选择来这里避暑旅游。让“冷”经济“热”起

来，乌兰察布市依托冷凉资源，打造冷凉品牌，正在做着一篇“冷凉”大文章。

三、集宁区皮革产业发展中存在的问题及思考

（一）自主品牌缺失和作坊式生产仍为主体

目前集宁皮革一条街经营的皮革中，只有手套、帽子、护膝等一些小皮件是集宁本地产品，且以家庭作坊式生产为主，不少皮拖鞋、皮手套的价格仅在三四十元上下，只能艰难生存。而皮衣大件是从南方进回来再进行销售。这些物流成本的增加让集宁皮革的利润微薄，而真正挣钱的则是浙江海宁等商家，现在集宁没有自己的成衣品牌，没有形成规模经营，这是集宁区皮革产业的一个隐忧。

（二）皮革业人才队伍培养亟待提升

尽管集宁区从事皮革业的工人较多，但也存在着从事精细加工的高级技术工人较少的问题。如何培养一大批高技术的产业工人是现今亟须解决的一大问题，因而建立专门的实训基地和有条件的高校开办相关专业，实行校企合作迫在眉睫。同时，提升产品设计与创新的能力，走创新发展之路，拉动产业链寻找突破路径。

（三）税收、贷款等财政政策还不完善

现今，全国的态势是皮革加工产业由东南沿海向中西部转移的步伐加快，许多地区都推出了很多优惠政策，集宁周边的辛集、呼和浩特、包头土右旗都有规模不小的皮草城，各地也都出台了财政、税收优惠政策。集宁区提供的场租优惠、即买即返等优惠手段很难持久，地方政府要在税收、资金等方面给予大力扶持，使皮革产业得到良性发展。同时，部分重大项目由于受土地、环保、用水、环境容量等指标限制，无法落地。特别是在构建多元化产业体系规划建设工业园区中体现得尤为明显。建议自治区和国家有关部门能够采取更加有效的措施，进一步加大差别化政策扶持力度。发展直接融资，拓宽融资渠道。

（四）进一步提升购物软环境

集宁区需要形成购物、娱乐、旅游一条龙服务。现今每天来集宁区购物的人流辐射到河北、山西、京津唐等地区，但基本上是上午来、下午走，在集宁只停留一天，主要活动又在皮件一条街上，对集宁几乎没有什么印象，没有与集宁区娱乐、住宿、旅游等产业形成良性互动。集宁区经过多年努力，如今已发展成为国际绿化城市，周边环境大为改观。先后被评为“国家园林城市、国家卫生城市”，被国家住建部专家组誉为“建在玄武岩上的美丽园林城市”。下一步，完全可以进行资源整合，发挥既有优势，实现“购、游、娱、吃、住、行”一条龙服务。

四、集宁区皮革产业发展的对策与建议

（一）加大政府扶持力度，打造良性皮革产业链

充分利用集宁的区位优势和资源优势，把皮革产业作为一项重点扶持的传统特色产业和惠民工程来抓。现今工业园区安排建设资金 1 亿元，已有 5 家大型企业入驻。桥西皮件再就业基地通过加大政府投入力度、引进大型名牌企业等多种方式，逐渐形成政府引导、企业参与、百姓受益的新型产业格局，并积极争取“国家扶贫基金”等项目支持，形成良性发展的皮革产业链。根据北方地区消费者消费需求研发的皮毛产品销售量一路飙升，针对皮毛产业发展壮大过程中资金不足的问题，当地政府注资成立担保公司，通过市场化运作，为 300 多家皮毛加工企业发放 1000 多万元贷款，20000 多名产业工人稳定就业。

（二）实行差异化发展，树立独特优势

皮革行业是一个快速发展的行业，由于皮革产品的时尚化、应用领域的多元化、消费结构的大众化，所以集宁区皮革业应找准市场定位，走差异化发展道路。促进集宁皮革产业在转型期展现新活力，实现新发展。①整合“一街、一园、一城”的产业布局，形成各具特色、高中低档商品资源互补的销售格局；②树立自己独特的优势，坚持品牌、时尚精品的定位；③保持已有的皮革小件特长。

集宁皮革产业孵化园，进一步延伸皮革产业发展链条；加上正在建设中的集宁现代物流园区和察右后旗皮革加工、制革基地，“以市场促销售、以销售带加工、以加工带制革、以制革带养殖”的“五位一体、四步推进”皮革产业发展体系正在不断完善和形成。下一步，集宁区将在立足战略高度、科学决策布局，加大科技投入、促进产业升级，完善金融配套、加强政策扶持，做好从业培训、加强创业扶持等方面做足文章，推动皮革产业健康、快速发展。

（三）积极引进皮革业设计、制造高端人才

市场的竞争说到底是人才的竞争，因而，引进人才、注重人才的培养和积蓄是皮革产业振兴的根本，尤其是产品的设计、创新能力的提升，是一个突破口，做好产业园区培养基地和乌兰察布职业学院皮革专业的建设，坚持以市场化办学为方向，以就业为导向，注重技能实训，逐步开拓出一条大规模培养初、中级技能人才的发展之路。建立以政府奖励为导向、单位奖励为主体、社会奖励为补充的高技能人才奖励制度。推出优惠政策吸引优秀人才来集宁创业发展。这就需要加大宣传力度，让“南有海宁，北有集宁”人尽皆知。

总之，集宁皮革业的振兴也为地方经济的持续快速增长不断创造新的经济增

长点，提供充足的发展动力和发展空间。积极打造“集宁保税物流园区”“大智慧、云计算中心”“现代产业物流园区”“草原薯都”等，完全可以跨区域跨国界发展，在乌兰察布市打造国际性的“总部基地”“服务外包”等项目。也为促进内蒙古经济社会的又好又快发展起到一个积极的示范作用。

现今，中国是全球最大的皮件制造国，也是皮件的消费大国，皮件消费成了现代人的新宠，经过多年发展，皮革产业正在逐步形成“南海宁，北集宁”的双雄并立的格局。乌兰察布地处全国最大的牛羊皮产地，背靠蒙古国优质皮毛原材料产地，以产业倒逼的魄力建设集宁国际皮革城，引进创下“外商最多、交易最快、房租最贵”多个北京之最的雅宝路服装市场，高规格兴建集宁皮革产业园区，用一座城市的魄力成就一个产业的勃兴。

做好“草原皮都”这篇文章对于内蒙古利用资源优势、发展内蒙古畜牧业、带动地方全面协调发展、提升内蒙古经济转型升级有着独特的意义。同时，内蒙古地区县域经济还不具备实力，区域经济还存在着一定的差异，因此做好内蒙古农畜产品加工和皮革制造业对于促进当地经济社会的发展，提高农牧民的整体收入和县域经济发展的整体实力，都有着非常好的经济和社会效益，尤其是将使得国家“一带一路”倡议在内蒙古的发展中发挥着良好的示范作用。

新时代矿业发展模式的重塑与升级：基于“地质修复3.0”的视觉考量*

郑州轻工业学院经济与管理学院　李国政

摘要：绿色发展主导下的矿业资源综合利用理念与模式需要变革和升级。在“大地质”视域下，以单纯“复垦、复绿”为特征的地质修复1.0模式和以生态旅游区建设为特征的2.0模式已不能适应新形势下生态文明建设的要求，必然向以生态修复和多产业融合发展的3.0模式演化。地质修复3.0模式旨在构建一套完整的生态产业体系，最大限度地提供优质生态产品，其主要特征是跨界创新。宏观目标、中观目标与微观目标共同构成了3.0模式的目标体系；顶层设计、绿色生态、精准匹配、利益共享是其运行的主要原则。地质修复3.0模式实现了政府、企业、社区的三赢格局，是矿山生态修复的重要发展趋势。

关键词：生态文明；矿业模式；地质修复3.0；产业植入；跨界融合

一、问题的提出

矿业是国民经济的基础性和战略性产业，为人类社会的进步与发展做出了巨大贡献。在传统工业化时期，矿业开发模式一般主要关注资源本身的效益和保障，未考虑生态负荷和其他产业发展，基本处于一种封闭发展状态，具有明显的“分割性思维”。传统矿业也由此导致了资源紧张、环境破坏、生态系统退化等发展困境，所展示出的多是“脏”“乱”“危”等负面形象。

在中国特色社会主义新时代，社会的主要矛盾已演变为人民日益增长的美好生活需要和不平衡不充分发展之间的矛盾。新时代下美好环境是美好生活的重要表征和保证，新的文明形态、新的发展理念、新的思维方式作用于经济社会发展的方方面面，矿业发展方式也必然面临着转型升级。

---

* 基金项目：国家社会科学基金“新型工业化背景下西藏特色矿业开发道路研究”（15CMZ015）阶段性成果。

作者简介：李国政（1981—），男，河南卫辉人，郑州轻工业学院经济与管理学院副教授，经济学博士。研究方向：区域产业发展。

但长期以来，囿于传统观念和固有印象，人们对矿业的认识是单线式的，缺乏多维视角。事实上，近些年我国矿业发展特征正在悄然改变，由“黑色发展”逐步向“绿色发展”过渡。

自2007年中国国际矿业大会以来，绿色矿业经历了由概念、理念再到共识、行动的认知跨越，目前已进入规范发展阶段。2016年7月，原国土资源部等五部委发布了《关于加强矿山地质环境恢复和综合治理的指导意见》，强调加快矿山地质环境恢复和综合治理，形成矿业发展新格局。2017年5月原国土资源部等六部委发布了《关于加快建设绿色矿山的实施意见》，提出了煤炭、石油、有色等7个行业绿色矿山建设要求，明确了形成绿色矿山新格局、探索矿业发展新方式、建立绿色矿业工作新机制三大任务。2018年4月自然资源部颁布了《非金属行业绿色矿山建设规范》，绿色矿业的标准建设有了实质性进展。正如中国矿业联合会会长彭齐鸣指出的，矿业的绿色转型和创新发展不是在原有发展模式的基础上简单的渐变和修补，而是一场革命性变化。

事实上，较之工业文明，生态文明对矿业的依赖不是可有可无，而是更加不可或缺。从数量角度看，当前矿业产值占我国GDP总量的5%左右，在国民经济结构中居于重要地位；从需求角度看，一些新兴产业对于矿产品的供给种类和结构提出了新的要求，例如，新能源汽车作为低碳发展的重要一环，也是交通工具变革的重要趋势，其动力引擎制造离不开锂等战略性新兴矿物材料。可以看出，矿业发展得当，不仅不会阻碍生态文明建设，还会为其增辉不少。

2017年9月，中共中央、国务院在《关于开展质量提升行动的指导意见》中指出，要实现“区域主体功能定位和产业布局更加合理，区域特色资源、环境容量和产业基础等资源优势充分利用”的目标，并“鼓励矿产资源综合勘查、评价、开发和利用，推进绿色矿山和绿色矿业发展示范区建设”。生态文明视域下，矿业已不单单局限于矿产资源的开采、加工、冶炼等传统环节，而是可以延伸出一个系统完整的绿色产业链，如生态修复、现代农业、现代服务业等，带有显著的产业横向关联特征。如果我们以“大地质”的思维审视以矿山为依托的产业布局，就会赋予矿业发展模式新的内涵、外延及组织形态。

转变观念我们会发现，废弃矿山作为传统矿业的终端形态，同时也是“大地质”语境下新型产业的初始形态。怎样将露天采场、废石场、尾矿库、塌陷区等废旧矿山的遗留物重新“激活”，实现闭坑后矿地资源利用最大化，目前国内一些地区虽有一定实践，但对此进行经验总结和理论阐释尚付之阙如。本文以废弃矿山修复为逻辑起点，分析在此基础上的产业演进模式，为传统矿业的变革及矿业与其他产业交融发展提供一条新思路。

二、模式演变：从地质修复 1.0 到 3.0

矿产开发史是矿业文明史的重要组成部分，也内嵌于人类社会进步史，但社会的进步并不总是一帆风顺，不和谐情形时常夹杂其中。梳理经济史发现，世界范围内矿业长期扮演着生态环境的对立角色。据中国地质调查局统计，全国共有非油气矿山 11 万余个，矿山总面积约 10.4 万平方千米，年采出矿石总量超过 136 亿吨。大型矿山 4800 多个，生产矿山 7.8 万个，关闭矿山 2.2 万个。传统矿业对自然环境的破坏主要包括矿山地质灾害、矿区含水层破坏、地形地貌毁损、水土环境污染等方面，其中又以煤炭矿山和有色金属矿山为主，这对城市发展和居民生产生活构成了严重危害，矿山环境治理与恢复成为地质矿产业的重要议题。

不少机构和学者对生态恢复进行了概念界定，美国科学院（1974）将其描述为复原到环境被破坏前的状态或形成相一致的生产力；美国生态重建学会（1994）认为其是将受破坏的生态系统恢复生物多样性和实现动态平衡；国际生态恢复学会（1995）指出其是帮助研究生态整合性的恢复和管理过程的科学；Egan（1996）指出，生态恢复是重建区域生物群落，并保持生态系统和人类文化功能的持续性过程，这里已经注意到了生态恢复与经济社会发展的互动关系；国内学者彭少麟（1996）指出生态恢复是恢复生态系统的良性循环和功能的过程；章家恩、徐琪（1997）认为生态恢复是指使生态系统的结构、功能和生态学潜力成功恢复到原有乃至更高的水平；焦居仁（2003）认为生态恢复是依靠生态系统自组织的长时间规律演替向自然状态演化的过程。

需要注意的是，生态恢复和生态修复是一对高度相似又有所区别的词语。如果说生态恢复强调依靠大自然系统的自我调控来规复生态原貌，强调的是生态功能的恢复；生态修复则是在自然恢复之余，辅之以人工手段加速恢复，防止生态系统进一步退化，强调的是摒除外界干扰，其既具有复原的目的性，又具有修整的主动性。

国外关于矿山生态修复的研究和实践起步较早，20 世纪中期前后开始了相关方面的理念关注与技术创新。从理念来讲，美国强调农田、森林、地表、地下水等生态要素恢复原状，防止产生有害物质的沉积及地质灾害；德国主要考虑的是宏观环境的改变及社区居民对于良好环境的需求而非简单的复垦；法国注重将露天矿场转化为基本农田；澳大利亚着眼于生态矿业道路，创新矿业技术，将复垦内化为开采工艺的一部分。从技术来看，20 世纪 40 年代，英、美等国研制了液压喷播等工程绿化技术；日本于 20 世纪 50 年代之后发明了喷射绿化技术和纤维土绿化方法；20 世纪 60 年代后，一些矿业发达的国家开始研究边坡绿化技术，最后演化为喷混植生技术。当前矿业发达的国家普遍采用遥感、地理信息系统和全球定位系统（即 3S 技术），致力于构建系统良好的生态运行服务体系。

限于矿业活动密集度、人民生活水平等因素，国内早期并未足够关注环境破坏后的生态修复，实践中也多是对废石场和尾矿库进行简单的平整和覆土。随着环境压力剧增，生态包袱愈重，人们的环保意识不断增强，20 世纪 90 年代后，从政府到民间对矿山生态治理和土地改造利用有了强烈的吁求。近几年，中央政府及有关部委密集出台了涉矿生态治理的相关规划要求，从国家层面加强了制度供给（见表 1）。目前全国用于地质环境治理的资金超过 900 亿元，其中中央财政安排资金约 290 亿元，安排项目 1954 个，地方财政和企业自筹资金约 610 亿元，累计完成治理恢复土地面积 80 万余公顷。“矿山复绿”行动共治理矿山 3310 座，治理面积超 10 万公顷。

表 1　矿山地质环境治理修复的相关规划要求

年份	制度名称	基本内容	出台部门
2015	《中共中央　国务院关于加快推进生态文明建设的意见》	明确提出“开展矿山地质环境恢复和综合治理”任务	中共中央、国务院
2016	《国民经济“十三五”规划纲要（2016~2020）》	提出“加快解决历史遗留的重点矿山地质环境治理问题，完成750 万亩历史遗留矿山地质环境恢复治理任务”	全国人大
2016	《全国矿产资源规划（2016~2020）》	重点开展 524 个重点治理区的矿山地质环境治理工作	国土资源部
2016	《关于加强矿山地质环境恢复和综合治理的指导意见》	制定了矿山地质环境保护与土地复垦方案，示范性地开展了山水林田湖生态保护和修复工程	国土资源部、工业和信息化部、财政部、环境保护部、国家能源局
2017	《矿产资源权益金制度改革方案》	取消矿山地质环境治理恢复保证金制度，建立矿山环境治理基金制度，推进治理成本内部化	国务院
2017	《关于加快建设绿色矿山的实施意见》	将绿色发展理念贯穿于矿产资源规划、勘察、开发利用与保护全过程，带动传统矿业转型升级	国土资源部、财政部、环境保护部、国家质量监督检验检疫总局、中国银行业监督管理委员会、中国证券监督管理委员会

资料来源：根据相关政府网站资料整理。

据 2015 年原国土资源部对第一、第二批绿色矿山试点单位的验收评估，发现矿区土地复垦率平均达到95%左右，较之前有明显提升。但当前地质环境年度破坏量依然大于治理恢复量，矿山环境修复任务仍较艰巨，例如，作为全国经济版图的重要战略轴线，长江经济带矿区废水排放总量占全国的40%以上，矿业开发造成的土地占用破坏面积以年均近8%的速度上涨，这亟须破除固有思维惯性，以生态文明和“大地质”的发展理念统揽矿山地质修复。

所谓“大地质”，是指地勘部门除了矿产勘查这一主业外，工作空间还涉及水文地质、工程地质、环境地质、旅游地质、农业地质等民生地质和社会地质服务形态。某种程度而言，绿色发展催生了“大地质”建设。在“大地质”思路的指向下，矿业获得了与多种产业联动共生的发展机会。

随着人们对资源开发与环境保护关系的认识深化，矿业发展方式与路径不断演变，矿山的内在价值得到进一步挖掘，地质修复由最初的模式1.0升级为2.0，再向3.0迈进，3.0模式是未来绿色矿业发展的重要方向。

地质修复1.0模式是指针对矿产开发过程中造成的地形、地貌、植被、水文、土壤等生态环境的损毁，进行灾害治理和生态修复，其是矿山地质环境修复的初始阶段，初衷是恢复矿山原貌。以复垦、绿化为主要体现的地质修复1.0模式是建设绿色矿山的基本条件，但随着生态修复理念和实践的深入，人们逐渐认识到绿色矿山不是简单的绿化矿山，而是需要构建系统的生态矿业工程来实现。

美国生态学家H. T. Odum于20世纪60年代最早提出了生态工程的概念，旨在促进经济社会发展和环境保护协同，我国学者马世骏（1983）也有类似表述。有学者指出，生态矿业工程作为生态工程内涵的一部分，是指要求矿业项目在规划、立项、设计、施工、闭坑全过程中，将生态环境的保护、治理与修复融为项目的有机元素，以法律形式明确各阶段的资金投入和社会责任。我们认为，生态矿业工程虽然是从系统工程的角度界定矿业绿色化道路，但其意蕴囊括了矿山修复的主要理念和方式，带有鲜明的模式集成逻辑。在此背景下，地质修复1.0模式难以涵盖生态修复的全部特征，其内涵与外延必然扩展至2.0和3.0。

地质修复2.0模式是在矿区生态修复的基础上进行要素提升、生态再造，打造矿山地质公园、城市湿地公园、休闲旅游集聚区等生态服务产品，其是对1.0成果的产业更新和对矿区地质修复的边界拓展，既延伸了矿业产业链、提高了附加值，也是环境治理多元化的体现。从“矿坑”到“公园”的转变，不仅是矿山物理形态的变化，更是发展理念和实践模式的变革。

矿山旅游业是目前绿色矿山的主要模式之一，国外已有较多成熟的矿山景观建设经验（见表2）。进入21世纪以来，随着我国城市化快速推进，矿山开采规模愈来愈大，开采范围离城市边界愈来愈近，矿山生态修复必然要与城市经济社会活动相耦合。早在2001年，在安徽淮南召开的第四届中国矿业城市发展论坛上提出了建设“绿色矿城”的目标，成为发展矿山旅游业的思想萌芽。2004 年在辽宁阜新召开的第六届中国矿业城市发展论坛正式提出了建设矿山公园的话题，认为发展矿业旅游业是推动资源型城市经济转型的有效路径。之后，山西大同、辽宁抚顺、河南焦作、云南个旧等地着手将废弃矿山、矿井改造成为矿山公园，作为旅游景区和爱国主义教育基地。自然资源部共通过了 8 批 237 处国家地质公园、4 批 88 处国家矿山公园建设名单，其中不少已成为当地新的经济增长点，例如湖北黄石公园、唐山南湖公园、四川嘉阳煤矿、辽宁阜新海州煤矿等。

表 2　国外代表性矿山遗址修复成果

资源类型	项目名称	景观形式
采石场	法国代斯内娱乐基地	湿地公园
	加拿大布查德花园	矿山花园
	英国伊甸园	植物展览馆
	美国橡树采石场高尔夫俱乐部	高尔夫球场
	英国 Swineham 采石场恢复	湿地
矿山	美国 Midwestern 废弃矿山再利用	湿地
	美国东 Anaconda 铜矿修复工程	高尔夫球场
	罗马尼亚图尔达盐矿修复工程	文化主题公园
工业废弃地	德国杜伊斯堡公园	城市公园
	纽约清泉公园	公园

资料来源：根据生态修复相关网站和资料整理。

在矿山地质环境恢复治理及生态重建领域，以地质修复 1.0、2.0 模式为基础，重点打造以多产业融合发展为特征的 3.0 模式，使其成为区域经济发展新的引擎。三种模式既相互关联，又层层递进，地质修复 3.0 模式在 1.0、2.0 模式的基础上形成，必然包括前两种模式的相应内容与特征（见表 3）。

表 3　地质修复的模式类型、路径及案例

模式类型	主要路径	典型案例
地质修复 1.0	复垦、复绿为主的一般性矿山地质治理	江西铜业集团德兴—永平矿区设计了危岩清理、削坡减载、拦沙坝、植被恢复等综合治理和检测工程，治理特大型滑坡、泥石流、不稳定斜坡共 8 处，地貌景观恢复 10 个片区；神华集团上湾煤矿、黑岱沟煤矿坚持边开采边治理，矿区及周边植被覆盖率由 11%提高到 62%以上，并以打造绿色、智慧矿山为主要手段，实现矿区零排放

续表

模式类型	主要路径	典型案例
地质修复2.0	发展观光旅游业，建设矿山地质公园	四川嘉阳煤矿将博物馆、采矿遗迹、尾矿库、塌陷复垦绿化区等有机融合，建设工矿旅游景观，探索矿山遗迹多功能用途开发模式；辽宁阜新海州煤矿转型打造矿山公园；山东黄金集团归来庄金矿地质矿山公园由采矿剥离后的废石堆积而成，是绿化植被最多、地质原貌保持最好的矿区
地质修复3.0	促进跨界融合，衍生新型产业形态	云南磷化集团通过矿山生态再造，形成一定规模的生态林和经济林，对复垦植被区进行二次利用。下属昆阳磷矿建设“震旦地质生态园”和高海拔足球场；海口磷矿建设“森林湖生态园”，把复垦植被区、尾矿水循环利用、多品种植物群融为一体；尖山磷矿实施“采空区高陡边坡削坡绿化工程”，提供古生物动物群科学研究场所；庐山东湖小镇系赣北最大的瓷土矿山，由于开采历史久，白沙化严重，造成一系列生态灾害。对矿区及周边进行系统规划，打造集文化创意、康养旅游、高端会议为一体的生态综合体

资料来源：根据自然资源部网站以及调研资料整理。

地质修复3.0作为近年来方兴未艾的一种矿区生态修复模式，引起了矿业地勘界的高度重视。2018年初，中国矿业联合会主办了首次“矿山修复产业融合3.0模式研讨会”；2018年5月，中国矿业联合会绿色矿业发展战略联盟矿山修复产业融合专业委员会成立；2018年6月，在浙江湖州召开的“中国矿业循环经济暨绿色矿业发展论坛”对此模式进行了宣传推介；2018年7月，中国地质灾害防治工程行业协会主办的“矿山生态修复与美丽乡村建设联盟筹备会”在北京举行，对地质生态修复领域及3.0模式的未来趋势进行研判。地质修复3.0模式已由最初的构想发展为政策界和学术界的共识。

三、跨界创新：地质修复3.0模式的逻辑内涵与一般特征

在生态文明和绿色发展的规制下，地质修复3.0模式是实现矿山综合利用的有效“武器”，也为矿业和其他产业融合发展提供了一种全新思维，其具有明确的内涵指向和行为特征。

（一）地质修复3.0模式的逻辑内涵

生态生产力是未来中国经济最具潜力和可持续性的生产力形态，也是经济良性发展的重要动能。地质修复3.0模式的价值旨趣之一就是以科技为支撑、以创新为动力、以产业为基础，最大限度地提炼和释放生态生产力，构建与资源环境禀赋兼容的生态产业体系。地质修复3.0模式可以全方位覆盖三次产业，例如与工业园区建设相结合，可以促进城市经济转型发展；与土地复垦相结合，可以发

展现代生态农业；与地质灾害防治相结合，可以极大提高城市安全保障能力，其要求从矿山设计伊始对当地生态价值和开发影响进行全面评估，寻求矿山闭坑后的最佳利用方案。

地质修复3.0模式的核心内涵是实现“生态产业化和产业生态化”，即充分考量和利用原有矿山的区位禀赋、资源禀赋、文化禀赋、生态禀赋，对其进行生态和产业两级提升，实现对环境的修复改善、生态品质的提升和地质资源的有效配置，达到生态效益、文化效益和经济效益的统一，形成区域新的产业链和经济增长点。该模式的重点是孵化文化、旅游、康养、创意、电商、种养等绿色产业形态，提供更多优质的生态产品（见图1）。

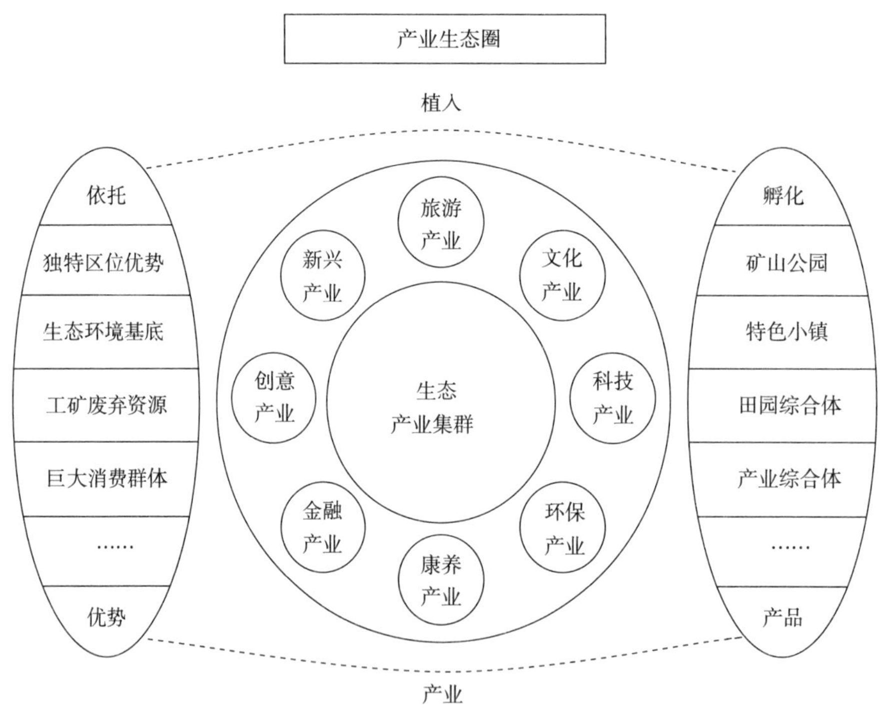

图1　地质修复3.0模式的内涵指向

循着这一思路，废弃矿山可以成为新型产业的承载地，通过功能置换，实现环境再造与产业再生，例如宁波将废弃矿山打造成现代化赛车场；徐州在原有矿区改造的基础上建设城市公园，打造城市旅游品牌；辽宁鞍山大孤山修复项目不仅建造了矿冶遗址公园，还修建了高尔夫球场、植物园、文化园等特色项目；山西国信森林公园以生态修复为基础，与周边未遭破坏的山体连为整体营造景观，修建岩壁城堡、崖顶会所、多功能广场等，另外还可以废弃矿山为资源建造科普教育基地、地下油库、观光酒店等。

可见，地质修复 3.0 模式已经超越矿业的一般内涵，渗入建筑、艺术、园林、考古等领域，涉及文化旅游、制造业、交通运输、市政建设等现代产业。因此，以矿业绿色发展为核心理念的 3.0 模式必然要树立跨界思维，走合作创新之路。跨界发展是社会资源大范围的整合利用，是传统矿业与其他行业实现基因重组、兼收并蓄的过程，一般包括顶层设计、空间规划、矿山修复、产业布局、生态提升、运营管理等内容。这种模式不但可以使传统矿业获得新生，也可以促进不同行业、企业之间更为广泛深入的合作，并不断衍生出新的可持续发展模式和业态。

（二）地质修复 3.0 模式的一般特征

地质修复 3.0 模式体现了以人为本的思想关怀，人的进入和产业融入是 3.0 模式的重要前提。人的进入包括两个方面：一是生产者进入，即产业项目的规划、实施、建设、运行等方面。二是消费者进入，即项目建成后的消费、使用等。3.0 模式的价值创造离不开生产和消费两个维度。产业融入意味着修复后的土地不再以自然要素的形态存在，而是以社会资本的身份出现，是“生态+产业+社区”的有机结合。因此，地质修复 3.0 模式的立足点和着力点不在于对地质环境的简单修复，而在于对其修复后的综合利用（见图 2），其既追求生态环境价值，也需要实现经济价值和社会价值。

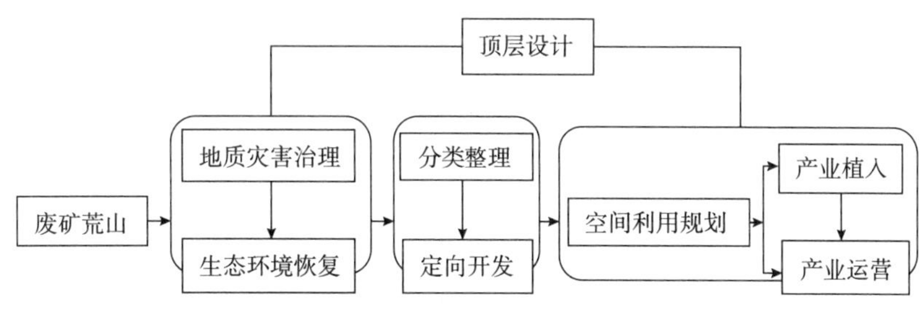

图 2　地质修复 3.0 模式的框架思路

融合思维与创新发展是地质修复 3.0 模式的典型特征，3.0 模式的持续有效运转离不开“四个融合”（产业选择与生态环境融合、项目设计与地区文化融合、生态恢复与景观风貌融合、发展效益与社区建设融合）和“六个创新”（技术创新是支撑；管理创新是关键；制度创新是保障；资本创新是动力；平台创新是纽带；产业创新是基础）。

就融合而言，矿山修复是对原有环境的扩容与提升，在此基础上的产业布局要以环境保护为主要约束条件，引入低碳环保产业，禁止污染项目入驻，达到资源利用、产业发展、生态建设高度一致；每个地区都有特定的文化偏好和习俗，矿区修复重建必须将地区“文化符号”纳入项目设计和实施的计划框架，尽量做到“文化包容”，避免“文化排斥”。如果和现有地区文化特征相抵触，项目本身就会缺乏支持基础而变得不可持续；在矿山修复过程中，应以规划层面代替技术层面的思考，引入景观策略。在协调、稳定、循环、良好的矿区生态系统基础上，确立景观导入的生态思维，通过景观空间结构的优化保障生态恢复的整体性实现；3.0 模式最终产生的经济收益需要达成多方共享，外来资本获取利润和企业形象，地方政府获得持续性的经济发展和税收来源，社区居民享有就业机会和增收实效，形成共赢格局。

就创新而言，从技术层面看，当前绿色矿山被纳入了《国家重点支持的高新技术领域》目录，生态修复作为其有机部分，在对矿区产业统筹规划与协调发展做出科学评判的同时，需要加强标准建设，建立生态修复效益综合评价体系，加快相应生态产业的技术研发，改进工艺流程，强化科技创新。

从制度层面看，地质修复 3.0 是一种新的理念和模式，既离不开包括顶层设计、系统规划、投资建设、运营管理等环节在内的全流程服务，也离不开政策、市场的主体参与，既需要政府统筹，又需要参与单位协同。面对这样一个复杂工程，需要构建完善的制度体系，破除旧有体制机制障碍，从源头和全局维系矿山生态修复有序进行。

从管理层面看，不同于一般矿山环境的整治和恢复，地质修复 3.0 模式兼顾生态保护与资源保障，旨在构建多种绿色产业融合的生态价值链。同时，市场化、开发式、第三方治理等新观念和机制贯穿于模式运行当中，使得地质生态修复工作机遇与挑战并存，这些对固有的管理理念和手段产生了不小冲击。因此，应创建一套适应新形势的现代管理模式，加强对地质生态修复工作的整体推进和综合治理。

从资本层面看，新时代打造“山水林田湖草生命共同体”、发展矿业小镇等战略思路为地质修复 3.0 模式提供了广阔空间，无论是生态修复还是产业更替均需资本介入尤其是社会资本参与。当前 PPP 模式广泛应用于基础设施建设领域，亦可运用于矿区生态治理。PPP 模式既可缓解政府财政资金缺口压力，又可提高民间资本的使用效率和回报率，是矿山环境修复的新动向。例如，山东省烟台市的枫林生态园项目，在矿山环境修复的基础上，以资源循环利用为主要方式发展生态农业和高端畜牧业，是民营资本进入矿山修复领域的典范。

从平台层面看，实现行业协同、项目联动、资源整合、优势互补是新时代矿山生态修复的基本要求。通过建立行业协会、战略联盟等社会组织，吸纳关联企业，构建内部对接、外部嫁接的资源合作创新平台，可以有效发挥资本集聚、技术集成、人才集中的多重资源优势以完成矿山修复目标，克服单一力量在其中的不足。

从产业层面看，如果说生态修复是“本”，那么产业再造就是“根”，产业导入是增强矿山修复区域造血功能的必然途径。产业选择的视角既要精准化也要新颖化，详细甄别契合当地发展特征的产业种类，在此基础上敲定修复方案。

四、系统集成：地质修复 3.0 模式的目标体系与基本原则

矿山生态修复要立足于自然生态系统和社会经济系统两个层面为居民提供更好的生态服务，其具有自然、人文双重价值。如果不对废弃矿山加以治理和再利用，容易导致扬尘、山体滑坡、泥石流等地质灾害，引发一系列安全问题和环境问题，而且，废弃矿山的闲置本身就是一种资源浪费。因此，树立产业生态圈思维，搭建“地质+多产业”融合发展的矿山环境修复治理架构，促使资源节约综合利用，充分挖掘其文化功能、美学功能、体验功能，是未来矿山生态修复的主要方向之一。构建系统完整的目标体系和集成高效的运行原则，实现自然资源总资产的增值，是矿山地质修复 3.0 模式的应有之义。

（一）建构目标

矿山修复 3.0 模式作为 1.0、2.0 模式的升级版，其目标更具有多元性和嵌联性。多元性是相对于单一性而言的，指在修复过程中同时实现多个目标；嵌联性是相对于松散性而言的，指各目标之间具有内在的紧密联系而非各不相关。

矿山修复 3.0 模式既有一个宏观目标，在其规约下又有中观目标和若干个微观目标，不同层次的目标共同构成了完整的目标体系。我们认为，宏观目标是根据国土空间开发规划和城镇化总体布局，创新绿色矿业模式，建设现代矿业文明，实现绿色价值最大化。中观目标是释放地质资源，优化产业结构，提供优质生态产品，实现区域绿色发展。由于 3.0 模式囊括了 1.0、2.0 模式的特征与架构，因此会在不同阶段呈现不同的具象目标，包括地质效益、生态效益、经济效益、社会效益、文化效益等。其中，矿山修复是基础、环境改善是依托、产业植入是根本、文化建设是核心、经济效益是前提。

具体而言，矿山在修复过程中需要防止产生新的破坏，巩固已有修复成果，矿山修复最直接的效果就是生态改善和环境容量提升。“生态结构压力”减缓后，需要对矿区的产业布局进行重建，没有符合当地实际的产业植入，意味着没有合适的生产力进入，土地最大化利用的目标就无法实现。除了实现资源效益、环境效益外，社会资本的进入必然以经济效益为追求目标。比之其他“硬目标”而言，文化建设作为“软实力”，更具有内在张力和持久性，是生态修复之“魂”。

从本质来说，地质修复 3.0 模式基于工业生态学，将生态环境、资源环境、经济环境、人文环境联结成一个整体，形成了以矿山地质环境恢复为中心的绿色产业网络。从形式来说，地质修复 3.0 模式将实现“废矿荒山转换为绿水青山、绿水青山转换为金山银山”的转换作为着眼点，尝试构建集地质修复、环境提升、产业植入、生态和谐为一体的产业生态四圈层结构，形成生产空间、生活空间、生态空间“三生互动”，一二三产业“三产融合”，经济效益、社会效益、环境效益“三效并举”的产业综合体等终端绿色消费品（见图 3）。

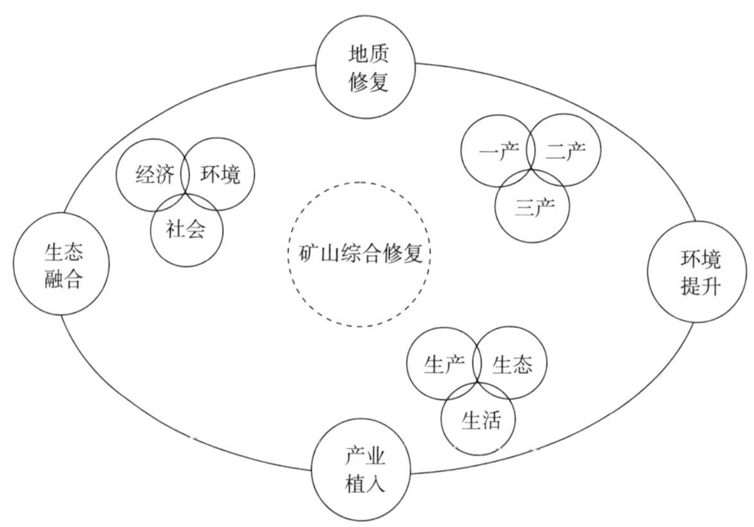

图 3　地质修复 3.0 模式的目标圈层体系

（二）主要原则

第一，顶层设计原则：地质修复 3.0 模式是一个复杂的系统工程，以“算大账”为特征的顶层设计对其成功至关重要，其要求对修复区域的整体范围、功能定位、产业选择、生态设计、修复方案等通盘考虑，在矿山环境修复的初始即着眼于与植入产业相结合，并综合分析项目建成后的经济、社会、生态多重效益。另外，需要从整体上思考地质修复 3.0 布局及其与 1.0、2.0 的关系，合理划分产业边界，在明确三种模式各自范畴的同时，将三者作为一个整体统筹把握，三种模式边界“不错位”、职能“不缺位”、功能“协同补位”，并相互支撑。

第二，绿色生态原则：理念是行动的先导，坚持绿色发展理念就是要确立良好生态环境的中心价值，增强全社会自然资本意识，推动其大量增值。必须将绿色发展理念贯穿地质修复 3.0 模式全过程，增强生态红线意识，以生态优先为中心设计产业布局，摒除“三高”项目和资源依赖型项目进入 3.0 区域，防止修复本身产生新的生态隐患。矿山修复区域产业植入应杜绝功利思想和短期行为，消除安全隐患，注重与其他要素协调，走可持续发展道路。

第三，精准匹配原则：由于不同矿区的地理形态、山体构造、毁损程度、发展水平、政府要求等存在差异，生态修复模式、产业设计和部署不可能千篇一律，而要突出精准和适用。精准性与匹配度主要体现在与本地区的要素禀赋、知识逻辑、文化偏好、发育程度、发展需求、产业传统等方面的契合，防止产生“排异”现象。在产业匹配的前提下，根据产业布局和产业定位制定系统的修复方案，例如上海世贸集团打造的佘山深坑酒店，保留了原有矿坑景观，不仅降低了修复成本，而且体现了区域和产业特色。

第四，利益共享原则：产业链构造是地质修复 3.0 模式的主要部分，“参与式发展”是实现共享发展理念的重要保障和体现。在打造矿业全产业链过程中，矿区居民的参与度非常重要。矿区修复后的产业选择、就业吸纳、管理监督等必须充分考虑周边社区居民的利益，将矿山修复与社区参与、乡村振兴、精准扶贫相结合，形成人、矿、地和谐发展的局面，增强社区群众的获得感。

从目前情况看，矿山修复 1.0 模式的“双复”（复垦、复绿）和 2.0 模式的矿山公园、湿地公园等业态，其大部分经费主要依靠政府投入，社会资本的后续收益较小，长期来看对地方经济的拉动和矿区周边农民的增收影响有限。3.0 模式因其重新利用大量的土地资源并涉及产业移植，政府具有更大的操作空间来平衡投资，对投资人后续补偿的可能性显著增强。地质修复 3.0 模式既解决了生态文明建设的刚性任务，又减少了政府投资，便于政府财政盈余转入其他民生领域，还使社会资本获得收益，实现了矿山生态修复三赢格局。

五、结语

习近平总书记在全国生态环境保护大会上强调要加快构建生态文明体系，建立健全生态经济体系。生态文明建设离不开矿业的参与，绿色矿山不仅是新时代实现矿业生态文明的主要出路，也是绿色发展理念在矿业领域的鲜明体现。

到目前为止，我国绿色矿山建设经历了由“试点探索”到“全面推进”的过程。随着人们对绿色矿山的理论认知和实践探索不断深入，以矿山地质生态修复和矿地资源综合利用为逻辑起点的矿业接续产业发展凸显，开拓了矿业发展的新空间，形成了较为完整的绿色矿业产业链。

矿山地质修复目前在我国广泛开展，并取得一定成效。探索地质生态修复新模式，使矿山重建目标由单纯的植被恢复向新兴替代产业过渡，不仅可以重新赋予矿山废弃地经济活力和文化内涵，也是对城市绿色景观体系的重要补充。

地质修复既是传统矿业的结尾，又是以此为基础的新型产业的开端，应以通盘、联动的思维统揽多产业发展。就修复阶段和内容来看，分别产生了初始的1.0模式、深化的2.0模式以及作为未来主要发展形态的3.0模式。矿山地质修复3.0模式以土地综合利用和产业融合发展为重要特征，不仅可以拉动策划规划、测量勘探、修复治理、生态绿化、苗木花卉等众多行业发展，还可以恢复和闲置大量土地资源，引入现代生态产业，拓展矿业与其他产业交叉融合发展的领域边界；不仅可以达到去库存、去产能的目的，还可以有效激活部分传统产业，形成符合矿业供给侧结构性改革的生态产品。

当然，地质修复3.0模式尚处于理念与实践的试验摸索与经验总结阶段，一些问题值得进一步研究，例如，地质生态修复怎样实现矿产资源供给侧与消费侧精准配置，如何深度融入乡村振兴和制造强国两大国家战略以及在修复过程中防止产生新的破坏等，需要另文探讨。

参考文献

［1］国土资源部等．关于加强矿山地质环境恢复和综合治理的指导意见［EB/OL］．［2016-07-01］. http：//www. mlr. gov. cn/zwgk/zytz/201607/t20160720_1412148. htm，2018-08-09.

［2］国土资源部等．关于加快建设绿色矿山的实施意见［EB/OL］．［2017-05-10］. http：//www. mlr. gov. cn/zwgk/zytz/201705/t20170510_1507257. htm，2018-08-12.

［3］彭齐鸣．绿色发展让传统矿业迈上新征程［N］．光明日报，2018-07-28（9）.

［4］新华社．中共中央、国务院关于开展质量提升行动的指导意见［EB/OL］．［2017-09-12］. http：//www. gov. cn/zhengce/2017-09/12/content_5224580. htm，2018-08-14.

［5］新华社．我国将大力开展矿山地质环境恢复和治理工作［EB/OL］．［2017-06-23］. http：//www. gov. cn/xinwen/2017-06/23/content_5204997. htm，2018-08-14.

［6］高林．对“生态恢复理论与实践”的几点认识［A］//2013年全国生产矿山提高资源保障与利用及深部找矿成果交流会论文集［C］. 2013：134-142.

［7］高吉喜．矿山生态修复，复的是什么？［J］．环境经济，2014（11）：32.

［8］彭少麟．恢复生态学与植被重建［J］．生态科学，1996（2）：26-31.

［9］章家恩，徐琪．生态退化研究的基本内容与框架［J］．水土保持通报，1997（6）：46-53.

［10］焦居仁．生态修复的要点与思考［J］．中国水土保持，2003（2）：1-2.

［11］李晓娜．矿山修复技术魅力几何［N］．中国矿业报，2018-04-25（4）.

［12］刘晓慧．绿色矿山，生态文明建设的关键一环［N］．中国矿业报，2017-08-26（A2）.

［13］成金华，朱永光．着力解决长江经济带矿产资源开发的生态环境问题［N］．中国环境报，2018-08-03（3）.

［14］奥德姆．系统生态学［M］．蒋有绪等译．北京：科学出版社，1993.

［15］马世骏．生态工程——生态系统原理的应用［J］．生态学杂志，1983（4）：20-22.

[16] 于润沧．构建生态矿业工程是建设绿色矿山的迫切要求 [N]．中国矿业报，2018-07-17 (1).

[17] 朱训．关于发展绿色矿业的几个问题 [J]．中国矿业，2013 (10)：1-6.

[18] 朱训．朱训矿业文集 [M]．北京：中国大地出版社，2012.

[19] 王干．以系统思维推进生态文明建设 [N]．人民日报，2018-02-09 (7).

[20] 新华社．开创美丽中国建设新局面 [N]．人民日报，2018-05-21 (1).

广西海洋渔村“三产融合”障碍诊断及应对研究*

钦州学院经济管理学院副教授　朱念

摘要：在梳理“三产融合”相关文献的基础上，构建广西海洋渔村“三产融合”发展的指标体系，提出广西海洋渔村“三产融合”可持续度和障碍度等模型。通过分析广西海洋渔村“三产融合”发展现状，计算广西海洋渔村“三产融合”可持续度和障碍度，研究发现，广西海洋渔村“三产融合”发展的主要障碍为公路客货运周转量、农林牧渔服务业产值、农村用电量、第三产业产值、农民人均纯收入、第二产业产值六项指标，从而提出完善发展适合当地特色新业态、加强海洋渔村电网建设、提高海洋渔村农民收入、大力发展特色第二产业等应对措施。

关键词：海洋渔村；三产融合；障碍诊断

一、引言

农村“三产融合”是指农业和农产品加工业及农业相关服务业三次产业的融合发展，是推动中国农业现代化和农村经济发展的新经济业态。2015 年中央一号文件首次提出农村“三产融合”发展，2016 年中央一号文件再次强调要推进农村三产深度融合，提升农业产业附加值，2017 年党的十九大报告把促进农村一二三产业的融合发展作为乡村振兴战略的重要内容，这表明农村“三产融合”逐步上升为国家打破农业发展不平衡、不充分发展的战略。广西海洋渔村自然资源丰富，海洋生态环境宜人，具有独特的海岛海洋渔村风貌、渔家风情、民俗文化，具有 Sea、Sand 和 Sunshine 的“3S”特征，但总体经济发展水平与开发

* 基金项目：①2017 年度北部湾海洋文化研究中心课题（2017BMCA03）；②2016 年钦州学院高级别培育项目（2016PY-GJ18）；③广西高校重点实验室（桂教科研〔2015〕17 号）：现代港口物流实验室；④2017 年钦州发展研究院第一批研究课题项目（17QFYB002）；⑤2014 年国家社科基金：中国—东盟海上互联互通机制研究（14XGJ004）；⑥2016 年教育部人文社会科学研究规划基金：西南民族地区以涉农电商促进农民脱贫的实现路径研究（16YJA840006）。

程度落后，面临着基础设施建设滞后、科技水平低、人才资源短缺等问题，广西海洋渔村“三产融合”发展水平有待进一步提高。

基于对现有文献的整理和分析，学者们从不同角度对“三产融合”的内涵、发展思路、实现途径等方面进行了研究。在农村“三产融合”内涵界定方面，日本农业学家最早提出了“三产融合”的内涵即是在农业生产进程中逐步完成向二、三产业延伸。郑风田等（2015）指出农村一二三产业融合发展是以农业为基础和依托，借助产业渗透、产业交叉和产业重组方式，通过形成新技术、新业态、新商业模式延伸农业产业链，由一产向二三产拓展。在产业融合发展的动力方面，于刃刚、李玉红（2006）提出技术创新是产业融合现象产生的内在驱动力。赵霞等（2017）对农村三产融合的内涵界定、现实意义及驱动因素进行了具体分析。在推进农村“三产融合”发展思路及实现路径探索方面，韩一军（2015）指出农村“三产融合”发展要以农民增收为主线、农业为依托、农产品加工业为引领、技术创新为动力、融合机制为纽带。李小静（2016）在研究“三产融合”发展内生条件的基础上，对“三产融合”发展的途径进行深入剖析。但学者们对农村“三产融合”的研究鲜有基于障碍诊断视角的。因此，本文利用可持续度与障碍度模型，对广西海洋渔村“三产融合”发展的障碍进行诊断，并提出相应的对策建议。

二、广西海洋渔村“三产融合”评价指标体系与障碍诊断模型

（一）模型的选择

在参考前人研究成果的基础上，考虑到可持续度与障碍度在障碍诊断模型中运用广泛，能直观反映障碍程度，因此，本文从障碍诊断视角，对广西海洋渔村“三产融合”发展的障碍进行诊断。

（二）指标体系的构建

在借鉴国内外相关研究成果的基础上，以广西海洋渔村“三产融合”为评价目标，构建广西海洋渔村“三产融合”评价指标体系，共分为海洋利用、经济效益、社会和谐3个一级指标，16个二级指标（见表1）。

表1　广西海洋渔村“三产融合”指标体系及权重表

准则层	权重	指标层	指标代码	权重
海洋利用指数	0.045	海水养殖面积（公顷）	U_1	0.4902
		淡水养殖面积（公顷）	U_2	0.0378
		海水产品产量（万吨）	U_3	0.1796
		淡水产品产量（万吨）	U_4	0.2924

续表

准则层	权重	指标层	指标代码	权重
经济效益指数	0.509	第一产业产值（万元）	U_5	0.0934
		第二产业产值（万元）	U_6	0.1435
		第三产业产值（万元）	U_7	0.1990
		农林牧渔业总产值（万元）	U_8	0.0843
		农林牧渔服务业产值（万元）	U_9	0.2380
		农村用电量（万千瓦时）	U_{10}	0.2272
		农业机械总动力（千瓦）	U_{11}	0.0101
		乡村人口数（户籍人口，万人）	U_{12}	0.0046
社会和谐指数	0.446	公路客货运周转量（万吨公里）	U_{13}	0.7805
		城镇化率（%）	U_{14}	0.0038
		农村居民消费价格指数	U_{15}	0.0005
		农民人均纯收入（元）	U_{16}	0.2153

（三）指标权重的确定

本文采用熵权法确定评价指标权重，步骤如下：

1. 评价指标数据的规范化处理

在获取指标数据时，大多数指标的单位往往不一致，因此，通过对指标数据进行规范化处理，即把指标数据转化为相对值，以便计算综合指标值。

2. 计算指标值的比重

用 P_{ij} 表示第 j 项指标下第 i 年指标值的比重，计算公式为：

$$P_{ij}=u_{ij}/\sum_{i=1}^{n}u_{ij} \quad (i=1,\ 2,\ \cdots,\ m;\ j=1,\ 2,\ \cdots,\ n) \tag{1}$$

3. 计算熵值的大小

用 e_j 表示第 j 个评价指标的熵值，计算公式为：

$$e_j=-k\sum_{i=1}^{m}p_{ij}\ln p_{ij} \quad (j=1,\ 2,\ \cdots,\ n) \tag{2}$$

在式（2）中，$k=\ln m$，假设当 $P_{ij}=0$ 时，即 $P_{ij}\ln P_{ij}=0$，我们用 g_j 表示第 j 个指标的差异系数，且有 $g_j=1-e_j$，各个年份指标数据值的差异性大小，由该指标的差异性系数决定。数据值的差异大小与指标差异系数的大小成正比，当数据差异性变大时，则 g_j 变大，此时该指标对综合评价的影响变大，即权重变大。当某个指标下的数值都相等时，则该指标对总体评价的影响为 0，差异性系数达到最小值为 0。

4. 确定各指标因子权重

用 w_j 表示各指标因子权重，依次计算出每类因子权重，计算公式为：

$$w_j = g_i / \sum_{j=1}^{n} g_i \ (n=1,\ 2,\ 3,\ \cdots,\ 20) \tag{3}$$

5. 计算每个子目标的权重

用 d_i 表示上层结构的对应权重，d_i 的值根据层次结构分析理论，并且依据一定的比例来确定。依据公式 $g_j = 1 - e_j$，可得到参评因素的效用值 g_i。计算子目标下所有指标的效用值总和，将各效用值 g_i 相加即可，记为 d_k（$k=1,\ 2,\ 3$），同时计算所有参评因素的效用值之和，用 F 表示，$F = \sum_{k=1}^{3} d_k$，对应子目标的权重为 $w_k = d_k / F$，并依此计算出每个子目标的权重，每一指标对应总目标评估值为 $f_{ij} = w_j p_{ij}$。

（四）广西海洋渔村"三产融合"的可持续度

描述特定时间广西海洋渔村"三产融合"可持续程度高低的"三产融合"可持续度（D）是"三产融合"水平（L）、"三产融合"能力（P）和"三产融合"协调（C）组成的函数，即 D=f(L，P，C)。

1. "三产融合"水平

用 L_i 表示"三产融合"可持续利用水平，X_i 表示某一指标（U_i）在某一时态下的数值大小，海洋渔村"三产融合"可持续利用水平的计算公式为：$L_i = X_i / a_i$；其中，a_i 代表指标 U_i 的目标值，i 表示各项指标的序号（$i=1,\ 2,\ \cdots,\ n$）。当某一指标具有负功能时，"三产融合"水平的计算公式为：$L_i = (X_i / a_i)^{-1} = a_i / X_i$，由此可进一步推出海洋渔村"三产融合"的总体发展水平为：$L = \sum_{j=1}^{k} \left(\sum_{i=1}^{n} Lr_i \right) w_j$，其中，$w_j$ 表示第 j 个因子的权重；r_i 代表第 i 个单项指标的权重；L 值的大小代表广西海洋渔村"三产融合"在某一时态下的总体发展水平。

2. "三产融合"能力

"三产融合"能力表现为一定时段内，广西海洋渔村"三产融合"水平与理想的广西海洋渔村"三产融合"水平之间的差值。当 X_i 为某一指标（U_i）在某一时刻的值时，我们可以得出"三产融合"能力（P_i）的计算公式为：$P_i = (a_i - X_i) / a_i$。当遇到有负功效的指标时，"三产融合"能力的计算公式变为：$P_i = (X_i - a_i) / X_i$。广西海洋渔村在某一时态下的综合应用能力为：$P = \sum_{j=1}^{k} \left(\sum_{i=1}^{n} Pr_i \right) w_j$。其中，$w_i$ 与 r_i 的意义与前文相同，P 表示广西海洋渔村"三产融合"在某一时态下的总体发展能力。

3. “三产融合” 协调

“三产融合”协调是用来表示海洋利用、经济效益、社会和谐三者之间的协同程度，同时也是为达到一定的协调性水平，而实施的相关政策措施的有效程度。设 $U_i(i=1, 2, \cdots, n)$ 为广西海洋渔村“三产融合”评价指标变量，其中 (a_i, b_i) 是系统在稳定范围内的极值大小，用 $U_A(u_i)$ 来表示各指标变量对系统协调的功能函数，海洋渔村“三产融合”协调度在某一状态下的指标变量 u_i，对系统协调的功能公式表示，可分为以下两种情况：

（1）当 $U_A(u_i)$ 具正功能时：$U_A(u_i)=(X_i-b_i)/(a_i-b_i)$ $(i=1, 2, \cdots, n)$。

（2）当 $U_A(u_i)$ 具负功能时：$U_A(u_i)=(b_i-X_i)/(b_i-a_i)$ $(i=1, 2, \cdots, n)$。

其中，X_i 表示变量 u_i 在某一状态下值的大小，A 表示在一个稳定的范围内。本文采用几何平均法来计算协调度，由此可得出海洋渔村“三产融合”协调度公式为：$C=\sum_{j=1}^{k}\left(\sum_{i=1}^{n}U_A(u_i)r_i\right)w_j$。$C$ 表示广西海洋渔村“三产融合”在某一时态下总体发展的协调程度。

4. “三产融合” 可持续度

广西海洋渔村“三产融合”在某一时刻的可持续程度（D）用几何平均数表示为 $D=\sqrt[3]{L \cdot P \cdot C}$。当前，学界对可持续度尚未达成统一的划分标准，多数学者对可持续度范围的划分参见表 2。结合广西海洋渔村实际情况及发展阶段，本文对可持续度的划分如表 2 所示。

表 2 可持续度范围的划分

序号	可持续度	学者界定范围	本文界定范围
1	高	$0.8<D\leq1.0$	$0.85<D\leq1.0$
2	较高	$0.6<D\leq0.8$	$0.65<D\leq0.85$
3	中等	$0.5<D\leq0.6$	$0.45<D\leq0.65$
4	较低	$0.4<D\leq0.5$	$0.25<D\leq0.45$
5	低	$0<D\leq0.4$	$0<D\leq0.25$

（五）障碍诊断模型

障碍诊断模型是在对“三产融合”可持续程度评价的基础上，加入三个与障碍因素判定相关的因子贡献度、指标偏离度与障碍度，从而构成的障碍诊断模型。

用 R_j 来表示因子贡献度，代表单个因子对总目标的效用程度，即单项指标对总体目标的权重，计算公式为：$R_j=w_jw_i$，w_j 为第 j 项单项因素权重，w_i 是第 j 项

单项因素所属的第 i 个子目标权重。

指标偏离度用 P_j 表示，用来说明单项指标与广西海洋渔村“三产融合”可持续程度发展目标之间的差距，即单项因子评估值与百分之百的差值，$P_j = 1 - a_j$。

障碍度用 A_j 表示，代表单个因子对“三产融合”协调度及可持续发展的影响值，是障碍诊断的目标和结果，$A_j = R_j P_j / \sum_{j=1}^{n} (R_j P_j)$，由 A_j 值的大小可以得出海洋渔村“三产融合”可持续发展的主要障碍因素。

三、广西海洋渔村“三产融合”评价及障碍度分析

（一）广西海洋渔村“三产融合”的基本情况

广西海洋渔村由北海、防城港、钦州三市的海洋渔村构成。根据广西壮族自治区海洋和渔业厅统计，广西有居民海岛 14 个，海岛面积 103. 2 平方千米，海岸线长 197. 5 公里，海岛人口有 66756 人，沿海海洋渔村数量 42 个，涂滩面积 1. 38 万亩，渔业船舶 2254 艘，从事渔业人口 3. 36 万人。

1. 海洋水产品加工业发展低水平徘徊

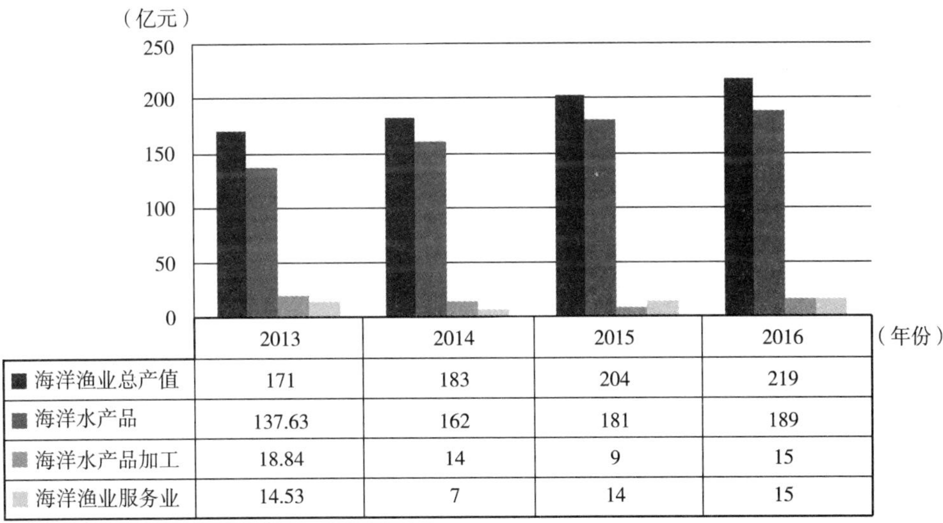

	2013	2014	2015	2016
海洋渔业总产值	171	183	204	219
海洋水产品	137.63	162	181	189
海洋水产品加工	18.84	14	9	15
海洋渔业服务业	14.53	7	14	15

图 1　2013~2016 年广西海洋渔村海洋渔业生产总值变化情况

资料来源：2016 年广西海洋渔业厅。

如图 1 所示，广西海洋渔村海洋渔业生产总值逐年上升的同时，海洋水产品加工业产值却逐年减少。这表明海洋水产品加工业产值较低，且发展不稳定，

“三产融合”发展缺少工业支撑，“三产融合”的发展水平较低。

2. 农林牧渔服务业发展低端锁定

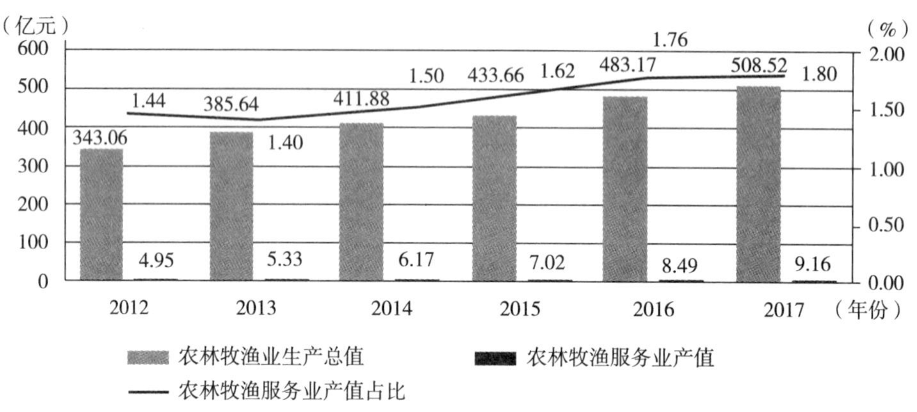

图 2　2012~2017 年广西三市沿海区农林牧渔业总产值情况

资料来源：2013~2018 年防城港、钦州、北海三市统计年鉴。

如图 2 所示，广西海洋渔村农林牧渔业总产值和服务业产值呈上升态势，但农林牧渔服务业产值占比低，表明广西海洋渔村农业生产性服务业规模小，发展缓慢，海洋渔村“三产融合”的发展程度处于低端锁定状态。

3. 海洋渔村休闲农业滨海旅游发展同质化趋势明显

近年来，广西海洋渔村大力发展滨海旅游，凭借其独特的自然与地理优势，规划渔家乐旅游项目，将海洋渔村推入市场。广西海洋渔村具有多样的渔家旅游活动，如租船捕鱼虾、海上冲浪、出海观海豚等。以钦州为例，初步统计，截至 2017 年底，钦州沿海地区开展渔家乐经营场所 20 多家，有渔船、游艇共 40 多艘。但这些游乐设施与北海、防城港相近，同质化明显，差异化程度不高。

4. “三产融合”发展模式多样，但无样板式模式

目前，广西海洋渔村的“三产融合”模式中，农业产业内部的融合（实行稻田生态综合种养方式）、农业产业链的延伸融合（特色海洋产品加工）、农业与其他产业之间的融合（渔家乐）与用先进技术对农业的渗透型融合（淘宝、抖音等）4 种模式等均有所发展，涉及了农业生产前期、中期、后期以及流通到市场消费四个阶段，这一过程延长了农业产业链，提高了农业的附加值，但未形成具有可复制的成功样本经验，无可复制、可推广的成功样板渔村。

（二）数据的获取与指标界限确定

结合广西海洋渔村“三产融合”发展的实际状况及建模需要，数据指标主要包括海洋利用指数、经济效益指数与社会和谐指数。数据来源于钦北防三市的统计年鉴、统计公报，以及三市统计局提供的数据。本文的指标体系由16个指标构成，每项指标的目标值、上限值主要参考《广西“十三五”规划》《钦州市“十三五”规划》《北海市“十三五”规划》《防城港市“十三五"规划》等规划文件，考虑海洋渔村的实际进行微调，指标的下限为2012年的实际值。考虑到数据的可获得性及数据获取难易程度，采用2016年的数据作为评价的基础数据。

（三）指标权重的确定

首先，将2012~2016年的16个指标层指标按照熵权法的计算步骤，得出指标层和准则层的指标权重；其次，以准则层指标为单位，再次采用熵权法，计算出海洋利用指标层16个指标的权重（见表1）。

（四）“三产融合”的可持续度

分别测算“三产融合”水平、能力和协调。在此基础上，计算广西海洋渔村“三产融合”可持续度，计算结果如表3所示。

表3 广西海洋渔村“三产融合”可持续度各指标情况

准则层	指标层	2012年	2016年	目标值	“三产融合”水平	“三产融合”能力	“三产融合”协调	“三产融合”可持续度
海洋利用指数	海水养殖面积（公顷）	47939.6	61352	93243	0.6580	0.3420	0.2961	0.4054
	淡水养殖面积（公顷）	14759	15499	35827	0.4326	0.5674	0.0351	0.2051
	海水产品产量（万吨）	1621774	1872045	9267282	0.2020	0.7980	0.0327	0.1741
	淡水产品产量（万吨）	141308	167017	584328	0.2858	0.7142	0.0580	0.2280
经济效益指数	第一产业产值（万元）	2176690	3041871	15832840	0.1921	0.8079	0.0634	0.2142
	第二产业产值（万元）	6858736.27	10251945.31	52793251.81	0.1942	0.8058	0.0739	0.2261
	第三产业产值（万元）	4153702.11	6663968.51	28473282.68	0.2340	0.7660	0.1032	0.2645
	农林牧渔业总产值（万元）	3444014	4855423	18231735	0.2663	0.7337	0.0954	0.2652

续表

准则层	指标层	2012 年	2016 年	目标值	“三产融合”水平	“三产融合”能力	“三产融合”协调	“三产融合”可持续度
经济效益指数	农林牧渔服务业产值（万元）	49466	84852	426238	0.1991	0.8009	0.0939	0.2465
	农村用电量（万千瓦时）	35343.28	48250.39	218325.53	0.2210	0.7790	0.0705	0.2299
	农业机械总动力（千瓦）	2095261	2377234	8152387	0.2916	0.7084	0.0466	0.2127
	乡村人口数（户籍人口，万人）	171.93	174.61	210	0.8315	0.1685	0.0704	0.2145
社会和谐指数	公路客货运周转量（万吨公里）	2326981	3278047	14823875	0.2211	0.7789	0.0761	0.2358
	城镇化率（%）	52.63	56.37	65.38	0.8622	0.1378	0.2933	0.3266
	农村居民消费价格指数	103.07	101.27	100.5	0.9924	0.0076	0.7004	0.1742
	农民人均纯收入（元）	7569.33	12343.53	62832.82	0.1965	0.8036	0.0864	0.2389

可持续度是系统内部与外部各要素之间的一种和谐状态及良好的相互关系。根据上述评价方法，以 2012 年为基数，对 2016 年广西海洋渔村“三产融合”可持续度进行评价。由表 3 可知，三大准则层 16 项指标中小于 0.25 的共计 12 项，大于 0.25 小于 0.45 的共计 4 项。即可持续度指标可持续度评价“低”的共计 12 项，可持续度指标可持续度评价“较低”的共计 4 项。2016 年广西海洋渔村“三产融合”可持续度偏低，均处于不协调状态。

表 4 “三产融合”可持续度计算

	“三产融合”水平	“三产融合”能力	“三产融合”协调	“三产融合”可持续度
海洋利用指数	0.0206	0.0242	0.0076	0.3225
经济效益指数	0.1116	0.3976	0.0429	0.0179
社会和谐指数	0.0975	0.3485	0.0354	0.1726
综合值	0.2297	0.7704	0.0859	0.2478

由表4可发现，从“三产融合”水平、能力与协调的综合值对比来看，“三产融合”的能力综合值最高，“三产融合”的水平综合值次之，“三产融合”的协调综合值最低。这说明广西海洋渔村“三产融合”具备一定的发展能力，但是“三产融合”水平不高，广西海洋渔村“三产融合”协调性较差，表明“三产融合”在广西海洋渔村处于各自为政的状态，未能实现“1+1+1>3”的效果。受“三产融合”水平、能力与协调的影响，广西海洋渔村“三产融合”可持续程度为0.2478，处于低水平状态，说明广西海洋渔村“三产融合”系统内部与外部各要素之间尚未形成和谐状态及良好的相互关系。

（五）“三产融合”障碍度

在计算“三产融合”可持续度的基础上，根据以下计算公式：$R_j=w_jw_i$，$P_j=1-a_j$，$A_j=R_jP_j/\sum_{j=1}^{n}R_jP_j$，分别计算出广西海洋渔村“三产融合”因子贡献度（$R$）和指标偏离度（$P$）及障碍度（$A$），计算结果如表5所示。

表5　海洋渔村“三产融合”障碍度指标一览表

准则层	指标层	因子贡献度 R_j	指标偏离度 P_j	障碍度 A_j
海洋利用指数	海水养殖面积（公顷）	0.0220	0.3420	0.9750
	淡水养殖面积（公顷）	0.0017	0.5674	0.1247
	海水产品产量（万吨）	0.0080	0.7980	0.8334
	淡水产品产量（万吨）	0.0131	0.7142	1.2143
经济效益指数	第一产业产值（万元）	0.0476	0.8079	4.9873
	第二产业产值（万元）	0.0731	0.8058	7.6429
	第三产业产值（万元）	0.1013	0.7660	10.0746
	农林牧渔业总产值（万元）	0.0429	0.7337	4.0880
	农林牧渔服务业产值（万元）	0.1212	0.8009	12.5992
	农村用电量（万千瓦时）	0.1157	0.7790	11.6981
	农业机械总动力（千瓦）	0.0051	0.7084	0.4729
	乡村人口数（户籍人口，万人）	0.0023	0.1685	0.0508
社会和谐指数	公路客货运周转量（万吨公里）	0.3481	0.7789	35.1928
	城镇化率（%）	0.0017	0.1378	0.0303
	农村居民消费价格指数	0.0002	0.0076	0.0002
	农民人均纯收入（元）	0.0960	0.8035	10.0155

根据障碍度计算结果，按障碍度值大于 5 为主要障碍因子，可以得出广西海洋渔村“三产融合”障碍因素主要有 6 项，主要为公路客货运周转量、农林牧渔服务业产值、农村用电量、第三产业产值、农民人均纯收入、第二产业产值，其中有 4 项因子属于准则层的经济效益指数，这表明广西海洋渔村“三产融合”发展系统协调性及可持续程度受到经济效益指数影响较大。其他 10 项因素障碍度小于 5，则对广西海洋渔村“三产融合”阻碍较小，可视为次要障碍，其中第一产业产值障碍度为 4.9873，为次要因素中的主要因素，表明第一产业与第三产业的产值制约了广西海洋渔村“三产融合”的发展。

（六）障碍诊断结论

根据广西海洋渔村海洋利用、经济效益、社会和谐方面的数据，采用协调度、可持续度和障碍度模型对广西海洋渔村“三产融合”发展条件进行协调性评价、可持续程度评价与障碍诊断。研究表明，广西海洋渔村“三产融合”协调度偏低，总体上处于不协调阶段，可持续度为 0.2478。通过障碍度诊断，得出影响广西海洋渔村“三产融合”可持续发展的主要障碍因素为：①公路客货运周转量小，交通网络体系薄弱，物流信息服务能力较差；②农林牧渔服务业产值与第三产业产值低且发展慢，休闲渔业、滨海旅游潜力和优势未充分发挥；③农村用电量较低，海洋渔村电力设备陈旧落后，难以满足广西海洋渔村“三产融合”发展的需要；④海洋渔村农民人均纯收入较低，导致渔民“洗脚上岸”或异地打工，渔村人口逐渐减少，严重制约广西海洋渔村“三产融合”发展；⑤第二产业产值低，农产品加工业对“三产融合”带动力弱，影响了海洋渔村“三产融合”的整体发展水平。

四、广西海洋渔村“三产融合”发展的对策建议

（一）完善海洋渔村交通体系，优化基础设施环境

一方面，通过广西海洋渔村加强道路建设，特别是贫困偏远海洋渔村基础设施和信息化服务设施的建设，实现村村通公路，提高公路客货运周转量；另一方面，要加强交通基础设施的管理与维护，提高基础设施的安全性、耐久性和通行能力。与此同时，构建能高效通达广西海洋渔村的绿色智能的综合交通运输体系。

（二）发展适合当地特色新业态，提升海洋渔村产业融合的层次

发展具有海洋渔村特色生态产业，扩大服务业规模，促进海洋渔村第三产业稳步发展。在品牌上，打造海洋渔村区域特色品牌，加强科技与农业之间的融合度；在融合方式上，鼓励渔民利用互联网对特色农产品的宣传推广，“线上线

下”结合拓宽销售渠道；在农业功能拓展上，加强引导海洋渔村农业与旅游休闲业、文化教育等产业融合，打造亮点与特色，完善基础设施条件与提高服务水平。

（三）加强海洋渔村电网建设，满足“三产融合”用电需求

加大海洋渔村电网资金投入，及时更新陈旧的用电设备、线路，保障农村供电质量。加强海洋渔村电网的管理维护，加快乡村电网管理人才队伍的培养与开发。提高海洋渔村居民的安全用电意识。积极利用清洁能源，如太阳能、风能、潮汐能等，让海洋渔村电力资源得到充分利用，从而满足海洋渔村三大产业融合发展的用电需求。

（四）提高海洋渔村农民收入，激发“三产融合”发展内生动力

加强对海洋渔村产业融合的政策落实，为贫困、薄弱的农业经营主体提供信贷支持担保，减轻农业成本负担；重视海洋渔村农业产业制度建设和监督管理，创造一个公平、公正、和谐的发展环境，保障海洋渔村农民共同分享海洋渔村“三产融合”发展的红利；注重发展非农产业，改变农业增长方式，拓宽农民增收渠道。

（五）大力发展特色第二产业，推动海洋渔村产业融合发展

结合广西海洋渔村实际，发展特色海洋水产品加工业，建设农产品加工基地，提升第二产业产值。提高海洋渔村海洋资源的开发技术水平，发展绿色高效海洋经济。扩大完善渔业养殖基地和渔业水产品加工基地建设，改善渔业经济生产模式；调整和提高海岛沿岸海域的综合利用功能，推广与完善海洋渔船安全救助信息系统，为海洋渔业经济活动提供救济与保障，建立保障措施，推动海洋渔村产业融合发展。

参考文献

［1］姜长云．日本的“六次产业化”与我国推进农村一二三产业融合发展［J］．农业经济与管理，2015（3）：5-10.

［2］李小静．农村三产融合发展的内生条件及实现路径探析［J］．改革与战略，2016（4）：83-86.

［3］郑风田，崔海兴，程郁．产业融合需突破传统方式［J］．农业工程技术，2015（26）：39-39.

［4］于刃刚，李玉红．论技术创新与产业融合［J］．生产力研究，2003（6）：175-177.

［5］赵霞，韩一军，姜楠．农村三产融合：内涵界定、现实意义及驱动因素分析［J］．农业经济问题，2017，38（4）：49-57，111.

［6］韩一军．加快推进农村一二三产融合发展［J］．黑龙江粮食，2015（11）：27-28.

[7] 周裕丰，刘菊鲜．农村土地利用协调性评价及障碍诊断——以广州市为例［J］．广东农业科学，2011，38（14）：154-156.

[8] 薛红霞，刘菊鲜，罗伟玲．广州市城乡发展协调度研究［J］．中国土地科学，2010，24（8）：39-45.

[9] 谭永忠，吴次芳，叶智宣，丁洪建，牟永铭．城市土地可持续利用评价的指标体系与方法［J］．中国软科学，2003（3）：139-143.

[10] 刘菊鲜，梅昀，罗伟玲．城市土地利用协调性评价及障碍诊断——以广州市为例［J］．中国集体经济，2011（25）：80-81.

[11] 徐靖宇．基于循环经济视角的土地可持续利用研究［D］．云南财经大学硕士学位论文，2011.

城镇化、空间溢出效应与城乡居民收入差距的时空演变

——基于山东省的经验证据

临沂大学商学院　张英杰

摘要： 基于2003~2015年山东省17个地级以上城市的年度平衡面板数据，利用探索性空间数据分析（ESDA）和空间杜宾模型（SDM），实证分析了市域城镇化对城乡居民收入差距影响的空间效应，并通过直接效应和间接效应来分析本空间单元市域城镇化和邻近空间单元市域城镇化对城乡居民收入差距的影响。结果表明，山东省市域城乡居民收入差距具有明显的空间自相关性，市域城镇化的推进显著缩小了本空间单元市域的城乡居民收入差距，而邻近市域城镇化的提升也对本空间单元市域的城乡居民收入差距具有显著影响；城镇化的空间溢出效应强于直接效应，并对邻近市域的城乡居民收入差距施加显著的影响。并据此提出加快市域服务业发展、加大人力资本提升力度以及促进各市域互动协作等政策建议，旨在缩小城乡居民收入差距，促进山东省区域经济协调发展。

关键词： 城镇化；城乡收入差距；空间溢出效应

一、引言

改革开放以来，中国的城镇化快速发展，城乡居民收入水平得到显著提高，然而，由于历史和现实的诸多原因，中国的城乡居民收入差距较大，近年来基尼系数值已高于国际警戒线①，成为当今中国区域经济协调发展和社会主义和谐社会建设的瓶颈之一。

党的十八届三中全会通过的《中共中央关于全面深化改革若干重大问题的决定》中提出“坚持走中国特色新型城镇化道路，推进以人为核心的城镇化”的战略决策，指明了推进中国新型城镇化建设的方向，确定了相应的体制机制建设

---

① 中国国家统计局2016年1月19日发布的最新数据显示，2015年全国居民收入基尼系数为0.462。这是基尼系数自2009年来连续第7年下降，但仍然超过国际公认的0.4贫富差距警戒线，2008年基尼系数达0.491。

框架。因此，在中国经济新常态的发展背景下，新型城镇化对于统筹城乡协调发展、逐步解决“三农”问题、促进社会和谐稳定，具有重大的理论意义和现实意义。

城乡居民收入差距问题研究很早就引起了国内外众多学者的关注，最早可追溯至 Kuznets（1955）关于“库兹涅茨倒 U 形曲线”的文献，认为随着经济的发展，城乡居民收入差距表现为初期上升而后期下降的变动轨迹。关于城镇化和城乡居民收入差距的关系研究，已有较多的前期文献。Lewis（1954）基于“二元经济结构”模型，认为伴随着城镇化的推进，农村劳动力呈现产业结构和就业结构的较大变动，即从劳动生产率较低的第一产业逐渐转移到劳动生产率较高的第二和第三产业，直至三产收入趋于均衡时为止，使得城乡居民收入差距缩小。陆铭和陈钊（2004）基于中国 1987~2001 年 29 个省（市、区）的年度面板数据和面板计量模型，实证分析了城市化、城市倾向的经济政策与城乡居民收入差距的关系，结果表明，城市化在统计意义上显著地降低了城乡居民收入差距。陈晓毅（2010）利用中国 1978~2008 年的年度数据，构建结构向量自回归模型，对城市化、工业化与城乡收入差距的关系进行了实证研究，结果表明，城市化的发展短期内扩大了城乡收入差距，长期内缩小了城乡收入差距。杨国安和徐勇（2010）基于 1985~2008 年青海省的时间序列数据，利用 Granger 因果关系检验法，分析了中国西部地区城乡收入差距和城镇化的关系，结果表明二者存在单向因果关系，城镇化的实施有利于缓解城乡收入差距的扩大。吴先华（2011）基于 1990~2007 年山东省年度样本数据，通过构建时间序列数据模型和面板数据模型，对城镇化、市民化与城乡收入差距之间的内在关系进行了实证检验，结果表明，城镇化在长期水平上通过市民化来缩小城乡收入差距，而在短期水平上却扩大了城乡收入差距。陈斌开、林毅夫（2013）基于 1978~2008 年中国 29 个省（市、区）的纵列样本数据和面板数据模型，分析了中国的发展战略、城市化与城乡居民收入差距的关系，指出：中国的重工业优先发展的战略导致了城市化发展滞后，并对城乡居民收入差距产生了重要影响。孙久文和周玉龙（2015）基于 2005~2011 年中国县域的非平衡面板数据，采用系统广义矩形方法，实证分析了城乡差距、劳动力迁移与城镇化的关系，研究表明，城乡收入差距扩大阻碍了劳动力迁移，对城镇化不利。肖向东、罗能生（2015）基于 2000~2012 年中国 31 个省（市、区）的年度面板数据，利用空间探索性分析和空间面板滞后模型，分析了中国城乡居民收入差距的省际差异及其影响因素，指出城镇化率作为地区经济发展水平的代理变量，对地区城乡居民收入差距产生显著的负效应。王建康等（2015）基于 2002~2012 年中国 30 个省（市、区）的面板数据，通过设定空间计量经济模型，考察了城市化进程对城乡收入差距的直接影响和间接影响（溢出效应），结果表明，中国城乡收入差距具有明显的空间自相关性，并且城市化对城乡收入差距存在消极效应。韩磊等（2015）构建空间计量模型，基于2006~2012年甘肃省78个县级年度面板数据，从时空维度分析了其城镇化与城乡居民收入差距的依存关系，结果表明，在时间维度上，在样本观测期内的城镇化率上升，城乡居民收入差距呈现下降趋势；在空间维度上，城镇化和城乡居民收入差距存在明显的空间集聚特征，但前者的集聚程度弱于后者。欧阳金琼等（2015）运用1982~2011年中国28个省的面板数据，分别基于截面和时期的变系数模型，分析了城镇化对城乡收入差距影响的省级地区差异和年度差距。许芳（2015）基于中国1985~2012年31个省（市、区）的年度面板数据，分析了城市化和城乡居民收入差距的时空演变，结果表明，中国的城镇化呈现出从东部向中部、从西北向西南递减的态势，而城乡居民收入差距呈现出从东到西、从北向南上升的空间分布格局；此外，作者利用地理加权回归分析发现，城市化对城乡居民收入差距的影响具有明显的时空差异，其空间分布格局由"东弱西强"逐渐逆转为"东强西弱"。杨志海等（2015）利用2005~2010年中国1523个县的大样本面板数据研究了县域城镇化对城乡居民收入差距的影响，研究表明，县域城镇化能够显著缩小城乡居民收入差距。齐红倩和席旭文（2015）将城镇化发展、消费差距以及城乡收入差距三个变量纳入统一的分析框架，利用中国2003~2013年的季度数据，构建时变参数向量自回归模型，实证分析了三者的关系，结果表明，中国城镇化对城乡收入差距的影响呈现出短期扩大、长期缩小的态势。李长亮（2016）基于2004~2013年中国省际面板数据，利用探索性空间数据分析和空间杜宾模型，实证分析了城镇化对城乡居民收入差距的影响效应，结果表明，全国以及东中西部地区的城镇化对城乡居民收入差距具有显著的空间溢出效应，并且存在的明显的区域差异。张军涛和张英杰（2016）基于2001~2013年山东省临沂市9个县的年度平衡面板数据，利用动态面板固定效应变截距模型和广义矩估计方法，实证分析了县域城镇化对城乡收入差距的影响效应，结果表明，在样本观测期内，县域城镇化的推进在统计意义上显著扩大了城乡居民收入差距。

从已有的城镇化与城乡收入差距关系的前期文献来看，多数是基于省级或全国层面的样本数据进行研究，少数是利用市级或县级样本数据进行计量分析，鲜有利用中国某省份的地市级的城市样本作为案例进行探索性空间数据分析以及空间计量模型的实证检验。鉴于此，本文以山东省为例，利用其管辖的17个地级以上城市2003~2015年的年度平衡面板数据和空间杜宾模型，实证分析市域城镇化与城乡居民收入差距的关系。此外，为防止构建的模型存在遗漏变量，本文把其他影响城乡居民收入差距的关键因素纳入构建的空间杜宾模型进行实证分析。

二、城镇化与城乡居民收入差距的时空演变特征

（一）山东省市域城镇化与城乡居民收入差距的关系

山东省位于中国的东部地区，是中国的经济大省、人口大省和农业大省，现辖2个副省级城市（青岛和济南）和15个地级市（淄博、枣庄、东营、烟台、潍坊、济宁、泰安、威海、日照、莱芜、临沂、德州、聊城、滨州、菏泽）。

目前，山东省正处于城镇化与工业化快速推进的时期，其人口城镇化率由2003年的32.81%上升为2015年的57.55%，与此相对应的是，山东省市域城乡居民收入差距变化幅度较小，由2003年的2.49变为2015年的2.27，略有下降。

从山东省市域城镇化与城乡居民收入差距的散点图（见图1）来看，二者大致呈现负相关关系，也就是说，山东省市域城镇化的推进缩小了城乡居民收入差距。其影响机理是：城镇化进程加快了劳动力从农村向城镇转移的流动性，减少了农村剩余劳动力，加剧了城镇劳动力市场的竞争程度，使得城乡两地的要素价格（或报酬）均等化，进而缩小了城乡居民收入差距（张军涛和张英杰，2016）。

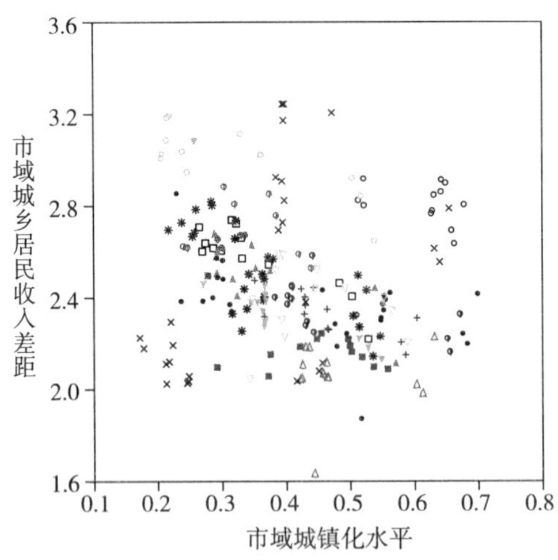

图1　山东省市域城镇化与城乡居民收入差距关系面板数据散点图

资料来源：《山东统计年鉴》（2004～2016）和2004～2016年山东省各地市统计年鉴。

（二）山东省市域城乡居民收入差距的时空演变特征

1. 时序演变特征

从统计数据来看，在样本观测期间内，山东省市域的城乡居民收入差距大致

呈现“倒U形”特征（见图2），波峰时间节点为2009年，具体而言：2003~2009年处于“倒U形”曲线左侧，是波动上升的区间，在2009年达到最大值2.59，城乡居民收入差距的取值范围为［2.47，2.59］；而2009~2015年处于“倒U形”曲线右侧，是逐渐递减区间，年均下降率为1.47%，城乡居民收入差距的取值范围为［2.27，2.59］。

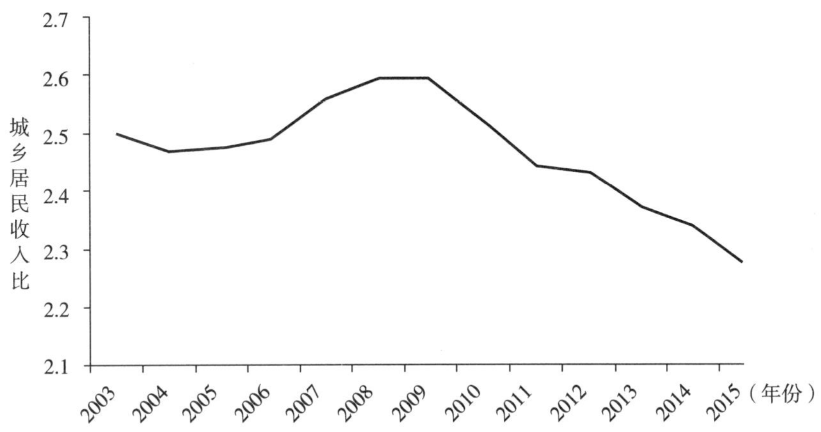

图2　山东省市域城乡居民收入差距的时序演变

资料来源：《山东统计年鉴》（2004~2016）和2004~2016年山东省各地市统计年鉴。

2. 空间格局分布变化特征

山东省市域城乡居民收入差距的空间差异变化明显：2003年，城乡居民收入差距的低值区仅有胶东地区的威海市，高值区主要分布于沂蒙革命老区的临沂市和日照市，中值区主要集中于胶东地区和鲁中地区，中值偏高地区主要位于鲁西和鲁西南地区；2009年，城乡居民收入差距呈现出新的格局，低值区升为中值区，成为缺失区，高值区仅为沂蒙老区的中心城市临沂市，中值区集中于鲁东地区，中值偏高区位于鲁西南和鲁西地区；2015年，城乡居民收入差距呈现较大的空间变化，低值区仅为鲁西的德州市，高值区为缺失区，中值区主要集中于鲁东和鲁西南地区，中值偏高区位于鲁东南和鲁西北地区的几个地级市。

三、研究方法、变量的选取和数据来源

面板数据模型是当今计量经济分析应用最广泛的一种模型方法，按照是否考虑地理空间单元之间的相关性，面板数据模型可分为普通面板数据模型和空间面板数据模型，前者忽视了地理空间单元之间的相关性，使得普通最小二乘法的参数估计量出现有偏和不一致的问题，而空间面板数据模型克服了上述不足，已成

为时下计量经济分析与建模的热点，得到了国内外学者特别是区域经济与空间经济学研究者的极大关注。

（一）研究方法

1. 普通面板数据模型

面板数据含有时期、截面和变量的三维信息，据其构建的普通面板数据模型比单纯的时间序列数据模型或横截面数据模型有更大的样本容量，提高了模型参数估计的精度，并且能够反映更多截面个体动态行为（高铁梅，2009）。其模型的一般形式为：

$$y_{it} = \alpha + \beta x_{it} + \varepsilon_{it} \tag{1}$$

其中，y_{it}为被解释变量在 i 截面 t 时刻的值；x_{it}为解释变量在 i 截面 t 时刻的值；α 和 β 为回归系数；ε_{it} 为随机误差项。

普通面板数据模型按照是否含有被解释变量的滞后项，又区分为静态普通面板数据模型和动态普通面板数据模型，后者含有被解释变量的滞后项，一般采取广义矩（GMM）估计方法，而前者不含有被解释变量的滞后项，一般采用普通最小二乘法（OLS）去估计参数。

2. 探索性空间数据分析

托布勒的地理学第一定律（Tobler，1970）表明，“万物都是彼此关联的，但较近的事物比较远的事物关联性更高”。也就是说，区域之间的经济地理行为之间一般存在一定的空间相互作用，即空间效应，包括空间依赖性和空间异质性。

探索性空间数据分析（Exploratory Spatial Data Analysis，ESDA）是一种从数据角度探测事物空间分布的非随机性或空间相关性的方法，能够展示出空间数据中隐含的空间模式、空间分布以及空间相互作用。若探索性空间数据分析发现存在空间自相关特征，则表明研究的空间单元间存在空间相互作用，应在普通面板数据模型的基础上构建空间面板计量模型。其分析工具主要有两类：一是全局空间相关性；二是局部空间相关性（沈体雁等，2010）。本文基于莫兰（Moran）在 1950 年提出的全局空间自相关检验指标 Moran's I，具体计算公式为：

$$I = \frac{\sum_{i=1}^{n}\sum_{j=1}^{n} w_{ij}(x_i - \bar{x})(x_j - \bar{x})}{S^2 \sum_{i=1}^{n}\sum_{j=1}^{n} w_{ij}} \tag{2}$$

其中，I 为莫兰指数（Moran's I）；n 为空间单元个数；x_i和 x_j分别为区域 i 和区域 j 的空间变量观测值；$\bar{x}$ 为平均值；S^2为样本方差；w_{ij}为区域 i 的邻近空间单元 j 的空间权重矩阵。莫兰指数 $I \in [-1, 1]$，其绝对值越大表明空间分布的相关性越强，大于 0 表示正自相关，即高值和高值、低值和低值相邻，呈现空间依赖性；小于 0 表示负自相关，即高值和低值相邻，呈现空间异质性；等于 0 表示空间分布服从于随机分布，不存在空间相关性。对于空间权重矩阵 w_{ij} 的设定，已有文献中主要有三种方式：基于邻接概念的空间权重矩阵、地理距离空间权重矩阵和经济距离空间权重矩阵。本文选用基于地理距离空间权重矩阵，具体是按不同地级以上城市间直线距离的倒数作为 w 中的元素的取值。

3. 空间面板数据模型

空间面板数据模型是在普通面板模型的基础上考虑了地理空间单元之间的空间效应而构建的模型，其主要包括空间滞后模型、空间误差模型和空间杜宾模型 3 种类型。空间滞后模型包含了被解释变量的空间滞后项，表明某地理空间单元的被解释变量受到邻近地理空间单元的被解释变量的影响；空间误差模型包含了空间相关的误差项，表明某地理空间单元计量经济模型的误差项受到邻近地理空间单元模型误差项的影响；空间杜宾模型则同时包含了被解释变量的空间滞后项和解释变量的空间滞后项。3 种模型的数学构造分别如下：

$$y=\rho w_y+\beta x+\varepsilon \tag{3}$$

$$y=\beta x+\varepsilon, \quad \varepsilon=\lambda w_\varepsilon+\mu \tag{4}$$

$$y=\rho w_y+x\beta+w_x\theta+\varepsilon \tag{5}$$

其中，y 为被解释变量；x 为解释变量；w_y 为被解释变量空间滞后项；ρ 为空间自回归系数，表示邻近地理空间单元的被解释变量对本地理空间单元的被解释变量的影响，若该系数通过了显著性检验，表明被解释变量存在空间溢出效应；β 为解释变量的系数；ε 为随机误差项；λ 为空间误差系数，表示邻近地理空间单元的误差项对本地理空间单元的误差项的影响；w_x 为解释变量的空间滞后项；θ 为被解释变量的空间滞后项，表示邻近地理空间单元的解释变量对本地理空间单元被解释变量的影响。

可运用 Lagrange Multiplier（LM）检验空间滞后效应和空间误差效应是否具有显著性，若 LM 检验表明一种效应显著而另一种效应不显著，则可设定显著的空间效应模型；若 LM 检验表明两种效应均显著或均不显著，则应构建空间杜宾模型。

4. 空间杜宾模型解释变量的直接效应和间接效应

在空间杜宾模型中，某地理空间单元被解释变量主要有 3 方面的影响：本地理空间单元的解释变量、邻近地理空间单元的被解释变量以及邻近地理空间单元的解释变量。本空间单元的解释变量除了直接影响本地理空间单元的被解释变量外，还可通过影响邻近地理空间单元的被解释变量，并通过其空间自相关性传导到本地理空间单元的被解释变量，这种本地理空间单元解释变量对本地理空间单元的被解释变量的综合影响称为解释变量的直接效应；与此相类似，本地理空间单元的解释变量可直接影响邻近地理空间单元的被解释变量，也可通过影响本地理空间单元的被解释变量，并通过其空间自相关性传导到邻近地理空间单元的被解释变量，这种本空间单元的解释变量对邻近空间单元的被解释变量的综合影响称为解释变量的间接效应（或空间溢出效应）。由此可见，解释变量的直接效应和间接效应包含复杂的反馈循环效应，因此，它们不等于空间杜宾模型中解释变量的系数 β 或空间滞后项系数 θ（鲍超等，2016）。

解释变量的直接效应与间接效应的计算可通过 James 和 Kelly（2009）提出的如下分解公式并求偏导数获得（James P. L. 和 kelly P. R.，2009）。

$$(I-\rho W)^{-1}=I+\rho W+\rho^2 W^2+\rho^3 W^3+\cdots \tag{6}$$

（二）变量选取

1. 被解释变量

被解释变量（gap）表示山东省 17 个地级以上城市的城乡居民收入差距，其度量指标有泰尔指数、基尼系数、城乡居民收入比、城乡居民消费比等指标，本文用城镇居民人均可支配收入与农村居民人均纯收入的名义比值来度量，其值越大，表明城乡居民收入差距越大。

2. 解释变量

解释变量（urban）表示山东省 17 个地级以上城市的城镇化发展水平，采用市域的城镇化率来衡量，即市域的城镇居民常住人口数占市域总人口数的比例。

3. 控制变量

为了提高所构建模型的拟合优度，并且避免因遗漏变量造成模型参数的估计量在大样本下不一致和在小样本下有偏，本文以经济理论为基础选择以下控制变量，控制了除城镇化以外的其他影响城乡居民收入差距的五个关键因素。一是经济发展水平（pgdp），用市域的年人均实际 GDP 表示，单位为“元/人·年”。二是工业化（industry），使用市域第三产业增加值占市域地区生产总值的比重来衡量。三是固定资产投资（invest），采用市域全社会固定资产投资额占市域地区生产总值的比重来衡量。四是对外贸易（trade），使用外贸依存度来衡量，即市域地区进出口总额除以地区生产总值，而进出口总额为海关统计的各个地区进出口数据，并将地区进出口总额数据按照当年的官方汇率换算成人民币。五是人力资本（human），采用市域普通高中和中等职业学校在校学生数之和占市域总人数的比重来衡量。

各个变量的定义如表 1 所示。

表 1 选取的变量定义

变量类别	变量符号	变量名称	变量定义
被解释变量	gap	城乡居民收入差距	市域城镇居民人均可支配收入/市域农村居民人均纯收入
解释变量	urban	城镇化	市域城镇居民常住人口数/市域总人口
控制变量	pgdp	经济发展水平	市域实际地区生产总值/市域总人口
	industry	工业化	市域第三产业增加值/市域地区生产总值
	invest	固定资产投资	市域全社会固定资产投资额/市域地区生产总值
	trade	对外贸易	市域进出口总额/市域地区生产总值
	human	人力资本	市域普通高中和中等职业学校在校学生总数/市域总人口

4. 变量的描述性统计

上述选取变量的简单性描述性统计结果如表 2 所示。

表 2 变量的描述性统计

变量	样本容量	均值	标准差	最小值	最大值
gap	221	2.4650	0.2967	1.6310	3.2464
urban	221	0.4140	0.1258	0.1708	0.6999
pgdp	221	39241	27561	3337	165950
industry	221	0.3489	0.0763	0.1359	0.5718
invest	221	0.5696	0.1387	0.2929	0.9298
trade	221	0.2655	0.2291	0.0340	0.9853
human	221	0.0299	0.0065	0.0139	0.0554

（三）数据来源说明和处理

（1）本文的样本数据，来源于历年山东省各地级以上城市统计年鉴、《山东统计年鉴》、山东省各地级以上城市国民经济和社会发展统计公报、《山东省国民经济和社会发展统计公报》。

（2）进出口总额数据按照当年的汇率换算成人民币。

（3）指标定义为比值的变量用的是名义值；市域经济发展水平的变量 pgdp 用的是实际值，采用 2000 年为基期的历年 GDP 平减指数将历年的人均市域名义地区生产总值（GDP）消除价格膨胀因素而获得。

四、实证结果分析

（一）普通面板数据模型回归结果分析

单位根检验表明选取的各变量均是一阶单整序列 I（1）、Kao 检验显示各变量存在协整关系、F 检验识别模型为变截距模型、豪斯曼（Hausman）检验确定模型为固定效应模型，因此，依据前面的研究方法阐述，对构建的如下普通面板数据模型［见式（7）和式（8）］进行回归分析，结果如表 3 所示。

$$gap_{it} = \alpha + \beta_0\, urban_{it} + \beta_k \sum_{k=1}^{5} X_{ikt} + \varepsilon_{it} \tag{7}$$

$$gap_{it} = \alpha + \lambda\, gap_{it-1} + \beta_0\, urban_{it} + \beta_k \sum_{k=1}^{5} X_{ikt} + \varepsilon_{it} \tag{8}$$

式（7）是静态普通面板数据模型，式（8）是动态普通面板数据模型，其中，$i=1, 2, \cdots, 17$ 为山东省 17 个地级以上城市的截面个体；$t=2003, 2004, \cdots, 2015$ 为样本观测年份；gap_{it}为被解释变量，表示第 i 个市域第 t 年的城乡居民收入差距；$urban_{it}$为解释变量，表示第 i 个市域第 t 年的城镇化率；X_{it}为第 i 个市域第 t 年的各个控制变量；$k=1, 2, \cdots, 5$ 为 5 个控制变量（包括市域的经济发展水平、工业化、固定资产投资、对外贸易、人力资本）；ε_{it}为随机误差项；α 为截距项；β_0和β_k为待估参数（或回归系数）。

表 3　城乡居民收入差距的普通面板数据模型估计结果

静态面板模型参数估计值		动态面板模型参数估计值	
变量	参数估计值	变量	参数估计值
urban	-0.5392 ** (-2.5835)	gap_{t-1}	0.0640 *** (5.0143)
		urban	-0.5178 *** (-9.3455)
pgdp	2.01E-06 * (1.7316)	pgdp	8.25E-06 *** (9.4495)
industry	-0.9886 * (-1.6690)	industry	-2.4625 *** (-3.9757)
invest	-0.3075 *** (-2.6395)	invest	-0.6716 *** (-9.3758)

续表

静态面板模型参数估计值		动态面板模型参数估计值	
变量	参数估计值	变量	参数估计值
trade	-0.3374** (-2.5311)	trade	-0.5239*** (-7.4501)
human	-3.0753 (-1.3131)	human	-4.5824*** (8.5093)
样本容量	221	样本容量	187
		Sargan 检验	16.2114 [17]

注：①***、**、*分别表示在1%、5%、10%的水平上显著；圆括号内的数据是 t 统计量。

②表中静态面板估计没有报告可决系数 R^2。因为在个体固定效应面板数据模型中，可决系数 R^2 既包含了解释变量的贡献，也包含了个体固定效应的贡献。所以 R^2 不能准确反映解释变量对被解释变量变异的解释能力。

③动态面板采用一阶差分广义矩估计时，其估计结果中个体固定效应被消除。

④动态面板参数估计时，Sargan 检验用于检验矩条件的有效性，原假设为矩条件有效。表中列出了 J 统计量的值，方括号内为工具变量的秩（即矩条件的个数）。

⑤经检验，在1%的水平上，动态面板数据模型估计的残差具有平稳性。

从表3可以看出，无论是静态普通面板数据模型还是动态普通面板数据模型，解释变量城镇化（urban）的参数在5%的水平上均显著为负，也就是说，市域城镇化的推进均显著地缩小了其城乡居民收入差距。

（二）探索性空间数据分析以及模型识别和检验

运用全局空间相关性的空间统计量莫兰指数（Moran's I）对城乡居民收入差距进行探索性空间数据分析（ESDA），结果表明，除了部分年份外，山东省17个地级以上城市的城乡居民收入差距存在显著的空间自相关性，即邻近空间单元的城乡居民收入差距对本空间单元的城乡居民收入差距产生影响。因此，应在普通面板数据计量经济模型中加入空间效应以提高模型估计的精度和拟合的优度。

空间滞后效应与空间误差效应的 LM 检验（见表4）表明在1%的水平上均通过了显著性检验，则需要构建空间杜宾模型；Hausman 检验显示在1%的水平上通过了显著性检验，应采用空间杜宾模型时空固定效应加以估计。

表4 LM 检验与 Hausman 检验统计量及其相应概率值

检验	统计量	概率值
空间滞后 LM 检验（LMlag）	39.059	0.000

续表

检验	统计量	概率值
空间滞后稳健 LM 检验（R-LMlag）	36.961	0.000
空间误差 LM 检验（LMerr）	14.577	0.000
空间误差稳健 LM 检验（R- LMerr）	12.479	0.000
Hausman 检验	30.40	0.000

（三）空间杜宾模型回归结果分析

根据前面的模型识别和检验的结果，本文对式（9）表示的时空固定效应下的空间杜宾模型分别基于地理距离权重矩阵和邻接空间权重矩阵加以估计。该模型估计结果如表 5 所示。

$$gap_{it} = \alpha + \rho \sum_{j=1}^{17} W_{ij}\, gap_{it} + \beta_0\, urban_{it} + \beta_k \sum_{k=1}^{5} X_{it} + \theta_0 \sum_{j=1}^{17} W_{it}\, urban_{it} + \theta_k \sum_{k=1}^{5} \sum_{j=1}^{17} W_{ij}\, X_{ikt} + \varepsilon_{it} \tag{9}$$

表 5　城乡居民收入差距的空间杜宾模型估计结果

变量	地理距离权重矩阵下的模型估计值	邻接空间权重矩阵下的模型估计值
urban	-0.4731** (-2.28)	-0.0293 (-0.15)
pgdp	4.60E-07 (0.47)	2.28E-06*** (3.03)
industry	2.2831*** (2.84)	-0.9399 (-1.29)
invest	-0.3663*** (-3.26)	-0.0284 (-0.29)
trade	-0.1598 (-1.37)	-0.4796*** (-4.27)
human	-8.0538 (-1.51)	-10.2140*** (-3.31)
w · urban	-5.3013** (-2.14)	0.8015* (1.75)

续表

变量	地理距离权重矩阵下的模型估计值	邻接空间权重矩阵下的模型估计值
$w \cdot$ pgdp	-9.46e-06 (-1.37)	8.01e-06 *** (3.08)
$w \cdot$ industry	33.7086 ** (2.35)	-6.1132 *** (-3.22)
$w \cdot$ invest	-2.6312 ** (-2.45)	0.4030 (1.15)
$w \cdot$ trade	1.8839 * (1.85)	-1.1015 *** (-3.31)
$w \cdot$ human	44.8083 (1.00)	-16.4081 * (-1.75)
ρ	-1.0642 *** (-6.89)	-0.1438 (-1.19)

注：***、**、*分别表示在1%、5%、10%的水平上显著；括号内的数据是 z 值。

从表5和表4的估计结果对比来看，空间杜宾模型的拟合效果优于普通面板数据模型，表明引入空间效应分析山东省市域城镇化和城乡居民收入差距的依存关系较合理。两种空间权重矩阵下的空间杜宾模型估计结果表明，城乡居民收入差距不仅受到本市域城镇化发展水平的影响，还受到周边市域城乡居民收入差距以及相关解释变量的影响，并且在不同的空间权重设定下，其影响效应出现差异。空间自回归系数 ρ 在地理距离权重矩阵下的模型估计值大于邻接空间权重矩阵下的估计值，并且在1%的水平上显著为负，表明山东省各市域的城乡居民收入差距明显受到邻近市域城乡居民收入差距的影响，同时也影响着邻近市域的城乡居民收入差距。山东省市域城乡居民收入差距呈现明显的空间溢出效应，也就是说，邻近市域城乡居民收入差距每增加1个单位，本空间单元市域的城乡居民收入差距下降1.0642个单位。

核心解释变量城镇化的回归系数和滞后项系数在地理距离权重矩阵下的模型估计值均大于邻接空间权重矩阵下的模型估计值，并且显著为负，说明山东省市域城乡居民收入差距既受本市域城镇化发展水平的影响，也受邻近市域城镇化发展水平的影响（即解释变量的空间溢出效应）。具体而言，在其他条件不变的情况下，本市域城镇化率每增加1个单位，本空间单元市域的城乡居民收入差距会降低0.4731个单位；邻近市域城镇化率每增加1个单位，本空间单元市域的城乡居民收入差距会下降5.3013个单位。

控制变量中，经济发展水平、工业化、固定资产投资、对外贸易、人力资本提升等变量在两种空间权重矩阵（即地理距离权重矩阵和邻接空间权重矩阵）下，大都呈现出本地效应和空间溢出效应，且影响程度不同。

（四）空间杜宾模型各影响因素的直接效应与间接效应

在空间杜宾模型估计结果的基础上，进一步将解释变量对被解释变量影响的空间效应通过偏微分矩阵的形式进行分解，得到直接效应与间接效应（见表6），二者之和就是总效应。

表6 城乡居民收入差距各影响因素的直接效应与间接效应

变量	地理距离权重下的空间效应		邻接空间权重下的空间效应	
	直接效应	间接效应	直接效应	间接效应
urban	-0.2456	-2.5428**	-0.0643	0.7412*
pgdp	9.64E-07	-5.17E-06	2.02E-06***	7.12E-06***
industry	0.7640	16.6496**	-0.7151	-5.5802***
invest	-0.2539***	-1.2032**	-0.0470	0.3744
trade	-0.2644**	1.0916**	-0.4421***	-0.9473***
human	-10.7801**	28.8400	-9.5379***	-13.7900*

注：***、**、*分别表示在1%、5%、10%的水平上显著。

核心解释变量城镇化在地理距离权重矩阵下的直接效应和间接效应均大于邻接空间权重矩阵下的相应值，并且间接效应均显著，对市域的城乡居民收入差距有一定影响。两种空间权重下的直接效应虽然均为负值，但没有通过显著性检验。城镇化变量的间接效应均大于直接效应，表明空间溢出效应较强。其经济意涵是：山东省市域城镇化每提高1个单位，邻近空间单元市域的城乡居民收入差距降低2.5428个单位（在地理距离权重下）或上升0.7412个单位（在邻接空间权重下）。

在5个控制变量中，在地理距离权重矩阵下，只有固定资产投资和对外贸易这两个变量的直接效应和间接效应均通过了显著性检验，以不同的程度和方向影响市域城乡居民收入差距；工业化变量的间接效应和人力资本变量的直接效应呈现显著性，而其相对应的直接效应和间接效应没有通过显著性检验；经济发展水平变量的直接效应和间接效应，一正一负，都不显著。在邻接空间权重矩阵下的估计值，在5个控制变量中，呈现出与前者的空间权重矩阵下的不同估计值，具体而言，经济发展水平、对外贸易和人力资本这3个变量的直接效应和间接效应均通过了显著性检验，并且经济发展水平变量的两种效应均为正向影响，后两者的两种效应均为负向影响，平抑了市域的城乡居民收入差距；工业化变量的直接效应不显著，间接效应显著为负；固定资产投资的直接效应与间接效应一正一负，均不显著。

总之，该空间杜宾模型的各个影响因素，大都表现出显著的直接效应与间接效应，对山东省市域的城乡居民收入差距施加显著影响，只是在不同的空间权重矩阵设定条件下，影响效应的程度和方向略有差异。

五、主要结论及政策建议

本文基于2003~2015年山东省17个地级以上城市的年度平衡面板数据，在控制了市域的经济发展水平、工业化、固定资产投资、对外贸易、人力资本等影响城乡居民收入差距关键因素的基础上，利用探索性空间数据分析（ESDA）和空间杜宾模型，实证分析了市域城镇化对城乡居民收入差距影响的空间效应，并通过将其分解为直接效应和间接效应来分析本空间单元市域城镇化和邻近空间单元市域城镇化对城乡居民收入差距的影响。结果表明，山东省市域的城乡居民收入差距具有明显的空间自相关性，市域城镇化的推进显著缩小了本空间单元市域的城乡居民收入差距，而邻近市域城镇化的提升也对本空间单元市域的城乡居民收入差距有显著影响；城镇化的间接效应（或空间溢出效应）强于直接效应，并呈现出显著性，且对邻近市域的城乡居民收入差距施加影响。

依据本文的实证研究结果，提出如下缩小山东省市域城乡居民收入差距的政策建议：一是加快市域服务业和劳动密集型产业的发展，增加市域非农就业机会，让更多的农村剩余劳动力向城镇转移，同时配合户籍制度改革，尽快实现市域农民工市民化，践行以人为本的新型城镇化战略，让乡城居民平等地分享经济发展的成果。二是加大市域人力资本提升的力度，特别是农村的基础教育和中等职业教育的力度，增强农村居民的文化素质和职场上的核心竞争力，进而提升其收入水平，缩小城乡居民收入差距。三是鉴于不同空间单元市域间存在的空间效应，应加强不同空间单元市域的联系和互动协作，促进其协调发展。

参考文献

[1] 鲍超，陈小杰，梁广林. 基于空间计量模型的河南省用水效率影响因素分析［J］. 自然资源学报，2016（7）.

[2] 陈斌开，林毅夫. 发展战略、城市化与中国城乡收入差距［J］. 中国社会科学，2013（4）.

[3] 高铁梅. 计量经济分析方法与建模：EViews 应用及实例［M］. 北京：清华大学出版

社，2009.

[4] 韩磊，武荣伟，石惠春．欠发达地区城镇化与城乡收入差距——基于甘肃省的经验证据［J］. 资源开发与市场，2015（8）.

[5] 李长亮．城镇化、空间溢出与城乡收入差距——基于全国和省域面板数据的空间计量分析［J］. 经济问题，2016（6）.

[6] 陆铭，陈钊．城市化、城市倾向的经济政策与城乡收入差距［J］. 经济研究，2004（6）.

[7] 欧阳金琼，朱晓玲，王雅鹏．城镇化影响城乡收入差距的时空差异分析［J］. 统计与决策，2015（4）.

[8] 齐红倩，席旭文．中国的城镇化为何背离缩小城乡差距目标？——基于中国经济不同发展阶段的差异性分析［J］. 南京社会科学，2015（4）.

[9] 沈体雁，冯等田，孙铁山．空间计量经济学［M］. 北京：北京大学出版社，2010.

[10] 孙久文，周玉龙．城乡差距、劳动力迁移与城镇化——基于县域面板数据的经验研究［J］. 经济评论，2015（2）.

[11] 王建康，谷国锋，姚丽．城市化进程、空间溢出效应与城乡收入差距——基于2002~2012年省级面板数据［J］. 财经研究，2015（5）.

[12] 吴先华．城镇化、市民化与城乡收入差距关系的实证研究——基于山东省时间序列数据及面板数据的实证分析［J］. 地理科学，2011（1）.

[13] 肖向东，罗能生．我国城乡居民收入差距的省际差异及其影响因素——基于面板数据的空间计量分析［J］. 湖南大学学报（社会科学版），2015（1）.

[14] 许芳．城市化和城乡收入差距的时空演变［J］. 上海经济研究，2015（10）.

[15] 杨国安，徐勇．中国西部城乡收入差距与城镇化的关系检验——以青海省为例［J］. 地理科学进展，2010（8）.

[16] 杨志海，刘雪芬，王雅鹏．县域城镇化能缩小城乡收入差距吗？——基于1523个县（市）面板数据的实证检验［J］. 华中农业大学学报（社会科学版），2015（4）.

[17] 张军涛，张英杰．县域城镇化能否缩小城乡居民收入差距？——来自山东省临沂市9个县的证据［J］. 产业经济评论，2016（1）.

[18] James P. L., Kelly P. R. Introduction to Spatial Econometrics [M]. Boca Raton, US: CRC Press Taylor & Francis Group, 2009.

[19] Kuznet S. Economic Growth and Income Inequity [J]. American Economic Review, 1955, 45 (1).

[20] Lewis W. A. Economic Development with Unlimited Suply of Labor [J]. The Manchester School of Economic and Social Studies, 1954 (22).

[21] Tobler W. R. A Computer Move Simulating Urban Growth in the Detroit Region [J]. Economic Geography, 1970 (46).